U0569113

王逢振 主编

詹姆逊作品系列

重读《资本论》

（增订本）

[美]弗雷德里克·詹姆逊（Fredric Jameson）著

胡志国 陈清贵 译

Fredric R Jameson

中国人民大学出版社

·北京·

总　序

众所周知，弗雷德里克·詹姆逊（Fredric Jameson，1934—　）是当代著名的思想家和批评家，也是公认的、仍然活跃在西方学界的马克思主义者。其作品已经被翻译成十多种文字，产生了广泛的影响。因此，在“詹姆逊作品系列”出版之际，对詹姆逊及其作品做一简要介绍，不仅必要，而且也不乏现实意义。

一、弗雷德里克·詹姆逊其人

20多年前，我写过弗雷德里克·詹姆逊，当时心里主要是敬佩；今天再写，这种心情仍在，且增添了深厚的友情。自从1983年2月与他相识，至今已经35年多，这中间交往不仅没有中断，而且日益密切，彼此在各方面有了更多的了解，因此我称他为老友。他也把我作为老朋友，对我非常随便。例如，2000年5月，他和我同时参加卡尔加里大学的一个小型专题研讨会，会后帕米拉·麦考勒姆（Pamela Maccllum）教授和谢少波带我们去班夫国家公园游览，途中他的香烟没有了（当时他还抽烟），不问我一声，便从我的口袋里掏出我的烟抽起来。此事被帕米拉·麦考勒姆和谢少波看在眼里，他们有些惊讶地说：“看来你们的关系真不一般，这种事在北美是难以想象的。”

其实，我和他说来也是缘分。1982年秋季我到加州大学洛杉矶分校作访问学者，正好1983年2月詹姆逊应邀到那里讲学，大概因为他是马克思主义批评家，想了解中国，便主动与我联系，通过该校的罗伯特·马尼吉斯教授约我一起吃饭，并送给我他的两本书：《马克思主义与形式》(*Marxism and Form*，1970）和《政治无意识》（*The Political Unconscious*：*Narrative as a Socially Symbolic Act*，1981），还邀请我春天到他当时任教的加州大学圣克鲁兹分校访问。

说实在的，他送的那两本书我当时读不懂，只好硬着头皮读。我想，读了，总会知道一点，交流起来也有话说，读不懂的地方还可以问。4 月，我应邀去了圣克鲁兹。我对他说，有些东西读不懂。他表示理解，并耐心地向我解释。我们在一起待了一个星期，我住在他家里，并通过他的安排，会见了著名学者海登·怀特和诺曼·布朗等人，还做了两次演讲——当时我在《世界文学》编辑部工作，主要是介绍中国翻译外国文学的情况。

1983 年夏天，我们一起参加了在伊利诺伊大学厄本那-香槟分校召开的“对马克思主义和文化的重新阐释”的国际会议。正是在这次会议上，我认识了一些著名学者，如佩里·安德森（Perry Anderson，英）、G. 佩特洛维奇（G. Petrovic，南斯拉夫）、亨利·列斐伏尔（Henri Lefebvre，法）和弗朗哥·莫雷蒂（Franco Moretti，意）等人（我在会议上的发言与他们的发言后来一起被收入了《马克思主义和文化阐释》[*Marxism and the Interpretation of Culture*] 一书）。此后，1985 年，我通过当时在北京大学国政系工作的校友龚文庠（后任北京大学传播学院副院长）的帮助和安排，由北京大学邀请詹姆逊做了颇有影响的关于后现代文化的系列演讲。詹姆逊在北京四个月期间，常到我家做客。后来我到杜克大学访问，也住在他家里。

詹姆逊生于美国的克里夫兰，家境比较富裕，自幼受到良好的教育，幼年还学过钢琴，对音乐颇有悟性。他聪明好学，博闻强记，20 岁（1954 年）在哈弗福德学院获学士学位，22 岁

（1956 年）获耶鲁大学硕士学位，接着在著名理论家埃里希·奥尔巴赫的指导下，于 25 岁（1959 年）获耶鲁大学法国文学和比较文学博士学位；其间获富布赖特基金资助在德国留学一年（1956—1957 年），先后就读于慕尼黑大学和柏林大学。1959 年至 1967 年在哈佛大学任教，1967 年到新建的加州大学圣地亚哥分校任教，在那里，他遇到了一度是法兰克福学派的重要人物和激进学生领袖的赫伯特·马尔库塞。此后，从 1976 年到 1983 年，他任耶鲁大学法文系教授，1983 年转至加州大学圣克鲁兹分校。1985 年夏天，杜克大学为了充实和发展批评理论，高薪聘请他任该校讲座教授，专门为他设立了文学系（Graduate Program in Literature），由他当系主任，并决定该系只招收博士研究生，以区别于英文系。记得当时还聘请了斯坦利·菲什（Stanley Fish）、简·汤姆金斯（Jane Tomkins），以及年轻有为的弗兰克·兰垂契亚（Frank Lentricchia）和乔纳森·阿拉克（Jonathan Arac，后来没去）。从那时至今，他一直在杜克大学，2003 年辞去系主任职务，不过仍担任批评理论研究所所长和人文学科教授委员会主任。2014 年才辞去所有职务。

1985 年他刚到杜克大学时，该校给了他一些特殊待遇。正是这些特殊待遇，使他得以在 1985 年秋到中国讲学一个学期（他的系列演讲即后来国内出版的《后现代主义和文化》），并从中国招收了两名博士研究生：唐小兵和李黎。唐小兵现在是南加州大学教授，李黎是中美文化交流基金会董事长。由于詹姆逊对中国情有独钟，后来又从中国招收过三名博士研究生，并给予全额奖学金，他们分别是张旭东、王一蔓和蒋洪生。张旭东现在已是纽约大学教授，蒋洪生任教于北京大学中文系。

虽然詹姆逊出身于富裕之家，但因为马克思主义的影响，生活上并不讲究。也许是为了有更多的时间读书，他几乎从不注意衣着，在我与他的交往中，只见他打过一次旧的、过时的领带。他总是随身带着一个小本子，每当谈话中涉及他感兴趣的问题，他就会随手记下来，过后再进行思考——这也许是值得我们学习的方法。在我看来，他除了读书写作和关注社会之外，几乎没有什么业余爱好——当然，他喜欢喝酒，也会关注某些体育比赛（我记得他很关注世界杯足球赛的结果）。他并不像某些人讲的那样，旅行讲学必须住五星级宾馆，至少我知道他来中国旅行讲学时，大多住在学校的招待所里。1985 年他第一次来中国时，当时交通条件还不像现在这么便利舒适，我和他曾一起坐过没有空调的硬卧火车，在小饭馆里喝过二锅头。他与许多衣着讲究的教授形成鲜明的对照。可能由于他住在乡间的房子里，加上不注意衣着，张旭东在杜克大学读书时，他的儿子曾把詹姆逊称作“农民伯伯”。詹姆逊妻子苏珊也是杜克大学教授，是个典型的环保主义者，自己养了许多鸡，还养羊（当然詹姆逊有时也得帮忙），鸡蛋和羊奶吃不完就送给学生。因此，在不甚确切的意义上，有人说詹姆逊的生活也体现了他的马克思主义情怀。

二、詹姆逊的学术成就

到 20 世纪 70 年代中期，詹姆逊已被公认是最重要的马克思主义批评理论家。但直到《政治无意识》出版之后，他的独创性才清晰地显现出来。他在该书的一开始就鲜明地提出自己的主张：“总是要历史化！”并以此为根据，开始了对他称之为“元评论”的方法论的探讨，对于长期存在的美学和社会历史的关系问题，从理论上给出了一种自己的回答。与传统的历史批评形式相对，詹姆逊不仅把文化文本置于它们与历史语境的直接关系之中，而且从解释学的角度对它们进行探讨，探讨解释的策略如何影响我们对个体文本的理解。但与其他现代解释理论不同（例如罗伯特·姚斯［H. R. Jauss］的接受理论），詹姆逊强调其目标是一种马克思主义的意识形态分析，并认为马克思主义包含所有其他的解释策略，而其他的解释策略都是片面的。

《政治无意识》奠定了詹姆逊在学术界的地位。有人说，詹姆逊是“第二次世界大战以来美国最重要的马克思主义文学批评家。只有英国的雷蒙德·威廉斯写出过和他同样重要的作品”[①]。“詹姆逊是当前文坛上最富挑战性的美国马克思主义思想家。他对法兰克福学派主要人物的解释，他对俄国形式主义、法国结构主义、后结构主义的解释，以及他对卢卡奇、萨特、阿尔都塞、马克斯·韦伯和路易斯·马丁的解释，都对 20 世纪马克思主义和欧洲思想历史做出了重大贡献。詹姆逊对小说发展的论述，对超现实主义运动的论述，对巴尔扎克、普鲁斯特、阿尔桑德洛·曼佐尼（Alessandro Manzon）和阿兰·罗伯-格里耶（Alain Robbe-Grillet）这些欧洲作家的论述，以及他对包括海明威、肯尼思·勃克（Kenneth Burke）和厄休拉·勒奎恩（Ursula Le Guin）在内的各类美国作家的论述，构成了强有力的政治的理解。”[②]“詹姆逊是当前杰出的马克思主义批评家，很可能是我们这个时代最重要的以社会历史为导向的批评家……他的《政治无意识》是一部重要著作，不仅文学家要读，历史学家、社会学家以及哲学家都应该读它。”[③]“在大量的批评看法当中，詹姆逊坚持自己的观点，写出了最动人的谐谑曲式的著作。”[④]

---

① *Contemporary Literary Criticism*（University of Oklahoma Press，1986），p. 111.

② *Postmodernism and Politics*（University of Minnesota Press，1986），p. 123.

③ Hayden White 写的短评，见 *The Political Unconscious*（Cornell University Press，1981）封底。

④ *New Orleans Review*（Spring，1984），p. 66.

詹姆逊的理论和学术贡献是多方面的。就文学批评而言，主要表现在历史主义和辩证法方面。他是一个卢卡奇式的马克思主义者，但超越了卢卡奇的怀旧历史主义和高雅人道主义。他所关心的是，在后结构主义对唯我论的笛卡尔主义、超验的康德主义、目的论的黑格尔主义、原始的马克思主义和复归的人道主义进行深刻的解构之后，人们如何严肃地对待历史、阶级斗争和资本主义非人化的问题，也就是说，“面对讽刺的无能，怀疑的瘫痪，人们如何生活和行动的问题”①。詹姆逊认为非常迫切的问题是：对“总体化”（totalization）进行马克思主义的探讨，包括与之相关的整体性的概念、媒体、历史叙事、部分与整体的关系、本质与表面的区分、主体与客体的对立等等，是不是要预先构想一种理想的哲学形式？是否这种形式必然是无视差别、发展、传播和变异的某种神秘化的后果？他大胆而认真地探讨这些问题，但他尽量避免唯心主义的设想，排除神秘化的后果。

在詹姆逊的第一部作品《萨特：一种风格的始源》（*Sartre: The Origins of a Style*，1961）里，他分析了萨特的文学理论和创作。该著作原是他在耶鲁大学的博士论文，由于受他的导师埃里希·奥尔巴赫以及与列奥·斯皮泽相关的文体学的影响，作品集中论述了萨特的风格、叙事结构、价值和世界观。这部著作虽然缺少他后来作品中那种典型的马克思主义范畴和政治理解，但由于20世纪50年代刻板的因循守旧语境和陈腐的商业社会传统，其主题萨特和复杂难懂的文学理论写作风格（那种以长句子著称的风格已经出现），却可以视为詹姆逊反对当时的守旧思潮，力图使自己成为一个批判型的知识分子。如果考察一下他当时的作品，联想当时的社会环境，人们不难看出他那时就已经在反对文学常

① *Postmodernism and Politics*, p. 124.

规，反对居支配地位的文学批评模式。可以说，詹姆逊的所有作品构成了他对文学批评中的霸权形式和思想统治模式的干预。

20 世纪 60 年代，受到新左派运动和反战运动的影响，詹姆逊集中研究马克思主义，出版了《马克思主义与形式》，介绍新马克思主义文学理论的辩证传统。自从在《语言的牢笼》（*The Prison-House of Language*，1972）里对结构主义进行阐述和批判以后，詹姆逊集中精力发展他自己的文学和文化理论，先后出版了《侵略的寓言：温德姆·路易斯，作为法西斯主义的现代主义者》（*Fables of Aggression*：*Wyndham Lewis*，*the Modernist as Fascist*，1979）、《政治无意识》和《后现代主义，或晚期资本主义的文化逻辑》（*Postmodernism*，*or*，*the Cultural Logic of Late Capitalism*，1991），同时出版了两卷本的论文集《理论的意识形态》（*The Ideologies of Theory*，第一卷副标题为“理论的境遇”，第二卷副标题为“历史的句法”，两卷均于 1988 年出版）。随着文化研究的发展，他还出版了《可见的签名》（*Signatures of the Visible*，1991）和《地缘政治美学》（*The Geopolitical Aesthetic*，1992），收集了他研究电影和视觉文化的文章。此后他出版了《时间的种子》（*The Seeds of Time*，1994）和《文化转向》（*The Cultural Turn*，1998）两部论述后现代主义的著作。这期间，他仍然继续研究和阐释马克思主义理论和马克思主义美学，出版了《晚期马克思主义》（*Late Marxism*，1990）、《布莱希特与方法》（*Brecht and Method*，2000）和《单一的现代性》（*A Singular Modernity*，2003）。最近一个时期，他从乌托邦的角度探索文化的干预功能，出版了《未来的考古学》（*Archaeologies of the Future*，2005）。

在詹姆逊的作品里，除了《萨特：一种风格的始源》一书之外，他一直坚持两分法或辩证法的解释方法。应该说，他的著作具有明显的连续性。人们不难发现，从20世纪70年代初到80年代后期，随便他的哪一篇文章或哪一本书，在风格、政治和关注的问题方面，都存在着某种明显的相似性。实际上，今天阅读他的《理论的意识形态》里的文章，仍然会觉得这些文章像昨天刚写的一样。然而，正如詹姆逊在论文集的前言里所说，在他的著作里，重点已经发生了根本变化："从经转到了纬：从对文本的多维度和多层面的兴趣，转到了只是适当地可读（或可写）的叙事的多重交织状况；从解释的问题转到了编史问题；从谈论句子的努力转到（同样不可能的）谈论生产方式的努力。"换句话说，詹姆逊把聚焦点从强调文本的多维度，如它的意识形态、精神分析、形式、神话-象征的层面（这些需要复杂的、多种方式的阅读实践），转向强调如何把文本纳入历史序列，以及历史如何进入文本并促使文本的构成。但这种重点的转变同样也表明詹姆逊著作的连续性，因为从20世纪60年代后期到90年代，他一直优先考虑文本的历史维度和政治解读，从而使他的批评实践进入历史的竞技场，把批评话语从学院的象牙塔和语言的牢笼里解放出来，转移到以历史为标志的那些领域的变化。

因此，人们认为詹姆逊的作品具有一种开放的总体性，是一种相对统一的理论构架，其中不同的文本构成他的整体的组成部分。从结构主义到后结构主义，从精神分析到后现代主义，许多不同的观点都被他挪用到自己的理论当中，通过消化融合，形成他独创性的马克思主义文学理论和文化理论。马克思主义一直是詹姆逊著作的主线，以马克思主义为主导，他利用对意识形态和乌托邦的双重阐释，对文化文本中意识形态的构成因素进行分析和批判，并指出它们的乌托邦内涵，这使他不仅对现行社会进行批评，而且展现对一个更美好的世界的看法。可以说，在马克思主义理论家恩斯特·布洛赫（Ernst Bloch）的影响下，詹姆逊发展了一种阐释的、乌托邦的马克思主义文化理论观。

詹姆逊早期的三部主要著作及其大部分文章，旨在发展一种反主流的文学批评，也就是反对当时仍然居统治地位的形式主义和保守的新批评模式，以及英美学术界的既定机制。20 世纪 60 年代末和 70 年代初，黑格尔式的马克思主义在欧洲和美国出现，《马克思主义与形式》可以说是对这一思想的介绍和阐释。在这部著作中，詹姆逊还提供了其他一些马克思主义者的基本观点，如阿多诺、本雅明、马尔库塞、布洛赫、卢卡奇和萨特等，并通过对他们的分析形成了自己的观点和立场。他偏爱卢卡奇的文学理论，但坚持自己独特的黑格尔式的马克思主义，并在他后来的作品里一直保持下来。

卢卡奇论现实主义和历史小说的著作，对詹姆逊观察文学和文学定位方面都产生了相当大的影响。但詹姆逊一直不赞同卢卡奇对现代主义的批判。不过，他挪用了卢卡奇的一些关键的概念范畴，例如物化，并以此来说明当代资本主义的文化命运。在詹姆逊的著作里，黑格尔式的马克思主义的标志包括：把文化文本置于历史语境，进行广义的历史断代，以及对黑格尔的范畴的运用。他的辩证批评主要是综合不同的立场、观点和方法，把它们融合成一种更全面的理论，例如在《语言的牢笼》里，他的理论融合了结构主义和符号学，以及俄国形式主义。在《政治无意识》里，他广泛汲取其他理论，如弗洛伊德的精神分析、拉康的心理学、德里达的解构主义、萨特的存在主义等等，把它们用于具体的解读，在解读中把文本与其历史和文化语境相联系，分析文本的“政治无意识”，描述文本的意识形态和乌托邦的时刻。

对詹姆逊来说，辩证的批评还包含这样的内容：在进行具体分析的同时，以反思或内省的方式分析范畴和方法。范畴连接历史内容，因此应该根据它产生的历史环境来解读。在进行特定的、具体的研究时，辩证批评应该考虑对范畴和过程的反思；应该考虑相关的历史观照，使研究的客体在其历史环境中语境化；应该考虑乌托邦的想象，把当前的现实与可能的选择替代相对照，从而在文学、哲学和其他文化文本中发现乌托邦的希望；还应该考虑总体化的综合，提供一种系统的文化研究的框架和一种历史的理论，使辩证批评可以运作。所有这些方面都贯穿着詹姆逊的作品，而总体化的因素随着他的批评理论的发展更加突出。

20 世纪 70 年代，詹姆逊发表了一系列的理论探索文章和许多文化研究的作品。这一时期，人们会发现他的研究兴趣非常广泛，而且因其理论功底具有相当的洞察力。他的研究范围包括科幻小说、电影、绘画、魔幻叙事和现实主义与现代主义文学，也包括马克思主义文化政治、帝国主义、巴勒斯坦民族解放问题、马克思主义的教学方法，以及如何使左派充满活力。这些文章有许多收入《理论的意识形态》里，因此这部论文集可以说是他在《政治无意识》里所形成的理论的实践。这些文章，以及《后现代主义，或晚期资本主义的文化逻辑》里的文章，可以联系起来阅读，它们是他的多层次理论的不可分割的部分，表明了文学形式的历史、主体性的方式和资本主义不同阶段的相互联系。

三、政治无意识

应该说，《政治无意识》是詹姆逊的最重要的作品。在这部著作里，詹姆逊认为，批评家若想解释文本的意义，就必须经历一系列不同的阶段，这些阶段体现在文本之中，通过系统地解码揭示出来。为了做到这点，他汲取 20 世纪各种理论资源，从诺斯罗普·弗莱（Northrop Frye）的四个解释层面到拉康的无意识理论，从俄国形式主义到后结构主义，从德里达的解构主义到阿尔都塞的意识形态论述，几乎无一不被加以创造性地利用。在他看来，马克思主义批评不是排他性的或分离主义的，而是包容性的和综合性的，它融合各种资源的精华，因此可以获得更大的“语义的丰富性”。批评家应该考察文本指涉的政治历史、社会历史（按照传统马克思主义也就是阶级斗争的历史）和生产方式的历史。但这些方式不是互相取代，而是互相交叠融合，达至更高层次的普适性和更深层次的历史因果关系。

詹姆逊一向注重对总体化的探讨，包括伴随它的总体性概念、媒介、叙事、部分和整体的关系、本质和表面的区分、主体与客体的对立等等。他认为，总体性是在对矛盾的各阶级和对抗的生产方式的综合的、连贯性的叙事中表现出来的，对这种总体性的观察构成现时“真正欲望的形象”，而这种欲望既能够也确实对现时进行否定。但这种概念的作用不同于后结构主义的欲望概念，它是一种自由意志的结构，而不是存在意志的结果。

詹姆逊对总体性的设想，在他对欲望、自由和叙事等概念之间的联系中，清晰地展现了出来。他在讨论安德烈·布勒东（André Breton）的《超现实主义宣言》（*Premier manifeste du surréalisme*）时写道：

> 如果说超现实主义认为，一个真实的情节，一个真实的叙事，代表了欲望本身的真正形象，这并不过分；这不仅按照弗洛伊德的看法纯心理的欲望本身是意识不到的，而且还因为在社会经济关系里，真正的欲望很可能融化或消失在形成市场体系的那种虚假满足的大网之中。在那种意义上说，欲望就是自由在新的商业语境中所采取的形式，除非我们以一般欲望的方式来考虑自由，我们甚至认识不到自己已经失去了自由。①

---

① *Marxism and Form*（Princeton University Press，1970），pp. 100－101.

詹姆逊认为，当代批评的主要范畴不是认识论而是道德论。因此他不是构成某种抽象的存在，而是积极否定现时，并说明这种否定会导向一种自由的社会。例如，德里达虽然揭示了当代思想中的二元对立（如言语与写作，存在与虚无，等等），但他却没有注意善与恶这种类似的道德上的二元对立。对此詹姆逊写道：

> 从德里达回到尼采，就是要看到可能存在一种迥然不同的二元对立的解释，按照这种解释，它的肯定和否定的关系最终被思想吸收为一种善恶的区分。表示二元对立思想意识的不是形而上的玄学而是道德；如果我们不能理解为什么道德本身是思想的载体，是权力和控制结构的具体证明，那么我们就忘记了尼采思想的力量，就看不到关于道德的丑陋恶毒的东西。①

詹姆逊把西方哲学和批评从认识论和形而上学转向道德的这种观点，给人们留下了深刻的印象。他对欲望概念的政治化的阐述，在西方具有重要的意义，因而也比后结构主义的欲望概念更多地为人们接受。

大体上说，詹姆逊在《政治无意识》里所展现的理论思想有四个层次。第一，他坚持对各种事物的历史参照，比如人类的痛苦、人类所受的控制以及人类的斗争等；同时他也坚持对著作文本的参照，比如文本中充满对抗的历史语境，充满阶级和阶级矛盾的社会条件以及自相矛盾的思想意识的结构等。采用这种方式，他既接受后结构主义的反现实主义的论述，同时又否定其文本的唯心主义；他承认历史要通过语言和文本的解释进行思考，

---

① *The Political Unconscious*, p. 114.

但他仍然坚持历史的本体存在。第二，他坚持自己的解释规则，即资本主义社会物化过程的协调规则。这种协调采取谱系的结构形式，既不是遗传的连续性，也不是目的的一致性，而是一种“非共时性的发展”（nonsynchronous development）。按照这种观点，历史和文本可以看作一种共时性的统一，由结构上矛盾或变异的因素、原生的模式和语言等组成。因此詹姆逊可以把过去的某些方面看作现时物化因素的先决条件。第三，他坚持一种道德或精神的理解，遵循阿尔都塞的意识形态概念，认为再现的结构可以使个人主体想象他们所经历的那些与超个人现实的关系，例如人类的命运或者社会的结构等。第四，詹姆逊坚持对集体历史意义的政治理解，这一层次与第三个层次密不可分，主要论述超个人现实的特征，因为正是这种超个人的现实，把个人与某个阶级、集团或社会的命运联系在了一起。

实际上，《政治无意识》包含着他对文学方法的阐述，对文学形式历史的系统创见，以及对主体性的形式和方式的隐在历史的描述，跨越了整个文化和经验领域。詹姆逊大胆地建构他的马克思主义文学批评，他认为这是广阔的、最富包容性的理论框架，可以使他把各种不同的方法融入他自己的方法之中。他在从总体上考察了文学形式的发展历史之后，通过对意识形态和乌托邦的“双重阐释”（坚持乌托邦的同时对意识形态进行批判）的论述，确立了真正的马克思主义的解释方法。受卢卡奇启发，詹姆逊利用历史叙事说明文化文本何以包含着一种“政治无意识”，或被埋藏的叙事和社会经验，以及如何以复杂的文学阐释来说明它们。在《政治无意识》里，詹姆逊还明确谈到了资本主义初期资产阶级主体的构成，以及在当前资本主义社会里资产阶级主体的分裂。这种主体分裂的关键阶段，在他对吉辛、康拉德和温德姆·路易斯的作品的分析中得到了充分表现，并在他对后现代主义的描述里得到了进一步深化。

《政治无意识》是理解詹姆逊著作的基础。要了解他的理论，必须读这本著作，或者说读懂了这本著作，就克服了他的著作晦涩难懂的问题，就容易理解他所有的其他著作。

四、后现代主义文化研究

詹姆逊对后现代主义的研究，实际上是他的理论计划的合乎逻辑的后果。他最初对后现代文化特征的分析见于《后现代主义和消费社会》一文，而他的综合思考则见于他的《后现代主义，或晚期资本主义的文化逻辑》。根据马克思主义关于资本主义的理论，他对作为一种新的“文化要素”的后现代主义进行了系统的解释。

詹姆逊根据新马克思主义的资本主义发展阶段论的模式，把后现代文化置于社会阶段论的理论框架之内，指出后现代主义是资本主义新阶段的组成部分。他宣称，后现代主义的每一种理论，都隐含着一种历史的断代，以及一种隐蔽或公开的对当前多国资本主义的立场。依照厄尔奈斯特·曼德尔（Ernest Mandel）在其著作《晚期资本主义》（*Late Capitlism*）中的断代方式，詹姆逊提出，资本主义有三个基本阶段，每一个阶段都标志着对前一个阶段的辩证的发展。它们分别是市场资本主义阶段，垄断资本主义阶段或帝国主义阶段，以及当前这个时代的资本主义（通常人们错误地称作后工业资本主义，但最好称作多国资本的资本主义）阶段。他认为，与这些社会形式相对应的是现实主义、现代主义和后现代主义等文化形式，它们分别反映了一种心理结构，标志着某种本质的变化，因而分别代表着一个阶段的文化风格和文化逻辑。后现代主义的主要特点是商品化的思想渗透到各个文化领域，取消了高雅文化和通俗文化的界限；同时，由于现代传媒和电子计算机的广泛应用，模仿和复制也广泛流行。与这两种情况相关，人们开始产生一种怀旧情绪，出现了怀旧文化。詹姆逊指出，后现代主义还是一个时间概念，在后现代社会里，时间的连续性打破了，新的时间体验完全集中于“现时”，似乎“现时”之外一无所有。在理论方面，后现代主义主要表现为跨学科和注重“现时”的倾向。

在《后现代主义，或晚期资本主义的文化逻辑》、《可见的签名》和《文化转向》里，詹姆逊进一步发展了他的主张，从而使他成为著名的马克思主义文化理论家：他一方面保持和发展马克思主义的理论，另一方面对极不相同的文化文本所包含的政治、意识形态和乌托邦思想进行分析。他的著作把文学分析扩展到通俗文化、建筑、理论和其他文本，因此可以看作从经典文学研究到文化研究这一运动的组成部分。

《时间的种子》是詹姆逊论后现代主义的一部力作，是他根据在加州大学欧文分校一年一度的韦勒克系列学术演讲改写而成的。虽然篇幅不长，但因那种学术演讲十分重要，他做了精心准备，此后还用了两年多的时间修改补充。在这部作品里，詹姆逊以他惯有的马克思主义辩证观点和总体性，提出了后现代性和后现代主义的种种内在矛盾：二律背反或悖论。他关心整个社会制度或生产方式的命运，心里充满了焦虑，却又找不到任何可行的、合理的方案，于是便发出了这样的哀叹：“今天，我们似乎更容易想象土地和自然的彻底破坏，而不那么容易想象后期资本主义的瓦解，也许那是因为我们的想象力有某种弱点。”然而他并不甘心，仍然试图在种种矛盾中找到某种办法。出于这种心理，詹姆逊在《时间的种子》里再次提出乌托邦的问题，试图通过剖析文化的现状，打开关于未来世界的景观。确实，在《时间的种子》里，每一部分都试图分析判断文化的现状，展望其未来的前景；或者说，在后现代的混沌之中，探索社会的出路。

詹姆逊对后现代性和后现代主义的理论阐述，其基本出发点是对美国后期资本主义文化的反思和批判，是对后现代之后社会形态的思考。这在《时间的种子》的最后一节表现得非常清楚。他这样写道："另一方面，在各种形式的文化民族主义当中，仍然有一种潜在的理想主义的危险，这种文化民族主义倾向于过高地估计文化和意识的有效性，而忽视与之同在的经济独立的需要。可是，在一种真正全球性的后期资本主义的后现代性里，恰恰是经济独立才在各个地方又成了问题。"

从总体关怀出发，詹姆逊认为，现在流行的文化多元主义应该慎重地加以考虑。他以后福特主义为例指出，后福特主义是后现代性或后期资本主义的变体之一，它们基本上是同义词，只是前者强调了跨国资本主义的一种独特的性质。后福特主义运用新的计算机技术，通过定制的方式为个人市场设计产品，表面上似乎是在尊重各地居民的价值和文化，适应当地的风俗，但正是这种做法，使福特公司浸透到地方文化的内心深处，传播其消费主义的意识形态，从而难以再确定地方文化的真正意义。詹姆逊还通过对建筑的分析指出，跨国公司会"重新装饰你们自己本地的建筑，甚至比你们自己做得更好"。但这并不是为了保持自己已有的文化，而主要是为了攫取高额的利润。因此詹姆逊忍不住问道："今天，全球的差异性难道会与全球的同一性一致?"显然，詹姆逊认为，美国所谓的多元文化主义只不过是一种策略，其目的是推行消费主义的文化意识形态，因此必须把它与社会生产关系联系起来加以审慎的考虑。

詹姆逊的所有著作都贯穿着他的辩证思想。但他只能比较客观地面对后现代资本主义的现实，而没有提出解决现实社会问题的办法——这也是当前普遍关注的一个问题。尽管如此，詹姆逊的探索精神仍然是值得尊敬的。也许，一切都只能在实践中求取。

进入古稀之年以后，詹姆逊仍然孜孜不倦，从理论上对资本主义及其文化和意识形态进行探索。在全球化的形势下，他关注世界经济的发展变化，关注全球化与政治、科技、文化、社会的关系，揭露资本主义的内在矛盾，并力图从理论上阐述这些矛盾。在他看来，资本的全球化和高科技的发展可能会导致新的社会和文化革命，出现新的政治和文化形态，但马克思主义的原理并不会过时，而是应该在新的条件下进行新的解释和运用。他仍然坚持乌托邦的想象，认为随着全球化的发展，可能会出现新的世界范围的“工人运动”，产生新的文化意识，而知识分子的任务就是要从理论上对这些新的情况进行描述和解释，提出相应的策略，否则谈论文化研究和文学研究就像空中楼阁，既不实用也没有基础。《未来的考古学》，就是他的一部论述乌托邦的力作。而《辩证法的效价》（*Valences of the Dialectic*，2009）则是他对自己所依托的理论的进一步阐述，该书根据辩证法的三个阶段（黑格尔、马克思，以及最近一些后结构主义者对辩证法的攻击），对从中产生的问题进行理论探讨，把它们置于商品化和全球化的语境之中，借鉴卢梭、卢卡奇、海德格尔、萨特、德里达和阿尔都塞等思想家的著作，通过论述辩证法从黑格尔到今天的发展变化，尤其是通过论述“空间辩证法”的形成，对辩证法提出了一种新的综合的看法，有力地驳斥了德勒兹、拉克劳和穆夫等人对辩证法的攻击。詹姆逊自己认为，这本书是他近年来最重要的作品。（原来他想用的书名是《拯救辩证法》，后改为现在的名字。）

随着年事增高，詹姆逊开始以不同的方式与读者分享他的知识积累，近年来先后出版了《黑格尔的变奏》（*The Hegel Variations*，2010）、《重读〈资本论〉》（*Representing Capital*，2011）、《现实主义的二律背反》（*The Antinomies of Realism*，2013）和《古代与后现代》（*The Ancients and the Postmoderns*，2015）。这些著作虽然不像《政治无意识》或《后现代主义，或晚期资本主义的文化逻辑》那样富于理论创新，但他以自己深厚的知识积累和独特的视角，对不同的理论和文学及艺术问题所做的理论阐发，仍然对我们具有明显的启示意义。

五、詹姆逊的历史化

在某种意义上，文学批评与现实世界的关系取决于文学作品的价值。因此，爱德华·萨伊德不止一次说过，这种关系贯穿着从文本价值到批评家的价值的整个过程。在体现批评家的价值方面，詹姆逊的批评著作可以说是当代的典范。2003 年 4 月，佩里·安德森在一次和我的谈话中也说，在 20 世纪后期和 21 世纪初期，詹姆逊的著作非常重要，不论是赞成还是反对，都不可能忽视，因为他以重笔重新勾画了后现代的整个景观——带有宏大的、原创的、统观整个领域的气势。这里安德森强调的是詹姆逊的大胆创新，而这点对理解詹姆逊的著作以及他的学术经历至关重要。

如果全面审视詹姆逊的著作，人们肯定会对他的著作所涉的广阔领域表示赞叹。他的著作运用多种语言的素材，依据多国的民族历史，展示出丰富的文化知识——从城市规划和建筑到电影和文学，从音乐和绘画到当代的视觉艺术，几乎无不涉及。他最突出的地方是把多种不同的思想汇聚在一起，使它们形成一个整体。这种总体化的做法既使他受到赞赏也使他受到批评，但不论是赞赏还是批评，都使他的作品充满了活力。由于他的大胆而广泛的融合，在某种意义上他成了当代设定批评讨论日程的人文学者之一。

因此，有人说，詹姆逊的著作历史体现了对一系列时代精神的论述，而对他的著作的接受历史则体现了对这些论述的一系列反应。对詹姆逊著作的接受大致可分为两类人：一类根据他对批评景观的一系列的测绘图，重新调整自己的方向；另一类继续使用现存的测绘图或提出自己的测绘图。第一类并不一定是不加批判地完全接受詹姆逊的著作；相反，他们常常采取质疑的态度。例如，在《后现代性的起源》里，佩里·安德森虽然基本上同意詹姆逊关于后现代主义的看法，但对他的阐述方式还是提出了批评。第二类基本上拒绝詹姆逊总体化的历史观，因此不赞成他的范式转换的主张。这一类的批评家认为詹姆逊论后现代主义的著作只不过是一种风格的批评，因为它们无视后现代主义更大的世界历史的含义。换句话说，他们忽视了詹姆逊的主要论点：后现代主义是深层的历史潜流的征象，需要探索它所体现的新的社会和政治组织的状况。

对这两种不同的态度的思考可能使我们想到詹姆逊著作的另一个重要方面。也就是说，几乎他每一本新的著作都介入一个新的领域，面对一些新的读者。这并不是说他无视过去的读者，而是他不愿意老调重弹，总是希望提出一些新的问题和论点。就此而言，这与他在《文化转向》里对齐美尔的评论有些相似：“齐美尔对20世纪各种思潮的潜在影响是无法估量的，这在一定程度上是因为他拒绝将他的复杂思想整合到一个单一的系统之中；同时，那些非黑格尔派的或去中心的辩证法式的复杂表述经常由于他那冗长乏味的文体而难以卒读。”当然，詹姆逊因袭了黑格尔的辩证法，除此之外，就拒绝铸造特定体系和以沉重的散文隐含思想观念而言，他对齐美尔的评价显然也适合他自己。此外，在某种意义上，詹姆逊的影响也常常是潜在的。

总的来说，詹姆逊的影响主要在方法论方面。在他第一部作品《萨特：一种风格的始源》里，他的一些解读方法就已经出现。该书出版时正值冷战时期高峰，单是论述一个马克思主义者本身就具有挑战性，但今天的读者似乎已经没有那种感觉。因此一些批评家认为那本书缺乏政治性，至少不像它的主题那样明显地具有政治性。确实，詹姆逊没有论述萨特哲学的政治内容，而是重点强调他的风格。不过，他实际上强调的是风格中的"无意识的"政治，这点在他第二部作品《马克思主义与形式》里得到进一步发展。无论是其目的还是内容，《马克思主义与形式》都具有明显的政治性，而且改变了政治问题的范围。这两部作品预示了他后来著作发展的某些方面，他对风格的分析不是作为内容问题，而是作为形式问题。

对形式的强调是詹姆逊把非政治的事物政治化的主要方法。正如他自己所说："艺术作品的形式——包括大众文化产品的形式——是人们可以观察社会制约的地方，因此也是可以观察社会境遇的地方。有时形式也是人们可以观察具体社会语境的地方，甚至比通过流动的日常生活事件和直接的历史事件的观察更加充分。"① 在这种意义上，形式批评为詹姆逊独特的辩证批评提供了基础。在构成这种方法的过程中，他融合了许多人的思想，如萨特、阿多诺、本雅明和卢卡奇等等，但很难说其中某个人对他有直接影响，然而他的著作中又都有这些人的影子。可以说，他的著作既是萨特式的、阿多诺式的、本雅明式的或者卢卡奇式

① Fredric Jameson, "Marxism and the Historicity of Theory: An Interview with Fredric Jameson," *New Literary History* 29 (3), 1998: 360.

的，但同时也不是他们任何人的。有人简单地说他是黑格尔式的马克思主义者，但这种说法也不够确切，因为他的立场更多的是挑战性的综合。1971 年，他的获奖演讲“元评论”（Metacommentary）所提出的“元评论”的概念，实际上就表明了他的方法。虽然最近这个术语用得不那么多了，但它一直没有消失。“元评论”的基本活动是把理论构想为一种符码，具有它自己话语生产的规律，以及它自己的主题范围的逻辑。通过这种符码逻辑的作用，詹姆逊寻求揭示在这种文本和文本性的概念中发生作用的意识形态力量。

在《马克思主义与形式》之后，詹姆逊出版了他的最重要的著作《政治无意识》。这是一部真正具有国际影响的著作，据我所知，至少已有十种语言的译本。该书刚一出版，就在大西洋两岸引起了强烈反响，受众超出了传统的英文系统和比较文学系，被称为一本多学科交叉的著作。当时多种杂志出版专号讨论他的作品。《政治无意识》产生了多方面的影响，对当时新出现的文化研究领域影响尤其明显。它通过综合多种理论概念，如黑格尔、马克思、康德、弗洛伊德、阿尔都塞、德里达、福柯、拉康等人的，为文化研究的实践者提供了一种有效的方法，使他们可以探索和阐述流行文化和大众文化文本的意识形态基础。

就在詹姆逊写《政治无意识》之时，他已经开始构想另一部重要著作，也就是后来出版的那本被誉为具有划时代意义的论后现代主义的作品——《后现代主义，或晚期资本主义的文化逻辑》。《政治无意识》出版于 1981 年，同一年，他在纽约惠特尼现代艺术博物馆发表了“后现代主义，或晚期资本主义的文化逻辑”演讲。正是以这次演讲为基础，他写出了那本重要著作。在他出版这两部重要著作之间，詹姆逊在许多方面处于“动荡”状态，1983 年他离开了耶鲁大学法文系，转到加州大学圣克鲁兹分校思想史系，1985 年又转到杜克大学文学系，其间于 1985 年下半年还到北京大学做了一个学期的系列讲座。这种“动荡”也反映在他的著作当中。这一时期，他的写作富于实验性，触及一些新的领域和新的主题，而最突出的是论述电影的作品。在此之前，他只写过两篇评论电影的文章，但到 20 世纪 80 年代末，他完成了两本专门论述电影的著作：一本是根据他在英国电影学院的系列演讲整理而成，题名《地缘政治美学》；另一本是以他陆续发表的与电影相关的文章为基础，补充了一篇很长的论装饰艺术的文章，合成为《可见的签名》。与此同时，他至少一直思考着其他四个未完成的项目。

有些人可能不太知道，詹姆逊对科幻小说很感兴趣，早在《政治无意识》的结论里，他对科幻小说和乌托邦的偏好已初见端倪，而且在 20 世纪 80 年代确实也写了不少有关科幻小说的文章。后来由于其他更迫切的项目，他搁置了一段时间，直到 2005 年才出版了专门研究乌托邦和科幻小说的著作《未来的考古学》。当时他想写一本关于 20 世纪 60 年代的文化史，虽然已经开始，但由于种种原因而未能完成，只是写了三篇文章：《六十年代断代》（“Periodizing the 1960s”）、《多国资本主义时期的第三世界文学》（“Third-World Literature in the Era of Multinational Capitalism”）和《华莱士·史蒂文斯》（“Wallance Stevens”）。尽管他说前两篇文章与他论后现代主义的著作相关，但他从未对它们之间的联系进行充分说明。关于华莱士·史蒂文斯的文章是他的“理论话语的产生和消亡”计划的部分初稿，但这项计划也一直没有完成，只是写了一篇《理论留下了什么?》（“What's Left of Theory?”）的文章。

在探索后现代主义的同时，詹姆逊对重新思考现代主义文本仍然充满兴趣，尤其是与后殖民主义文化相关的文本，如乔伊斯、福楼拜和兰波等人的作品。2003 年他出版了《单一的现代性》，以独特的视角对这些作家进行了深入探讨。随后，他将陆续写的有关现代主义的文章整合、修改、补充，于 2007 年出版了《现代主义论文集》（*The Modernist Papers*，该书由中国人民大学出版社以《论现代主义文学》为名于 2010 年出版）。这些著作仿佛是对现代主义和后现代主义之间的过渡进行理论阐述，但奇怪的是它们出现在他的论后现代主义重要著作之后。关于这一点，也许我们可以认为，他试图围绕后现代主义从各种不同的角度进行验证。

20 世纪 90 年代中期以后，以他的《文化转向》为始，詹姆逊开始从文化理论方面阐述新出现的世界历史现象——全球化。简单说，詹姆逊认为，全球化的概念是“对市场的性欲化”（libidinalization of the market），就是说，今天的文化生产越来越使市场本身变成了人们欲求的东西；在今天的世界上，再没有任何地方不受商品和资本的统治，甚至美学或文化的其他方面也概莫能外。由于苏联的解体和东欧的剧变以及社会主义遇到的困难，资本主义觉得再没有能替代它的制度，甚至出现了“历史的终结”的论调。实际上，詹姆逊所担心的正是这种观念，就是说，那种认为存在或可能存在某种取代资本主义的社会制度的看法，已经萎缩或正在消亡。正如他自己所说，今天更容易想象世界的末日而不是对资本主义的替代。因此他认为当前最迫切的任务是揭露资本主义的内在矛盾以及掩饰这些矛盾所用的意识形态方法。就此而言，詹姆逊的项目可能是他一生都完不成的项目；而我们对他的探讨，同样也难有止境。

此次“詹姆逊作品系列”包括十五卷，分别是：《新马克思主义》《批评理论和叙事阐释》《文化研究和政治意识》《现代性、后现代性和全球化》《论现代主义文学》《马克思主义与形式》

《语言的牢笼》《政治无意识》《时间的种子》《文化转向》《黑格尔的变奏》《重读〈资本论〉》《侵略的寓言》《萨特：一种风格的始源》《古代与后现代》。这些作品基本上涵盖了詹姆逊从 1961 年至 2015 年的主要著作，其中前四卷是文章汇编，后十一卷都是独立出版的著作。考虑到某些著作篇幅较短，我们以附录的方式补充了一些独立成篇的文章。略感遗憾的是，有些作品虽然已在中国出版，但未能收入文集，如《可见的签名》、《未来的考古学》和《辩证法的效价》等，主要是因其他出版社已经购买中文版权且刚出版不久，好在这些书已有中文版，读者可以自己另外去找。

对于"詹姆逊作品系列"的出版，首先要感谢中国人民大学出版社，在几乎一切都变得商品化的今天，仍以学术关怀为主，委实令人感动。其次要感谢学术出版中心的杨宗元主任和她领导下的诸位编辑，感谢他们的细心编辑和校对，他们对译文提出了许多建议并做了相应的修改。当然，也要感谢诸位译者的支持，他们不计报酬，首肯将译作收入作品系列再版。最后，更要感谢作者詹姆逊，没有他的合作，没有他在版权方面的帮助，这套作品系列也难以顺利出版。

毫无疑问，"詹姆逊作品系列"同样存在所有翻译面临的两难问题：忠实便不漂亮，漂亮便不忠实。虽然译者们做了最大努力，但恐怕仍然存在不少问题。我们期望读者能理解翻译的难处，同时真诚欢迎读者提出批评和建议，以便今后再版时改进。

王逢振

2018 年 5 月

目　录

附录　历史的效价

导 言

人们不应为此感到惊讶：马克思的著作如资本本身一样，总 1
是说不完的，对于资本的每一次调整或变化，他的文本和思想都会以不同方式、不同重点予以回应——用法语说，就是*inédits*——富含新的意义。目前，资本主义从帝国主义和垄断阶段进入了全球化阶段，形成了全球性构架。面对资本主义的这一变化——即使不谈近来得到了扩张的整个资本主义系统本身，至少还可以加上其内部发生的与目前时代相应的危机与灾变，这些危机与灾变和过去一样，较之以前的危机与灾变既有相同之处，又有差异性和历史独特性——我们更应将注意力转向马克思的艰辛探索中尚不为人所关注的特征。

这些转变无疑会表现为对马克思著作本身的重新调整：首先，在其现代性时刻的创新性问题上，表现为一种新的对当时刚发现的1844年手稿中的异化理论的着迷；然后，随着60年代开始产生自己的影响，表现为对那些名为《大纲》的1857年笔记的沉醉，从这些笔记的开放式结尾中，人们似乎看到了从“辩证唯物主义”及其种种手册的僵硬程式中解脱出来的希望。[1]

但我们不能说，那些手册对马克思著作的定型化比得上《资 2
本论》（第一卷）本身。第一卷是《资本论》系列写作中唯一由马克思本人悉心制订提纲、撰写完毕并出版了的书，而《大纲》就是为写作这本书准备的笔记。与阿尔都塞相反，我将证明，异化理论仍然是一股非常积极的建设性的力量；我还要证明——这一次和阿尔都塞的观点一致——异化理论在《资本论》中已经被转向了一个全然不同的非哲学或后哲学的维度。然而，难道这个第一卷不是与此前更确切的未出版作品中的笔记与思索一样，都属于未完成的作品，区别仅在于表现形式不一样？在这里，我要说，第一卷不是未完成的作品，它已经以我们期望的圆满形式提出了作者去世后出版的《资本论》各卷的所有要点（利润率趋于下降、地租、多重时间性）。[2]但我还要说明，马克思主义的许多特征没有体现在这部更纯粹的经济学作品中，认识这些缺失只会让未来的马克思主义在政治上更有力量。

我将说明，《资本论》——从现在开始，我省略限定语“第一卷”——不是一部关于政治的书，甚至不是一部关于劳动的
3 书。它是一部关于失业的书。这是一个惊世骇俗的观点，我准备通过细致分析全书的观点和失业的阶段及逐步发展来证明。这可以想象成一个环环相扣的问题序列或悖论序列：一些问题在表面上解决以后，会在更大范围内产生人们不曾料到的新问题。

于是，这个过程必须被想象成一种具体的原叙事形式，在这种形式下，对观念困境以新的、可能更易处理的方式做出的转化或重新编码也会导致研究对象自身的延展：互相关联的难题或困惑的相继解决构成了整个结构或系统的框架（在这里就是资本主义系统的框架）。马克思所说的物质的表现正是这个独特的建构过程，此过程与大多数哲学文本及修辞论证的建构过程不一样。我不打算涉及关于科学的讨论。我只想提一下：阿尔都塞把科学定义为没有主体的话语（即是说，不带信仰或立场）。[3]

如维特根斯坦所言，真理就是你同意得出的结论是揭示。当所有那些环环相扣的问题都解决之后，对资本主义结构和运动方式的揭示就完成了。在这个由问题构成的序列中没找到位置的话题，一般会被看作反对马克思或反对马克思的资本主义论断的，尽管这些话题（如果不是伪问题）可能只是不同类型的问题，与

很不一样的事情相关。一般来说，资本主义经济学家关心的是为资本主义系统及市场的危机（通货膨胀或滞胀引起的经济增长或减速问题）提供实际解决方案，他们希望以这样那样的方式矫正系统，但不把它作为一个总体进行理论化，而这恰恰是马克思的抱负（也是大多数追随马克思的经济学家的抱负）。

这种理论化不是一项哲学工程，其目的也不在于阐述林林总总的资本观念；马克思的论证也不是哲学的，他不以玩弄这样那样的真理观点为乐。但也许可以肯定地说，对马克思主义的反驳是哲学的，因为这些人重新拾起经验主义者对使用如总体或系统 4
之类的框架的反对方法，认为框架是想象出来的东西。（同样不可否认的是，对这些反对意见的回击反过来似乎也采用了哲学形式，一种被普遍视为辩证法的形式。）但在这里我断言：《资本论》既非这种意义上的哲学著作，也非大多数学术型经济学院系提出的专业意义上的经济学著作。

当然，我也小心地不让本书后面的文字被解释为对《资本论》的文学解读。马克思主义的经济基础和上层建筑学说危害最大的地方，莫过于马克思主义内部。在这个学说的鼓励下，马克思主义内部的经济基础研究专家——资本主义现象的评论员、革命战略家——几乎完全看不起上层建筑的文化工作者，除非他们能进行合法合理的分析，或碰巧提出了某种与政治相关的意识形态。像这些人做的那种对《资本论》的文学解读，总是刻意总结这部书的形式特征（例如，它是喜剧的还是悲剧的），或将其作为某种叙事来阅读，而各种力量（资本、劳动、国家）则被划归到一个人物表或形象模式之中。[4]但是，这也许误解了近年来文学理论的发展方向。在当下，文学理论正面临着一个和倾向于怀疑传统哲学不无关系的困境，即再现困境。当代对真理的质询，以及对总体或实在的质询，必须以再现问题为中心。今天，再现问题像病毒一样彻底侵蚀了现有学科，尤其动摇了语言、指涉和表达的维度（这些曾是文学研究的领地）以及思考的维度（这曾是哲学的领地）。经济学也不能幸免，这个学科一方面提出了如金融资本之类的隐形实体的存在，另一方面提出了如金融衍生工具之类的不能理论化的独特事物的存在。至于政治理论，传统问题——什么是国家？——已经变为某种无法回答的后当代版本——国家在哪里？——而过去被称为权力的东西，那时看上去如金币或至少如美钞一样坚硬、真实，现在已经成为神秘主义者和生理学家不可捉摸的玩物。造成所有这些摇摆不定的混乱的，是再现问题，而让再现失去定准的，可以这么讲，是历史本身。因此，如果说再现问题是后现代的、历史的，那么也可以说，历史本身已经成为一个再现问题。

讨论资本主义，也许神学本来可以干得更好。可以说，神学是由范畴在真空中的自由嬉戏和没有指涉物的比喻的运作构成的：“一”与“多”、主体与客体、处处皆中心的圆周与自在的存在（*ens causa sui*）等辩证概念的相互作用。但即便是斯宾诺莎式的神学（该理论的非时间性人所共知），要想包容像资本主义这样特殊的空间变异和时间变异如此悖谬地交织在一起的总体，也会困难重重。

至于再现问题，我是将其放在与概念化及意识形态的关系中（作为思维或意识形态与叙事的关系的结果）来理解的。马克思对表现一词的频繁使用（以及被频繁地引用）必须这样理解，而不能仅仅在修辞学或语言学/文学的意义上理解。在现代，将再现问题重新纳入哲学议程的是海德格尔[5]，而在议会民主陷入危机的今天，再现的政治功能遭到了广泛的质疑（例见德勒兹、福柯、佳亚特里·斯皮瓦克）。海德格尔的理解较为狭窄，认为“再现”是现代性的历史表征，是现代性的主体/客体分离的结

果。马克思主义传统——对认识论和玄想的批判，对单面性以及
更普遍的物化的拒斥——在将现代性和资本主义等同起来之后， 6
会使这种分析更加透彻。我本人倾向于把再现理解为认知测绘和意识形态构建中的一个基本操作（这里是在正面意义上理解意识形态构建的）。

因此，我也希望强调一下如弗洛伊德著作中那样的再现和可再现性之间的联系。[6]在弗洛伊德著作中，梦的无意识构建扫描能指，寻找可用因素和基础材料，为欲念和驱力的表现/再现做准备。可见他的著作预设了两个特征：第一，任何完全地或让人满意地再现驱力都是不可能的（因为每种形式的欲念都已经是一种再现）；第二，在这个过程中，我们必须一直密切关注可再现性，可再现性一方面与最微妙表达的驱力（即使仅仅作为一个表征）的可能性有关，另一方面与这种表达可获得的材料有关（在弗洛伊德的案例中，就是日常语言与形象）。在这里，历史介入了，因为作为媒介的东西在某一历史时刻可以用来圆满地表达欲念的某个特征，在另一时刻却可能无法获得。

但当我们从精神及其驱力的神秘转向作为总体的资本主义的问题，这一点就更容易理解了。谁都不曾见过那个总体，资本主义也不曾以这种面目示人，而只表现为表征。这意味着，任何构建资本主义模式的努力——这就是再现在目前这个语境中的意思——都是兼有成功和失败的：一些特征被突出了，另一些特征被忽略乃至歪曲了。任何再现都是不完全的。我还想强调一个事实：每一种可能的再现都是各种各样的异质的构建方式或表达方式的组合，是完全不同的表述类型的组合。这些方式、类型不能相互通约，它们只能是一个代表多种视角的方法的混合体。人们必须从这些视角去接近资本主义总体，但无论哪一种视角都不能将其穷尽。正是因为有这种不可通约性，才会有辩证法。辩证法

7 的存在是为了协调不相容的思维方式，同时避免把它们简化为马尔库塞如此令人难忘地称之为单面性的东西。因此，举例来说，社会阶级在同一时刻既是一个社会学观念，又是一个政治概念，也是一个历史环节，还是一个社会活动口号，然而从以上任何一种视角单独做出的定义都必然是不尽如人意的。[7]的确，我们可以大胆断定：这就是为什么人们接受不了此类定义的原因。人们无法定义社会阶级，只能在一种视差内暂时接近它，这视差将它安置在种种不相容方法的多样化集合的虚在的中心。社会阶级只是资本主义总体的一个功能，那么，当谈到资本主义问题本身的时候，难道不更是如此吗？

然而，这里并非要得出这样的结论：因为资本主义不可再现，所以是不可言说的，是超出人类语言和思维能力之外的一种神秘现象。相反，人们必须加倍努力，去言说那不可言说之物。马克思的书给我们树立了一个辩证地完成这项事业的绝佳榜样。也正因为如此，他最终赖以取得成功的方法对我们今天来说既重要又迫切。

对于资本主义空间，我们可以设想一个斯宾诺莎式的泛神论，其中信息传播的力量既无处不在，又哪里都不在，同时还通过占有和包含而不断扩张。对于资本主义的时间性，我们只需这么说：这台机器经常出毛病，它恢复正常的办法不是把局部问题解决掉，而是将其转嫁到越来越大的规模上，它的过去总是被迅速遗忘，而安乐窝中的未来在突变之前总不相干（以至有时人们觉得，结构主义关于共时的观念明显就是为了处理这一特殊的新现实而提出的概念意识形态）。

这一复杂的现实把自己裹在它本身投射出的时间和空间中，对它的任何描述的后面，似乎都跟着两个非常辩证的问题。第一个是关乎其技术的，说的是物化现象：技术是原因还是结果？是

人类的创造物还是人类的主人？是集体力量的延伸还是对集体力量的占有？在这里，技术是被生产的并以惰性的物质形式在生产 8
中幸存下来的事物，它的这一性质让我们在认识上极为困惑，这种困惑或者通过技术决定论，或者通过人格隐喻释放出来。无论两种结果中的哪一种，在认识或意识形态上都不能让人满意，都是对马克思著作的一再出现的、似是而非的阐释，而且互不相容。也许对立面的统一为我们观察这个在马克思著作中表现为一种交替的东西提供了更有效的视角：如《共产党宣言》所说，资本主义这样的现象是既好又坏的，既是人类历史上迄今为止最具建设性的力量，也是最具破坏性的力量。我们必须记住马克思个人很喜欢新技术、新发明，很喜欢新的科技发现[8]，这样才能更准确地评价这些东西在《资本论》中扮演的可怕角色，才能有效地抵制诱惑，不去怀念那简朴的过去，不幻想退回到人性化的前资本主义生产方式（这种诱惑无时不在）。

第二个问题是关于中介的（技术也可以作为中介问题的一个例证）。这里，货币是最有用的指示物，因为这个没有价值的物品代表了生产和消费、交换价值和使用价值的分水岭，不解决因介入这些两极之间而产生的任何认识问题，反倒让它们有可能在实际的、世俗的行动热潮中完全被遗忘。物化也是这团迷雾的一部分，但在这里的意义和它在作为公共机构物品的技术（即由存储的劳动转换而成的东西）中的意义不一样。作为物，货币似乎更像某个外来的社会契约；作为关系，货币是一个等式，等式两端的各方或各项目会致命地误导我们将其视为一个物，并将其作为政治的基础，如同托马斯·莫尔在《乌托邦》中废除货币时所认识的那样。在思维中，中介只是一个词，容易受到所有最有害的反辩证法主张的影响；在现实中，中介是一个谜，会完全阻碍思考。我们必须十分小心地以精湛的技艺处理它。

9 最后谈谈历史，谈谈同一和差异的同一（或两者的非同一?）。唯有这一特殊的对立面的统一，才能对今天问得最频繁的问题做出满意的回答。这个问题就是，为什么要回到马克思？尤其是为什么要回到这部特殊的名为《资本论》的 19 世纪作品？如果马克思的思想仍然有效，那么我们就不需要重新解读这部著名的、受人膜拜的经典。如果马克思的思想不再有效，那么为什么不提出新的思想，把第一卷中那些熟悉的口号统统送进档案公墓，就像所有曾经正确而现在已经完全过时的科学观点一样?

原因就在于资本主义各阶段之间的同一和差异。每个阶段都真实地体现了资本主义的本质和结构（利润驱动、资本积累、资本扩张、对雇佣劳动的剥削），同时彰显着文化和日常生活的变化以及社会体制和人际关系的变化。今天对《资本论》的任何创造性解读都是一个翻译过程。这个过程把为维多利亚社会第一个工业时代创造的语言和概念在忠实于原初构建的状况下转换成另一种代码，还通过对初次再现的抱负维度和精巧结构的坚持，保证了它在当代的可再现性。欧内斯特·曼德尔声称，清除了仍然保存在资本主义较早阶段中的陈旧的、残留的因素以后，马克思对这个系统进行的纯粹而简明的抽象就显得更加真实、更加切近当代环境了。[9] 今天，社会贫富悬殊，失业增加，人们更急切地寻求新的投资和市场，似乎一切都在证实曼德尔的评价。

于基林沃斯，2010

【注释】

[1] 葛兰西（Gramsci）对布哈林（Bukharin）《共产主义 ABC》（*ABC of Communism*）之类的手册的责难人所共知；而在当代，很多人倾向于认为，《大纲》在占统治地位的正统观念之外开辟了或辩证或非辩证的航线。

例见安东尼奥·奈格里：《超越马克思的马克思》（Antonio Negri，*Marx Beyond Marx*，Brooklyn：Autonomedia，1991)；及收录了多种观点与研究的马塞罗·默斯托编：《马克思的〈大纲〉》（*Karl Marx's Grundrisse*，ed. Marcello Musto，London：Routledge，2008）。

［2］任何研究者，只要留意过马克思在他1858年4月2日写给恩格斯的书信中制定的六部分纲要，都会对这种明显有争议的断言（对我来说仅仅是一个工作框架）或含蓄或直接地进行指责。的确，据欧内斯特·曼德尔（Ernest Mandel）说，罗曼·罗斯多尔斯基（Roman Rosdolsky）在他的拓荒之作《马克思〈资本论〉创作研究》（*The Making of Marx's "Capital"*）中披露，他"辨别出了至少十四种写于1857年9月至1868年4月之间的《资本论》创作纲要版本"（*Capital*，Volume One，Ben Fowkes trans.，London：New Left Review，1976，p. 28。本书对该著作的引用均出自这个版本）。当代认为第一卷是未完成作品的最有力的政治观点来自迈克尔·莱波维兹（Michael Lebowitz)（例见《追随马克思》第七章［Chapter 7 in *Following Marx*，Chicago：Harvester，2009］）。我将在下文《政治结论》一章中进一步讨论莱波维兹的观点；他的观点与我在本书中的解读并不矛盾。同时，当前人们对恩格斯修订《资本论》第二、三卷也颇为关注；参见福尔格拉夫、容尼克尔：《马克思手稿中的马克思?》（Vollgraf and Jungnickel，"Marx in Marx's Worten?" in *MEGA-Studien* 1994/2）。

［3］Louis Althusser，"Ideology and Ideological State Apparatuses，" in *Lenin and Philosophy*，New York：Monthly Review Press，1971，p. 171.

［4］斯坦利·埃德加·海曼：《草木丛生的堤岸》（Stanley Edgar Hyman，*The Tangled Bank*)；罗伯特·保罗·沃尔夫：《富人必须如此幸运——论〈资本论〉的文学结构》（Robert Paul Wolff，*Moneybags Must Be So Lucky*)；海登·怀特：《元历史》（Hayden White，*Metahistory*）。对马克思著作最成功的语言学研究属于卢多维克·席尔瓦《马克思著作的形式》（Ludovico Silva，*El Estilo de Marx*，Mexico：Siglo Ventuno，1971）。

［5］参阅马丁·海德格尔：《世界图像的时代》，见《林中路》（Martin Heidegger，"Die Zeit des Weltbildes"，in *Holzwege*，Frankfurt：Klostermann，1950）。

［6］Sigmund Freud，*The Interpretation of Dreams*，standard edn，Vol. V，Chapter Six，Section D（“Considerations of Representability”），London：Hogarth，1953.

［7］阶级“定义”难免多样化的例子，可参阅斯坦利·阿罗诺维茨：《阶级的运作方式》（Stanley Aronowitz，*How Class Works*，New Haven：Yale University Press，2003）。

［8］雅克·阿塔利的著作《卡尔·马克思，或全球化思维》（Jacques Attali，*Karl Marx，ou l'esprit du monde*，Paris：Fayard，2005）在马克思的生命历程和（在艺术以及科技领域中）连续涌现的杰出发明之间建立了极富启发性的联系。

［9］“我们甚至可以认为，从结构的观点看，20 世纪最后二十五年的‘具体’资本主义比 1867 年马克思完成第一卷清样校对时的‘具体’资本主义远为接近《资本论》的‘抽象’模式。”（欧内斯特·曼德尔：《〈资本论〉导读》［Ernest Mandel，*Introduction to Capital*］，82 页）

第一章　范畴的游戏

《资本论》的开篇三章（第一部分，商品和货币[10]）是这部 11
书中人们读得最多、研究得最深入的部分，也是最有争议的部分。这三章频频使用辩证语言（马克思的说法是“与黑格尔调情”），很让一些人感到遗憾。他们认为这三章会因此而不能为一般读者——尤其是劳动人民——所理解，而且以唯心主义为本质的黑格尔哲学与马克思的唯物主义水火不容，因为之所以会有马克思唯物主义，正在于马克思决意摆脱唯心主义的影响。同时，这三章会让马克思主义退回到马克思政治经济学（或更准确地说，马克思政治经济学批判）一开始就坚决地取代了的哲学框架中。这种观点最有影响的提倡者是路易·阿尔都塞，他建议初读时跳过这一部分。他还说，对异化的思考（1844 年手稿）是马克思政治经济学研究的开端，它基本上仍是哲学性的，读者应审慎地保持马克思成熟时期的著作和这些思考之间的距离。（此前很多年，卡尔·科尔施就曾提出过类似的策略和防备建议，尽管哲学观点迥异，反辩证法立场却是相同的。[11]）

马克思本人在这个问题上的犹豫让阿尔都塞的观点似乎有些 12
道理。马克思为《资本论》的第二版重写了一个更简单的阐述，增加了许多阿尔都塞反感的华美的辩证片段；后来，在法语版中，他从头再次尝试对大部分相同材料进行简写。还可一提的是，事实上这几章的“定”稿本身最初就是早前一本小书或宣传册子《政治经济学批判》(1859)[12]的改写，因此人们大概有理由对整个这一部分在全书中的不确定地位思考再三（无须特别想从心理上推测马克思有完美主义倾向还是偏好不把著作写完）。

同时，对别的许多人来说，开篇三章实际上包含了《资本论》的所有基本命题，因而是进入整部作品的必然通道。砍掉对价值理论的阐述，《资本论》就会变成一篇平庸的经济学论文，不会比它毁灭性地进行分析与批判的普通政治经济学著作高明多少。因为价值理论好像是《资本论》的阐释维度之类的东西：它肯定了所有价格和市场交换现象背后深层规律的存在。马克思理论的任务就是要揭示这些规律，如果不懂得这些规律，“剧烈波动”（782 页）、资本主义的不可抗拒的扩张、资本主义的产生与消亡等就难以理解。在这个意义上，马克思版本的劳动价值规律戏剧性地解开了一个古老的关于市场的谜（人何以能从公平交易中获利?）。

另一方面，应该指出的是，劳动价值理论直到第六章才首次出现，在开篇三章中并未得到详细阐述。用黑格尔的话说，第一部分无疑是在训练我们探寻现象背后的本质的习惯；然而，那个诚挚的邀请——离开流通与市场“那嘈杂的领域”（“此处什么都
13 在表面发生，任何人都一望而知”），跟随资本家和工人“进入隐蔽的生产场所”（279 页）——直到第六章末才发出。到头来第一部分反而把我们带到了如过去的著作一样的死路上，即那种在《资本论》正文中几乎不起任何作用的货币理论，这种理论对这一剖析资本主义的巨著的最大贡献就是说明货币本身只是深层的结构性矛盾的表征（也就是说，一个“中介”，一个不解决矛盾本身而只“提供矛盾在其中拥有活动空间的形式”［198 页］的替代性解决办法；我们后面会再次提到这一重要表述）。

因此，马克思在这里没有前进，而是后退了：他以早前的《政治经济学批判》的终点为出发点，以当年结束时的货币理论为出发点，回到原点深化、细化，以商品形式将起点哲学化，经

过价值理论的重新浸润之后再抽身出来。不过这新的开端没怎么涉及资本理论，资本理论要到第四章才开始讨论。

这就是为什么我要将《资本论》第一部分追溯到早期形式，视其为如前身一样虽短却自身独立完整的论文的根本原因。第一部分不应被类比为歌剧的序曲，而应被看作瓦格纳《莱茵黄金》（几乎与马克思那三章同时构思）一类小型的、附属的统一体——一个引领四联歌剧的短小的开场演出——正如古希腊悲剧结束时上演的羊人剧。这一解决方案能消除阿尔都塞的异议，因为我们现在可以把第一部分看成一个相关但半独立的讨论了，此讨论为将要到来的主要任务打下了基础，扫清了障碍，是一件比其后的主要作品（诚然，马克思任何时候都是为之骄傲的）更完备的作品，或说是一件塑造、打磨得更惹人喜爱的工艺品。

这种方法不是要像阿尔都塞有些惊世骇俗的做法那样，断然抛弃开篇三章，也不是要贬低这几章中大量的辩证语言和比喻修辞（其实，这些辩证语言和比喻修辞道出了有关马克思的创造性的一些最有趣的秘密）。相反，这种方法真能让我们就形式和自 14
主性提出问题，在我们阅读《资本论》最后一部分（第八部分，关于所谓的原始积累）的时候，这些问题也能提供有益的洞见和同样新颖的视角。对于书中篇幅最长的三章，我的方法也将证明是有效的。这三章事实上各自独立，就像大海里的岛屿，似乎阻隔了整本书的思路。它们分别是第十章《工作日》、第十五章《机器和大工业》、第二十五章《资本主义积累的一般规律》。

把握个别分析和命题在整个结构中的位置是解读《资本论》的方法之一，这种方法在于把整本书看作将在适当时候解开的一系列难题，一系列谜团或悖论。自然，这些难题、谜团或悖论的解决将是辩证的；它不会以冷静、理性的揭示驱除先前的悖论或二律背反的怪异，而是将问题的怪异保存在辩证解决方案的新的怪异中。对这些难题的阐述长短不一；难题会重叠，会在出人意料的时刻得到结果，部分难题还会在结果中意外地表明彼此是相同的。毫无疑问，难题的难题就是资本主义本身，以及资本主义如何能首先以迥异于其他所有社会形态（或生产方式）的方式而存在。

的确，与《资本论》正文——我们把第二到第七部分称为正文——不一样，第一部分结合多个实例谈到了截然不同的生产方式：有四种“没有商品”也没有商品理论化问题的“生产形式”（第一章）：鲁滨逊漂流岛、中世纪（封建）欧洲、农民家庭，以
15 及“自由人联合体”（社会主义）。[13]稍后我们又读到了印度村庄和印加生产模式（马克思在《大纲》中称之为亚细亚生产方式［182～184 页］）。[14]这些例子在阿尔都塞对结构主导与结构决定的区分中，很好地得到了解释。[15]就存在于每种社会形态中的生
16 产类型而言，所有这些社会形态的决定因素无疑是经济。然而各自起统一作用的意识形态——主导意识形态——可能千差万别：各种各样的宗教形式，或古代城邦的民族气质，或封建社会（不用提那现在说不出口的、由居于中心的神皇来统一的亚细亚社会）的权力关系与个人主宰。在这些社会中，意识形态的或宗教的主导因素不同于该生产类型的决定因素。只有在资本主义社会中，两者才是一致的：其经济决定因素也是世俗主导因素（或换言之，它是由货币形式建立起来的）。如果这么说不容易理解，我们可以从社区或集体的角度重新表述一下：资本主义以前的各种社会，无论技术生产如何，都是以集体方式组织起来的，只有资本主义构成的社会形态——组织起来的人的混合体——不是通过聚合而是通过分离和个人化形成的。

同时，不可否认，资本主义社会的主导因素和决定因素在原则上的同一性使其成为第一个透明社会，即第一个公开了“生产

的秘密”的社会形态。的确，马克思主义的真理假说正是建立在这种透明性的基础之上的。只有在商品化趋于普遍化时，也就是雇佣劳动已经远远超越其他各种形式的阶级关系时，马克思主义的真理假说才可能出现。[16]然而，资本主义社会这种让真理得到揭示的可能性旋即被意识形态——在意识形态专家制造、生产出隐藏此真理的意义上所说的狭义意识形态——遮蔽了。于是，首 17
先，理解前资本主义社会（更确切地说，这些社会作为资本主义之外的其他选择的可能性）立刻变得不必要了：“政治经济学对待资产阶级以前的社会生产有机体形式，就像教父对待基督教以前的宗教一样”（175 页）；或者，“他们认为，以前是有历史的，但现在没有了”（175 页注）。其次，为了假拟出一个类似此前社会的——换句话说，显得集体化的——资本主义社会统一体，提出了各种意识形态版本的资本主义主导因素。毫无疑问，在我们这个时代，这种主导因素表现为现在已经被普遍化为形而上原则（及人类本性的一个永恒特征）的“市场”形式；于是市场（被马克思简化为“流通领域”，或简单地说，“交易”）被看作一个起统一作用的原则和某种相当的（但更好的，多少更自然的）集体化形式。因此，整个第一部分可以理解为对市场意识形态的大举进攻；如果你愿意，也可以理解为对交易概念和（事实上）对等价置换本身的根本批判。

我们必须习惯辩证同义原则。通过辩证同义过程，批判在多个层次上同时展开，从而使对对等的批判（以各种数学推理和思考为手段，马克思对此非常喜欢，但其主要体现不是在《资本论》中）[17]导向对同一的批判，这种同一与黑格尔的同一与非同一的同一——他关于相同与差异的辩证法（两者不停地向对方转 18
化）——有亲缘关系，但在多种后续发展中远远超越了黑格尔原先的版本；也导向对商品交易普遍化趋势及商品价值对等的更具体的经济理论或意识形态的批判，且不提个体在资本主义制度下“自由”出售劳动力的法律“平等”；接着导向对“契约”的批判，且不提均衡理论；导向对将自我意识作为意识之镜面反射的任何主题化的虚假性的批判；最后导向对卷入将一种具体事物或现象与另一种事物或现象等同起来的抽象方法的批判。于是，辩证的批判或批评性的力场将以种种方式作用于所有这些关于等价或对等的显然同义的层次——哲学层次、政治层次、经济层次、意识形态层次、生产层次——在这个过程中，不忘最终作用于关于对等的意识形态层次，意识形态层次坚持主张生产具有不同于流通和消费的特殊性，从而把这些层次全部等同起来。但是，对于这些批评运作的辩证性质，我们还得这样强调：因为把不同对象置于相互等同的地位已经预设了差异的存在，所以否定对等或同一并不一定导致肯定差异。相反，我们将看到，必须以另一种（更辩证的）方式来阻止同一和差异的相互转换。

然而，这么做的倾向本身展示了这个批评过程的另一基本特征，那就是它与二重性的关系以及对二重性的依赖。我很想把这概括为一个前哲学问题，的确，一个像是这种辩证法的前苏格拉底基石的问题。我在别处已经谈到过辩证法和结构主义二元对立的亲缘关系。[18]现在是二重性自己活跃起来而使问题变得复杂了，因为我们不能以结构分析的简单实证方法处理它。当二重性被遗忘或在意识形态上被压制的时候，我们必须重申它；当二重性被
19 运用于各种各样的愚昧主义策略的时候，我们必须拒斥它。二重性不能被看作一个形而上原则（如我刚才忍不住想做的那样），因为它不是永恒的，而总是与情境相关的、独特的，以致从方法论或结构的角度将其概括、总结为“辩证的”就是一种蒙蔽人、误导人的做法。

《资本论》开篇几页密集出现的二重性难免成为研究的开端，

无论稍后我们会发现有多少理由简单地打发它们或忽略它们：我们需要同时处理使用价值和交换价值并将长期如此，尽管马克思明显（而且明确）地将使用价值范畴悬置起来，声称他对资本的分析不会再涉及这个方面。在这一点上，《资本论》明显模仿它的研究对象（“分析的进程要求把研究对象这样分割开来，而这种分割也是符合资本主义生产精神的”［443 页］）：因为商品销售者对商品的使用价值不感兴趣（假设商品有使用价值，即是说，假设有人想买这件商品）——“决不能把使用价值看作资本家的直接目的”（254 页）。因此我们可以说，《资本论》一开头就已经预设了使用价值（还可以说，我们已经处于商品系统中了）。无论如何，使用价值事先就被排除在了研究之外。

但这种表象会误导人（如所有表象一样），事实上《资本论》从头到尾都贯穿着一个巨大的二重性或二元对立——全书根本的或绝对的起点，总有许多人斥之为形而上学预设——那就是性质和数量之间的鲜明对立，偶尔我们会发现其变成甚至更可疑的身体与精神或灵魂的对立。（但这是唯物主义哲学［如果它的确是哲学］，因此当我们发现身体或性质成了正面术语，而数量或精神或灵魂成了负面的、纯粹唯心的术语的时候，我们不应觉得惊奇。）

因此，使用价值就是性质；它是身体的生命，是存在主义或现象学的经验的生命，是物质产品消费的生命，也是物理工作和物理时间的质地本身（“衡量财富的标准”，马克思在《大纲》中 20
大声说[19]，“决不是劳动时间，而是可以自由支配的时间！”［708 页］）无论在劳动中，还是在劳动之外的生活中，性质都是人类时间本身；正是因为这深层次的存在主义的基本观念，马克思主义始终有一丝乌托邦色彩，这一特征预示着劳动将变为审美活动（从罗斯金到莫里斯，从马尔库塞到保罗·维尔诺的艺术鉴赏力观念)，这个传统多少不同于黑格尔对活动的喜爱和更正统的把工作或生产视为人类核心动力的颂扬[20]（当然，两者又有别于第三种观念，即将乌托邦重心放在完全取消劳动上的观念)。

性质和身体之间这种不可分割的联系会让关于带有唯灵论和对资本主义进行唯灵论抽象意味的“商品拜物教”的一切更加清晰，更加不祥，眼下唯灵论和资本主义的唯灵论抽象要通过数量来说明，而如同在黑格尔著作中一样，此处数量等同于心灵以及关于心灵的理论[21]（当然，黑格尔的唯心主义让他的价值增殖走上了另一条道路)。不过，尽管如此，马克思的唯物主义绝非某种简单的反智主义；我们很快就会看到，数量和性质的绝对对立，即《资本论》思想的基础，也不是作为简单的二元论发挥作用的，相反，它会产生某种奇怪地超越了身体和灵魂的相互转换的东西，那是一个迥异于人们通常预料的庸俗黑格尔主义第三术语或“合题”的维度。

*　*　*

21　但我们还是和往常一样，从二重性开始——在这开篇几页中，就是从那些叫作商品的东西在使用价值和交换价值之间的摆动开始。（值得注意的是，单独来看，词语“价值”倾向于只有交换价值的意思，好像只有当我们必须在使用和交换两个相反意义中进行选择的时候，价值这一观念才会出现；如果不曾出现或不再存在这种选择局面，这样的价值概念或许就会一并消失。[22]）同时，如果说使用把我们引向由人类时间和存在来定义的性质，那么交换就把我们引向数学抽象，尤其是对等抽象。

但是，一开始我们就应该注意，这里有一个引起含混的关键因素，这也许是很重要的。马克思在这里，在这开篇几页中，把两个不同层次的比喻不加区别地连在一起，这两个比喻在一定条件下又能分头并进。他把“商品”一词转化成一个自身独立的实在的技术术语，其周围可以聚集强烈的物性；同时他又把我们指向数学过程，这一过程可以取代那些物质和物品，能将它们的惰性翻译成仅仅在表面静止的东西的关联规律或内部动力。在马克思那里，这两套语言并不矛盾，甚至根本就是互相补充的。但经过后世理论思考的推进，两者便能够专注于各自的半独立性了，成为独立自足的理论语言。当前劳动价值理论一派和金融资本理论一派的争端（此争端本身就是马克思主义内部各种各样的早期
争论的延伸）就是这么来的。[23]我不打算为这个争端提供任何解 22
决办法，我只想指出，解决的可能性的条件已经蕴涵在马克思最初的比喻中了，而且在马克思那里，这个争端不是现在的样子。

这么看来，我们可以把整个第一部分解读为对商品交易对等的大规模批判，解读为一种数学抽象。因为只有以这种特殊形式为基础，关于同一性的更哲学化或更范畴化的问题才能以需要争论的方式提出来。因此，这不是一个“反同一性理论”的问题。人们通常认为，“反同一性理论”是阿多诺提出来的，其实这个理论更应被归为他蔑视并提防着的唯名论的又一案例：赋予个体以优先性，绝对地、精神分裂似地捕捉周围一切事物不可同化的差异。马克思的辩论不是以某个哲学性的唯名论时间性概念的名义展开的，唯名论时间性是一种不可比较的永恒的现在，在其中，不用说同一性，即便相似性也不存在。

相反，马克思的辩论针对的是一种传统的思维形式，以及预设了这种形式的可能性（更确切地说，这种形式天然的、必定的存在）的语言，即对等，进而针对由此产生的所有意识形态的表面合理性。如果可以把迥然不同的事物看作彼此的等价物，那就为公平价格（以及公平工资）的意识形态理论打开了一扇大门。与之一道进入这扇大门的，还有（自由、平等主体之间的）合同观念、均衡理论（价格在某种程度上与价值“相同”），最后还

有（让我们再次回到哲学）自我意识或艺术中的反映的认识论观
23 念或美学观念，在这些观念中，名为镜像[24]的历史性发明被用来为整个意识形态计划辩护。马克思的批判直接绕过了中世纪宗教经济学、资本主义辩护以及蒲鲁东无政府主义（蒲鲁东认为资本家用“劳工证”来规避应该加到产品里的附加费，由此证明他的“财产就是盗窃”的基本观点）。[25]我们不能错误地说，马克思主张一种价值决定主义，认为劳动者或国家简单地通过法令决定经济中什么等价于什么。但他关于这个问题的批评观点无疑预设了这样一种集体性：此集体性是以自身的需要和要求——而非以纯粹的等价——为基础建立起自己的优先权的。

无论如何，对等最终成为这个难题的符号和表征，并设定了《资本论》第一部分和后面部分将要解决的谜的表达方式，这个难题（或者谜）就是：一个物品和另一个物品如何能等价？如果圆满地回答了这个问题，那么，资本家如何能从等价物品的交换中获利？但我认为还有必要另外提出一个假设，用来说明交错配列何以会在马克思的风格中异常普遍（“批评的武器不能取代武器的批评”）。此时，交错配列是对等的一种形式，但在这个形式中，左右两项的对换被用来把等同提升到一个新的或更高的水平，或者说，把时间性引入众所周知容易陷入共时性妄想的过程中。从马克思这里对价值对等的第一次论述中真正迅速浮出的是：尽管有官方的声明和表现，但价值对等并不在两个方向上都起作用，在这个意义上，两个项目并不真正是（而且永远不能是）“相同的”。与此一同浮出的还有：这些为证明市场的公平性而设计出来的数学形式，如同黑格尔对三段论的解读一样，其实
24 刻写了一个不可逆的时间过程。事实上，整部《资本论》——尽管有一个叫作《政治经济学批判》的副标题，但受过政治经济学手稿训练的读者还是必然会认为这部著作是阐述资本结构的——

总是对时间性念念不忘，时间性总是在最关键的时候爆发出来，同时对马克思称作表现的东西提出最棘手的问题。因为这不仅仅是展示一个只能通过在时间中发生作用而存在的结构的问题，也是呈现一个总在崩解（并在新的、更宽广的层次上修复自身）的结构（如果还能称作结构的话）的问题。无论如何，马克思根据各项目在等式中的位置描述了它们的不同特征：互为区别的相对价值形式与等价形式（专门术语，最好将其看作过于个人化的名称，因为马克思对这一过时的哲学术语的使用常常让现代读者感到困惑——见下文），从而摧毁了等号的静止或共时功能。

论证将首先是比喻的。当初在《政治经济学批判》中，马克思就很喜欢并列对等事物：“一蒲式耳小麦、一刀纸、一码麻布”（《批判》，27 页）；“一卷《普罗佩尔提乌斯歌集》和八盎司鼻烟”（《批判》，28 页）；“一座宫殿和一大堆装满鞋油的罐子”（《批判》，28 页）；“金、铁、小麦、绸缎”（《批判》，29 页）。从某个角度看，这些并列预示了《资本论》正文中惠特曼式的对列举的偏好（稍后我们会读到关于手表和手表内部结构的详尽罗列［461～462 页］）。不过，《资本论》第一部分中的各项列举所起的作用很不一样，它们有点像后来皮埃尔·勒韦迪关于超现实主义意象的套路，即并列两个尽可能不相干的事物（“缝纫机和雨伞，偶然相遇在解剖台上”[26]）。但是，超现实主义意象把这些事物在其中并存的世界的混乱与神秘视为其功能，而马克思的并列是为了触诊世界的毛病，这个世界有不同的原材料，原材料有不同的密度品质与表面纹理：德勒兹的平滑与条痕。这不同于超现 25
实主义的视觉指向，事物在视觉指向中注定会终结在绘画的表面。这里关注的也不是超现实主义的主体作用，即无意识，而是这种主体作用的被压制、被遮蔽（稍后我们会看到，资本主义生产的时间性与市场交易一样，都在于取消过去）。“我们从小麦的滋味中尝不出种植小麦的人是俄国的农奴、法国的小农，还是英国的资本家”（《批判》，28 页）：在我们这个时代，“酒的风味”本身已经被商品化了，计入了葡萄酒或原料的交换价值，而即使在这颇为后现代的包含中，生产劳动也一定是不在场的。

然而这里的劳动把对性质的探讨引向了不曾料到的新方向：作为存在主义的或现象学的行为而牵涉进来的工作的性质。“挖金、采铁、种麦、织绸，是质上互不相同的劳动种类”（《批判》，29 页）：这就是为什么必须把劳动性质压制在数量之下，或更准确地说，这就是为什么必须把劳动性质阻挡在数量格局之外，不能让它显示在测量数量的屏幕上。这种不在场的对身体以及身体的劳作和活动的存在主义性质的坚持，将伴随全书始终，甚至——尤其——在它正式被抽象的、简单的、可用持续时间来衡量的劳动（马克思提醒我们，“英国经济学家称之为非技能劳动”［《批判》，31 页注］）取代的地方，也是如此。在《资本论》中，这种作为抽象工具的简单劳动的概念以比喻的方式得到了进一步发展：抽象劳动成为两个等价商品以某种方式分享的“第三种东西”（127 页）。但接着，这一物化的萌芽被否定了（当隐喻的制造者们要强化他们的新隐喻时，总是坚持说“这不是隐喻！”）：“这种共同东西不可能是商品的几何的、物理的、化学的或其他的天然属性”（127 页）。在下一页中，它却被描述为某种“凝结”的东西，“它们共有的这个社会实体的结晶”（128 页）。除非变作一个独立的物，从物中抽象出来这一过程是不能自己发生的。然
26 而，这不只是风格问题，不只是作者对此类转义或比喻（艾德蒙·威尔逊著名的“商品诗学”）的一时喜好或纯主观偏爱。相反，比喻的物化是客观的，它就在资本主义世界中，是资本主义的基本运动方式。

这里，我们面对的是资本主义辩证逻辑与马克思理论构建计

划的结构性难题相交的关键点；在这个点上，我们无可避免地需要援引黑格尔。因为现实不仅仅是物质与心灵的结合，这种结合顶多能提供唯物主义和唯心主义两种方法中的一种。在这种二重性中，还有一个“第三种东西”。这个“第三种东西”与另外两个维度不一样：另外两个维度（身体、个人意识）必然是个人的，它却不再是个人的，而是集体的，或者（如果你喜欢这么说）社会的。第三种东西也可称作客体性，它与纯粹物质的东西不是一回事：的确，客体性是一种独立的清晰可辨的形式或范畴。我们可以回顾一下叔本华对康德范畴不包含“客体”的反对（客体性也是一种加到某种本来无形的现实的“兴盛而嗡嗡作响的混乱”上的形式）。同时，对马克思来说，交换价值的客体也能有一种“幽灵般的客体性”，这不是什么纯粹主观的错觉或个人的胡想乱想，而是一种社会事实，一种我们倘若忽略就会有危险的社会现实。

这样，对于真正的资本主义现实，用黑格尔的话说，我们就来到了它的客观表现领域；用马克思的话说，我们就来到了它的 *Erscheinungsform*，即“外在形态”——在这个意义上，资本主义现实不真也不假，而只是客观存在着。然而，除非能将这种现实与其他阶段的社会现实并排比较一下，否则我们就不能判断、理解它的性质（这可能导致提出一些错误的但完全可以理解的关于真理和谬误的问题）：因为资本主义现实也是历史的，是资本主义的外在形态，是商品形式的强势主导——于是就有了《批判》第七页对历史上其他全然不同的生产方式几乎同时的罗列（《批判》，33～34 页），以及这些生产方式后来在《资本论》第一部分中隆重的伪说式登场（169～172 页）。马克思在谈到另一个话题时也曾讨论这一哲学的或黑格尔的问题，值得我们更长地引用一段他的评论：

27
> 总之，“劳动的价值和价格”或“工资”这个表现形式不同于它所表现的本质关系，即劳动力的价值和价格，我们关于一切表现形式和隐藏在它们背后的基础所说的话，在这里也是适用的。前者是直接地自发地作为流行的思维形式再生产出来的，而后者只有通过科学才能揭示出来。古典政治经济学几乎接触到事物的真实状况，但是没有自觉地把它表述出来。只要古典政治经济学附着在资产阶级的皮上，它就不可能做到这一点。（682 页）

这时也可以更概括地完成对马克思著作中的物化或商品化理论的阐述了。因为我们已经明确了这一点：物化，潜在经验转变为商品，或者说，向物品或东西的转化，是一个比喻过程，无论它多么真实或社会化。由此，如果只在无限延伸的平行线最终分散开去的意义上说，物化理论研究者最后必将走上一条与价值理论研究者不同方向的道路。两者在本质上都是主题化，即，它们把一种特定分析或一个特定现实的某些方面翻译、转换为术语，这些术语以各自半独立的方式构建对结果的讨论，同时变成方法的名称和引起讨论的现实自身的编码。

就在这第一部分中，马克思的商品拜物教思想已然是一个独立的物化版本了，尽管其宗教比喻离世俗日常生活如此之远，以至它一直被看作一个比喻，一个机敏的或临时的比喻，或者是一个承诺要完整、详细而广泛地讨论消费和宗教两个层次的比喻（稍后我们将明白这一比喻以何种方式常常倾向于包含对其他层次或学科的投射）。大约五十五年后的 1923 年，卢卡奇的《历史与阶级意识》系统地展开了对物化概念与意识及社会现象学之间的相关性的详细讨论，区别了资产阶级思想和哲学中的物化（以
28 资产阶级避免自己窥见社会总体性及其反面结构的限度为视角）

与劳动阶级意识中的异化。劳动阶级被作为商品（劳动力）卖掉了，他们缺乏自我保护兴趣，这可能影响或低估（因而限制）了自己理解整体的能力。

此后，卢卡奇的这一洞见迈进了美学领域。在这个领域中，艺术作品的客观性让阿多诺将艺术品的自我商品化阐述为反对资本主义社会对艺术的普遍商品化（画廊、出售、价格、市场，等等）的顺势疗法防御机制。最后，居依·德波以另一种辩证手法重新论述了1950年代新出现的图像社会的特征（在“后现代性”一词出现之前，就已是一种后现代性了），断言图像是商品物化的终极形式。接着，后现代物化理论将这个预测推而广之，论证了商品化是一种疾病，论证了此疾病是如何向自然和无意识蔓延，如何在被利用、被“人性化”（通过化学和基因农业以及污染和物种灭绝）过程中向外部世界蔓延，向彻底沦为广告和消费主义殖民地的个人欲望的世界蔓延。然而，尽管这些文化批判非常有力，但有一点很明显，那就是，在这些批判中，应该把马克思对商品的基本分析——对劳动力首先是一种有价格的商品、普遍的商品化意味着各种前资本主义劳动形式都将转换为雇佣劳动的发现——从其语境中抽取出来，投射到外部世界或社会中去，用来探讨哲学、艺术品以及自然因素和社会因素的特征。于是物化理论在作为物品属性的意义上，自身就被物化了：其主题化在强化它的预测能力的同时，通过对自己曾是其组成部分的劳动和生产层次的遮蔽，限定或具体化了它的指意维度。

我认为，在卢卡奇创造性的理论中，含有他当时的老师马克斯·韦伯开创的对理性化过程的描述，韦伯的理论阐述了所有活动（亚里士多德的四因）向方式和目的的鲜明对立的范畴转换。[27]通过黑格尔的功利主义观念，即把世界转换为供人类使用的对象[28]，以及通过海德格尔对面向使用的活动的分析（*Zu-* 29 *handenheit*，应手状态，相对于 *Vorhandenheit*，在手状态）[29]，是有可能复活物化理论的。但这只是马克思对交易的揭示和对等价的批判之众多比喻性环节中的一个，我们不宜做进一步讨论。

当马克思开始探讨等式左右两项（他将称之为相对价值形式和等价形式）之间的地位差异的含义时，交易和等价过程的第二个比喻（也是更富戏剧性的比喻）出现了：

> 因为任何商品都不能把自己当作等价物来同自己发生关系，因而也不能用它自己的自然外形来表现它自己的价值，所以它必须把另一商品当作等价物来同它发生关系，或者使另一商品的自然外形成为它自己的价值形式。（148 页）

在马克思的论述中，因为真正的第三项，物化理论的基本形式——货币——还没有出现，所以这种区分甚至更让人糊涂了。如果没有货币，马克思的相对价值和对等价值的区分好像只是一个选择问题。我可以决定我是否想用这么长的麻布衡量上衣的价值，我也可以选择用这么多的上衣衡量麻布的价值。做出何种决定似乎取决于当时我碰巧拥有什么东西，以及我想得到什么东西。的确，在深层时间中，隐藏在所有这些交换（以及人们设想的价值对等）后面的，是远古时候，甚至史前时期，两个从未联系过的部落的一次相遇："商品交换是在共同体的尽头，在它们与别的共同体或其成员接触的地方开始的。"（182 页）在这个意义上，物品之间的关系似乎掩盖了人与人之间的关系（如著名的商品拜物教定义揣测的那样），但马克思的本来意思却是恰恰相
30 反：一般交换过程，以及资本主义交换过程，决定了人类的行动者地位。在《批判》中，人类行动者已经被称作非人格过程的载体（*Träger*），即承担者："这是彼此独立的个人所参加的社会过

程，但是他们只是以商品所有者的资格参加这个过程；只要他们的商品存在，他们就为对方而存在，因此，他们实际上只是作为交换过程的有意识的承担者出现。”（《批判》，41 页）

很多阐释《资本论》的政治斗争都提出了系统和人孰先孰后这一明显哲学的或形而上学的问题，那是决定主义和自由意志之间的哲学论争在马克思问题上的翻版。很明显，围绕交换价值组织起来的社会的出现是人类行动的结果，而这种意义上（维科意义上）的所有历史都是人类自己创造的。这一辩证的发现与人在面对自己的产品时的无助感相关——《资本论》正文在很靠后的内容中才处理这个问题。但是，马克思当然不反感坚决主张人类是无助的，这种无助就是后来萨特所称的实践惰性[30]，人类制造的系统所拥有的反对其人类制造者的异化力量。因此，后来在讨论交易在人类历史中的出现时，马克思会写下这个让人不安的哲学—历史命题：“在这里开始物物交换，它由此浸入共同体内部，对共同体起着瓦解作用。”（《批判》，50 页）这是黑格尔的主体与物质的对等与/或转化的加强版，以敌对的转化再次上演，在其中，人类行为向体制的物化返身回来，对下一代行动者施加灾难性的影响。物化概念作为对象化和外化向黑格尔源头的这一回归，将此源头和自身融入了历史，大概是比它更比喻化的形式更为有效的运用。

无论如何，只有在这些原始共同体的边界，在盐的缺乏让一 31
个部落用自己的水果或铁矿石与另一个部落进行物物交易的地方，等式两端的项目才完全对等。但只有在纯粹任意性的意义上，它们才是对等的，这就很像船只意外地驶进欧洲的港口，船上带着香料，谁也不知道这些香料价值几何，只知道自己缺乏这些东西或想要这些东西。但即便在这里，也不能像蒲鲁东那样错误地宣称“财产就是盗窃”；更准确的说法是，交易行为本身便隐含盗窃——但必须以交易行为摆脱每个社会、进入社会之间的真空地带为条件。

此时，黑格尔著作中同样原始的神话一跃而出，让马克思本人的著作中最惊人的比喻性推演成为可能：宏大的承认场景，不是黑格尔版本的未来的主人和奴隶为承认而斗争的场景，而是如同魔术玩具商店的场景。在那里，惰性的东西（目前为商品）复活了，桌子变成了“超感觉的物。它不仅用它的脚站在地上，而且在对其他一切商品的关系上用头倒立着，从它的木脑袋里生出比它自动跳舞还奇怪得多的狂想”（163～164 页）。然而，它还没有开始跳舞（我们稍后会明白真正的“桌子旋转”是什么意思）；准确的说法是，既然已经把人类载体赶走了，他们的人类属性已经被转移到了此前一直不活跃的商品中，这些商品便开始互相查看，交换眼神，明确地发展起人格关系来了。现在商品拥有了人格关系的所有权，它们的人类同谋者已经把这种关系丧失了。

接着是上衣和麻布之间一次真正喜剧性的相互发现与相认，一次恶意而滑稽的对黑格尔的主人和奴隶为承认而进行的悲剧斗争的重演：

> 在上衣的生产上，人类劳动力的确是以缝的形式被耗费的。因此，上衣中积累了人类劳动。从这方面看，上衣是
> 32 “价值承担者”，虽然它的这种属性即使把它穿破了也是看不出来的。在麻布的价值关系中，上衣只是显示出这一方面，也就是当作物体化的价值，当作价值体。即使上衣扣上了纽扣，麻布在它身上还是认出与自己同宗族的美丽的价值灵魂。但是，如果对麻布来说，价值不同时采取上衣的形式，上衣在麻布面前就不能表示价值。例如，如果在 A 看来，陛下若不具有 B 的仪表，因而不随着国王的每次更换而改变容

貌、头发等等，A 就不会把 B 当作陛下。（143 页）

黑格尔笔下的角色争取的是封建荣誉，要别人承认他作为人的身份和自由，并进而承认他是我应为之效劳并表示顺从的上级；在马克思笔下，争论的却是等价和相对价值的不同地位。诚然，与黑格尔斗争开始时的无名人格动物一样，麻布和上衣，作为人的产品或使用价值，相互间是完全没有区别的（“上衣本身，作为纯粹的使用价值，并不比我们碰到的第一片麻布更体现价值”［143 页］）。然而，对于马克思，我们在尘埃落定之后才来，那时位置已经确定——我们到了马克思的第二阶段，“相对价值形式”阶段——在我们等待货币来最终解决问题的时候，上衣临时地被赋予了相对价值的荣誉：“上衣在同麻布的价值关系中，比在这种关系之外，多一层意义，正像一些人穿上镶金边的上衣，比不穿这种上衣多一层意义一样。”（143 页）

在黑格尔哲学中，承认即使尚不具有形而上学意味，也仍然带着偶然性印记。战斗者的性情、身体力量和天资（“未开化的人”，马克思在另一处评论道，“把全部战争艺术当作它的个人机智来施展”［482 页］），以及他们的意识形态（对死与荣誉的武士道崇拜，眷念身体和生命的布莱希特式懦弱）——这些都是决定结果和顺从行为的偶然因素（另一方面，马克·布洛赫告诉我 33
们，在封建制度刚开始的时候，一个人只要拥有一匹马，就可以称作贵族!）。然而黑格尔的“对等”也可以解读为传播普遍容忍和平等，引入曾终结封建等级制和旧政体阶级制的“一切人生来平等”的观念，换言之，关于资本主义革命和民权的形而上学信条或意识形态。

对马克思唯物主义来说，即使这种历史认识实际上也是唯心主义的：

> 为了解决使我苦恼的疑问，我写的第一部著作是对黑格尔法哲学的批判性的分析，这部著作的导言曾发表在 1844 年巴黎出版的《德法年鉴》上。我的研究得出这样一个结果：法的关系正像国家的形式一样，既不能从它们本身来理解，也不能从所谓人类精神的一般发展来理解，相反，它们根源于物质的生活关系，这种物质的生活关系的总和，黑格尔按照 18 世纪的英国人和法国人的先例，称之为“市民社会”，而对市民社会的解剖应该到政治经济学中去寻求。(《批判》，20 页)

即使封建制度（或生产关系）构成了导致黑格尔的不公的框架，上衣和麻布的争执表明，交易的框架和交易价值的趋于普遍化现在导致了另一种不公。较之于旧式不公，这种不公同样是系统的，在效果上却不一样，维持它的手段也不再是粗野的身体力量、武器和意识形态，而是市场和拟人格的物品关系。

现在该思考比喻在这个部分中的份额了。关于这一点，最初人们可能觉得这只是一个将那种特殊关系戏剧化并予以传达的精彩手法，那种特殊关系指的是相对价值和等价之间的关系，以及主要范畴和次要范畴——如果谈不上中心范畴和边缘范畴，更不要说性质和数量（事实上，两个物品都具有）——的游戏之间的关系。可我要大胆提出，当表述对象因为结构上的模糊而难以再
34 现时，比喻就容易出现，尽管看上去很应该注意到这种特别的表达形式与表达本身有关：它试图戏剧化上衣或麻布“表达”自身价值的方式。

> 一种商品例如麻布的相对价值形式，把自己的价值表现为一种与自己的物体和物体属性完全不同的东西，例如表现

> 为与上衣相同的东西，因此，这个表现本身就说明其中隐藏着某种社会关系。等价形式却相反。等价形式恰恰在于：商品体例如上衣这个物本身就表现价值，因而天然就具有价值形式。(149 页)

在这些马克思当时看上去很喜欢、很陶醉的复杂的辩证表述中，有比喻的自我指涉，在其中比喻自命为表达的表达。这是一种自动指涉或“反思”，通过这种方式，作者发出了转换话题的信号，他要转向一种不同的话语或思考了。这种话语或思考，归根到底是辩证的。

但在第二个特征方面，把握这个话语的对象的特殊性非常重要，确切地说，此对象是关系，而非实体。因此，我们实际上不是从个别物品，甚至也不是从作为资本主义生产方式的“基本形式”的商品开始讨论的 (125 页)。如果你愿意，还可以说，个别商品的个别性被证明是一个幻象，它遮蔽了性质，并最终遮蔽了商品之间的关系。对我们来说，上衣和麻布都没有什么了不起的优先性；这里被戏剧化的，是它们之间的关系。当我们最后触及货币形式，触及那些多变而看似无止境的对立在这个一般等价物中更明确的物化的时候，上衣和麻布便会被还原、被打回到一个东西的状态。

同时，只有引入货币，“一”与“多”之间的范畴游戏（或连续不断的替换链，这个替换链表明，价值是天然的、“任性的”）才能得到控制。的确，我们可以说：需要这种辩证法的特 35
殊性的，是被定义为关系、而非被定义为物品的对象的特殊性（马克思在前引段落的注释中，提到了黑格尔的“反思的决定”，即《逻辑全书》中开启本质讨论的那一章，该注释暗示出的就是这个意思）。

然而，我相信，任何对《资本论》中比喻的探讨都还必须在另外两个方向上展开。第一个与总体性有关，或者说与马克思能够意识到自己的观点的总体性，并朝两个方向观察、再临时把他正试图向我们展示其整个结构的巨大对象（即资本的积累运动）统一起来的时刻有关。当马克思稍后在著作的正文中完成他的论证时，我们会更清楚地明白比喻的这一既欢快又堪称生动的作用。在这第一部分，我们只在较有限的框架内看到了一个这样的时刻（如我已经论述过的），目睹了对等那无从解决的难题（一个东西如何能与另一个东西“一样”）突然在一个决定性的核心悖论中扭在一起，抱成一团，接着在货币形式（因此，货币的统一性中聚集了各种劳动的“结晶”）的最后“晶体化”中稳定下来（如果不是得到解决的话）。

值得注意的是，只因为想把货币从它自身的物品化或物化中解救出来，马克思坚持使用“形式”一词。这个词与上文已经描述过的对立是完全一致的，即，使用价值是物质的、物理的，肉体的、性质的，而交换价值即使不是精神的，也一定是心灵的、纯粹形式的，而非内容的。我们一定不能忽视这一对立蕴藏的资源。这些资源在黑格尔著作中已经具有非常丰富的内涵，而且回荡在马克思类似于这样的句子中：“机器不是使工人摆脱劳动，而是使工人的劳动毫无内容。”（548 页）

但这时还得指出比喻话语的第二个方向或内涵。新的术语“货币”能让人们一窥这一话语中可能具有的不同层次，我说的是经济之外的层次。在最初仅仅是想表达纯经济领域的细腻特征
36 的隐喻性努力中，这些层次突然成为暂时可以领会的东西。承认的比喻性戏剧是一出地道的政治戏剧，承认在这里是对等级制度的认可。我们进入了某种像封建制度的近代版本或世俗版本的东西，那种在 19 世纪宫廷（或更准确地说，在沙皇王国）中可以

见到的封建制度的残余。在这种地方，各种各样的等级制度都已经由官方正式确定下来，各种公民地位都和譬如军队级别什么的相对应，整个社会都是根据古代体制或世袭体制单调地组织起来的，现代统一体制及西方君权继续传播着神权或皇权的古老信号。但马克思往他似乎很惬意的文学遨游中，融进了比这还要微妙得多的内涵。

如果认为用政治语言（统一体制、等级制度）代替经济语言（商品）是为了通过参考人们熟悉的政治和社会领域来认识不为人知的经济学规律，那就错了。相反，话得倒过来说，需要阐发和解释的是社会权力本身。通过商品关系的特殊性，社会权力被赋予了一个经济基础，作为它的形成原因。在这里，一大堆不同性质的个别商品的“多”，畏惧而景仰地张着嘴，围绕在等价的“一”的四周。等价物便真正成为“价值体”，其偶然特征随每个生气勃勃的接续者而变化，但它在等式中的位置确认了它的神秘性和符号力量。让-约瑟夫·戈克斯让人钦佩地发现了马克思在这里小心设置的前提，即，为了完成如同把圆形变成正方形这种勉为其难的事，把无限序列中的一项用作整个序列（包括在那臭名昭著的“它是其中一员的阶级”之中的自己）的等价物，必须坚决把这个从此便神圣起来的物品从流通中排除开去，如同把神王——君主或独裁者——隔离在禁宫中一样。[31]不仅如此，被奉
为圣物的东西必须具有的偶然性预示了康托罗维奇关于国君的两 37
个身体的观念，同时在大体上与马克思对使用价值和交换价值的阐述相一致，即，为了拥有交换价值，商品必须具有使用价值，但这使用价值的内容完全无关紧要。所要求的仅仅是具备使用价值，以便使用价值的内容像空符号那样发挥作用：没有使用价值，物品不能成为商品；而任何具有使用价值的东西在定义上差不多都可以成为商品，因为使用价值意味着别人（也就是某个地

方的公众）想得到或需要得到它。

但《批判》在一般等价物的使用价值问题上，表现出很大的辩证焦虑，这种使用价值结果只是——金或银——它能被用作一种交换手段。然而，在我们的政治相似物中，君主那必须存在却无关紧要的人格特征能让承认（“麻布在它身上还是认出了与自己同宗的美丽的灵魂”）成为可能：一个政治镜像阶段，众多关于力比多投资的理论或弗洛伊德群体认同理论都关心这个阶段。这个现象仍是如同爱恨一样神秘的人类弱点；韦伯的领袖魅力思想是最佳的非概念例子，他以此指出问题，却非提出解决办法；黑格尔关于君主权力是纯粹的地位符码、空洞中心的符记的观念，是所有同类概念中最让人满意的，有效地说明了民主政治理论的盲点或结构缺失。

因此，马克思的扩展比喻打开了精心确定下来的关于经济研究和关于资本主义经济中交易趋于普遍化的研究的学科框架和封闭圈（甚至性质或使用价值一开始就被当作非经济现象逐出了这个框架或封闭圈），让我们得以准确、清晰地一窥社会现实的整个另一层次，也就是政治层次。在这里，对政治层次的讨论并未深入，尽管马克思的第一个写作计划（七卷，包括论国家的一卷）表现出了勃勃雄心；我要借这第一个机会宣告一个惊世骇俗的观点，那就是，《资本论》不是一本政治著作，它与政治的关
38 联非常少。马克思本人当然是一个资深政治人物，对有关权力的战略和战术感觉敏锐，他的大批其他著作可以作证。但在《资本论》中，“革命”一词总是指发明新的、具有更强生产力和破坏力的机器方面的技术革命。充其量在偶尔跑题的时候，注意到工人组织可能增强政治抵抗的力量。最后就是，在紧要关头，远处的警钟响起，告诉人们剥夺者被剥夺了，就好像歌剧《费黛里奥》中巨大的喇叭声，它的微弱回音宣告将把佛罗瑞斯坦从死牢

里解救出来（在下文我们还要回到这一点）。

此外，几乎没有提到无产阶级政治（当然，提到资产阶级政治的时候要多得多。在论述政治经济学家的意识形态封闭性，以及贵族地主和新兴的工业资本家之间的斗争时，都曾有所涉及）。因此，比喻起到了开启马克思强加给自己的结构限制所不能容纳的新层次的作用：这是内容上的决定性收获，是文学修饰和比喻带来的专业益处，否则，对这些修饰和比喻的喜好就是一种自我放纵。

同时，政治层次在这里是不完整的，它要求比喻性地拓展到另一个层次，让我们得以对这一层次大致一窥并在心里将其放下。明白地说，这就是宗教层次，青年马克思以及他的左派黑格尔同人关注的基本问题。对宗教的启蒙运动批判——高等考证，对耶稣生平的考证——仍将是褊狭的德国在神圣同盟时代表达政治的形式（英国将在殖民力量和工业生产力的鼎盛期继续把达尔文争论和伦理争论翻译成这种形式）。但马克思在论犹太人问题的论文中已经和宗教结清了账，他通过公民身份和政治参与这两个概念揭开了宗教排斥的神秘面纱；而达尔文的自然史，简单地说，在马克思看来，就是大写的历史，这一点我们稍后就会明白。

即便如此，宗教仍是一种奇特的社会现象，完全值得特别关注。“麻布就这样取得了与它的自然形式不同的价值形式。它的价值性质通过它和上衣相等表现出来，正像基督徒的羊性通过他 39
和上帝的羔羊相等表现出来一样。”（143 页）把“一”与“多”的新的辩证版本追溯到费尔巴哈开创性的关于上帝是人类生产力的投射与人格化的分析，那将是令人愉快的，但也会很艰辛；而同样明显的是，第一章的最后一个术语——将德·布罗斯主席的拜物教概念吸收进那些物质性不太强、被称作商品的物品的形式想象的比喻修饰——也是一个具有宗教色彩的术语（如果在前神学、万物有灵论的意义上使用宗教一词）[32]。但那个精彩的脚注——“我们想起了，当世界其他一切地方好像静止的时候，中国和桌子开始跳起舞来，以激励别人”（164 页，注 27）——马克思的快乐比喻的精华——给这一切增添了更严肃、更语重心长的注解。在这里，马克思把欧洲 1860 年代的招神狂热——灵应牌、灵魂照、降神会，等等——和地球另一端声势浩大的起义等同了起来。那就是太平天国运动，当时世界规模空前的大革命，它由一个革命政权领导，这个政权存在了大约十三年，直至被英国炮艇击垮。马克思别出心裁地在世界规模上建构“宗教”基础和上层建筑，也并非和他对其他社会层次的研究没有关系，无论这些研究在专业上与资本主义研究多么不相干。

《批判》还让我们得以理解《资本论》（第一卷）第一部分作为重写本的结构，马克思自 1844 年手稿以来的整个经济学思考历程都体现在了这个重写本的反复书写与擦拭上。这一过程不仅解释了当马克思开始触及他一遍又一遍拟写的东西的外部边缘时为什么会爆发比喻，而且能帮助我们理解它更具纯粹哲学性的异化理论开端的命运。正如我们后面将看到的，异化理论在“定”稿中并未和它的抽象语言一起消失，反倒进一步具体化、实在化
40 了（希望有人能据此为“升华”这一有用的动词提出一个对应词）。的确，《资本论》作为一个文本，由此至少构成了一种方式：通过这种方式，哲学在将自身实在化或精确化的过程中走向了终结，这与关于费尔巴哈的论文是一致的（尽管，在这个案例中，《资本论》并不真正“改变”它）。

因此，《批判》给我们提供了一次重要的观察那个实现这些转换的试验性情形的机会，这些转换开始于前文引用过的关于“有意识的承担者”的段落。我认为，此处的“有意识”不是指

他们是交易过程各个环节的具有自我意识的发言人，而仅仅指他们是某些非人格过程的人格的、活的关联者（这些非人格过程往往是通过物的概念即商品来思考的）。这种可能出现的误解解释了马克思为什么会在《资本论》中采用“承担者”或载体这一专门术语：这确实是一次极典型的阿尔都塞式的运用，似乎以历史回溯的方式肯定了阿尔都塞对系统而非对主体的坚持。甚至清除政治代表观本身也是关键的，因为这有助于让意识形态概念朝无意识反射方向发展，而不是朝愤世嫉俗的意识形态专家（在李嘉图的探索研究达到高峰之后给经济学家自己预留的角色[33]）方向发展。然而，需要指出的是，我们仍在交易情形中，两个“代表”仍然和卖主及买主有关，也就是与不同商品的所有者——而非不同资本的所有者——之间的买与卖有关。不过，第二部分开头引入载体这一重要词语时，却是将其用作资本的所有者的：的确，代表交易的静止的来回运动与被资本的动态的不停扩张的运动抬着往前走是很不一样的。相较于在商人仍拥有性格学特征与 41
表现的市场情形中，在这里个人（如他的语言人格化一样）允许自己被抬着、抱着往前走的可能性要大得多。因此，马克思对比喻过程的转移很重要，这也可以通过现代意义的寓言的出现来分析。[34]

然而，当代寓言理论和其传统前身的区别，与其说在于寓言和象征之间的对立（这是传统象征理论的基础），不如说在于传统的拟人的优先性不再存在。[35]在旧式寓言中，它必须是一个拟人角色：它把它“代表”的东西——譬如一种思想或价值——的名字背在背上，好像在告诉别人“我是贪婪！我是美德！”相反，现代寓言的去人格化压力消解了这些居于中心地位的主体性。这种消解，和马克思笔下那种非人格过程中的机器取代工具从而把劳动者由主人转换成仆人是一回事。现在，资本家被要求以资本逻辑和积累扩张的简单承担者身份露面（因为如果他们片刻停止积累、发展资本，他们本人就不再是资本家了，就被逐出了商界），在这个话语实践中，非人格化颠倒就已经在发生了。

同时，在先行文本（《批判》）中，“承担者”一词还不是这么用的，而是富于象征含义。马克思奇怪而谨慎地用它表示使用价值：“作为交换价值的积极承担者，使用价值变成交换手段”（《批判》，42 页）：这是对旧式物物交换系统的颠倒，物物交换有效地将使用价值完全逐出了系统，除非将其作为它自身的存在的必要但不充分的标记。这样，我们就来到了《资本论》的第一页：在早前著作的这个节点上，马克思讨论了某些在终稿中完全
42 删除了的东西，他开始思考下一步发生的事情，思考商品作为已转换成交易价值的使用价值，如何能在卖出后再次成为使用价值。的确，这个问题（消费）在《资本论》中不重要，相反，《资本论》的研究对象是资本的积累，是卖出后的钱如何能转换成下一步的、完全不同的东西，即给他的新书命名的东西。

因此，发现 1844 年手稿中的关键词在这里突然闪现会让人感到惊讶：“异化”。在其诸多意义中，异化无疑主要包括财产转移的法律意义。但在那里，它的主要用法和在工人身上发生的事情相关（著名的四重异化：劳动者与生产资料的异化，劳动者与他的产品的异化，劳动者与他的生产或手工劳作的异化［劳动者与人的所谓类存在或本质的异化］，以及劳动者与工作伙伴的异化）。[36]的确，任何回到早年手稿并进而回到发表于 1840 年代前半期的杂文的人，都将为政治内涵上的巨大差异感到吃惊：这些都是抨击资本主义、生动揭示工人阶级（刚被发现并称为“普罗里塔里亚特”）生存状况的激愤之作。这些“早年”作品在那本真正的政治著作《共产党宣言》中达到顶峰，它们讨论社会革命的方式与后来的“成熟”作品完全不一样。“异化”这一概念及

术语向“成熟”作品中苍白的、纯法律的所有权与物主意义的沉沦就是这种转换的信号。因为在《批判》中，被异化的是商品，而非劳动者（《批判》不讨论劳动者，劳动者要到后来的《资本论》中才出现）：“商品要成为使用价值，就要全面异化。”（《批判》，42 页）即是说，商品必须卖给想要或需要它们的人。的确，出现在这里的劳动的印迹是另一种状况：“商品是交换价值，因为在商品上面支出过一定量的劳动时间。”（《批判》，43 页）由此，在这奇怪而多变的重置中，买家与卖家成了消费者和生产者（或劳动者）的代表，阶级斗争彻底在分析中烟消云散了。

这不是在批判马克思，而是要说明，如果一个研究者试图留 43
在市场的结构范围内（流通的，或交易情境的），他必然会遭遇贫瘠和曲折。马克思自己的结论是对数量和性质之间的巨大对立的重申，这一对立以某种方式为他的经济学思考搭建了总体框架；但在这里，它被简化为对等和不对等的对立，两者“一旦形成，便互相排斥”。于是，马克思用尚非辩证而是召唤辩证来解决问题的方式作结：

> 结果，不仅因为一个问题的解决以另一个问题的解决为前提而出现一个恶性循环，而且因为一个条件的实现同另一个与它对立的条件的实现直接结合而出现一个相互矛盾的要求的总体。（《批判》，44 页）

萨特关于反思有一句话，大意是说，在市场状况下，一切都可以发生，除非你能摆脱它。马克思在《批判》中没能摆脱，而在《资本论》中，到第二部分开始时，他终于成功了。

现在的情况是，当我们回到《资本论》第一部分的终稿，会发现我们面对着三个可能的“解决方案”，论证过程的三个高潮，如果称不上对价值难题的三个独立解答的话。这三个解决方案都不能真正把我们带向需要去的地方。

第一个是物化理论，或有名的“商品拜物教”。这理论至少有两个作用。第一个是辨认资本主义的“客观表现”，也就是有人想称作资本主义的存在维度的东西，即葛兰西的“常识”，或日常生活的意识形态幻觉，这一点我们在前文曾讨论过。马克思在他的开篇第一句中说，资本主义社会的财富“表现为”“商品的庞大堆积”（125 页）；但现在我们可以将强调点肯定地放到“表现”这一模糊的哲学动词上。这仅仅是表象，是市场体系的表面幻景。除此之外，它什么也不是。而真正的价值，结果并不
44 在于资本主义生产的物品，而在于具体生产过程所能积累的资本。

同时，神秘的“图像残留”，大约我们应该称之为踩住踏板不放，或先前的和谐状态的延长——总之，性质和数量之间的对立的持续——意味着，用来在理论上引入拜物教的比喻修饰把商品即使不是标识为迷信的，也是标识为完全精神的，与使用价值的物质消费相反。我们已经明白，从黑格尔手中接过的“形式”一词总意味着心灵或精神高于身体和感觉。但如前文也曾提示过的，马克思试图增加一个第三项来消除这老套的二重性，这个第三项真正是第三个现实，绝非身体与灵魂、物质与心灵等等过去对立项的任何类型的综合。这就是社会观念，它把商品拜物教现实（与它的精神非现实相反，也与它简单的物理的枝节事物因素相反）标识为集体的、历史的。这种表现也是真实的，不是因为它是物质的，也不是因为它是个人意义上的主观的或存在主义的，而是因为它是集体的、历史的。它与具体的资本主义生产方式相符。这一新的第三项的出现，将引导我们走出物化理论的复杂迷宫，完全进入另一场讨论。

第一部分的第二个高潮是过去或将来全然不同的社会形态或生产方式的短暂出现或再现（其实就是备忘）。在这些生产方式中，商品形式不占据主导地位。如果你乐意，也可采用另一种说法：这些生产方式不是围绕今天这样的市场构建起来的。在《资本论》中，这些社会被分成四种类型进行列举（169～172 页），这是对《大纲》中关于前资本主义社会的开拓性思考的唯一回音（471～514 页）。这些列举事实上并不在《资本论》为自己设定的框架之内，《资本论》只分析一种生产方式，这种生产方式与所有其他社会的生产方式都不一样。马克思的说法是“让我们想象一下”；但我们会看到，他将以一种不同的、迂回得多的方式在《资本论》正文中抵达问题的核心——集体化生产。尽管如此，如果有人想在《资本论》中发现政治训导，听到革命号召——那 45
种完全转变或取代目前的资本主义生产方式的革命——那么这就是最重要的时刻。因此，第二个高潮就真是来自其他星球的微风了；这是吹自未来的一小股微风（还不是本杰明的暴风雨），一点微弱而含混的信息，来自资本主义系统及其似乎无懈可击的封闭结构之外。

第三个高潮是一次正式的高潮。它既是《资本论》第一部分也是更早的《批判》的高潮，是对资本主义市场或交易的任何讨论的逻辑终点。这就是货币理论。这也无疑是对一个伪问题的解决，如果有人能把这个说法改写成对一个伪问题的真正解决来进行限制的话。因为货币让矛盾结晶，而非将其取消：现在它让矛盾开始发生作用；有了货币，我们就可以居住在矛盾里，在它的二重性中生活。货币没有解决对等的难题——不同的事物何以能变得相同——但它将难题转换成每天的常规，让我们忘记这难题，去忙自己的事。当然，货币将最终引发自己的问题：理论上，这会发生在我们和价格搏斗、尽力确证它与价值的联系的时候；实践上，这会发生在货币体制本身在通货膨胀或通货紧缩中遭遇危机的时候。同时还有一个信用问题，这个问题在《资本论》（第一卷）中曾简略地讨论过，其中大部分内容是恩格斯写的[37]；最后还存在整个金融资本问题，现在这个问题已经被重新提上议事日程了[38]。

但货币可以说既是物化理论的反面，也是物化理论的实现：因为货币自身已经真正被物化了，它变成了一个物品，不再让我们面对物化过程中的某种悖论的东西，这种悖论的东西已经从物化过程中消失了。同时，货币是所有坏的解决资本主义困境的乌
46 托邦办法的根源。从托马斯·莫尔到蒲鲁东，概莫能外。莫尔主张完全取消货币，蒲鲁东设想用劳工证作为劳动时间的公平价格来控制货币，净化货币。[39]在反资本主义事业中，这些错误观念与支持资本主义系统的政治经济学家的附带宣传是同样有害的。之所以会出现这两个错误，都是因为货币尽管产生于价值规律，却掩盖、压制了价值规律这一事实。纠缠货币问题，将其作为原因或症状，都将导致我们停留在资本主义市场体制即流通领域内，让我们的知识、科学问题和对问题的回答遭到无法突破的禁锢。由此便出现了一个悖论：马克思对交易的两个主要探讨在达到顶点时，明显妨碍了我们对资本的观察，正如他对交易的描述可能妨碍我们即将进行的对《资本论》其他部分的解读一样。

【注释】

[10] *Capital*，op. cit. 参阅本书导言，注 2。

[11] Louis Althusser，"Preface to Capital Volume One，" in *Lenin and Philosophy*，op. cit.；Karl Korsch，"Introduction to Capital Volume One，" in *Three Essays on Marxism*，London：Pluto，1971.

[12] Karl Marx，*A Contribution to the Critique of Political Economy*，

New York：International，1970. 对该著作的引用均来自这个版本，文献注释中以字母 *C* 表示。（在本译文中标注为“《批判》”。——译者注）

［13］*Capital*，op. cit.，pp. 169－172. 也许第四种生产形式在这里最值得关注：

> 最后，让我们换一个方面，设想有一个自由人联合体，他们用公共的生产资料进行劳动，并且自觉地把他们许多个人劳动力当作一个社会劳动力来使用。在那里，鲁滨逊的劳动的一切规定又重演了，不过不是在个人身上，而是在社会范围内重演。鲁滨逊的一切产品只是他个人的产品，因而直接是他的使用物品。这个联合体的总产品是社会的产品。这些产品的一部分重新用作生产资料，这一部分依旧是社会的，而另一部分则作为生活资料由联合体成员消费。因此，这一部分要在他们之间进行分配。这种分配的方式会随着社会生产机体本身的特殊方式和随着生产者的相应的历史发展程度而改变。仅仅为了同商品生产进行对比，我们假定，每个生产者在生活资料中得到的份额是由他的劳动时间决定的。这样，劳动时间就会起双重作用。劳动时间的社会的有计划的分配，调节着各种劳动职能同各种需要的适当的比例。另一方面，劳动时间又是计量生产者个人在共同劳动中所占份额的尺度，因而也是计量生产者个人在共同产品的个人消费部分中所占份额的尺度。在那里，人们同他们的劳动和劳动产品的社会关系，无论在生产上还是在分配上，都是简单明了的。
>
> （原著直接引用马恩著作的文句［主要涉及《资本论》、《政治经济学批判》、《政治经济学批判大纲》，另有一处涉及《哲学的贫困》］，本译文尽量借用中共中央马克思、恩格斯、列宁、斯大林著作编译局编译《马克思恩格斯全集》中文第 1 版相应各卷译法，必要时略作改动。——译者注）

［14］参阅 182 页对印度农业和印加人的论述。关于亚细亚生产方式概念，马克思在《大纲》中现已题名为“资本主义之前的经济形态”一节曾有

过探讨，在后来的人类学笔记（劳伦斯·克拉德《马克思古代社会史笔记》[Lawrence Krader, *Ethnological Notebooks of Karl Marx*, Assen: Van Gorcum, 1972]）中也曾阐述过。除此之外，所有留存至今的关于亚细亚生产方式的文字可能就是《资本论》此处的论述。马克思去世后，恩格斯在《家庭、私有制和国家的起源》中详述这些思想片段时，省略了这个棘手的概念。但此概念的历史并未就此结束。在佩里·安德森《绝对主义国家的系谱》(Perry Anderson, *Lineages of the Absolutist State*) 和莫里斯·古德利尔《论亚细亚生产方式》(Maurice Godelier, *Sur le mode de production asiatique*, ed. F. Tokel, Budapest: Akadémiai Kiadó, 1966) 中，可以读到极端拒斥和完全接受这一概念的例子。

[15] 对阿尔都塞这个区分的最佳阐述，应是伊曼纽尔·特雷《马克思主义与“原始”社会》一书 (Emmanuel Terray, *Marxism and "Primitive" Societies*, New York: Monthly Review Press, 1972)。但也请参阅马克思的原著：

> 有一点很清楚，中世纪不能靠天主教生活，古代世界不能靠政治生活。相反，这两个时代谋生的方式和方法表明，为什么在古代世界政治起着主要作用，而在中世纪天主教起着主要作用。此外，例如只要对罗马共和国的历史稍微有点了解，就会知道，地产的历史构成罗马共和国的秘史。而从另一方面说，堂吉诃德误认为游侠生活可以同任何社会经济形式并存，结果遭到了惩罚。(《资本论》，176 页，注 35)

[16]《资本论》，274 页，注 4：“因此，资本主义时代的特点是，对工人本身来说，劳动力是归他所有的一种商品的形式，他的劳动因而具有雇佣劳动的形式。另一方面，正是从这时起，劳动产品的商品形式才普遍化”。这可以理解为马克思“绝对历史主义”的基本主张（葛兰西）；同时，劳动的普遍商品化，雇佣劳动的普遍化，是对世界市场（或全球化）的出现进行描述的又一种方法。世界市场的出现不是根据数目众多、范围广泛的贸易路线来定义，而是根据旧的剥削方法（尤其是农业中）向雇佣劳动、商品化的

劳动的转换来定义。

[17] 参阅卡尔·马克思:《数学手稿》(Karl Marx, *Mathematical Manuscripts*, London: New Park, 1983)。

[18] 参阅拙著《辩证法的效价》(*Valences of the Dialectic*, London: Verso, 2009), 15~19 页。

[19] 对《大纲》(*Grundrisse*) 的引用的标注用大写字母 *G* 开头,以马丁·尼古劳斯的英译本 (Martin Nicolaus, London: New Left Books, 1973) 为首选版本。(在本译文中标注为"《大纲》"。——译者注)

[20] 卢卡奇在论席勒的论文中阐述了马克思著作的美学传统,此文收入《美学问题》一书 (*Probleme der Aesthetik*, Berlin: Luchterhand, 1969)。关于罗斯金和莫里斯,请参阅雷蒙·威廉斯 (Raymond Williams) 与 E. P. 汤普森 (E. P. Thompson) 的著作;赫伯特·马尔库塞的观点见于他的《爱欲与文明》(Herbert Marcuse, *Eros and Civilization*);保罗·维尔诺的观点见于《大众的语法》(Paolo Virno, *A Grammer of Multitude*)。关于行动作为伦理,请参阅拙著《黑格尔的变奏》(*The Hegel Variations*, London: Verso, 2010),第 6 章。

[21] 参阅拙著《黑格尔的变奏》,31 页,也可参阅黑格尔:《逻辑全书》(Hegel, *Encyclopedia Logic*, trans. William Wallace, Oxford: Oxford University Press, 1975),147 页:"数量……是观念的舞台。"

[22] 这个明显属于异端的传统进一步认为,资本主义终结之后,《资本论》就不再具有现实意义。参阅卢卡奇:《历史唯物主义的正在变化的功用》(Lukács, "The Changing Function of Historical Materialism") 及葛兰西:《革〈资本论〉的命》(Gramsci, "The Revolution against *Capital*")。也可参阅让-保罗·萨特的《寻找方法》(Jean-Paul Sartre, *Search for a Method*, New York: Random House, 1963),他说:"一旦人们在维持生命之外有了一点真正自由的空间,马克思主义(我们这个时代不可超越的哲学)就将寿终正寝;一种自由哲学将取代它的位置。"(34 页)

[23] 我个人认为,金融资本理论对今天的马克思主义(以及马克思主义政治学)必不可少,但因其在《资本论》中所占比重极小,我在这里不打

算进一步讨论。读者可以参阅乔万尼·阿里吉的著作《漫长的二十世纪》(Giovanni Arrighi, *The Long Twentieth Century*, London: Verso, 1994), 第 2 章。

[24] 参阅尤吉斯·巴尔特鲁萨蒂斯:《镜子》(Jurgis Baltrusaitis, *Le Miroir*, Paris: Editions du Seuil, 1978);关于这个问题还可参考拉康:《镜像阶段》。

[25] 这种批判明显蕴涵着对社会民主、乌托邦以及自由/改良的方案的整体拒绝。不过,欧文的劳工证是另一回事(参阅《资本论》,88 页,注 1)。马克思明显地非常推崇欧文,如同后来列宁推崇欧文一样(见其最后一篇论文《论合作》,这篇论文回到了《国家与革命》的乌托邦框架)。若要整体理解蒲鲁东,请参阅马克思:《哲学的贫困》(*The Poverty of Philosophy*, New York: International, 1963)。

[26] 洛特雷阿蒙语,布勒东曾在《超现实主义宣言》初版中引用。

[27] 参阅笔者论文《消失的调解人》,见文集《理论的意识形态》("The Vanishing Mediator", in *Ideologies of Theory*, London: Verso, 2009)。

[28] 参阅拙著《黑格尔的变奏》,108 页以下。

[29] 马丁·海德格尔:《存在与时间》(Martin Heidegger, *Sein und Zeit*),第 3 章,第 15 段。

[30] Jean-Paul Sartre, *Critique of Dialectical Reason*, Volume I, Book I, Chapter 4 ("Collective Praxis").

[31] 参阅让-约瑟夫·戈克斯著作《经济与符号》中经典的《货币学》一章(Jean-Joseph Goux, "Numismatics" in *Economie et Symbolique*, Paris: Editions du Seuil, 1973)。

[32] 参阅威廉·彼茨(William Pietz)的开创性研究《物神问题》("The Problem of the Fetish")。此研究包括三篇论文,分别发表于 *Res*, 9 (1985), *Res*, 13 (1987), *Res*, 16 (1988)。

[33] 马克思对经济学在资本主义胜利之后堕落为意识形态的分析见于《资本论》第二版《序言》:"只要政治经济学是资产阶级的政治经济学,就

是说，只要它把资本主义制度不是看作历史上过渡的发展阶段，而是看作社会生产的绝对的最后的形式，那就只有在阶级斗争处于潜伏状态或只是在个别的现象上表现出来的时候，它还能够是科学。”（96 页）

［34］例如，早前的异化语言出乎意料地在这里再次出现：“商品要成为使用价值，就要全面异化。”（《批判》，42 页）这种对使用价值的“出现”的讨论（在《资本论》中，被看作起点）在后来的（明显是定本的）文本中被省略了（参阅下文）。

［35］关于“象征”这个词，马克思在较早时候讨论金子时，曾简略但意味深长地提到过一次。在这个讨论中，金子被辩证地转换成为一个自我指涉的物品：“金银变成了它们自己的象征。”（226 页）

［36］Marx，*Early Writings*，London：Penguin，1975，pp. 324—334.

［37］*Capital*，pp. 777—780.

［38］参阅乔万尼·阿里吉：《漫长的二十世纪》；以及本人收于《文化转向》一书中的评论（*The Cultural Turn*，London：Verso，1998）。

［39］参阅前文，注 16。强调货币是所有罪恶的根源，远在托马斯·莫尔之前就开始了，而在资本主义社会中，从亨利·乔治（Henry George）到麦吉·道格拉斯（Major Douglas）（庞德［Pound］的最爱）的所有通货膨胀理论让这种观点经历了政治性的复苏：《资本论》（第一卷）的所有目标就是通过分析与货币大不一样的资本来消除这种理论化的对货币的崇拜。

第二章　对立面的统一

47 诚然，使用价值和交换价值在某种意义上是对立面；性质和数量也是对立面。但是，这两种对立，没有哪一种统一得足以形成真正的矛盾。市场等价的对等还不是真正的对立，因此只构成一个伪问题，一个由货币物化来虚假地解决的问题。真正的问题，真正的矛盾，只有在市场对等或等价碰到它真正的对应物的时候才会出现。这种情况不会发生在两个不同性质的事物在市场中被认为具有相同价值的时候，而只会发生在一个商品与另一个比它具有更大价值的事物相等同的时候。如果说第一部分的难题是两个性质根本不同的事物何以能对等的谜，始于第二部分并贯穿整个《资本论》的新难题就涉及价值增长的谜，以及最后的整体的价值会大于各部分价值之和的怪事。用最简单的但仍然会误导人的话说就是：为什么能从等价交换中获得利润？我们怎样才能走出市场和流通领域，进入另一个地方，一个远远更活跃、更宏大，远远更具历史性，不再像传统集市或季节性市场、货摊、商铺那样一成不变的地方？货币怎样才能变成资本？为什么货币和资本会不一样甚至相互对立？

第一部分之所以复杂，是因为想解决一个伪问题，这个伪问
48 题导致了许多虚假的解决办法——这些解决办法至少和它们的客观表现一样真实。它们在意识形态和经济现实两个层面上运作。我们将看到，马克思始终在交替讨论着这两个斯宾诺莎式的平行维度。两个层面都涉及错觉，但一方面，这些错觉是作为正在兴起的自由贸易资本主义的鼓吹者和代言人的经济学家精心制造

的；另一方面，在自以为在资本的不断扩充中充当中流砥柱的立法者及其管理者身上，这些错觉助长了他们具有主体能力和政策制定力的虚幻现实。

然而，第二部分是直接的，它提出了一个真正的问题，并最终进行了解答。这个问题是：对等物或等价物的交易为什么能产生利润，或者更简单地说，货币为何能生出更多的货币？其中暗含的是，能生出更多货币的货币和我们在日常生活中（包括在市场交易中）熟悉的货币不再是一回事了。它变成了一种很不一样的东西，明白地说，这就是资本。在此过程中，一种叫作劳动力的独特商品不失时机地进入了视野。有了这个东西，我们就有了解决方案的基本要素，这个解决方案必然会提出一个新问题，但这次的问题只针对读者，那就是：为什么《资本论》不能就此结尾？我们现在不是已经掌握了问题的实质吗？这里（以及在伟大的先行者李嘉图那里）还有什么需要说但还没有说的呢？

第二部分结尾的邀请没让这个疑问缓和多少，“让我们同货币所有者和劳动力所有者一道，离开这个嘈杂的领域［流通领域或市场］，跟随他们进入隐蔽的生产场所吧”（279 页）；但它的确让我们紧追马克思的思路并以一种新的方式回到前面几页中我们可能忽略了的绝对的断言：“流通或商品交换不创造价值”（266 页）；“资本不能从流通中产生”（268 页）；“商品占有者能够用自己的劳动创造价值，但是不能创造自行增殖的价值”（268 页）。

很明显，调动这种叫作劳动力的独特商品在这里非常关键，
然而劳动力的买与卖，即这种商品的消费，似乎并不足以说明那 49
种被称为资本的同样独特的新价值是如何产生的。交易——买与卖——大概是必要但不充分的。我们把刚才引用的句子补充完整——“因此，资本不能从流通中产生，也同样不能在流通之外产生。它的源头必须既在流通之内，又不在流通之内”（268 页）。

资本必须从流通中产生，是因为劳动力只有通过被买卖才能成为商品（就像其他所有商品一样；商品的“交换价值”在本质上就是这么定义的），即，通过成为雇佣劳动。这就是为什么我们仍然需要详细讨论交易、市场、流通等第一部分中纠缠了我们很长时间的话题的原因。但显然我们需要一种不同的讨论——讨论生产——来完成分析，因此，借用马克思的辩证句法说，我们的新问题既在第二部分中解决了，又没能在第二部分中解决。同时，我们必须注意一个次要问题，这个问题虽然只是忽地一闪，但可以想象，后来它会蛮横地登上中心舞台。这个问题就是那种被称作劳动力的特殊商品的历史（但“目前我们［对劳动力的历史］不感兴趣”［273 页］，正如劳动力购买者对它也不感兴趣）。就像第一部分简略地旁涉其他生产方式一样，在讨论雇佣劳动之初提一下劳动力的历史也很吊人胃口，但明显这个话题还没有进入讨论的主线。现在这条主线甚至绕过工资话题本身，突然以十足的专论的形式讨论起劳动来，由此开启了第三部分。

这个专论，即第七章，是《资本论》中含义最丰富的一章，它提出了资本主义价值生产的基本问题，指向价值的进一步发展，即生产性（这里尚未使用马克思的术语）。但它也宣告了一个新的主题层次的到来，那就是时间和时间性。第一部分宣称价值对等不可逆转，在那里，时间性是隐含的；而现在，时间性释放出众多新比喻，尤其是那些描述过去的价值消失在新劳动中的比喻。伴随着时间性及其运动，具有黑格尔色彩的辩证法再次出现了，不可避免地让人想起异化、外化、客观化以及马克思在早年手稿时期就已从黑格尔哲学中吸收了的其他特征。

50 同时，活劳动与它在劳动过程中的原材料的区分，让我们一下子具有了解决那个已经忘记的关键问题的能力：说有如何从无中产生不太准确，毋宁说，整体的价值为何能大于它的部分价值之和；或更简洁地说，产品的价值为何能大于先前的资本的价值。（马克思在这里给我们表演了一个小小的喜剧。在剧中，劳动力的购买者装出和我们同样迷惑的样子——“我们的资本家愣住了”［297 页］，接着他展开各种论证，以说明他为什么有理由从这样的等价交换中获取利润——“难道我的服务不应该得到报酬吗?”——最后，“他得意地笑了笑，又恢复了他原来的面孔”：他已经懂得了价值理论，只是天真的读者还不懂得［297～301 页］。）

在这个其本身也产生了价值增殖问题的理论中，我们与老朋友使用价值和交换价值再次相会了，不过相遇的情形不同了。我们从马克思手中获得了一种关于二重性的生产能力的新理解。马克思在各个地方一遍又一遍地把二重性从二元对立的静寂的死胡同中解救出来，重新赋予它们以辩证法的创造性。在这个案例中，与它的交换价值分离开来，并被突然用来生产比自身所值更多的价值的，是劳动者的劳动力商品的使用价值：

> 包含在劳动力中的过去劳动和劳动力所能提供的活劳动，劳动力一天的维持费和劳动力一天的耗费，是两个完全不同的量。……劳动力的价值和劳动力在劳动过程中的价值增殖，是两个完全不同的量。（300 页）

于是，我们似乎终于真正掌握第二部分提出但没能圆满解决的难题的答案了：G 如何能变成 G′？货币如何生出更多的货币？现在够了吗？难道现在我们的研究还没完成？难道现在马克思对资本的分析还没结束？还有什么需要让我们继续停留？

毫无疑问，我们还需要充实细节、确定构成（例如不变资本 51
和可变资本，剩余价值［对，我在这里第一次使用了剩余价值这一名称]）、处理扫尾工作（如剩余价值流通问题，这个问题被高调地称作“剩余价值率”），等等。但现在，我们意外地面临许多突然爆发出来的新问题。

正如这个分析对我们释放出了时间性一样（时间性意味着变化，并最终意味着历史本身，此外还有其他含义），“率”一字也打开了一个盒子，从这个盒子中，数学——比率、比例、微积分——马克思的业余爱好[40]——像怪物似的跳出来，就工作时间本身提出了尖锐的极现实的政治性的问题。顿时，我们听到的，不再是隐藏在地下的生产领域中机器的叮当声（这些声音在后面的第四部分才会让人震耳欲聋），而是议员们关于缩短工作时间的嘈杂吼叫以及无休止的辩论。于是，长篇大论地阐述工作日的第十章来了；我们稍后处理这个话题。

诚然，第十章对我们说过的《资本论》不是一本政治书的观点提出了无可否认的辩驳，因为在高潮部分，它号召工人“把他们的头聚在一起，作为一个阶级来强行争得一项国家法律，一个强有力的社会屏障，使自己不致再通过自愿与资本缔结的契约而把自己和家人卖出去送死和受奴役”（416 页）。但是，下一部分（第四部分）描述了资本在这种法律通过之后采用的一些方法，这些方法甚至能保证获得更多的剩余价值。由此，这一部分自我否定地宣称了第十章所说的政治只是工联主义的策略而非革命的策略（不过，是以辩证的方式而非以逻辑地排除的方式宣称的：两种策略既相同，又不同）。

同时，在第四部分末尾，本来这本书可以通过疾呼劳动立法而就此结尾，但现在马克思狡黠地设置了新的疑问，注定这部已
52 经很厚的书还得增加几章。这个疑问是：只有劳动才产生价值，但资本家似乎急于减少从他那里领取工资的工人的数量。在这里，马克思指出了“尽量减少自己所雇用的工人人数即减少转化

为劳动力的可变资本部分的趋势……即，同资本要生产尽可能多的剩余价值量的另一趋势相矛盾的趋势”（420 页）。因此，我们漫长的研究还没有结束：故事还得继续。

事实上，在第四部分中，我们以多种方式抵达了问题的核心：首先，论证将达到那些二元高潮的第一个，那些二元高潮是本书后续部分的特征：正面的、反面的，乐观的、悲观的，英雄的、悲剧的。在这些平行的相互转换中，马克思的对立面的统一找到了形式的（姑且不说音乐的）表达方式。但是，我们也可以将它们视为被拖延的难题和问题的姗姗来迟的解答，这些解答互相扩充，同时我们能够预想到，这些解答会进一步释放出问题，或演变成更复杂的问题。

上述所有问题，归根结底是那个从第一部分末就伴随着我们的根本问题的变体和衍生物，即，剩余价值是如何可能的？尽管这一部分的标题有一个非常专业的术语（“相对剩余价值”），尽管这术语说明了前文“绝对”一词为什么已经指出了那种非常野蛮、明显、以尽可能延长工作时间为要点的榨取剩余价值的方法，引入“相对”这一限定词事实上仍然不大能让我们做好准备，接受那些复杂的新程序，即那些定义真正的资本主义现代性并把资本主义标识为辩证地特异于人类历史上迄今出现的任何其他生产方式的生产方式与剩余价值榨取方式的复杂新程序。

由此可以想象，这一部分给我们准备了决定性的惊奇。不过，这些惊奇是巧妙地嵌在一个不同的疑问中的，这个疑问是亚贝·魁奈的一个明显没有恶意的评论。他真诚地问道：“为什么只关心生产交换价值的资本家，总是力求降低商品的交换价值？”（437 页）他的问题引起了矛盾的集中爆发，把我们带回劳动力商品
的秘密，同时让我们必须对资本主义系统明显的功能障碍——尤其 53
是可能导致资本主义自我瓦解的机制——进行一次全景式的扫描。

现在，我们沉浸在对这样的问题应该开展的研究中，不知不觉闯入了《资本论》的哲学核心，这是马克思所有著作中关于历史和生产的最洪亮的宣言，也是人们可能想将其解读为关于人性的形而上学或命题的一个时刻。这是马克思在朴实地题为《协作》的一章中对集体性的分析。

这一章（即第十三章）的命题可用多种方式进行解读。这是个人和个人主义范畴被扫地出门、被集体和集体主义范畴替代（或被提升为集体和集体主义范畴）的时刻。个人和个人主义范畴是我们开始解释市场和个人买者与个人卖者之间的交易以来必须运用的话语，而集体和集体主义范畴是理解有关我们这种“政治动物”的一切的唯一胜任的话语。然而，这种讨论的技术原因在于，以成倍增加工人人数回答如何获得相对剩余价值的问题，是初步的、非常狭隘的。历史解释的视野要比这开阔得多，因为“资本主义生产实际上是在同一个资本同时雇用较多的工人的时候……才真正开始的”（439 页）。同时，集体性“会在大多数生产劳动中引起竞争心和特有的精神振奋，从而提高每个人的工作效率”（443 页）：这是劳动心理学或某种更广泛的生存命题（而且是多少让人想到竞争精神的那种命题）吗？但这本书不是关于人的，而是关于系统的。因此，真正的高潮是中景上的纪念碑如中东的金字塔或巨大的水利工程所预示的，是展示“在本质上是集体力的新型生产力的创造”（443 页）。对这种新的力量，马克思既悲伤又兴奋，说这是“免费送给资本的礼物”（451 页）。这
54 也同样是对以新斯密主义者和蒲鲁东为代表的经济学家的反驳，他们试图把劳动分工当作神物进行崇拜，认为那是一种绝对现象。集体性在这里具有了本体论的优先性；随着资本主义对集体性的发现与发展，马克思主义关上了对更简单、更具有人性的生产方式的所有怀旧式回归的门。

但我们不能在这些积极面上继续逗留。当我们搜寻这种新的生产力的具体表现时，这些积极面立即变得凶险可怖了。那些具体表现也不会来得太迟：首先是名为“工场手工业”的中间阶段，人类力量似乎在其中找到了与自己的规模相适应的结构；最后还有一个演变（或萨特所谓的反终极性），一种对集体性和劳动分工的恐怖的滑稽模仿，那就是机器，马克思对其进行的分析尽管相当节制而简略，但依然产生了他最具灾难性预言意味的意象：

> 通过传动机由一个中央自动机推动的工作机的有组织的体系，是机器生产的最发达的形态。在这里，代替单个机器的是一个庞大的机械怪物，它的躯体充满了整座整座的厂房，它的魔力先是由它的庞大肢体庄重而有节奏的运动掩盖着，然后在它的无数真正工作器官的疯狂的旋转中迸发出来。（503 页）

这些是来自拿破仑三世的世界博览会中宏伟的机械大厅的幽灵。在这个大厅里，来自世界各个民族的渺小的身影聚在一起，目瞪口呆地望着巨大的机器装置。这些装置如古人的工程壮举再度来临，高高地矗立在他们面前。这些新机器真如独眼巨人塞克洛普一般庞大，而马克思也的确曾在两页文字中（506～507 页）三次使用“如塞克洛普般庞大的”这一修饰词，带着他独特的、感情丰富的辩证法的“对立面的统一”所特有的钦佩、害怕、热爱的混合情感。然而，它们依然是怪物。资本主义的这种新技术瞬间吸引了人类的全部病态迷恋，如同古时候自动机器、机器人、人形自动机和其他像镜子似的模拟人类的机器吸引人的注意力一样：这种自动机械，在其中“工人只是作为有意识的器官与自动机的无意识的器官并列，而且和后者一同受中心动力的支配”（544～545 页）。

55 关于这章论述机械的大制作（其长度在全书中居第二位，我们后面在讨论某些细节时还会谈到这一章），现在只需要注意：首先，它似乎能很肯定地回答关于“相对”剩余价值的问题，因为即使在法定的工作日时长施加的限度下，机器也有效地保证了相对剩余价值的扩大。在目前阶段需要注意的第二点是关于技术决定论的。

诚然，马克思数次呼吁书写一部技术史，一部用唯物主义写成的历史。“一部考证性的技术史，”他叹息道，“直到现在还没有”（493 页，注 4）。在这里，马克思勾勒出了勒菲弗尔的前瞻回顾法的轮廓，而其时，这种方法还没有名目。[41] 当谈到历史分期的时候，马克思就已经注意到“直到现在，历史编撰者对物质生产的发展了解很少”（286 页，注 6）。同时我们也已经讨论了这位革命的倡导者把“革命”一词用来专指生产过程中的革新，这个用法或许让人有些吃惊。最终，我们有点想把这两个创举——集体性和机械装置——看作同一个过程（黑格尔的主体或系统）的凸面和凹面。其中，技术是集体性的具体实现，同时颠倒了它的人格含义：技术决不构成协作的寓言或物化，相反，它似乎代表了协作的命运或厄运。

在这个意义上，马克思主义总有滑入技术决定论的危险，对这个说法，我是赞同的。这可以说是马克思主义的对应物的另一副面孔，是向黑格尔范畴升华的诱惑，历史和生产的偶然性向其转化的思辨形而上学的诱惑。在那种意义上，开启了又一种唯心主义的，不是唯心的黑格尔，而是根深蒂固的、将黑格尔和马克思相并列的行为，以及固执地在马克思身上寻找黑格尔主义的行为。然而，在《哲学的贫困》中，马克思对这样的唯心主义进行

了最辛辣的讽刺，也正是在这部著作中，马克思就技术概念提出 56
了严厉的告诫："机器正像拖犁的牛一样，并不是一个经济范畴。机器只是一种生产力。以应用机器为基础的现代工厂才是生产上的社会关系，才是经济范畴。"[42]

但是，马克思的这个限定导致了一个甚至更根本的有关再现的问题。人们可以说，机器构成了生产关系的"表现形式"，如果没有机器，生产关系就仍是不能再现的实体（因为关系不可能一开始就是实体，而不是实体的关系是不能再现的）。至少，这一点是清楚的：马克思关于生产的思想已经因为人们的成见而被它与19世纪晚期重工业的时代联系所替代、所污染了（这重工业本身现在又被控制论和信息技术替代了）。

被"如塞克洛普般庞大的"第十五章如此突兀地打断之后，让我们回到故事的主线上来。可以说，通过揭示商品价值如何被减少，进而揭示它们产生的劳动力的价值如何被减少，这一章毫无疑问地解决了我们一半的最初的难题。较为便宜的消费产品（与自由贸易和更便宜的谷物一道）明显降低了工人劳动时间的社会必须价格；但机器生产还有两个意外的相反的结果，给我们提出了新问题。的确，这时我们也可以说辩证法发展得更充分了，直到目前这个阶段，我们才能看清它深层的对抗性质。在善与恶这样的脱离实体的概念或价值的对立中，先前看起来无害的静止的东西——任凭一个蒲鲁东小心地整理他对生产的阐述，组合生产的好的方面，丢弃差的方面——现在表现出在《共产党宣言》中的野蛮模样（《共产党宣言》以远为致命的形式和效果将其具体化了）。在这里，在《资本论》及《共产党宣言》中，进步导致真正的悲惨，财富产生无可言表的贫困。与这一发展相关
的，是时间性在论机器的一章中的固执出现：时间及其悖论的主 57
题化了的在场，它们现在将陪伴我们，直到全书的末尾。但这需

要单独讨论（参见下文，第四章）。

据此，我们现在足以辨析出这一章留下的两个要点了。第一，根据常识和资本主义辩护的意识形态陈规，机器应该代替人类劳动，缩短劳动时间，但事实上，机器增加了劳动时间。在《资本论》较长的三章中的最后一章（第二十五章，论资本主义积累的一般规律的那章），进步和生产力的这种消极面将会得到更详尽、更直接的讨论。在这里，我们只引用目前这一章的最后一个句子：“因此，资本主义生产发展了社会生产过程的技术和结合，只是由于它同时破坏了一切财富的源泉——土地和工人。”（638 页）

第十五章给我们留下的第二个难题是关于价值生产的。我们知道，只有工人的活劳动才产生价值（马克思已经告诫过我们，流通或市场不能产生价值，价值只能由这种叫作劳动力的特殊商品产生），但新机器——虽然其本身是活劳动力产生的——隔在了工人和最终商品之间，而事实上，用机器生产商品，成本会更低。于是就有了一个新问题：机器和价值生产之间的关系是怎样的？

现在我们可以迎接比喻更炫丽的回归了，我们还记得，在前文中，如果不谈比喻，就不能对可以称之为简单价值（人类劳动在物品中的结晶，在物品中的“凝固”）的东西进行论述。不过，这个道理应该不复杂：机器不能生产价值，只有人类劳动才能生产价值：“像不变资本的任何其他组成部分一样，机器不创造价值。”（509 页）在这种情况下，机器的优势在哪里？难道仅仅是生产更多的商品？然而，节省劳动的机器是用来代替工人的部分劳动的（这些劳动虽是体力的，却是活的），从而在这个过
58 程中可想而知地消除部分本应由活劳动来创造的价值。价值总是通过增加集体劳动者的人数（协作）而得以倍增的，但是——在

这里我们返回机器给我们制造的基本悖论——引入新机器的逻辑结果是解雇它所代替的工人。

在这里我们应该注意，从 1847 年《哲学的贫困》开始，马克思就坚持强调具体政治是技术变化的原因：无论技术上的可行性已经存在了多长时间，新机器的发明的背后动力都不是发明者的聪明才智，而是劳动者的不满。新机器是资本家对工人的罢工、提薪要求、越来越有效的组织——或“联合”——的回应。于是又出现了一个辩证悖论：如果说资本的发展导致工人境况更加悲惨——《资本论》余下部分越来越重点论述的观点——那么还必须说，促使资本主义生产力不断进步的，是阶级斗争本身，即工人自己更明确、更自觉的反抗。我们会看到，后文将以近乎本体论的方式再次阐述这一沉重的结论。

而此时，我们想起了另一个二重性。在第三部分中，我们急匆匆地奔向时间性的被称作工作日的第一个具体形式，因而把这个二重性忽略了。这就是不变资本和可变资本两个明显专业性的术语之间的区别。迄今为止，我们从这一区别中只看到了对可变资本（工人）愈益提高的剥削率和关于工作日的法律限制的嘈杂论争及其伴随问题（西尼耳关于“最后一小时”的“精彩”观点——参阅后文）。我们也匆忙地放走了马克思的那个似乎过于挑剔的讨论，即应该把储藏（“保存”）在机器中的劳动描述为“转移”到了新产品中还是在新产品中得到了“再生”（他选择前者）。不过，结晶和劳动力的凝结的旧比喻在这里明显不能胜任了，因为具有生产性的人类劳动已经具有了“双重”面孔：“把新价值加到劳动对象上和把旧价值保存在产品中”，这“两种完全不同的结果”说明了“他的劳动本身的二重性：在同一时间 59
内，劳动就一种属性来说必然创造价值，就另一种属性来说必然保存或转移价值”（307 页）。然而，新价值的创造同时就是劳动力这种特殊商品的消费，此间还伴随着原材料商品的消费。这不仅假定了一个更复杂的时间过程，还导致了两条不同比喻路线的交叉。

的确，与消费（如其词源所暗示的，消费有效地摧毁了对象）相关的比喻的能量现在被套在了时间过程的轭具之下："但是，亚麻和纱锭是过去劳动的产品这件事，对这个过程本身来说是没有关系的，正如面包是农民、磨面者、面包师等等过去劳动的产品这件事，对消化过程来说是没有关系的一样。……如果产品很好，它的使用属性由过去劳动创造这一点就看不出来了。"（289～290 页）现在消失在消费中的不是劳动力，也不是原材料，而正是生产这些商品的过程所用的时间。过去的劳动在这里被取消了，同时悖论地产生了从死物中复活的新比喻（有机图像的复合体，让人想起马克思将资本描述为吮吸活劳动的血液的吸血鬼的那些著名段落）。诚然，复活无疑意味着消灭死亡的过去，这是一次《圣经》式的对否定的否定，在这个否定中，死亡自身被杀死了。[43]但是，在庆祝新生和"消灭"过去之间，在基调上存在着不可避免的矛盾。我认为，这表现了马克思此时在内心深处对他的直接主题的矛盾心理。马克思一方面在比喻中感到兴奋，他颂扬劳动的生产能力或再生能力，另一方面又清醒地评价资本主义的时间性，这种时间性为了占有作为商品的现在，无情地消灭了劳动过程的过去：它忘记了过去的性质，忘记了工作的存在本质，忘记了工作的来源和语境，忘记了"劳动留在产品上的印
60 迹"，这都是为了数量性的现在，只有在现在，产品才能以全新的形式被出售，被消费。不过，生产的这种二重性当然是基本的，它不仅是商品的，而且是资本主义自身的。在《共产党宣言》中，资本主义同时具有的建设性和破坏性已经得到了生动展示。

因此，现在，在论述机器的这一章中，我们终于能估量马克

思很早时候所做的这一区分的巨大影响了："只是在大工业中，人才学会让自己过去的、已经物化的劳动的产品大规模地、像自然力那样无偿地发生作用。"（510 页）现在，前面引文中著名的复活以丧尸复活的形式来到我们面前。在海地，据说丧尸是已经死去的主人的没有灵魂的肉身，现在轮到他们不知疲倦地为活着的人劳作了。然而，这个奇迹——它在某个初期阶段产生了巨大的新利润（572～574、578～580 页）——终究会开始在那著名的"利润率趋于下降"中暴露出它作为资本的基本矛盾的真实身份。在这个趋势中，蕴藏在机器中的转移价值将开始超过新生产的价值，而所需要的工人人数却不断减少（这一过程在马克思去世后由恩格斯编辑的《资本论》[第三卷] 中才得到充分论述）。

我们还没有处理马克思关于资本主义技术的辩证含混。资本主义技术再次诱惑我们将马克思视为卢德式的人物，把他的诊断看作对机器的攻击。尽管这种诱惑也许受着我们前面评论过的段落中的再现性物化的推动，但我们必须坚决抵抗。

下面两部分（第五部分和第六部分）虽然试图再次强调这一材料的合理性，但依然可能是整个《资本论》（或更确切地说，第一卷）中最枯燥的部分。如同瓦雷里所言，艺术所必需的，总是最没趣的。的确，马克思的数学癖好在这里找到了用武之地（如果不能说是自由驰骋的天地），他对绝对剩余价值和相对剩余
价值之间多变的比率、工资可变性的影响，最后还有"剩余价值 61
率的各种公式"，都进行了计算，工资类型及其与价值之间的关系也再次得到演算（第三卷第十三章到第十五章有更详尽的讨论）。在这两部分中，马克思还尝试了一些新术语：他在"生产劳动"的意义上提到了"生产率"的概念（这是关于马克思主义理论的争论中永远也没能真正痊愈的痛点，尽管《资本论》第四卷《剩余价值理论》对此有更细致的探讨）。没有谁喜欢被指责

为沉溺于非生产劳动，而“服务业”在当代的兴起大概也宣布这个特殊术语过时了、无用了。同时还出现了一个新术语，“包含”，这个术语直到1960年代《资本论》未出版的补充或遗失的章节重见天日的时候才得到完整的定义和论述。[44]事实上，甚至自然本身都作为与人类生产很不一样的又一个价值来源短暂地亮了一下相。

但是，上述犹豫和踌躇没有哪一个让我们做好准备，来接受下面即将发生的事情：现在，第七部分开始了，这一部分理所当然地是《资本论》的高潮部分，也是我的解读的结尾部分，在整部八百页的书进行了六百多页以后，马克思突然地、完全出人意料地告诉了我们他的秘密，概述了整个《资本论》的写作纲要，包括计划中的后面两卷的内容（709～710页），以及对此前已经完成的所有内容的简要总结。在某种意义上，宣布第二卷和第三卷的主题（分别是流通和资本类型）只会证实雅克·阿塔利那相当轻率的观点，说马克思不愿意完成任何东西（即是说，不愿让完成品从他身边“异化”而去）。然而，事实上，让我们也来一下辩证，这个出人意料的预报让我们把《资本论》（第一卷）理解为既是一个完成品，又是一个未完成品。这其实意味着，我们
62 可以同时拥有飞行的边界和航线，拥有高潮和余留工作：在同一时刻，我们可以把资本机制视为一种结构，也可视为一种开放的历史发展——两者都从属于我们后面将讨论的扩张的概念，同时资本主义结构可以比喻为著名的鲁布·戈德堡机械。这种机器总是处在崩溃的边缘，却又通过增加新的、托勒密式的“公理”（借用德勒兹的术语[45]）修正自身，而这修正又让机器更加笨拙，更加紊乱。

无论如何，在这最后的第七部分——这部分由篇幅极长的《资本主义积累的一般规律》一章统领——我们在阿尔都塞所说

的“无主体过程”中开始向终点冲刺，向结尾冲刺（第八部分）。这个无主体过程产生了许多爆发性的文本结尾，在这里，我们将分离出三个来：人类时代、资本积累的辩证法、劳动后备军。

第一个话题“简单再生产”说明，我们现在完全处于时间中（如果不是处于历史中），处于从业人口的时间中，处于资本主义系统自身的时间性之中——两者都服从于不可逆的动荡与剧变。当代哲学已经在这里分离出了基本形式——重复——并将其主题化了，到了让其在理论上无处不在的程度：但马克思对它的处理已经非常现代了。马克思告诉我们，在资本主义中，什么都不是第一次发生；没有起点，“起初仅仅是起点的东西，后来通过过程的单纯连续，即通过简单再生产，就作为资本主义生产本身的结果而不断重新生产出来，并且永久化了”（716 页）。马克思顺便提到，线性时间向圆形时间的这种永久转化有一个有趣的副产品，那就是，在某种程度上，把资本借给资本家作为其事业开端 63
的，是工人自己，因为工人同意将工资的支付时间推迟到工作周的周末。（对于这个话题，还有比我们目前看到的更多的东西。对此我们将进一步讨论。）然而，从总体上说，在这里我们只是微微瞥见了资本主义再生产的整个巨大转轮倾向于分成极多不同长度、不同大小的再生产——如果我们观察得更仔细些，就会发现这种倾向——由此预示了第二卷中真正的非人格复合体。尽管如此，这里还是有一个不变的规律：“生产过程的单纯连续或者说简单再生产，经过一个或长或短的时期以后，必然会使任何资本都转化为积累的资本或资本化的剩余价值。”（715 页）马克思在这里没有告诉我们的是，这种转化是在不断扩展的规模上进行的，我们后面会明白这一点。因为竞争意味着，一方面，工人必须跟上劳动生产率的“社会必需”标准，另一方面，资本家必须在投资的增长规模和生产率上与竞争对手相当：双方都同时套上了资本主义扩张这一脚镣，资本主义是一台邪恶机器，是一头一旦骑上去就下不来的老虎。

并非巧合的是，正好在这个阶段，异化这一马克思最早的哲学概念回来了。先前的各种语境谈到了这个概念的黑格尔版本（*Entäusserung*，外化或对象化），在这些语境中，异化涉及的是货币或价值问题以及生产问题。现在，工人自身的异化首次（716 页）进入了直接关注范围。在这种情况下，不仅需要生产资本和价值，还需要生产工人自己以及工人的劳动力：工人必须被再生产出来，但同时又把他固定在一个地方（马克思说，这个过程要“小心地防止工人……跑掉”［729 页］）。

因此，不仅要再生产工人，而且首先要生产工人。这一重心转换不仅把我们引向关于资本主义起源和分期等历史问题的范围（第八部分，我称之为尾声的部分），而且引向马克思所有著作的巨大本体论悖论，且不说对“规律”概念的特殊的、新的颠倒。
64 搁置了土地和生态问题（福斯特已经确切地证明，马克思不仅强烈地意识到土地是财富的源泉，而且是剥削和侵蚀的对象[46]），我们越来越清楚地认识到，工人就是资本主义系统的驱动力，就是资本主义系统积累的价值的不竭源泉。由此可以明白，资本家不是——也不曾是——“历史的主体”。韦伯理论或加尔文理论认为，资本家若要发达，必须约束自己的消费，要通过节省扩大预想中的资产（在这种情况下，无论如何都和守财奴的历史形式很不一样）。这种理论代表了关于资本主义发展的节制理论。与它相对的是曼德维尔的理论，此理论认为奢侈和罪恶的过度消费同样有助于发展资本主义。如对曼德维尔理论的讨论一样，《资本论》在这里离开主线，循着整个资本主义发展过程的不同历史阶段，对节制理论进行了一次详细的喜剧性的讨论。无论怎么说，我们要记住，马克思的寓言一开始就告诫我们，只能将资本家视为资本发展过程的载体，而不是主体（对于无产阶级，马克思从来没说过这样的话），尽管资本家也是资本发展过程的受益人。

这里有一个强烈的本体论预兆，类似于对费尔巴哈的严厉告诫（在《德意志意识形态》中）：如果生产停止了，即使只停止一个月、一年，“文明”和人类历史本身就会如遭雷击一样消失。[47]在这里（尽管段落中游荡着费尔巴哈的鬼魂），本体论高潮 65
表达得更严肃一些：“正像人在宗教中受他自己头脑的产物的支配一样，人在资本主义生产中受他自己双手的产物的支配”（772页）。马克思赞许地引用了一位同时代的德国经济学家的疑问，这位经济学家真诚地评论道：“如果回头来看看我们在最初研究时曾经指出的……资本本身不过是人的劳动的产物……那么似乎完全不能理解的是，人怎么会落入他自己的产物——资本——的统治下，并且从属于这个产物。”（772 页，注 9）马克思得出结论说，资本就是“雇佣工人为自己铸造的金锁链”（769 页）。较之于对这个悖论的回答（回答将在第八部分给出），它的言外所指更加重要：维科-布莱希特的人类可以撤销已做事情的观点，古老而固执的“人只给自己布置有能力完成的任务”（《批判》，21 页）以及世界上不存在无法回答的问题的乐观信念。于是，尽管人们近来发现了很多关于本体论的负面情况，但在这里本体论依然立刻变成了政治学。

不过，资本主义系统有它自己固执的乐观，会对此做出自己的回答：时间问题的引入会让人们听到它的声音。如果再生产不仅辩证地意味着没有起点，出于同样的原因，它也会在这过程中瓦解自身，因为它也意味着没有“第二次”，第二次与第一次不会一样，第三次与第二次不会一样，如此类推，以至无限（产生出德勒兹在《差异与重复》中归纳的无穷变体）。对这个悖论的解决已经隐含在了资本积累最初与纯粹交易脱离关系的那一刻，即公式 G—G′中。因为资本积累必然意味着扩大：当马克思以资本的“有机构成”（762 页）的观点的形式引入新纷扰、新术语时，他就把这一时间过程纳入了结构思想中，结构是根据它自身的规模和动量而不断变化的。在这里，构成不仅仅表示不变资本——机器——无情地超过可变资本的程度，尽管马克思一直坚
66 持认为可变资本的结构和工人的数量之间有等比关系。事实上，就在这一章里，他将给那个表面的规律加上一个抵消因素。这种不断发展的失衡对资本的致命后果——所谓的利润率趋于下降——不会在这里明白地揭示出来；但目前时间过程还是通过两个术语而主题化了，一个是积聚，一个是集中。这两个术语清楚地道出了后来归并在垄断观念之下，被进步主义资产阶级经济学当作很不自然的、需要不时纠正甚至予以禁止的畸形的东西。但在马克思（以及马克思的政治追随者）看来，垄断并不是畸形，而是刻写在资本主义基因结构中的趋势（“一般规律”）：积聚是多个资本为获得更大的投资份额而竞争的最终产物，而集中是许多已经扩大了的资本在它们内部进行的联合（776～778 页）。两个过程都说明了资本主义不可避免的扩张运动。通过这种扩张，资本主义解决了目前的问题，推迟了矛盾的爆发。

这时，马克思提前往他的讨论中引入了此后非常重要的信用现象这一补充。信用现象作为一个话题，在第四版中得到了恩格斯的大力拓展（777～780 页），但还需要金融资本理论予以完善。所以，当阿里吉在《漫长的二十世纪》中以非连续性扩张为视角阐述资本主义历史的时候，他觉得必须添加一个精彩的新概念，那就是金融资本的持续性的周期性出现。现在，金融资本已经被认为是每个资本主义发展时期的基本历史阶段了。[48]

于是，我们又迎来了一个高潮，一个结束某种东西的终点：

要言之，资本主义具有的克服所有不利、穿越种种潜在危机对自身进行再生产的可能性。扩张预示着帝国主义的到来，对世界市场和全球化翘首以望，并让所有对“在一个国家单独实现社会主义”的期望归于失败。也正是这种扩张，说明了《大纲》欢欣地 67
预言的更长时间格局的正确性，即是说，只有在普遍的商品化（雇佣劳动的普遍化）成为常规、最终抵达资本主义扩张的最后极限（即世界市场）的时候，社会主义革命才能提上议事日程。[49]因此，资本主义扩张的最终阻碍就是当它的矛盾在扩大策略中再也找不到更临时的解决和拖延办法的时候。虽然这个观点在《资本论》中是隐含的（无论《资本论》有什么更明确的建议和预言），但它说明，资本主义系统对它的近期发展不断发出新的警告是有道理的（“我死后哪怕洪水滔天!”）。

我想将上一章中（第二十四章）有名的情感爆发解读为对这些历史感觉的错位的表达，现在除了其中的能量外，这个表达作为情感就无法破译了：“积累啊，积累啊！这就是摩西和先知们！……为积累而积累，为生产而生产——这就是古典经济学用来表达资产阶级在它占统治地位时的历史使命的公式。它对财富分娩的痛苦从来不迷惑，但对历史必然性的悲叹又有什么用处呢？如果在古典经济学看来，无产者不过是生产剩余价值的机器，那么，资本家也不过是把这剩余价值转化为追加资本的机器。”（742 页）

这段话融入了许多混杂的情感。其中一个是哀叹资产阶级古典经济学的辉煌时期已然逝去，其清晰性已成历史：因为资本主义力量的胜利“敲响了科学的资产阶级经济学的丧钟。现在问题 68
不再是这个或那个原理是否正确，而是它对资本有利还是有害，方便还是不方便……”（第二版跋，97 页）

同时，这段话重申了资本家的地位仅仅是资本主义系统的载体或承担者，细致地辨析了工人作为物化的剥削对象的角色。不过，这种以系统的能量为参照来确定人类个体的地位、将个体转化为系统的运动或趋势的寓言符号的做法暴露了作品自身深层次的矛盾。资本主义系统的出现（以及后来的革命夺权），是非人格力量的作用还是历史集体主体的作用？将来，资本主义的终结之所以发生，是它的功能故障的结果还是人的联合行为的结果？对《圣经》人物的呼喊，可以理解为宗教异化的语言；然而，它展示了一次向比喻的调整。如往常一样，这次调整说明，马克思的文本已经对自身形成了某种意识，已经达到了一种高度，以致它能在瞬间从这里向外往它的对象的总体性——以及整个资本主义的总体性——望去：它的整个观点的长期记忆，而非它对细节和资本主义内部机制动力的解释的短期工作。这个比喻宣告，我们已经抵达了这样一个时刻：《资本论》已经做好准备，打算解开它的一个难题、确切地回答一个主要问题了。

然而，文本不愿意明确地这样做，因此在这最后一部分（第七部分）突然发生了转折。在这里，关键要明白，扩张——积聚和集中——不是马克思在他明白无误的标题《资本主义积累的一般规律》中要说的意思。诚然，这种扩张倾向——在扩张中，资本主义跑得越来越快，只是为了留在原地，就像红皇后[①]一样——是资本主义作为一个系统的基本特征。在这个意义上，这种不可逆转的、无法避免的趋势或许可以称作一个规律。当然，这是在古典经济学家所说的价值本身的规律的意义上使用规律一

① 见英国作家路易斯·卡罗出版于1871年的童话《爱丽丝镜中奇遇记》第二章。爱丽丝来到红皇后的国家，那里的环境非常奇怪，人为了能待在原地，必须奋力奔跑，而如果想到别处去，至少得跑两倍的速度。这个故事被许多学科用来说明竞争者的个体努力与竞争大环境之间的关系。个体为了不在竞争中落后，必须不断进步，而不断进步的结果仅仅是没有被对手甩在后面。——译者注

词的（马克思本人也曾这么用［676 页］）。然而，大多数时候马克思称呼后者为“秘密”，（最初）称呼前者为“公式”。同时，黑格尔也曾嘲笑物理规律这一概念是把内部世界强加到外部世界
上去，是生成一个颠倒世界的幻象[50]；马克思也没有忘记，那些 69
在他看来一直是比率和关系而不是物理规律的东西，可能有多种变体和结果。但是，资本主义的“永恒规律”是资本主义意识形态专家的神话和想象。有一次，对于甚至古典经济学家也表现出来的关于工资的褊狭，马克思忍无可忍。他在列举了这些观点的种种矛盾之后，得出结论说：“这种自我消灭的矛盾，甚至根本不可能当作规律来解释或阐述。”（676 页）马克思不常常放纵自己，这是不多的几次例外之一。在这种情况下，他的愤怒会冲破自制力，虽然自制力往往赋予他的观察以强度和力量。资本主义本身就是马克思所说的“自我消灭的矛盾”：如果一种机器的发展和它的危机与故障并存，这样的机器就不具有任何通常意义上的“规律”。

诚然，资本主义悖论是以辩证规则的形式体现出来的：

> 因为机器就其本身来说缩短劳动时间，而它的资本主义应用延长工作日；因为机器本身减轻劳动，而它的资本主义应用提高劳动强度；因为机器本身是人对自然力的胜利，而它的资本主义应用使人受自然力奴役；因为机器本身增加生产者的财富，而它的资本主义应用使生产者变成需要救济的贫民，如此等等，所以资产阶级经济学家就简单地宣称，对机器本身的考察确切地证明，所有这些显而易见的矛盾都不过是平凡现实的假象，而就这些矛盾本身来说，因而从理论上来说，都是根本不存在的。于是，他们就用不着再动脑筋了，并且还指责他们的反对者愚蠢，说这些人不是反对机器

> 的资本主义应用，而是反对机器本身。(568～569 页)

但即使对于这样的对立面的辩证统一，马克思也不愿意使用“规律”一词。

这就是为什么我们会惊奇地发现，他在标题中含有这个单词
70 的达到高潮的一章里讨论这个单词时，会用黑体对它进行强调，**“这就是资本主义积累的绝对的、一般的规律”**（798 页）！我们当然知道在马克思著作中，“绝对”一词总是预示着与“相对性”相对应的二重性，由此构成对自身的否定。这里无疑也不例外，马克思正在讨论的情形会产生覆盖整个变异格局的全部结果。

但这仍然显得太范畴化，因此我们有必要认真对待那个话题转换了，即把辩证法从资本主义本身的辩证矛盾转移开去，以在资本主义与工人之间的关系问题上训练它，尤其是在资本主义与它对远远超过直接需求的劳动力的生产之间的关系问题上训练它。我们已经懂得，节约劳动的机器的发明反而增加了劳动，但这只是资本主义系统内部诸多悖论中的一个。同时，资本主义生产了劳动力还是仅仅利用了劳动力？现在这可以采用历史问题的形式进行分析，在资本主义结构分析的框架内讨论历史问题是不行的，历史问题需要在这个框架之外（在第八部分构成的非常独特的历史尾声中）提出来。不过，这个框架仍然把我们带到了那个危险的边缘，从这里我们可以一瞥资本主义系统在经济之外的效应。这样的扫视是否在某种程度上破坏了《资本论》的写作计划？（是否还有破坏我们上面讨论过的严格自律和情感约束的危险？）它们是否构成了马克思著作中的感伤因素，煽动性地诉诸纯粹感觉，而不是诉诸严格论证，预示着像第二国际一样从真正的马克思主义资本主义分析堕落为康德式的对资本主义进行伦理判断？此类频繁出现的责难将马克思“语境化”为一个维多利亚

思想家，在狄更斯背景中作为又一个慈善家来到我们面前，怀里揣着对令人发指的悲惨生活和非人道行径的揭露材料和证词。对于这个问题，我们将在后面的第五章中进一步讨论。

毫无疑问，这里阐述的一般规律和非工作相关：不是和对工人阶级的生产相关（更不是和对工人阶级的再生产相关），而是和包含了永远不工作以及确实不能工作的人的“后备军”相关。看看马克思对这个问题的论述：

> 社会的财富即执行职能的资本越大，它的增长的规模和 71
> 能力越大，从而无产阶级的绝对数量和他们的劳动生产力越大，产业后备军也就越大。可供支配的劳动力同资本的膨胀力一样，是由同一些原因发展起来的。因此，产业后备军的相对量和财富的力量一同增长。但是同现役劳动军相比，这种后备军越大，常备的过剩人口也就越多，他们的贫困同他们所受的劳动折磨成正比。最后，工人阶级中贫苦阶层和产业后备军越大，官方认为需要救济的贫民也就越多。**这就是资本主义积累的绝对的、一般的规律。**像其他一切规律一样，这个规律在实现中也会由于各种各样的情况而有所变化，不过对这些情况的分析不属于这里的范围。（798 页）

这是关于贫困化的著名观点。贫困化的明显结果是社会的两极分化，一方面是比例越来越小的非常富有的资本家，另一方面是比例越来越大的收入逼近官方贫困线（如果尚未降至贫困线以下）的人口。这条特殊的马克思“规律”——“不管工人的报酬高低如何，工人的状况必然随着资本的积累而恶化”（799 页）——在战后富裕的 1950 年代和 1960 年代曾是大肆嘲笑的对象。今天的人们不再嘲笑它了。现在这些分析与马克思对全球化的宣告一道，似乎在世界范围内重新肯定了《资本论》的正确性。从另一个角度说，这些分析指出了一个叫“包含”的阶段的存在。在这个阶段，经济外领域或社会领域不再处于资本和经济之外，而是被资本和经济吸收了，以致不再把失业或缺乏经济能力从资本中排除出去，而是将其留在里面。当一切都被包含在资本主义之中，资本主义之外就什么也没有了；失业者——或这里的穷人，贫民——可以说是被资本雇来失业的；他们通过自己的无为完成了一项经济功能（即使没人为此付给他们报酬）。

现在，与资本主义积累的灾难性扩大相伴随的，是《资本
72 论》及其写作计划范围的扩大。前资本主义农业、封建大地主及其地租虽曾与新兴工业资本家和他们工厂的工人进行艰苦斗争，现在都被资本主义吸收了，同样，农村的穷人也被吸收到了资本主义贫困的悲惨境遇中。《资本论》也论及农村穷人的困境，但不是作为同情的对象，而是作为资本主义发展的历史结果和结构结果，作为讲述充分发展的资本主义系统的逻辑必须记录的一个群体。

这一部分的结尾是两个历史注释，随着这一部分的结束，《资本论》正文也结束了。第一个历史注释可以说采用的是回顾视角，它将爱尔兰土豆饥荒放在已经做出的对资本主义的解释的语境内：这一点我们可以从达弗林侯爵做出的诊断推导出来，他说：“爱尔兰的人口仍然过剩，人口外流仍然太慢。要想享有十足的幸福，爱尔兰至少还应该排出 30 多万工人。”（868 页）[51]

在第二个历史注释中，我们突然面临强劲的对手美国在大西洋彼岸的出现，目前它是欧洲过剩人口的接纳者，但将来它会成为英国的世界霸权的竞争者和可能的接替者。因为马克思很清楚地知道，正如后面的讨论将证明的，边远的美国在内战之后，已经成为和其他国家一样的资本主义国家。

【注释】

[40] 参阅本书第一章，注8。

[41] Sartre，*Search for a Method*，op. cit.，pp. 51－52，note 8.

[42] *The Poverty of Philosophy*，op. cit.，p. 133.

[43] 约翰·多恩："死亡不会再存在；死亡，你将死去。"（出自其十四行诗《死亡，别骄傲》。——译者注）

[44]《资本论》，949～1084页，"直接生产过程的结果"。

[45] 参阅吉尔·德勒兹、费里克斯·迦塔里合著《反俄狄浦斯》（Gilles Deleuze and Felix Guattari，*L'Anti-oedipe*，Paris：Minuit，1972），第3章《原始人，野蛮人，文明人》，此标题来自摩尔根的《古代社会》（Morgan，*Ancient Society*）。德勒兹、迦塔里认为，"符码"内部包含了一种符号意义，而公理只是一个程序规则，没有符号内容或意义。也可参阅罗伯特·布兰奇：《公理论》（Robert Blanché，*Axiomatics*，London：Routledge，1962）。

[46] John Bellamy Foster，*Marx's Ecology*，New York：Monthly Review Press，2000.

[47] Marx and Engels，*The German Ideology*，Moscow：Progress，1964，p. 46：

> 这样一来，打个比方说，费尔巴哈在曼彻斯特只看见一些工厂和机器，而一百年以前在那里只能看见脚踏纺车和织布机；或者，他在罗马的坎帕尼亚只发现一些牧场和沼泽，而在奥古斯都时代在那里只能发现罗马资本家的葡萄园和别墅。费尔巴哈特别谈到自然科学的直观，提到一些只有物理学家和化学家的眼睛才能识破的秘密，但是如果没有工业和商业，哪里会有自然科学呢？甚至这个"纯粹的"自然科学也只是由于商业和工业，由于人们的感性活动才达到自己的目的和获得自己的材料的。这种活动、这种连续不断的感性劳动和创造、这种生产，正是整个现存的感性世界的基础，它哪怕只中断一年，费尔巴哈就会看到，不仅在自然界将发生巨大的变化，而且整个人类世界以及他自己的直观能力，甚至他本身的存在也会很快就没有了。

[48] 参阅本书第一章，注 23。

[49]《大纲》，161 页："在世界市场上，单个人与一切人发生联系，但同时这种联系又不以单个人为转移，这种情况甚至发展到这样的高度，以致这种联系的形成已经同时包含着突破它自身的条件。"也可参阅 227～228 页。马克思从黑格尔那里借来的障碍与限度的区分在这里具有可操作性：资本主义通过克服它的障碍而发展，但世界市场会用符咒镇住它的绝对限度。（对于这个问题，也可参阅 Lebowitz，op. cit.，pp. 107—115。）

[50] Hegel，*Phenomenology of Spirit*，Oxford：Oxford University Press，1972，Chapter 3；也可参阅 *The Hegel Variations*，op. cit.，pp. 70—71。

[51] 我们现在知道了，查尔斯·特里维廉爵士（Sir Charles Trevelyan）之所以决定不救济爱尔兰土豆饥荒，是因为他相信这个原则是正确的，由此在技术上构成了种族屠杀。

第三章　历史作为尾声

就这样，第七部分的最后几页把我们再次扔回历史，扔回当 73
代史。现在第八部分不仅要转向对这些历史的书写（历史书写话语在前面几部分只局部运用过），还要提出历史分期和历史因果联系的问题。在前面的探讨中，这些问题是被暂时搁置的，正如第一部分对交换价值的分析搁置了使用价值一样。且看这种先期防备的策略性表达：“但是，这一过程（资本主义生产）总要从某地某时开始。因此，从我们上面所持的观点来看，下面的情况是可能的：资本家曾经一度依靠某种与别人的无酬劳动无关的原始积累而成为货币所有者，因而能够作为劳动力的购买者进入市场。无论这多么符合实际情况……”（714 页）可能，千真万确！马克思的小笑话强化了结构话语和历史话语之间的重要区别，这种区别是拆开机器、展示各种零件的功能与叙述一种现象的形成和消失之间的区别。这样说了以后，我的观点就不显得粗率了。我的观点是：我们应该把《资本论》最后的这一部分看作一个自身完整的独立实体，一次比特定话语陈述内部的话题转换更明显的断裂（无论它独立开来之前在整个作品中显得多么异类）。我们用来引出对第一部分半独立性的探讨的音乐类比，即《资本
论》的前奏，也许让我们有理由把这个结尾部分即使不看作一部 74
独立的、完整的羊人剧，至少可以看作一个音乐尾声。在这尾声中，主要的论证任务已经完成，再来几点相关补记，作为最后的辉煌和归总。[52]

尽管如此，最后一部分丰富的哲学内蕴还是诱使我们将其视

为独立的完整论文——不是说它提出了一个（新的）思想观念，而是恰恰相反，在这里大量主题、问题相互交织。不过，用近年的话说，这些主题和问题是历时的而非共时的（迥异于著作正文），每一个都值得人们区别对待。于是，这就需要区别时间性、时间的问题（这个问题我将在下文专门讨论）和历史叙事的问题了。时间性是共时的，即使它包括一个被称作“过去”的范畴，或包括另一个被称作“变化”的范畴：正如阿尔都塞所说，每一种生产方式都产生自己的时间性，自己的时间绽放系统。资本主义的时间绽放系统我们稍后会讨论。

但第八部分更是这种东西所在的地方：这种东西常被污蔑为“历史哲学”——对各种生产方式的叙事，也即关于历史的历史。在这里，基本的历史境遇相继出现，并遭到结构上的修改，许多非常规的问题也不可避免地提出来。这些问题涉及历史的起源，历史的含义，历史的“目的”或目标、结果、目的地。诚然，如同康德对待起源问题一样，我们可以拒绝回答这些问题，并真正在思想上怀疑它们；但我们不能在源头上杜绝这些问题出现，或者说一次又一次地以新的形式和面目出现。此外，还总存在一个嫌疑：把这些问题作为数量众多的伪问题一笔勾销，也是一种秘密的、独特的回答方式。

75 对所有这些问题马克思确实做出了一些回答，而且这些回答是非常现代的，尽管他的哲学语言和我们的并不总是相同。例如，关于起源，他在效果上、在实践上——即使没在名称上之类的——提出了一个谱系学，对起源和前提进行了区分。这里提出的叙事样本——譬如剥削英国农民的残酷史实——不是确切地作为原因给出的，而是作为环境给出的，这个环境就是出现那个叫作资本主义的新东西所需要的前提。从这个角度看，这就好像推测外部空间的其他物种或生命一样。有水吗？和生命密切相关的其他有机化合物情况怎么样？是否具备了足够多的生命必需的前提，让我们觉得已经充分拥有了一个恰当的理论？相较于我们能够证明的其他历史生产方式，资本主义是一个陌生物种，就像来自外太空的外星人一样，不能通过坊间一般称之为进化论的东西确切地说明。[53]

稍稍清晰了一点的是，马克思放弃了如进化之类的宽泛过程（哲学的或意识形态的），而选择了一种不同的框架。这个框架叫作“过渡”，或更准确地说，过渡问题，它是从这里的核心转换（即封建主义向资本主义的过渡）推导出来的——较之于对资本主义的起源（甚至资本主义的开始）进行发问，这是一种不同的构建问题的方式。[54]过渡问题可以分别确定资本主义的“前提”，并且无须假设每个前提都对应一个具体的封建主义结构弱点， 76
即，可能被写入封建主义作为一种生产方式的崩溃的历史卷宗的弱点。因为我们不能肯定这种崩溃——当然崩溃本身意味着可能存在一个关于“生产方式”的普遍概念，意味着这些生产方式的规律（尤其是它们的衰退和解体）在某种程度上是可以相互比较的——和预示资本主义或早或晚必将解体的矛盾的堆积属于相同类型。的确，为了获得让人满意的关于资本主义过渡的概念，根本就无须提出一个统一的封建主义描述——原因就在于我们稍后会讨论的时间性。无论如何，正是因为有了资本主义在出现过程中的过渡时期这一观点，我们决定在这里把《资本论》更早的一章包括进来，即，关于工场手工业的第十四章，我们尚未对这一章给予应有的关注。因为正如不清楚“资本主义”是什么时候开始的——以及工业和机器技术是什么时候结合在一起的——我们也不清楚现在只能叫作“前资本主义”的社会是什么时候结束的。在这里，关于工场手工业阶段的这一章很关键，尽管它充满歧义：因为我们也决不能断定工场手工业是否完全符合资本主义特征，我们只知道，真正的资本主义驱逐了工场手工业，清除了工场手工业的一切痕迹，正如克罗马努人取代了尼安德特人并擦除了有关尼安德特人的所有痕迹一样。

在这个意义上，我们虽然以过渡为问题，但仍然处于历史哲学的尴尬中，甚至比以前陷得更深了。因为在这里，恼人的分期问题抬起头来，逼迫我们对断裂、转型，对“第一次”和“到此为止”的边界等做出各种各样不容回避的陈述：对这些陈述，我们心里明白，当有人根据更丰富的资料提出相反假说时，我们会后悔。我的立足点是，这些命题是再现性的选择，是既不能证实也不能证伪的选择，是与并不存在的各个起点相对应的、没有预设的选择，或换句话说，这些命题可能是假的，但永远不会是真的，推动它们的只是政治，而非“事实”。我的这个立足点不可能吸引所有人。

77　最后还有未来问题，直截了当地说，社会主义问题。资本主义的应变能力非常强，采取了许多创造性的办法克服自身的矛盾，根据《大纲》论述可以看出，马克思对此从来没有怀疑过。《共产党宣言》曾以阴郁的语句描述两个党派之间空前的斗争，“要么是整个社会受到革命改造，要么是斗争双方同归于尽”[55]，显然这些语句含有资本主义还可能终结在它自己的“多事之秋”的意思。《资本论》局部段落明显表达了这种观点：工人的互相联合和自我组织可能对资本主义系统造成压力，促使其做出种种或大或小的改变；《资本论》整本书也在证明，我们至少能想象“一个自由人联合体，他们用公共的生产资料进行劳动，并且自觉地把他们许多个人劳动力当作一个社会劳动力来使用”（171页）。但《资本论》并不因此就是政治的，这一点我先前就已论证过；它和《共产党宣言》的形式不一样。海登·怀特力促我们以喜剧形式作为阅读马克思及黑格尔的“历史哲学”的叙事方式：或许“快乐的结局”是一个叙事范畴，而不是历史范畴。无论如何，在《资本论》的历史尾声中，我们将发现这一假定的《资本论》叙事有两个（而非一个）结尾——两个巨大的高潮，或许可以分别称之为英雄高潮和田园高潮。至少，这两个高潮在一定程度上让人从《资本论》正文结束时（在第七部分）描述的贫困化黯淡景象中解脱出来。

要让这奇特的巨响——资本主义的出现——发生，必须存在至少两种不同的物质，两者的最终结合会产生一种新分子：“两种极不相同的商品所有者必须互相对立和发生接触；一方面是货币、生产资料和生活资料的所有者，他们要购买别人的劳动力来增殖自己所占有的价值总额；另一方面是自由劳动者，自己劳动 78
力的出卖者，也就是劳动的出卖者。”（874 页）如此四平八稳地阐述我们的社会新物种得以产生的前提，其实掉进了恶性循环，什么也不能揭示。掩盖这个不言而喻的事实没有任何好处。因为我们已经明白，商品在那种形式上已经是资本主义本身的产物，而在其他生产方式中，商品是第二位的、偶然的，仅仅是从属的事件或因素。因此，马克思在这里假设了他应该首先解释的东西，要求我们甚至退得更远，追踪历史前提已经出现的两条不同路线，一条是财富路线，另一条是劳动路线。

在资本家方面，一直有一种神秘的东西，永远也不能完全解释清楚：因为第一部分——我们在前面解释《资本论》的时候，是把这一部分专断地排除在正文之外的——现在通过一种超距作用重新宣布了它的存在，强行在财富和资本之间、在货币和资本之间做出根本性区分，这种区分让前者向后者的转换成为一条真正无法跨越的实实在在的鸿沟，就像奥维德的变形一样。如果我们从过程参与者的角度来讨论，问题就简单一些了。诚然，过程参与者就是我们熟知的资本承担者或载体，马克思对这些人的兴趣很有限。然而关键在于，他们是有区别的。财富的拥有者和资本家不是同一群人，前面一群并不向后面一群转变，他们的成员完全不同。我们需要引入一类新的参与者。因此，只有一些杰出的商人变成资本的主人，而非个个都要这样变（至少在开始时、“在创业之初”是如此）；但接着，其他人从哪里来呢？在资本主义租地农场主的出现中，我们更容易发现一种“马弃兵”①（结果是《资本论》有了最短的一章《资本主义租地农场主的产生》）：因为当封建大地主保持着自己的一贯面目，在与工业新兴阶层的斗争中良好地生存下来，并由此进入周遭已在真切地发生深刻变化的 19 世纪的时候，真正的租地农场主仍以很卑微的土地管家的身份出现。像现代后社会主义的经理一样，正是租地农场主把
79 监管活动变为所有者的特权，并从此按照新的“价值规律”剥削土地。但“工业资本家不是通过像租地农场主那样的渐进方式产生的”（914 页），于是，马克思抛开对人物的叙述，给我们另外罗列了一些前提：“殖民制度、国债制度、现代税收制度和保护关税制度”（他指的是国家对本国工业的保护）（915 页）。无论如何，农业发展的特殊性要通过把土地转化为私有财产的本体论问题来说明。[56]

关于资本家，马克思很清楚这种人产生于 16、17 世纪欧洲新生资本主义力量之间的竞争的艰辛拼搏，但在这些艰辛拼搏的背后，也有原罪因素：

> 美洲金银产地的发现，土著居民的被剿灭、被奴役和被埋葬于矿井，对东印度开始进行的征服和掠夺，非洲变成商

① 国际象棋的一种战术，以丢掉一个兵的代价先行出马，以图取得整体优势。——译者注

> 业性地猎获黑人的场所：这一切标志着资本主义生产时代的曙光。这些田园诗式的过程是原始积累的主要因素。接踵而来的是欧洲各国以地球为战场而进行的商业战争。这场战争以尼德兰脱离西班牙开始，在英国的反雅各宾战争中形成巨大的规模，并且在对中国的鸦片战争中继续进行下去，等等。(915 页)

罗莎·卢森堡以远甚于马克思的姿态，强调资本主义的不能被温和地称作对第三世界的剥削的源头，而现代的后一去殖民化（post-decolonigation）研究甚至更绝对地强调这个前提——即强调在建构被错误地认为是欧洲例外的东西的过程中对非欧洲劳动的重要分享。[57]然而，随着当代资本主义在中国和其他非西方国
家异常迅速地发展，关于欧洲历史优先性的争论已经发生了变 80
化，对武器和军备的讨论成为重点，由此可知，这条研究路线存在着意识形态方面的困难。马克思本人一开始就诉诸经济外的解释，即借以掠夺金银、强迫“本地人”劳动的暴力。但我们自己的语境提醒到——如果需要提醒的话——“暴力”是一个意识形态范畴，政治争论总是求助于暴力：暴力不仅是超越资本主义系统范畴（在这个意义上，的确是一个地道的系统）的经济外因素，而且永远也不能成为可靠的历史概念。于是，我们选择的路只会通往无法穿越的意识形态密林；整个“原始积累”观念最终被证明是一个神话，一个像原罪一样的神话，正如马克思一开始就评论的那样。我们必须转身，沿着另一条路线前行，也就是那条产生了组合的另一半即劳动人口的路线。我们还要记住，资本主义首先是工人建立的，这也许可以算作我们选择另一条路线的又一个理由。

另外那个前提指明了能产生适于资本主义发展的劳动人口的

条件。在考察这个前提时，我们发现，马克思在这里受益于他一生的研究。在这三页中（874 页以下），他回到 1844 年手稿就已提出的关于异化的基本观点。[58]把正在进行的讨论所依赖的历史框架从宽泛的劳动史框架——所有生产方式都依赖于以这种或那种方式榨取剩余价值和剩余劳动，并以此为自己的存在前提——转变为封建主义向资本主义过渡的具体历史境遇，这种方法具有一些优势。较于在 1844 年手稿中，这些优势在目前这个新的、最终的版本中得到了更清晰的展示。新版本还能告诉我们一些将哲学术语转变为政治经济学术语带来的好处。采用政治经济学这一术语优于更具体的历史术语或经济学术语，因为它的功能已经包含了两者的功能（无论马克思能如何批评当时资本主义政治经
81 济学的不足）。同时，采用政治经济学术语的长处还在于，它用对概括性的哲学抽象（包括其特有的研究方法，以及沿着它自己特殊的方向而进行的思想迂回［姑且这么说］，即“概念”的生产）进行直接批判的方式代替了传统的对马克思早期手稿中的所谓黑格尔主义的抱怨。

出乎意料的是，让马克思把他的抽象拉回具体情境的（用他自己的话说，就是“从抽象上升到具体”[59]），到头来竟是异化比喻，尤其是早在 1840 年代就已开先河的分离比喻，也就是我们在上文已经接触过的那个比喻。黑格尔看作外化和回归或返回自我的东西，对马克思来说，就是分离的转义和它各种各样的同源词和近义词。这个转义比黑格尔的概念高出一筹——它不是要预言公式化的“合题”时刻（如黑格尔所提出的），而是以一种更笼统的方式敞开内容问题，敞开关于任何肯定命题或正面命题的问题，展示这个过程的纯粹形式的运动。正是分离蕴涵的否定通过减法和距离实现了这个视角：马克思不必指明在分离开始前劳动过程中有哪些因素，他需要做的，只是罗列各种分离本身

（与生产资料的分离、与产品的分离、与人类活动的能量分离、与劳动伙伴的分离）。用现在看来已经程式化了的马克思主义的表述——否定之否定——代替伪黑格尔的三段论术语“合题”，几乎以同样的方式敞开了过程的内容，让历史对其进行具体化：我们不必思考对先前因素的否定产生的新情境，同时也不必书写那种把一种情境逐渐转换或变形为另一种情境视为历史再现的目标的历史叙事（一个原因是，如马克思在最初批判黑格尔时所说的，现实是无法真正再现的，观念或形象在心灵中的变形才能再 82
现）。不过，更局部的历史叙事的可能性会开辟一片更肥沃的谱系学区域：因为我们肯定可以尝试展现劳动者是如何被迫与他们的工具和土地相分离的（这的确是第二十七章在剥削的标题下讲述的故事）。

但如果说分离这一比喻因为翻译了劳动者的生活经验而为再现资本主义过渡提供了一个新的、更有效的办法，那么，它也让我们得以重返基本前提中涉及资本和资本家的那个方面。这里也不再是可以用于朝新方向投资的财富的假定增长的问题了（原始积累神话），而是新体制（及其“价值规律”）在某种社会框架中占据主导地位之前必须满足的体制前提的问题。

在这里，回到第十四章讨论工场手工业阶段是有帮助的，因为在这一章中，马克思以远为详尽的细节清楚地说明了资本家为了给自己争夺生产空间并对生产空间进行重组而不得不展开的双重战斗：他们不仅必须取代“占有财富源泉的封建主”，还必须取代“行会的手工业师傅”（875 页）。这也不纯粹是一个取代他者问题，因为在每一种生产方式中（甚至在每一种体制中），我们都可以发现一种自我保护原则，一种带有极强的斯宾诺莎意味的倾向：除了需要重点完成的具体任务之外，体制的运动还有另一个任务，那就是活下来，让自己存在下去（艺术领域内的自我指涉或自我命名维度在体制上的对应物，或人类生活的精神分析维度中的自恋的对应物）。这种自我保护也不纯粹是一种“价值”或空想：它必须包括具体的内部检查或结构上的安全措施，反对那些有策略地算计着解散它、破坏它的力量。[60]

83 这些确实是行会的规矩：“行会的规章严格限制一个行会师傅所能雇用的帮工的人数，有计划地阻止了行会师傅变成资本家。同样，行会师傅只能在他本人是师傅的那个手工业中雇用帮工。行会竭力抵制商人资本这种与它对立的、唯一自由的资本形式的任何侵入。”（479页）因此，为了抵消这些行会传统及规矩，分离涉及非常具体的或合法的或非法的技巧，以便为历史上前所未有的新型的资本主义生产方式开辟空间。

在这种情况下，我们必须再次提出有关取代了行会的那个东西（即工场手工业）的问题，以及这个东西应该被看作资本主义的第一个阶段还是此前的生产方式的最后一个阶段的问题。因为马克思把这一章的其中一节命名为《工场手工业的资本主义性质》，这个问题的答案应该是显而易见的。但事实并非如此，原因非常简单，那就是“局部工人不生产商品”（475页）。所谓局部工人，无疑就是作为工场手工业的特征及定义的新因素；或更准确地说，这种新型工人是独特地定义工场手工业阶段的因素——即以劳动分工为中心的组织方式——产生的结果。（我们必须记住分析的语境：马克思不仅仅是在分析新现象，即工业机器，工业机器的创造性在于体现了工场手工业的劳动分工，还把此前局部或非局部的工人降到非技术劳动者的地位；而且我们要记住，这些观点的辩论目的之一是纠正亚当·斯密的观点，对亚当·斯密来说，资本主义的根本特征正是这种工场手工业式的劳动分工。）

84 但现在我们需要把马克思的补充添加出来，“变成商品的只是局部工人的共同产品”（475页）。整个这一段肯定了巴里巴尔对所谓“过渡时期”（他本人称之为过渡期生产方式）的分析：在这个时期，非资本主义结构和资本主义结构并存，或说得更明确些，两者互相渗透并以一种特别的方式交织在一起；当其资本主义功能与非资本主义功能或前资本主义功能分离出来以后，这种方式便会消失。[61]工场手工业的情况的确是这样，工场作为运作的整体生产商品，其局部是不生产商品的。

最后，新的生产方式好像冲开“外壳”一样，进化出适合它的新的生产关系：

> 一旦它（以分工为基础的协作，或工场手工业）得到一定的巩固和扩展，它就成为资本主义生产方式的有意识的、有计划的和系统的形式。真正工场手工业的历史表明，工场手工业所特有的分工最初是如何根据经验，好像背着当事人获得适当的形式，但后来是如何像行会手工业那样，力图根据传统把一度找到的形式保持下来，在个别场合甚至把它保持了几百年。（485页）

接着，马克思写下了将资本主义与工业机器联系起来的关键一句：“这种形式的变化，除了在次要事情上的变化以外，始终只是由于劳动工具的革命。”（485页）读了下一章（第十五章）的分析后，我们可以将这种革命理解为人类的劳动分工在机器中的物化（机器与工具的区分在十五章中得到了彻底的专业的说明）。

由此，工场手工业就是行会的局部劳动的延伸。局部劳动在集体工场的新空间中发生了重组，而旧空间中工人体现出来的劳动分工被机器取代之后，集体工场自身也被转化为新工厂的空

85 间。这样，辩证历史就以不停地否定、减少、分离和删减的断裂方式记录下来了：说辩证历史是结构的，只是因为连续的结构让我们在它们之间读出这样一种虚在的连续性，那就是，这一连续性透露了一种力量、规则或趋势贯穿这些结构的运作，而这力量、规则或趋势，我们现在可以辨识和命名为连续不断的林林总总的断裂。（我们将在下一章处理这个过程的时间性，尤其要处理对旧系统的所有痕迹的不断擦拭。）

然而，这个方法马克思施行得并不彻底。例如，“剥削”一词让他草率地提出存在一个早前阶段。在这个阶段中，在剥削出现之前的“所有制”被赋予了正面含义；剥削则是“以自己劳动为基础的私有制的解体”（927 页）。然而，鉴于有关私有制的社会主义争论在马克思前后长期存在，因此提出这样一个阶段是生硬的。于是，马克思觉得他有必要把旧式“私有制”和新的资本主义“私有制”区别开来：“私有制作为公共的、集体的所有制的对立物，只是在劳动资料和劳动的外部条件属于私人的地方才存在。”（927 页）但是，人们就可能提出这样的疑问，“以自己劳动为基础的”所有制是否必然和这种“公共的、集体的”所有制一样？或者，当一个人把“所有制”看作一个具有自身历史的法律范畴，在所有权和所有制之间进行区分难道不是明显更合适吗？

布伦纳争论让人们从新的角度再次研究道布和斯威齐关于资本主义过渡的分歧，经历了这个论争之后，我们似乎可以大胆地重新描述马克思在这里使用的历史方法。[62]这种描述受了布伦纳的观点的启发，他坚持认为，竞争作为一种压力，最终促成了新的资本主义生产方式的产生。但另一方面，这样描述这一力量是
86 一种主题化（或物化），可能产生不良后果。因此，我建议将布伦纳对历史演变的再现重新解释为“负选择”原理，以彰显马克

思对达尔文的推崇。相对而言，“负选择”原理不易受诸如“适者生存”观念体现出来的各种意识形态性的庸俗化的影响，因为负选择总是以更具结构特点的、结合的方式系统地消除其他（进化的）可能性。在仍属精神分析概念的竞争一词中，布伦纳要表达的是，农民失去土地和农具之后，面临着残酷的“保命”或“谋生”困境。他们再也不能耕种自己的土地，不能拿实物付给地主，封建主义制度为他们开放的逃命通道或其他生存方式全都失效了。这种境况必然把他们逼上雇佣劳动这一唯一剩下的选择。所以，这种社会进化之所以发生，不是因为某种叫作资本主义或市场的赤裸裸的黑格尔式本质，也不是因为某种扎根于人性的精神动力，而是因为系统地否定了可能允许其他生存方式存在的一切选择。正是在这个意义上，马克思仍然可以谈论资本主义对前资本主义社会和生产方式的腐蚀性与破坏性。但这依然是对过渡过程的比喻表达——举个例子，就像把资本主义比喻为病毒一样——当这样表述的时候，它只能通过历史发生作用。

然而，这些历史书写问题——看上去很专业的因果与分期问题——并不那么驯良，不能简单地通过这样或那样的文献给出解决方案而不在身后留下新的理论动荡。马克思在这里——在这最后的一部分即尾声中——提出的问题（也就是过渡的问题）的最直率的表述，即，“旧欧洲劳动者的劳动条件是怎样被剥夺，从而资本和雇佣劳动是怎样产生的呢?”（933 页）不可避免地引出了另一个问题，那就是资本主义未来发展的问题。换句话说，按照海德格尔的理路，关键不是如何回答问题，而是执着地提出问题并记住问题，或是在问题被忘记或被压制之后，重新把它找回来并注入活力。即便古典经济学家最笨拙的回答——即常见或习惯的看法，马克思将其重新表述为“人类的大多数为了‘积累资 87
本’而自己剥夺了自己”（934 页）——也值得人们特别警惕，因为它暗示到，人类可以同意不做已经同意做的事情。

毫无疑问，马克思主义政治传统中存在已久的宿命论和唯意志论的张力——等待时机成熟和通过积极介入引发渴望的系统危机之间的张力——深深地刻写在了马克思本人的《资本论》中。在这部著作中，如我们已经看到的，系统似乎不仅与人类力量竞争，而且常常凌驾于人类力量之上。马克思本人的确已经陷入了形式两难：呼吁行动，但这行动的成功即为自己的失败——要么如此成功地把目前的情境仿制在了它巨大的压抑的封闭空间中，以致任何行动似乎都不再可能；要么如此唯心地忽略、低估了它强大的约束力和牢固的限制，以致纯粹的意志行为似乎能实现一切：

> 英国人杀戮的那些人
> 可是我的剧本派出？[63]

正如我们已经论述过的，在马克思著作中有一个无法解脱的摇摆：一方是不可代替的系统结构，这系统总是具有自身的目的，要求自己无往不利、横扫一切地扩张；另一方是坚定的本体论信仰，认为一切都是人类集体（或“协作”）的成果和产品，“工人本身不断地把客观财富当作资本，当作同他相异化的、统治他和剥削他的权力来生产”（716 页）。

尖锐对立的双方之所以相安无事，在于马克思的那个发现，那就是：资本是一台邪恶机器，这机器常常出问题，只有通过艰辛的奋力扩张才能自我修复。这种努力我们已经在资本的内部合
88 并中看到了一些，它体现为积聚和集中，或换个说法，体现为垄断运动。而现在，我们遇到了这个过程的一个新特征，这个特征被极其明确地标识为资本主义的扩张运动，因此关于资本的原始

积累的回顾式假说以“现代殖民理论”结束。

在解读这一点时，我们必须更准确些：马克思在这里还不至于以帝国主义理论结束他的著作，尽管上一部分结尾时对爱尔兰的讨论无疑确认了帝国主义，他对文艺复兴扩张的暴力的解释也毫无疑义地说明他明白这一过程，只是尚未使用“帝国主义”一词。[64]但他脑子里的“殖民”是更古典的传统观念，即把多余人口输送到所谓的处女地（如同雅典把殖民者输送到意大利或西西里）。这种意义的殖民和帝国主义之间的区分是反讽的。在殖民中，无关紧要的土著人被简单地忽略了，而在帝国主义扩张中，土著人是被奴役、被剥削的对象，以创造更多的财富。因此，今天人们把马克思在这里讨论的殖民地（澳大利亚、北美）称作“移民殖民地”；第七部分描述的失业和贫困的出现已经说明这些殖民地有必要存在，它们是资本主义发展必然的、无法避免的结果，而非偶然的或意外的结果。

然而，就在这时，我们先前一笔带过但承诺要细说的两个巨大高潮像洪钟敲响一样活跃起来。它们是英雄的高潮和喜剧的高潮，两个高潮以各自的方式预言了资本主义制度及其价值规律的终结和无尽未来的开端，即马克思在别处所说的“前历史的终结”。

两个高潮中更著名的那一个出现在简短的倒数第二章。在这
个高潮中，资本主义的自我破坏的动量（垄断）与贫困化，以及 89
与这种一度具有历史创造性的生产力形式越来越弱的动力（利润率趋于下降）结合在一起：

> 资本的垄断成了与这种垄断一起并在这种垄断之下繁盛起来的生产方式的桎梏。生产资料的集中和劳动的社会化，达到了同它们的资本主义外壳不能相容的地步。这个外壳就

> 要炸毁了。资本主义私有制的丧钟就要响了。剥夺者就要被剥夺了……这是否定的否定。（929页）

这是隐含在马克思对资本进行的结构分析中的结果。它是一个简短的预测，迄今为止所有社会主义革命的概念都建立在这个预告的基础之上；社会主义将从发达的生产力中升起的信念的前提也是以这个预测为基础的。常有论者指出，20世纪或好或坏地为这种摆脱了资本主义的乌托邦未来想象添加养分的社会主义只是现代性政权，而非发达生产力政权，无论它们在推动传统生产的工业化上取得了多大成功。对于这个观点，我们还可以加上马克思自己的修饰。这个修饰发表在《大纲》中，我们前面提到过。那就是，马克思想象中的那种社会主义或共产主义转型，只有在世界市场和普遍商品化已经出现在地平线上的时候，才能真正提上议事日程。[65]

但我们需要提醒自己，目前大多数左翼运动——无论现有的还是正在形成的——都是对资本主义“创造性破坏”的巨大威力的反抗。在这个意义上，这些运动尽管表现各不相同，但都是保守的，其主旨都在于保留从较简朴的时代留存下来的几块飞地，或者恢复过去时代中较为人性化的某些东西，以及过去时代的集体形式或公社形式。（传统农村公社在一定条件下可以向现代社
90 会主义直接过渡，马克思自己不是承认过这一点吗？[66]但马克思的政治天才在于他与社会环境的直接关联，因此在引导现在的政治策略和方案上，并非绝对可靠。）

今天，这种提醒更加必要，因为在相当程度上，现在的自由市场右派已经掌握了革新和“现代性”修辞，他们不断鼓吹市场理想植根于永恒的人性，是未来的生产力和创新的最先进形式。其中的要点在于，马克思在孤身探索，他要把革命的政治学和

“未来诗学”结合起来，力图证明社会主义比资本主义更现代、具有更强的生产力。恢复这种未来主义和这样的激情，无疑是今天任何左派“话语斗争”的基本任务。

近来更引人注目的，是马克思的另一个解决方案，他关于资本主义终结的另一个版本，他的所谓喜剧的或田园的高潮。这个高潮是通过一个叫皮尔先生的人的伤心故事来说明的。这个皮尔先生，“把共值 5 万镑的生活资料和生产资料从英国带到西澳洲的斯旺河去。皮尔先生非常有远见，他除此以外还带去了工人阶级的 3 000 名男工、女工和童工。可是，一到达目的地，‘皮尔先生竟连一个替他铺床或到河边打水的仆人也没有了’。不幸的皮尔先生，他什么都预见到了，就是忘了把英国的生产关系输出到斯旺河去!”（923～933 页）

其他因素更重要。人们很快就明白了“奴隶制是殖民地财富唯一的自然基础”（934 页），也明白了通过拒绝让自由殖民者拥有土地，至少可以比喻地奴役他们，强迫他们劳动：“政府应当对处女地规定出一种不以供求规律为转移的价格，即人为的价 91
格，迫使移民在赚到足够的钱购买土地，成为独立农民以前，必须从事较长时期的雇佣劳动。”（938 页）

即便如此，在美国自己也已经（内战之后）成为一个彻底的资本主义国家之后许久，解放的迷人模样仍然充斥着对边疆的想象。在这种无政府主义的图景中，人们摆脱了强加给他们的任务，自由地驰骋在不曾开发过、不曾丈量过的土地上。这个图景甚至在今天似乎仍是摆脱无处不在的资本主义压迫的办法。然而现在，我们必须把这看作从社会秩序和国家中解放出来（两者的含义从此与资本主义关系及其强制性不可分离）：这种解放与欣喜，只能来自社会秩序的某种绝对解体，譬如在偶尔出现法西斯集团垮台且没有流血事件的时候，或是在一个严酷的反动政府突然消失却没有任何预兆、民众额手称庆，而新的社会秩序的压制尚未建立的时候。

【注释】

［52］这类尾声在小说中也存在。它构成一种减压室，在其中事件盘转而下，打开一个时间视角，镜头退到更远的距离，由此观察更长的来生。娜塔莎后来作为主妇的家庭生活，济慈笔下的恋人消隐在遥远的过去（“他们已经远去，很久很久了……”），都是如此。（娜塔莎是列夫·托尔斯泰小说《战争与和平》的主人公；济慈诗行出自其叙事诗《圣艾格尼丝节前夕》。——译者注）

［53］《资本论》在两个很长的脚注中提到了达尔文，值得我们注意（461页，注6；493页，注4）。尽管众所周知，马克思的思想助长了将人类历史置于动物历史之中的风气，但这里他关心的是其他物种的多样性，以及黑格尔关于“心智世界中的动物世界”的观点，即世俗职业和行业的多样性，以及生产能力的多样性，而非诸如“适者生存”之类的进化事件。

［54］有关“过渡”的论述，请参阅艾蒂安·巴里巴尔：《读〈资本论〉》（Etienne Balibar，*Lire le capital*，Paris：Maspero，1968），第II卷，178～226页。值得注意的是，关于社会主义向资本主义的过渡，出现了一门新的社会学或历史“学科”，即过渡学。

［55］Marx and Engels，*The Communist Manifesto*，in *Later Political Writings*，ed. T. Carver，Cambridge：Cambridge University Press，1996，p. 2.

［56］参阅大卫·哈维：《资本的局限》（David Harvey，*Limits to Capital*，London：Verso，2006）。此书极全面地探讨了地租理论的复杂性，值得称颂。

［57］参阅罗莎·卢森堡：《资本积累》（Rosa Luxemburg，*The Accumulation of Capital*，London：Routledge，2003）；及自由主义哲学家恩里克·杜赛尔（Enrique Dussel）的著作。

［58］参阅本书第一章，注27。

［59］*Grundrisse*，op. cit.，p. 101.

［60］皮埃尔·克拉斯特（Pierre Clastres）在其《抵制国家的社会》

（*La Société contre l'etat*，Paris：Minuit，1974，p. 99）中为生产方式的这种自我保护原则提供了一个典范。部族社会有一项规定：禁食自己猎杀的动物，由此杜绝囤聚食物和滋生权贵（富人、“大人物”及其帮手，以及最终的国家本身）的现象。现代体制及其成员的结构倾向与自我辩护当然是皮埃尔·布迪厄（Pierre Bourdieu）著作的中心论题之一。

［61］参阅上文，注 54。

［62］*The Transition from Feudalism to Capitalism*，ed. R. H. Hilton（London：New Left Review，1976）；*The Brenner Debate*，ed. T. H. Aston（Cambridge：Cambridge University Press，1987）.

［63］William Butler Yeats，“Man and the Echo”. 叶芝在思考复活节起义的英雄灾难以及自己的剧作《胡里汉之女凯瑟琳》对触发起义产生的影响。

［64］Anthony Brewer，*Marxist Theories of Imperialism*，London：Routledge，1990. “帝国主义”一词出现在 19 世纪晚期，用来描述大国与大国之间的竞争；只有到后来——第一次世界大战后——这个词才被用来表示殖民主义和现代资本主义的“帝国”结构。

［65］参阅本书第二章，注 49。

［66］参阅马克思 1881 年 3 月 8 日致维拉·查苏利奇的著名信件。在信中，马克思承认，只要事态发展不受外来力量的干扰（明显是指资本主义本身），农村公社是可能直接、单独地发展为社会主义的。全文见 T. 沙宁编：《晚年马克思与俄国道路》（T. Shanin，ed.，*Late Marx and the Russian Road*，New York：Monthly Review，1983），123～124 页。

第四章　《资本论》中的时间

93　至此，在我看来，《资本论》中马克思的时间性思想的秘密——或许我更应该说：根据马克思的思想，资本的时间性的秘密——汇聚、集中在那个小小的动词中，*auslöschen*，即“消灭”。从这个动词看，过去和将来是一回事，现在则被视为生产。生产的创造性在于它的否定性，而非任何正面或肯定的内容。正是在这个意义上，我反对将马克思的生产看作“生产主义”或“生产意识形态”，尽管这似乎是一个事实，尽管坚持马克思主义很容易滑向这个方向，而且其缘由显而易见。根据我的阅读，生产的在场性并不炫示某物的出现，并不把生产强调为甚至是基于已经存在的不成熟因素的创造，譬如各种宗教神话中在混沌物质基础上的对世界的创造。生产甚至也不是内在物的外化，如在黑格尔有关活动的基本意识形态中一样，虽然马克思与这种意识形态有密切关系。相反，生产是通过消除它的各种组成部分而发生的；如果真有一种物质或产品在这些消灭和废除的迷雾从它身边飘散的时候显现或展示出来，那只是稳定的客体性的极短暂的效应，因为“安置”会立刻把这种客观结果转换为其他某个生产的原材料，让其招致轮次中应得的毁灭。

94　从第一部分中搜集资料来证明这一颇具灾变意味的过程是相当容易的。从性质到数量的转换，从使用价值到交换价值的转换，以及从物品到商品的改变，在很大程度上是一个“它们的一切可以感觉到的属性都消失了”的过程；而同时，“体现在这些劳动产品中的各种劳动的有用性质也消失了”，留下“相同的幽灵般的客体性”（128 页）——那就是说，与实体的物质性被划归在性质范畴之下相反，数量范畴主导着表现领域，且不说客体性范畴自身就属于数量范畴（客体性标准化了它所统辖的所有“物品”，同时用静止客体的集合取代了纯粹过程与生产的时间性）。

然而，第一部分中的这种解释是全书一开始就搁置性质的题中应有之义。这种解释也不导向我们渴望的对生产的真切的分析；它所导向的地方或许可以称作对等和流通（或市场）的虚假的时间性。在对等和流通中，声称具有同等价值的物品被相互交换，结果只是整个交易（W—G—W）再次回落到不动的稳定性中（在这里，自我“消灭”的是交易行为）。这一部分结尾出现的货币也不真正抵达时间性，而是把时间性作为一个仍需要面对的神话抛向未来，那就是 G 如何成为 G′，货币如何产生更多的货币或如何让自己增殖，也就是资本主义在本质上并不生产商品而是生产资本那个悖论。

不过，我们应能想得到，从货币的自我增殖中至少出现了资本主义时间的一个秘密。在这时，我们应该记住阿尔都塞的观点：每一种生产方式都产生、分泌适合自己的时间性（以及时间性系统）。[67]但这个提醒必须加上一个和它相关的告诫：我们不敢肯定《资本论》会提供任何对“普遍”资本主义的时间性的总体解释。首先，可以假定，任何生产方式的时间，更不用说像资本 95
主义这样复杂的生产方式的时间，必然是由几种不同的时间性的叠加构成的，以致即便描述任何社会构架特有的“时间”都将是一个时代问题，而不是结构问题，究其实，是一个历史问题而不是人类学问题。

但甚至在达成这一点之前——较之于《资本论》，《大纲》以其远为强烈的对比较经济学的倾心，更让我们倾向于达成这一点认识——我们必须自问，《资本论》阐述资本主义生产时间很是专注（这个问题稍后解释），在何种程度上我们可以信赖《资本论》会提供某种对可以称之为存在时间或日常生活时间的（这两个概念相互间也不完全重合）的东西的充分阐述。在与这个问题相应的另一个极端上，我们也想知道，生产的各个特征的微观时间性是否与更大的历史时间性——从循环到巨大的革命性“过渡”本身——具有某种联系。

尤其要注意的是，我们必须对和谐的同构或结构平行格外小心。同构或结构平行的内部一致性可能将各个历史时期变成阿尔都塞不厌其烦地提醒我们防范的唯心主义因果关系或“表现性因果关系”[68]——“观念史”的时间性，或旧历史主义的粗略历史分期的时间性，无论是黑格尔的还是斯宾格勒的历史主义。不过，马克思很推崇傅立叶关于“枢纽”的更具结构色彩的观点：每一种生产方式都围绕“枢纽”运转，如同围绕“主导因素”运转（506页）。这足以让我们把阿尔都塞对“存在”的非难看作当“存在”一词在他本人的较早的后萨特情境中发生作用的时候，在方法论上的对可能发生的更复杂状况的告诫和提醒，而不是看作对关于生活经验的现象学的绝对禁忌。

因此，考察第七章和第十五章（“劳动过程”和“机器”）
96 对生产的阐述，较之于寻找关于我们的文化批评情境的一般线索（或大众文化意义上的“异化”）、寻找其中的比喻更为明智。然而，同样清楚的是，设计这些比喻明显是为了说明资本主义时间性的基本特征，尤其是生产过程的某种过去的消失。首先是新生产出来的商品本身的过去（“过程消失在产品中”［287页］）：它是如何生产出来的并不重要，生产它花了多少时间也不重要（平均“社会必要劳动”排除了从笨拙到斯达汉诺夫式的高效之间的所有变体）。

> 根据小麦的味道，我们尝不出它是谁种的，同样，根据劳动过程，我们看不出它是在什么条件下进行的：是在奴隶监工的残酷的鞭子下，还是在资本家的严酷的目光下；是在辛辛纳图斯耕种自己的几亩土地的情况下，还是在野蛮人用石头击杀野兽的情况下。(290～291 页)

美学理论过去描述为物化的过程（“擦掉了生产留在物品上的所有痕迹”），其实是所有商品生产的常规，我们不能将某种形而上的维度归为商品生产独有的特征：“在劳动者方面曾以动(*Unruhe*）的形式表现出来的东西，现在在产品方面作为静的属性，以存在（*Sein*）的形式表现出来。”(287 页）运动一词的黑格尔色彩让人想起“否定物的劳作和痛苦”，它提醒我们，提出消灭过去这一比喻其实可能是为了迥然不同地比喻式地唤起现在。我引用一下这个微妙的发展过程的高潮，引文虽然很长，却是值得的：

> 因此，产品作为生产资料进入新的劳动过程，也就丧失产品的性质。它们只是作为活劳动的物质因素起作用。在纺纱者看来，纱锭只是纺纱用的手段，亚麻只是纺纱的对象。当然，没有纺纱材料和纱锭是不能纺纱的。因此，在纺纱开始时，必须先有这两种产品。但是，亚麻和纱锭是过去劳动的产品这件事，对这个过程本身来说是没有关系的，正如面 97
> 包是农民、磨面者、面包师等等过去劳动的产品这件事，对营养作用来说是没有关系的一样。相反，如果生产资料在劳动过程中显示出它是过去劳动的产品这种性质，那是由于它有缺点。不能切东西的刀、经常断头的纱等等，使人强烈地想起制刀匠 A 和纺纱人 E。就好的产品来说，它的使用属性

> 由过去劳动创造这一点就看不出来了。如果是特别好的产品，特别是与使用者以前使用过的产品相比显著地好的产品，也会让人看出这一点来。
>
> 机器不在劳动过程中服务就没有用。不仅如此，它还会由于自然界物质变换的破坏作用而解体。铁会生锈，木会腐朽。纱不用来织或编，会成为废棉。活劳动必须抓住这些东西，使它们由死复生，使它们从仅仅是可能的使用价值变为现实的和起作用的使用价值。它们被劳动的火焰笼罩着，被当作劳动自己的躯体，被赋予活力以在劳动过程中执行与它们的概念和职务相适合的职能，它们虽然被消费掉，然而是有目的地，作为形成新使用价值、新产品的要素被消费掉，而这些新使用价值、新产品或者可以作为生活资料进入个人消费领域，或者可以作为生产资料进入新的劳动过程。（289～290 页）

这段文字堪称关于意识和不成功行为（“那是由于它有缺点……”[69]）之间的关系的现象学理论的先声。它更具体地说明了被生产转运到过去的是生产的原材料和器具。它没有把刀匠或纺纱人看作历史的个人和行动者，倒是他们的行动本身——特指成功的行动——成了一次名副其实的复活过程的媒介。他们的劳动力——在其至高无上的现在时中，他们的劳动力变成了生产劳动，即已在进行的具体的、正在自我完成的劳动——现在成为一团名副其实的火，这火不仅“消灭”了原材料（包括劳动力本身）的过去的特征，而且为这一比喻的高潮的到来做好了准备：
98 如同火消灭（消灭他物而不是火本身被熄灭）是一个悖论，火所做的那件其名词和动词将本义和比喻意义（姑且这么说）合为一体的事情也同样是悖论的：它消耗。劳动之火对原材料的消费过程也是资本主义劳动过程对资本（包括不变资本和可变资本）的消费过程；这个过程证实了那个在别处（尤其是在《大纲》中）一遍又一遍地阐述的悖论，即生产就是消费（正如从另一个角度看，消费就是生产）。[70]

如同我们马上会看到的，从死物中复生的观念在这里还没有充分展开，却被取代它的第二个比喻——发酵比喻（292页）——剔除了神学蕴涵。但第二个比喻有其自身的蕴涵，那就是科学蕴涵，尤其是有机化学蕴涵。在马克思的时代，有机化学刚刚出现，马克思对其非常着迷。因此，我们不能说赞颂劳动的神秘和力量的热烈程度在这里一定降低了，其实，这种热烈只是被转移、被重构了。

不过，这种兴奋通过劳动过程的另一个特殊性返回到它开初的时间指涉中。这个特殊性就是，劳动过程分析性地由两种不同的、几乎同时发生的操作构成；或者，我们至少有理由说，在这里混合的时间性是时间的表现形式，因为“把新价值加到劳动对象上和把旧价值保存在产品中，是工人在同一时间内达到的两种完全不同的结果（虽然工人在同一时间内只劳动一次），因此很明显，这种结果的二重性只能用他的劳动本身的二重性来解释。在同一时间内，劳动就一种属性来说必然创造价值，就另一种属性来说必然保存或转移价值”（307页）。对马克思来说，区分保存价值和转移价值是很重要的，因为这样就强化了已经生产出来的价值沉睡在（姑且这么说）原材料（其本身已经由这样或那样的初级生产过程处理过了）或机器（其本身已经作为价值由先前的劳动生产出来了）中这一存在方式。不过，这一新的二重性警示我们，我们应首先注意前文已经赞颂过的那种神秘的二重性：
劳动力不仅一方面创造新价值，而且另一方面复活了“生产资 99
料”及“原材料”中旧有的蕴藏价值或死价值：

> 生产资料的使用价值的旧形式消失了，但只是为了以新的使用价值形式出现。我们在考察价值形成过程时已经看到，只要使用价值是有目的地用来生产新的使用价值，制造被用掉的使用价值所必要的劳动时间，就成为制造新的使用价值所必要的劳动时间的一部分，也就是说，这部分劳动时间从被用掉的生产资料转移到新产品上去。可见，工人保存被用掉的生产资料的价值，或者说，把它们作为价值组成部分转移到产品上去，并不是由于他们加进一般劳动，而是由于这种追加劳动的特殊的有用性质，由于它的特殊的生产形式。劳动作为这种有目的的生产活动，纺纱、织布、打铁，只要同生产资料接触，就使它们复活，赋予它们活力，使它们成为劳动过程的因素，并且同它们结合为产品。(308 页)

事实上，这个二重性起到了证明马克思此时想引入的一个新的区分的作用，那就是可变资本和不变资本之间的区分，或换句话说，工资及劳动身体投资与原材料及器具投资之间的区分。这里同样是一个产生两个——劳动制造的复活现在已经成为一个双重奇迹。但引入这个二重性的形式提醒我们注意又一个二重性。新的二重性源于单独的可变资本一方，对于马克思论证剩余价值的性质与存在具有极重要的意义（在不变资本一方，类似的二重性要到第十五章讨论机器的时候才出现）。在这里我们也面对着同时存在的两个时间性，它们不能现象学地区别，而只能分析性地区别：

> 100　但是，包含在劳动力中的过去劳动和劳动力所能提供的活劳动，劳动力一天的维持费和劳动力一天的耗费，是两个完全不同的量。前者决定它的交换价值，后者构成它的使用

> 价值。维持一个工人 24 小时的生活只需要半个工作日，这种情况并不妨碍工人劳动一整天。因此，劳动力的价值和劳动力在劳动过程中的价值增殖，是两个不同的量。资本家购买劳动力时，正是看中了这个价值差额。(300 页)

生产过程时间中这一新的二重性——我生产新的商品价值，同时生产重新生产我自己所必需的商品的价值——是通向另一个神话的关键。这个神话就是资本积累的时间性：通过等价过程，资本生产出多余自身的价值，在这个过程中让自己增长。这个新的二重性还引起了莫里哀喜剧似的“西尼耳的最后一小时”狂欢。西尼耳，这位著名的经济学家，反对以任何形式缩短工作日，认为那是致命的。他摔在了自己的香蕉皮上，人为地区分出所谓真正的剩余生产的“最后一小时”和此前数小时的再生产必要时间，由此将时间重新划分为空间，优雅得好像 M. 茹尔丹本人一样。

但马克思还是将这个荒诞的错误看作一个独特的真理，尽管是一个被意识形态挪用了的真理，这体现出马克思的独特做派，他身上非常辩证的甚至是黑格尔式的做派：

> 这个公式（用剩余时间计算剩余价值）是正确的，其实它就是上面的第一个公式，不过把现成产品的各部分同时并存的空间变成了它们依次出现的时间。但是，伴随这个公式也可能产生极野蛮的想法，特别是在那些实际上关心价值的增殖过程，但在理论上又有意曲解这一过程的头脑中会产生这种想法。(332 页)

于是，通过西尼耳案例，我们似乎在马克思关于时间连续性 101

的欺骗性的第一个训诫中达到了一次喜剧的高潮。

即便如此，这些隐藏在斗争的单位区域即单个工作日中的多重时间性还是标志着一个和后来的、由引入机器而产生的发展阶段很不一样的发展阶段。（第三章中提出的分期问题在这里再次出现了。这个问题探讨的是，两个阶段中的哪一个可被看作构成了资本主义的真正开端。）在第一个阶段，也就是马克思概括为绝对剩余价值占统治地位的阶段，时间的角色一方面是通过缩短工作日的政治斗争、另一方面是通过很难打破的身体极限或生物极限而得到强调的。然而，从绝对剩余价值向相对剩余价值的过渡——在其中，要求增加劳动强度（增加生产力），以取代从时间的增加中获取剩余价值——不是通过生产结构的变化来定义的，而是通过蕴藏在机器中的数值的辩证法来标识的。

其中的区别不在于过去的劳动，不在于过去的劳动与“消灭”它的现在之间的结构关系，而在于现在得到调用的那种过去劳动的巨大数量。在早期，体现在原材料和工具中的过去劳动与人类劳动力构成的比例，尽管必然是剥削性的，但相对而言，仍然在人类可以进行测绘、再现、思考的范围内。在这里，我们可以将其想象为不同种类的工人之间、不同种类的劳动之间的关系，在其中，某些类别的工人和劳动属于过去劳动，某些类别的工人和劳动属于现在劳动。采矿或其他开采行业的工人的过去劳动、机械制造者的过去劳动，似乎和完成这些物质、组装最终产品的工人的现在劳动处于一个可以比较的层次上。在较早时候，工具看起来——无论在过去劳动还是现在劳动中——仍然是附属于人类劳动、工人和工人的知识的。后来，因为机器的原因，这种关系突然倒过来了，马克思明确地说，人类自己已经成为机器的附属物。

102 同时，机器体现的死劳动突然膨胀到与人不相称的比例（并被恰当地比作一个怪物，或塞克洛普机器)，就好像过去劳动或死劳动的蓄水池（或如海德格尔命名的，“座架”［*Gestell*］[71]）极大地扩建了，安装了更大的设备来存储这些大量的死时间，而个头不曾改变的照看机器的人类仍需根据旧的生产格局将其唤醒。过去的数量已经被前文所说的生产过程遮蔽了，但现在它们以此前无法想象的比例包围了劳动者。

不过，这个结构仍然被萨特视为他的反终极性或反实践的辩证法的比喻（在《辩证理性批判》中）：“（工人）必然让自己变得贫穷……因为他的劳动的创造性作为资本的力量、作为一种他需要面对的异化力量确定了下来。”（《大纲》，307 页）然而现在这股异化力量让他相形见绌，甚至让他的集体的存在显得渺小。这一辩证的转换悖论式地让过去在被它自己的“消失”擦拭而变得不可见的同时，让它更加明显地在场。于是有了更多的过去需要复活（以死劳动或存储的劳动的形式存在）；然而在这资本主义“创造性破坏”的压倒一切的在场中——在其中，不仅过去的工作，而且整个城市、地貌都被转换了（奥斯曼城市改造、工业化、“现代化”）——那种过去（现在是隐身的）已经自己从纪念碑和可见的劳动痕迹转移到了被工厂围起来的机器中（机器也在贬值，旧机器不断地被更加发达的机器取代）。

在这里，我们必须回想一下《大纲》中的一个不起眼的评论。马克思在这个评论中修正了自己的阐述，同时也是在修正其
他经济学家的阐述：“说活劳动消费资本其实是错误的；资本 103
（对象化了的劳动）在生产过程中消费活劳动。”（《大纲》，349 页）在阐述从工具到机器（甚至是从工场手工业到机器大工业）和从个人生产到集体生产的转换时，马克思说：“只是在大工业中，人才学会让自己过去的、已经物化的劳动的产品大规模地、像自然力那样无偿地发生作用。”（510 页）我们曾觉得，我们可

以在这个说法中发现一种临时的历史分期。马克思修正自己观点的句子所强化的，就是这种临时分期。事实上，这些历史分期的表现（这些表现不一致，因为它们不完全同时发生，家庭手工业与斯密劳动分工不完全吻合，集体工业的特征也从强调后者转向了一个很不一样的主题维度）后来会得到马克思更复杂的资本分期观点的修正。

但对海德格尔的技术理论（*Gestell*，座架）的引用值得再思考一下。海德格尔的技术首先是能量的蓄积，而非储存的劳动；把前者和后者等同起来，对海德格尔关于存在的反人道主义哲学框架来说，可能太“人道”了。即便如此，有关储存的观念还是体现了两个思想系统（且不说传统）之间的有趣的交叉，马克思表述中的恐怖语汇和海德格尔哲学中技术问题的桀骜不驯的本性并不相悖。对海德格尔来说，机器文化导致了他的终极悲观主义（“现在只有上帝可以救我们了”）。海德格尔曾以国家社会主义为实验，尝试对国家神话学的深度时间和纳粹技术现代性的创造性进行综合，但他概括为这个实验的历史性创造的东西失败了，这尤其增强了他的机器文化悲观主义。

问题的关键在于，海德格尔的反现代主义（无论如何也不像《存在与时间》的现象学探索那样具有原创性）在倒退之外，想象不出别的解决技术异化的方法，而对马克思来说，尽管资本主义工业的发展无法摆脱贫困与剥削，但正是机器带来的发达生产
104 力让我们能够提出一种关于效价的辩证变化，并想象出一种从资本主义中升起的迥然不同的经济体系（名为“自由生产者联合体”）。

不过，《资本论》的框架不容我们对未来某个工业社会主义或共产主义的任何时间性进行揣测，那些时间性截然不同于这里勾勒的资本主义制度的时间性。下面的高潮段落简要地总结了资

本主义制度的时间性：

> 在商品生产中，互相对立的仅仅是彼此独立的卖者和买者。他们之间的相互关系，随着他们所签订的契约期满而告结束。要是交易重复进行，那是由于订了新的契约，这同以前的契约完全无关，在这里同一买者和同一卖者再次碰在一起只是偶然的事情。
>
> 因此，如果要把商品生产或属于商品生产的过程按其本身的经济规律来加以判断，我们就必须把每个交换行为就其本身来加以考察，撇开它与以前和以后的交换行为的一切联系。由于买卖只是在个别人之间进行，所以不可能在这里找到整个社会阶级之间的关系。
>
> 现在执行职能的资本，不管它经过的周期的再生产和先行积累的系列多么长，总是保持着它本来的处女性。尽管每一个单独考察的交换行为仍遵循交换规律，但占有方式却会发生根本的变革，而这丝毫不触犯与商品生产相适应的所有权。同一所有权，在产品归生产者所有，生产者用等价物交换等价物，只能靠自己劳动致富的初期，是有效的；在社会财富越来越多地成为那些能不断地重新占有别人无酬劳动的人的财产的资本主义时期，也是有效的。(733 页)

这段对资本主义生产时间进行最后陈述的文字——与资本主义现在的永恒处女性相对的，是资本主义过去的消失及过去劳动的隐身潜藏——没有同样明确地告诉我们，这种时间是否可以推
导到处于生产（或更准确地说，流通）的直接领域之外的个人的 105
存在主义经验上。很明显，前工业生产方式或农业生产方式对季节的时间性的经验是不一样的；甚至商人的业务（财富）的现象

学时间或手工业（黑格尔的外化）的现象学时间或许也能以一种结构上很不一样的方式进行想象。但在《资本论》中，没有什么让我们可以进行这样的存在主义推导。马克思思想的存在主义特征要到别处去寻找，下一章我会说明这一点。

至于历史，情况就不一样了：因为马克思一遍又一遍地论述着，资本擦拭了自己的前历史的痕迹（还擦拭了它之前的生产方式的存在的痕迹），正如它坚决地把生产的直接痕迹从产品中擦掉一样。这种擦拭让资本主义经济学家持有一种奇怪的历史终结论。众所周知，他们认为："以前是有历史的，现在再也没有历史了。"（175 页，注 35）其典型体现是，几乎所有的现代性理论都宣称，曾经存在一个前现代阶段以及其他根本不同的生产方式，但有了资本主义之后，这些不同的生产方式都不可能存在了（撒切尔夫人有句名言：别无选择）。资本主义曾经是历史的，但现在，它变成永恒的了。不能将未来时间整合到对当前社会的分析中是非常奇特的，它说明了资本主义思想为什么会有这种倾向，即倾向于徘徊在倒退想象或反面乌托邦堕落和几乎仅止于完善目前既有事物的有限进步的观念之间。它也造成在理解资本主义系统的历史性发生时会出现一些实际问题，如在约翰·斯图亚特·穆勒的辩证困境中出现的。"穆勒在这样清楚地论证了资本主义生产甚至在它不存在的时候也总是存在的以后，又完全合乎逻辑地证明，资本主义生产在它存在的时候也是不存在的。"（653 页）除这些让人眩晕的认识论问题之外，当代文化批评家已经发现，考察阻断未来给人造成的精神影响似乎也是有道理的。

但对这些悖论以及我们在他各种尝试性的历史分期中感觉到的犹豫，马克思有他自己的解释：它们与重复有关。马克思阐述
106 重复的方式具有出人意料的当代性，而我们现在必须将重复纳入
我们自己对资本主义的"永恒处女性"和它不断消失的过去的表

述。在这里，重复被哲学性地包括在了关于再生产的专业问题中，但它已经提前透露了关于系统开端的所有那些理论疑难。列维-斯特劳斯（举个例子）惊世骇俗地阐述过系统的开端问题。他告诉我们，语言作为共时系统，不能说它已经具有了平常意义上的开端之类的话：它要么整个在那儿，要么整个不在，而18世纪关于呼叫、手势、细微声音和面部表情的思考不能在概念上填补在与不在之间的沟壑。

这里的资本主义生产也是如此（马克思常常把资本主义生产的系统性称为“总体性”）。我们还记得最初的雇佣劳动的奇怪的时间性。劳动力的出售者出于种种原因，愿意把这种宝贵的财产借给资本家，直到周末才能收取付款：“工人既生产了我们暂时只看作资本家的消费基金的剩余价值，也生产了付给他自己报酬的基金即可变资本，而后者是在它以工资形式流回到工人手里之前生产的。”（712页）这意味着重复——周复一周地出售劳动力，资本家周而复始的生产性消费（西斯蒙第恰当地把资本家的消费循环重新描述为螺旋形［727页］）——从来都不曾有过第一个地点第一个时间：“工人今天的劳动或下半年的劳动是用他上星期的劳动或上半年的劳动来支付的。”（713页）处于整个过程的开端的不是资本，而是劳动；当工资终于实现、货币和雇佣劳动的交换行为真正发生的时候，它就成了一件“总是已经如此”的事情，“这种重复或连续性，赋予这个过程以某些新的特征，或者不如说，消除它仅仅作为孤立过程所具有的表面特征”（712页）。那些表面特征就是开端，就是第一次，它们可以在孤立个体的劳动中发现，并在传记时间中明显地体现出来。然而，系统，那“相连的整体”，却没有这样的开端。相反，它返身回溯，把所有这些个别的第一次转换成总是先于其个别事例的重复。这就是作为一种体系的资本主义的现在“消灭”它过去的表 107

面构成时刻和因素的方法。正是在这个意义上，资本主义生产是一台邪恶机器，一个自身具有目的的系统，尽管批评家和论敌在这种方式中看到的常常是交换或市场（尤其是在全球化时代）。

最后，我们应该注意，整个再生产问题被证明是理解资本主义悖论的时间性的钥匙，《资本论》（第一卷）着手这一问题的时候，就是马克思向我们展示整个《资本论》写作计划的时候（709～710 页），即，马克思的共时表现被揭开面具并被抛弃的时候。在这时，作为系统的资本主义的巨大时间性短暂地亮了一下相，展示了第二卷中流通的令人眼花缭乱的节奏和第三卷中多种资本的更让人难以理解的共时性。

就这样，我们现在来到了第一卷的边界。在马克思身后出版的第二卷的校订版中，我们可以在这边界之外瞥见一片了无生气的空间，在这个空间里，不计其数的循环在旋转，它们大小不一，形状各异。这就是资本主义机器的内部时间性。人们有理由质疑，讨论马克思著作中的时间性——如果这种讨论被放在了更大范围内的话[72]——怎么能不涉及这个内部时间性，尤其是对存在时间性和系统自身的时间性的关系的讨论，不涉及这个内部时间性会变成什么样子。

这我同意，但我要简单地加一句：第一卷的时间性至少具有相对独立性。但这时就得承认最睿智的传统人士的主张了，最近
108 的一个是迈克尔·莱波维兹。他们认为，规划中的三卷本或四卷本《资本论》构成了研究的基本对象，任何对第一卷的孤立阅读都是误导人的，都可能犯各种各样的阐释错误。莱波维兹说，整个四卷《资本论》是一个序列，首先在第一卷中采用有限的生产视角，接着在第二卷中讨论流通视角，再在第三卷中把两个系统重新结合起来（我加一点，可能在第四卷中研究意识形态）。[73]这意味着，除非我们根据其他几卷重读第一卷，我们就会错误地把

马克思理解为某种狭隘的生产主义。也许吧。但这仍然给我们留下了两种可能的阅读方式；较于生产主义（在福特主义或斯达汉诺夫主义的意义上使用这个词），我选择将马克思理解为生产并把马克思看作以活动（*Tätigkeit*）为中心的伟大德国哲学传统的又一高峰，这一传统此前的两次高峰是歌德哲学和黑格尔哲学。

【注释】

[67] Louis Althusser，*Lire le capital*，Volume I，op. cit.，p. 124.

[68] Ibid.，p. 14. 但这种对同构时间模式（如同在斯宾格勒著作中发现的）的拒斥并不总是以结构形式体现出来。例如，可以比较欧内斯特·布洛赫《这个时代的遗产》（Ernst Bloch，*Erbschaft dieser Zeit*，Zurich：Obrecht & Hebling，1935）中的非同步的同步性概念（*Gleichzeitigkeit des Ungleichzeitigen*）。

[69] 相关例子可以参阅海德格尔《存在与时间》（Heidegger，*Sein und Zeit*，op. cit.，Chapter 4，paragraph 69，subsection A）以及萨特的著作，更可参阅梅洛-庞蒂的《知觉现象学》（所谓的“幻影成员”）。

[70] 若的确想弄清这些观点更“辩证”的、真正“黑格尔式”的模样，请参阅《大纲》，296～304 页。

[71] 这个词“有多种翻译，如‘enframing’（拉维特），‘installation’（拉库-拉巴尔特），‘emplacement’（韦伯），‘construct’（L. 哈里斯）”（理查德·迪恩斯特：《真正时间中的静止生活：电视发明后的理论》［Richard Dienst，*Still Life in Real Time*：*Theory after Television*，Durham：Duke University Press，1994］，113 页）。也可参阅《海德格尔全集》（第 79 卷）（Heidegger，*Gesamtausgabe*，Band 79，Frankfurt：Klostermann，1979），即所谓的 1949 年不来梅演讲，尤其是第 24～45 页。

[72] 参阅斯塔维洛斯·托姆巴佐斯：《〈资本论〉中的时间范畴》（Stavros Tombazos，*Les Catégories du temps dans le Capital*，Paris：Cahier des saisons，1994）和大卫·哈维：《资本的局限》（David Harvey，*The Limits to Capital*）。更具哲学性的阐述来自阿特迈·梅根：《马克思的时间性概念》

(Artemy Magun, "Marx's Concept of Temporality," *Rethinking Marxism* 22：1。若想了解对总体时间理论的进一步讨论，可参阅拙著《辩证法的效价》的最后一章。杰伊·朗贝特的《德勒兹和迦塔里的历史理论》(Jay Lampert, *Deleuze and Guattari's Theory of History*, London：Continuum, 2006）和尼德·卢卡切的《时间物神》(Ned Lukacher, *Time-Fetishes*, Durham：Duke University Press, 1998)，我认为也很能给人启发。

[73] Michael Lebowitz, *Following Marx* (Chicago：Haymarket, 2009), Chapter 7. 但这里需要说明，莱波维兹还有一个深刻的实践政治学观点，那就是，如果马克思论雇佣劳动的一卷没有丢失，第一卷就不会在整个《资本论》写作体系中显得分量过重。

第五章　《资本论》中的空间

对马克思来说，资本的空间性的秘密也就是空间性自身的秘 109
密，即分离。时间性可以和自身重合，那是在同时性中；但在空间中，两个物体不能占用相同的位置，于是延伸就成为分离的同义词。然而，动词分离自身内部包含了受欢迎的否定——我们正渐渐明白，马克思的辩证法的力量和创造性来自绕开肯定性或积极性——这个词也能通过积极的方式发生作用，如当我把行动者和行动方式分离开来时那样。

“分离”一词蕴涵的资源在1844年手稿中已经得到了充分利用——异化理论在四重“分离”中得到了明确而详细的阐述，即劳动者与工具的分离、劳动者与产品的分离、劳动者与生产活动的分离、劳动者与人的类存在的分离（换言之，与让人成为人的生产活动的分离）。事实上，在这个研究阶段，分离可以说是一个空间概念，或是一个时间概念，怎么说都可以。此处讨论的异化是一个历史事件，但也是发生在空间中的事件，如土地和农民的空间、围场、从乡村向城市的迁移，等等。同时，马克思对资本的描述的高潮——机器大生产的出现——也是空间的，因为机器大生产用将生产集中起来的工厂新空间垦殖了空间，并讲述那些工具和设备的命运的故事，最初劳动者如何与工具、设备分离
开来，现在工具和设备如何成了某种自身就是目的的东西。卢德 110
派也和他们的生产分离了，他们的抗议——攻击可恶的工业新机器——和一队中世纪士兵攻打坚固的城堡一样，也是空间的。

追踪动词“分离”在《资本论》中甚至在马克思全部著作中

的发展，乃至了解其在经济或哲学文献中的前历史，都是枯燥的，但也是有益的。[74]这个词尤其明显地和农业、土地相关：城镇和乡村的分离成为资本主义发展的重要标志，尤其是当资本主义出现之后，乡村对城市的罗马统治被决定性逆转的时候。在那时，土地彻底变为商品，农民变为农业工人，大地主变为资本家，这些转变都不可避免；古怪的名为地租的谜一样的资本主义现象突兀地显现出来，如同在倒像镜子中一样颠倒了商品的利润结构。从文化上说，空间的支配地位肯定了城市对自然的吞噬，并在后现代的中产阶级化和生态灾难（“同时破坏了一切财富的源泉——土地和工人”［638 页］，如同马克思在论机器的那一章最后说的那样）中找到了自己特有的表征。

然而，分离在我们或许可以将其视为积极的空间现象中有一个对应物，那就是扩张。扩张是资本主义的根本运动，它说明了资本主义从最初的本地商品生产到最终的世界市场疆域的不可抗拒的发展。因此，必须把分离和与它悖论性地一致的扩张运动结合起来思考，以便它的各个隔间不让里面的物品懒散地七零八落，而是把它们组合在大大地扩充了的、更有力的实体中。因此，在这里，贴切的比喻不是某种逻辑的或笛卡儿类型的没有生
111 气的分析，而是转移和变异，是近乎科幻小说的重新结合，其最佳历史象征则是劳动过程和生产线的泰勒化。

诚然，自从激进地理学出现以后，有了大卫·哈维的成果和亨利·勒菲弗尔的哲学权威理论，人们恍然大悟般关注起历史——尤其是资本主义历史——的空间维度来，这已经成为我们学术传统的基本组成部分。不过，我想揭示的在《资本论》中起作用的空间性表现出一些悖论性特征。每个人大概都会不假思索地赞同性质比数量具有更积极的价值这一习以为常的判断，几乎都会认为那是性质的应有之义。这个偏见，我们甚至必须归因于

马克思本人。对马克思来说，商品的出现是通过以交换价值代替使用价值——也就是用数量代替性质——来描述的。然而，在《资本论》中，这一对立的后续结果很让人吃惊（如果不是诽谤性的或两者兼有的话）。

因为现在我想提出，随着论述的展开，这样的事情发生了：时间和数量重合，空间和性质重合。这话怎么理解？论工作日的那一章可以作为第一个相关证据，因为工作日斗争以工作小时数为中心，而合同是以工作时间为标准写明了为购买者衡量出来的劳动力的数量。把性质问题牵扯进来的是工作条件：肮脏、危险、照明不足、不卫生的物件摆设和空气质量的污染——所有这些工作基础，都可以被认为应该置于性质的标题之下，而不是置于在缩短工作日的斗争中发挥重要作用的数量的标题之下。

如果我们记住此处的空间意味着身体，记住马克思的唯物主义更关注活的、工作的身体，记住他的唯物主义不是一个很有哲学意味的立场，这个观点就不会那么悖谬了。由此，消费是身体的、性质的、具体的，而交易是精神的，即拜物教的、数量的、货币的。抽象劳动是被买卖的数量，而具体劳动甚至很难通过一个普遍名词来覆盖，因为每个身体任务，每个动作与手势的组
合，每个身体习惯和泥土的物质、组织及阻力的结合，都是那么 112
特殊。

但这种等同进一步导致了《资本论》的另一个悖论：这本劳动阶级的圣经根本就不怎么关注劳动。存在主义的劳动经验不能被再生产，它总是把我们领出资本的疆域之外。资本对劳动的生存性质不感兴趣，而只对劳动的数量和从劳动中获取的剩余价值感兴趣。我们顶多能通过复杂社会需要吸收的熟练工人的多样性来领会一下这种性质的多样性，如同长长的惠特曼式名单和目录显示的那样。这样的名单和目录我们先前已经接触过了：

> 例如，机车是由 5 000 多个独立部件组成的。但是它不能算作第一类真正工场手工业的例子，因为它是大工业的产物。钟表才是最好的例子。威廉·配第就已经用它来说明工场手工业的分工。钟表从纽伦堡手工业者的个人制品，变成了无数局部工人的社会产品。这些局部工人是：毛坯工、发条工、字盘工、游丝工、钻石工、棘轮掣子工、指针工、表壳工、螺丝工、镀金工，此外还有许多小类，例如制轮工（又分黄铜轮工和钢轮工）、齠轮工、上弦拨针机构工、装轮工（把轮安到轴上，并把它抛光等等）、轴颈工、齿轮安装工（把各种齿轮和齠轮安装到机心中去）、切齿工（切轮齿，扩孔，把棘爪簧和棘爪淬火）、擒纵机构工，圆柱形擒纵机构又有圆筒工、擒纵轮片工、摆轮工、快慢装置工（调节钟表快慢的装置）、擒纵调速器安装工，还有条合和棘爪安装工、钢抛光工、齿轮抛光工、螺丝抛光工、描字工、制盘工（把搪瓷涂到铜上）、表壳环制造工、装销钉工（把黄铜销钉插入表壳的接头等）、表壳弹簧制造工（制造能使表壳弹起来的弹簧）、雕刻工、雕镂工、表壳抛光工以及其他工人，最后是装配全表并使其行走的装配工。（461～462 页）

113　但我们必须记住：逐渐淡化这些技能，消除技能需求，即，逐渐地、有意识地为获得抽象劳动而塑造大量的抽象劳动者——我们现在可以把工资普遍很低的妇女和儿童加入这群人了——是符合资本逻辑的。技术劳动是手工业的痕迹和残留，已经遭到集体劳动（“协作”）和亚当·斯密的劳动分工基本原则的威胁。资本希望协作和劳动分工原则增加非技术劳动的生产率，直至机器对它的利用甚至淘汰那些有差别的任务。

如果劳动本身退到了再现的最深处的、不可接近的隐蔽地带，退到了身体的几乎不可命名的存在秘密之中，这些隐蔽地带和秘密，甚至小说在它对现实的此前一直不可再现、不可言说的维度所推行的不知疲倦的殖民中也停止了追索，那么，劳动者那边的故事怎么讲述呢？在马克思身上，我们也发现了此前曾有幸回顾过的现象学原则的运作，即，让一个行动进入意识的，与其说是行动的成功（因为那时它的痕迹和成就直接成了世界存在的一部分），毋宁说是行动的失败、在半空中停住的手势、碎裂的工具、跌倒，以及身体的疲惫。

因此，《工作日》这一章（第十章）根本不是谈工作的：它谈的是工作在极端条件下的不可能，是处于崩溃边缘的身体。它的深层主题不是具体的劳动，而是阶级斗争（“在平等的权利之间，力量就起作用”［344 页］）；不是各个行业的满足，而是各个行业允许和鼓励的种种剥削及虐待形式；不是对工厂工作的语言阐述，而是对滥用工厂工作（官方报告的说法）和不可能制定法律以阻止此滥用的说明。

《资本论》中篇幅很长的三章（分别论工作日、机器大生产和所谓的“一般规律”），从表面上看是讨论劳动的，专门为资本主义制度下劳动阶级的经验提供长篇证词，但这三章不仅都是空间探讨，而且探讨的是主体性的空间，甚至是伤感情绪的空间和准人文主义情感流露的空间（与狄更斯的联系已经成为老生常谈）。资本家只是结构和系统的寓言人物，只是承担者，或载体 114
（几个难忘的人物刻画除外：阿谀奉承的西尼耳、可恶的萨瑟兰公爵夫人、不幸的皮尔先生），把他们抛给马克思令人难忘的讽刺和滑稽模仿是稳妥的。剩下的是机器、机构、系统和辩证矛盾。

然而，在这较长的三章中，人和身体开始再次出现。不过，我们需要留意这个事实：他们不是被马克思自己的语言召唤来的；总是通过长篇引用工厂视察员的话，他们才出现——之间隔着其他人的声音。[75]对于个人化表达，对于激情，无论这激情是出于义愤还是出于怜悯和同情，人们大都防范严密，虽然这种训练有素的中立文风必然会在读者心中激起这些情感。至于探讨马克思自己的情感克制的表现，当然必须一方面注意到他对抽象辩证法的迷恋（这种迷恋本身在从被称为《大纲》的笔记到《资本论》的最终阐述的转移过程中，是受到了控制和压抑的），还要注意到他进行讽刺刻画的志趣也同样受到了控制，以及我们已经在文中指出过的简短有力而恰到好处的高潮的数量是不多的。

马克思自己姗姗来迟的对这些骇人的揭露的评论，的确保持着他特有的中立态度：

> 在论述工作日和机器的那几篇里，我们揭示了不列颠工人阶级是在怎样的条件下为有产阶级创造了“财富和实力的令人陶醉的增长”。不过我们那时考察的，主要是执行社会职能时的工人。为了全面说明积累的规律，还必须考察工人在厂外的状况，考察他们营养和居住的状况。由于本书篇幅所限，我们在这里主要考察工业无产阶级和农业工人中报酬最微薄的部分，也就是工人阶级的大多数。（807 页）

115 一方面，如同我们已经看到的，上面提到的两章并不总是在处理这项工作（诚然，马克思说过“环境”和“社会职能”）。生产——如果愿意这么说的话——而不是再生产。然而，在所有这些范畴之间仍然有一种滑动：面包和烘烤面包的长段跑题（《工作日》，358～361 页），必然过渡到对“住宿”的讨论（在生产的晚上睡觉），最后过渡到对食品的讨论。食品被非烤制“全价面包”的工人掺假了，于是，食品不再是生产的产品，而成了工人自己的营养（在这里马克思部分引用了一个官方报告）：

> 伦敦的面包工人通常在夜里 11 点开始干活。他先发面，这是一种极费力气的活。根据烤制面包的数量和精粗程度，需要半小时到三刻钟。然后他躺在那块兼作发面盆盖子的面板上，拿一个面袋枕在头下，再拿一个面袋盖在身上，睡几个钟头。随后他一连紧张地忙上 5 个小时，把面揉好，分成一块一块，做成面包的样子，放到炉里去烤，再从炉里取出，等等。烤炉房的温度达 75 度到 90 度，小烤炉房的温度还要高些。各种各样的面包做成后，分送面包的工作又开始了。短工中的一大部分人，刚刚结束了上述繁重的夜间劳动，又要在白天提着篮子或推着车子挨户送面包，有时，他们还要再在烤炉房里干些别的活。根据季节和营业范围的不同，劳动在下午 1 点到 6 点之间结束，而另一部分工人则在烤炉房里一直忙到晚上。……（359～360 页）

> 熟读《圣经》的英国人虽然清楚地知道，一个人除非由于上帝的恩赐而成为资本家、大地主或领干薪者，否则必须汗流满面来换取面包，但是他不知道，他每天吃的面包中含有一定量的人汗，并且混杂着脓血、蜘蛛网、死蟑螂和发霉的德国酵母，更不用提明矾、砂粒以及其他可口的矿物质了。(359 页)

这样的“住宿”的高温在后来的阐述中也是存在的（同时存 116
在的是它的反面，无暖气的房屋的严寒）：但首要的是睡眠，这个问题一遍又一遍地吸引了我们的注意力，尤其是在睡眠几乎是工作时间之外的全部生活的情况下。我们已经忘了，在工业发展早期的这些年中，骇人听闻的铁路事故大都是过度劳累和缺乏睡眠引起的（363 页）。重要的是，夜晚本身也受到资本“‘偷占几分钟时间’，‘夺走几分钟时间’，工人中间流行的术语，叫作‘啃吃饭时间’”（352 页）的伤害；和时间范畴一起受到伤害的，还有年龄和性别范畴。在年龄和性别范畴上，马克思和他的英国视察员一样，也充满了道德感：“道德和自然、年龄和性别、昼和夜的界限，统统被摧毁了”（390 页）。在制砖工场，“男女青少年都睡在一个小屋里。这种小屋通常只有 2 个房间，个别的才有 3 个房间，他们统统睡在地上，通风很差。他们劳累一天，已经精疲力竭，哪还能讲究卫生、清洁和礼貌”（593 页）。

最后，死亡，“睡眠”的弟弟，很难说和这些室内条件的有害影响没有关系：马克思为生命力量的加速消耗和扼杀提供了一个双连书写板。一方面，一个铁匠“他每天能打这么多锤，迈这么多步，呼吸这么多次，干这么多活，平均能活比方说 50 年。现在强迫他每天多打这么多锤，多迈这么多步，多呼吸这么多次，而这一切加在一起就使他的生命力每天多耗费 1/4。他尽力做了，结果在一个有限的时期内多干了 1/4 的活，但是他活不到 50 岁，他 37 岁就死了”（366～367 页）。时间就说到这里。现在谈谈“一个很有名的服装生产企业”的空间。这个企业的女工们在工作时：

> 一间屋挤 30 个人，空气少到还不及需要量的 1/3，夜里睡在用木板隔成的一间间不透气的小屋里，每两人一张床。……玛丽·安·沃克利星期五得病，星期日就死了，而
> 117 使老板娘爱丽丝大为吃惊的是，她竟没有来得及把最后一件礼服做好。医生……直率地向验尸陪审团作证说：“玛丽·安·沃克利致死的原因，是在过分拥挤的工作室里劳动时间

> 过长，以及寝室太小又不通风。”（364～365 页）

这时，我们可以认为，我们已经完全走出了生产领域，却没能到达再生产领域。

再生产包括的内容远远多于食物和住宿。在再生产中，空间被复制到很多层次上：从住宿安排到个人房间，从住房紧张到工人正在建造的城市本身，从都市景观到乡村景观，从上班需要走的不断增加的路程到向殖民地的移民，此外还包括（很让人惊奇）那很容易被忽略的再生产的基本要素（精神上的，而非身体上的），即教育。

马克思赞赏地提到罗伯特·欧文（除傅立叶外，唯一没有受到《共产党宣言》批判的“空想社会主义者”），尤其称赞欧文“不仅在自己的试验中实际地以工厂制度为起点，而且还在理论上说明工厂制度是‘社会革命’的起点”（635 页，注 46）。马克思支持“综合技术学校和农业学校的创办……和职业学校的建立，在这种学校里，工人的子女受到一些有关工艺和各种生产工具的实际操作的教育”（618～619 页）。除此之外，有迹象表明，我们此时在马克思的著作中可以分析出整个文化革命理论的因子。这个理论尚未成形，如果我们把其中有关教育的各种讨论仅仅看作经典狄更斯式的对童工的谴责，就很可能把它忽略了。[76]相反，我们值得思考这种可能性：对马克思来说，未来的工厂，资本主义之后的乌托邦生产空间，应该也被看作生产、建构主体的空间，以及方方面面的教育的基本场所：

> 正如我们在罗伯特·欧文那里可以详细看到的那样，从 118
> 工厂制度中萌发出了未来教育的幼芽，未来教育对所有已满
> 一定年龄的儿童来说，就是生产劳动同智育和体育相结合，

> 它不仅是提高社会生产的一种方法，而且是造就全面发展的人的唯一方法。(614 页)

这真是社会系统的效价的一个变化：不仅工业雇佣劳动可怖的禁闭空间被转变成为人类发展的水晶宫，而且把产业工人变成残疾人和怪物的劳动分工现在把他们送回到了“协作”和马克思早期的集体“人道主义”的广阔视域。这是一个乌托邦式的逆转，它可能让我们能够重新阐释列宁和葛兰西对泰勒制的热情——如果不经过重新阐释，这种热情就会显得不妙——很不幸，泰勒制的效价在斯大林那里没能发生改变。[77]同时，它证实了马克思的一个不断出现的想象：对人的多方面发展和活动的想象，对全面的傅立叶蝴蝶式性情或注意力不稳定综合病征的想象，如同下面的传奇人物所体验的：

> 一个法国工人从旧金山回来后这样写道：“我从没有想到，我在加利福尼亚竟能够干各种职业。我原来确信，除了印刷业外，我什么也干不了……可是，一旦处在这个换手艺比换衬衫还要容易的冒险家世界中——请相信我的忠诚！——我也就和别人一样地干了。由于矿山劳动的收入不多，我就抛弃了这个职业到城里去，在那里我先后做过印刷工人、屋面工人、铸铅工人等等。因为有了适合做任何工作的经验，我觉得自己不再像一个软体动物而更像一个人了。”(628 页，注 31)

两个发展意象：一个是主体潜能在一次近乎空间性的“蝶
119 变”过程中的乌托邦拓展，这是一次发生在资本主义贪婪的帝国
扩张和推动力上的效价的变化；另一个是教育工厂的集体乌托

邦，是为新型的劳动分工服务的对旧式劳动分工的重新运用。

不过，我们还没有讨论资本主义的内部教育问题，尤其是资本主义童工的教育问题：在何种意义上可以说资本主义教育——甚至在孩子们被限制了自由，被要求在工作空间中睡觉，要不就得走太远的路去工作的意义上的资本主义教育——是空间的？事实上，这个特征将成为马克思教给我们的另一个训诫的一部分，那就是，我们今天可以称之为社会民主主义或改良主义的东西——在这个事例上就是那些工厂视察员英雄主义的努力，他们的报告提供的证词超越了现实主义作品或自然主义作品所能传达的任何东西——是无用的。很不幸，这些努力的结果将是“如果资本只是在社会范围的个别点上受到国家的监督，它就会在其他点上更加无限度地把损失捞回来”（621 页）。马克思的另一个结论是，这样的立法会加速资本积聚，让参与竞争的小企业倒闭，并导致让整个系统达到崩溃点的那些矛盾最终成熟：

> 如果说，作为工人阶级的身体和精神的保护手段的工厂立法的普遍化已经不可避免，那么，另一方面，正如前面讲到的，这种普遍化使小规模的分散的劳动过程向大的社会规模的结合的劳动过程的过渡也普遍化和加速起来，从而使资本的积聚和工厂制度的独占统治也普遍化和加速起来。它破坏一切还部分地掩盖着资本统治的陈旧的过渡的形式，而代之以直接的无掩饰的资本统治。这样，它也就使反对这种统治的直接斗争普遍化。它迫使单个的工场实行划一性、规则性、秩序和节约，同时，它又通过对工作日的限制和规定，造成对技术的巨大刺激，从而加重整个资本主义生产的无政府状态和灾难，提高劳动强度并扩大机器与工人的竞争。它在消灭小生产和家庭劳动的领域的同时，也消灭了“过剩人

> 120 口”的最后避难所，从而消灭了整个社会机构的迄今为止的安全阀。它在使生产过程的物质条件及其社会结合成熟的同时，也使生产过程的资本主义形式的矛盾和对抗成熟起来，因此也同时使新社会的形成要素和旧社会的变革要素成熟起来。(635 页)

不管怎么说，工厂视察员还是试图保证童工至少有最短的学习和接受指导的时间，为他们争取一点遭受剥削和过度劳动之外最起码的福利。童工的蒙昧无以复加：

> 当然，这些“劳动力”的文化程度，必然会像他们和一位调查委员进行下述谈话时表现出来的那样！耶利米·海恩斯，12岁，他说：“4的4倍是8，而4个4是16……国王是有一切金钱和黄金的人。我们有个国王，据说他是个女王，他们叫她亚历山得拉公主。据说她嫁给了女王的儿子。公主是男人。”威廉·特纳，12岁，他说：“我不是住在英国。我想，是有这么一个国家，但以前根本不知道。”约翰·莫利斯，14岁，他说：“听说上帝造了世界，又听说所有的人都淹死了，只有一个人活着；听说，这个人是一只小鸟。”威廉·斯密斯，15岁，他说：“上帝造了男人，男人造了女人。”爱德华·泰勒，15岁，他说：“我根本不知道伦敦。”亨利·马特曼，17岁，他说：“我有时到教堂去……他们讲道时提到一个名字，叫耶稣基督，其他的名字我都说不上来了，就连耶稣基督是怎么回事，我也说不上来。他不是被杀死的，而是像平常人那样死去的。他和别人有些不同，因为他有些信教，别人不信。”“魔鬼是好人。我不知道他住在哪儿。基督是坏蛋。”“这个女孩（10岁）把God［上帝］拼成

Dog［狗］，而且不知道女王的名字。”（370 页，注 66）

但他们的“学校老师”的无知也是怎么说都不为过的：

上学证明书由男教师或女教师在上面画一个十字来代替 121
签字，并不是少见的现象，因为他们自己也不会写字。“我访问一所颁发这种证明书的学校，教师的无知使我非常惊奇，所以我问他：‘先生，请问您识字吗?’他的回答是：‘唉，认识一点点。’为了申辩，他又补充一句：‘不管怎样，我总比我的学生高明。’”（523 页）

缺乏合格教师甚至也不是立法的主要问题，因为时间和空间都被完全填满了，学生不仅没有空闲念书，也没有地方念书：

只有立法机关应受谴责，因为它颁布了一个骗人的法令，这个法令表面上关心儿童的教育，但没有一条规定能够保证达到这个口头上的目的。它只是规定儿童每天必须有若干小时（3 小时）被关在叫作学校的地方的四壁之内，规定儿童的雇主每周必须从一个以男教师或女教师身份签字的人那里得到证明书。（523 页）

在另一所学校，我发现教室长 15 英尺宽 10 英尺，里面有 75 个儿童，不知在叽叽喳喳讲些什么。（524 页）

这个评论可以更概括地用一篇更长的记述童工经历的文字来结尾：

任何有感情的人想到证词中提到的 9—12 岁儿童所担负

的劳动量，都不能不得出结论说，再也不能容许父母和雇主这样滥用权力。

儿童昼夜轮班做工的办法，无论在忙时或平时，都会使
122 工作日极度延长。这种延长在许多场合不仅骇人听闻，而且简直令人难以置信。有时难免有的儿童因某种原因不能上工接班。这时，一个或几个该下工的儿童就得留下来填补空位。这个办法是人人皆知的，有一次，我问一个压延厂的经理，没有上工的儿童由谁代替，他竟回答说：“我知道，你心里和我一样明白。”他毫不犹豫地承认了上述事实。

有一个压延厂，名义上的工作日是从早晨 6 点到晚上 5 点半。有一个儿童，每星期有 4 个夜晚，至少要干到第二天晚上 8 点半……这样一直继续了 6 个月。

另一个儿童，9 岁时，有时一连做 3 班，每班 12 小时，10 岁时，有时一连干两天两夜。第三个儿童，今年 10 岁，每星期有 3 天都是从早晨 6 点一直干到夜间 12 点，在其余几天干到晚上 9 点。第四个儿童，今年 13 岁，整个星期都是从下午 6 点干到第二天中午 12 点，有时接连做 3 班，例如从星期一早晨一直干到星期二夜晚。第五个儿童，今年 12 岁，在斯泰夫利铸铁厂做工，他一连 14 天都是从早晨 6 点干到夜间 12 点，他已经不能再这样干下去了。9 岁的乔治·阿林斯沃思说：“我是上星期五来的。我们应当在第二天清早 3 点上工。所以我就留在这里过夜。我家离这里有 5 英里。我睡在地板上，铺一条皮围裙，盖一件短外衣。以后的两天我早晨 6 点来上工。唉！这个地方真热！来这儿以前，我有整整一年的时间也是在高炉上做工。那是在乡下的一家非常大的工厂，在那里，星期六也是清早 3 点上工，不过好歹还能回家睡觉，因为离家不远。在别的日子里，我早晨 6 点上工，

到晚上 6 点或者 7 点下工。”如此等等。(369～370 页)

需要补充一点，这个片段中说的儿童“不能上工接班的原因”包括应该用于教育的必需时间（此外还有针对特定年龄群体的工作时间的法律限制)。英国资本家想出的规避这个立法的巧妙办法，只有多瑙河大公国极力用雇佣劳动代替封建劳役的对现代化立法的规避能与之媲美，“由于制定该法令的人谙熟政治经济学，所以规定的不是通常意义的工作日，而是生产某种平均日 123
产品所必需的工作日，而这个平均日产品又规定得非常狡猾，连独眼巨人塞克洛普在 24 小时之内也完成不了”(347 页)。

应马克思的邀请，我们已经考察了资本主义生产场所的内部状况，积累了关于生产和再生产的真实材料。但我们还需要抽身出来，审视资本主义系统为自己创造的地貌。马克思的控诉的生态特征我们已经提过了。[78]但我们也应记住：尽管马克思的吸血鬼意象常常引起学者的兴趣，但最常用来和雇佣劳动作比较的是奴隶制，其次是监狱的禁锢（当然，两者经常重合)。西西里的狄奥多鲁斯关于罗马金矿的报告实际上开了这种比较的先河（在详细分析那些贵重金属之后，非常自然地引出了这个话题)；这显然是打算证明雇佣劳动比奴隶制更为人道（只有一个例外，古代对不幸的监工是严苛的：“古罗马的斐力卡斯，作为管理人居于农业奴隶之首，但‘由于劳动比奴隶轻，得到的报酬也比奴隶更微薄’”［蒙森语，275 页，注 6］)。不过，如同我们已经看到的那样，《资本论》末尾恶作剧似的建议在“资本发展的规律”尚未完全移植过来的移民殖民地重新实行奴隶制。

在这些矿场上，奴隶的身体只有死了以后才能重见天日。[79]
此类矿场的奴隶制空间，与资本主义在乡下制造的结果形成奇怪 124
的辩证对比。在那些农村地区，森林被无情地成片砍伐，农民的房屋被全部推倒，造成大量荒地，留待种植商品作物，或养牛——如果不是养鹿、养狐狸的话。（也许可以说救济院或济贫院［823～824 页］是某种介乎奴隶制和推倒房屋之间的案例。）

尽管如此，我们应该注意到，因为这些新的劳动人口的辛劳，一个全新的工业地貌出现了。人们不仅建造了将在其中居住和工作的工厂（以及里面的“塞克洛普机器”），而且建造了“运河、船坞、隧道、桥梁，等等”（573 页），即使这些东西“可能只在遥远的将来才会起作用”。那个遥远的将来却是我们的时代，大城市（从巴西利亚到昌迪加尔，还包括像圣保罗这样的老牌都市中心的新发展区域）把不断增多的建造者们排斥在市中心之外，这些人聚居在城市周围，形成一个巨大的工人阶级贫民窟圈或失业人员棚户区圈，这样的现象不计其数。[80]因此，后来被称作中产阶级化的东西就是对农业的驱赶和清除的城市对应物
125 （837～842 页），甚至传统城市的工人阶级居住区本身也被拆除了，重建为富裕阶层的居住区，以前的劳动阶层居住者被赶到城市边缘之外或彻底沦为无家可归者。在这里，马克思的繁荣与贫困的统一的辩证法预见到了全球化语境下艰难得多的世界城市困境。

带着这种辩证法的最新形式——对工业生产会同时导致超负荷工作和失业的“一般规律”的揭示——让我们最后一次巡览这些资本主义终极空间。在这些空间里，我们面对的是一种“赤裸的生活”，这生活比阿甘本的集中营中绝望的居民所面对的还要更深地植根于经济系统。[81]例如，这里有一份关于农场工人的绝望的证据：

> 至于谈到他的收入的任何进一步的减少，他会说：我什么也没有，我什么也不操心。他不担心将来，因为他除了生

> 存所绝对必需的东西之外，一无所有。他降到了零点，也就是租地农场主计算的起点。由它去吧，幸福与不幸反正同他无关。（834 页）

空间形式是以许诺展示原始场景为基础的。在空间形式中，归根结底无法再现的东西如同在某个太空边缘上一样被接近了。这些终归无法再现的现象——劳动、疲惫、人类时间的彻底消耗，以及被永远排斥在不可能属于我的空间之外（实实在在地被异化）——没有哪一个比饥饿更加不可再现，剥离了所有文化形式、仅剩下无可名状的空虚与衰弱的饥饿。如何最终看待这种饥饿，这种不仅仅是那为饥饿提供了表现渠道的身体上的饥饿？马 126
克思的空间形式——通过他的耳闻目睹和那些或害怕或同情、但尽量让自己冷静的证人的声音传达出来——在于对空间的耐心探索，由对这种不可再现事物的终极现实的搜寻构成。这种搜寻越来越小心地从统计数字和大地区向小城镇、小街道移动，向屋子，向房间移动，最终达到屋子最里间的徒然四壁，这里让人头晕目眩，痛楚难当，以致再也看不下去：

> 我们又敲第二家的门，开门的是一个中年妇女，她一句话也没有说就把我们领进一间狭小的后屋，一家大小都在那里一声不响地坐着，呆望着快要熄灭的火。他们脸上和他们的小屋里笼罩着的那种凄凉绝望的情景，使我再也不愿看到类似的景象。妇人指着她的孩子们说："先生，他们已经 26 个星期没有活干了。我们所有的钱都花光了，那是我和孩子们的父亲在光景好时积蓄下来准备困难时用的。请你们看吧！"她几乎是发狂似的喊着，一边拿出一本存取款项写得清清楚楚的银行存折；我们从上面可以看出，这笔小小的财

产最初怎样从5先令开始存起，怎样一点一点地增加到20镑，然后又怎样逐渐消失，从若干镑减到若干先令，直到最后一次提款使存折变得像一张白纸一样一文不值。这家人每天从贫民习艺所领到一顿救济饭。……接着我们访问了一个曾在造船厂工作的爱尔兰人的妻子。我们发现她已经饿病了，穿着衣服躺在一张垫子上，勉强算盖着一条毯子，因为所有的被褥都已进了当铺。两个可怜的孩子照料着她，但是看来孩子们自己正需要母亲的照顾。已经19周被迫无事可干，致使她陷入这样的境地。她在讲述她的痛苦经历的时候唉声叹气，仿佛失去了对美好未来的一切希望。……我们走出房子的时候，有一个年轻人跑来要我们到他家去，看看是不是能帮他一点忙。一个年轻的妻子，两个可爱的小孩，一卷当票，一间空房——这就是他指给我们看的一切。（824～825页）

【注释】

[74] 这不仅仅是一个比喻问题。迈克尔·莱波维兹以突出的、创造性的理论思考，证明了分离概念包含了一个完整的实践政治策略。参阅《追随马克思》，346～368页；以及本书第七章。

[75] 参阅埃格朗蒂纳·科隆：《马克思的声音》（Eglantine Colon，"Marx's Voices"），即将出版。

[76] 参阅拙著《辩证法的效价》中的《文化革命》一章。

[77] J. G. Scoville，"The Taylorization of Vladimir Ilich Lenin，" *Industrial Relations*，October 2001，40：4；and V. G. Devinatz，"Lenin as Scientific Manager，" *Industrial Relations*，July 2003，42：3.

[78] 也可参阅福斯特：《马克思的生态学》。

[79] "奴隶主买一个劳动者就像买一匹马一样。他失去奴隶，就是失去一笔资本，必须再花一笔钱到奴隶市场上去买，才能得到补偿。但是，'尽

管乔治亚州的稻田和密西西比州的沼泽地对人体组织具有致命的危害，这种对人的生命的破坏，总不会大到连靠弗吉尼亚州和肯塔基州的黑人众多的“自然保护区”也补充不了的程度。当经济上的考虑使奴隶主的利益同保存奴隶相一致时，这种考虑还可以成为奴隶受到人的待遇的某种保证，但在实行奴隶贸易以后，同样的经济上的考虑却成了把奴隶折磨致死的原因，因为奴隶一旦可以从外地的黑人“自然保护区”得到补充，他们的寿命也就不如他们活着时的生产率那样重要了。因此，在奴隶输入国，管理奴隶的格言是：最有效的经济，就是在最短的时间内从当牛马的人身上榨出最多的劳动。在种植热带作物的地方，种植园的年利润往往与总资本相等，正是在这些地方，黑人的生命被视同草芥。正是这个几世纪来成为巨大富源的西印度农业，曾吞没了几百万非洲人。拿现在的古巴来说，那里每年的收入总是以百万计算，种植园主俨然就是王公，但是我们看到，那里的奴隶阶级饮食最坏，劳动最累最重，甚至每年都有一大批人死去’。”（377 页）

［80］参阅詹姆斯·霍尔斯顿：《现代城市》（James Holston，*The Modernist City*，Chicago：University of Chicago Press，1989）。

［81］阿甘本《神圣人》（Agamben，*Homo Sacer*）中的拟生物学概念被证明实际上吸收了统治的范畴，就像福柯的概念一样（考虑到使用了集中营的例子，这个概念很难采用其他范畴）。这就是为什么失业的贫困是更根本、更具体的形式。从这个形式衍生出了后来这些观念：具体的东西是社会的，是生产方式，是人类创造的、历史的；涉及自然或死亡的形而上学概念是更基础的现实的意识形态产物。

第六章　《资本论》与辩证法

127 在我们的解读中，“绝对的、一般的规律”被看作马克思对资本主义系统的再现的核心，或更准确地说，马克思对资本主义系统的构建的核心（我们已经辨别出来的两个高潮是封闭的时刻，而不是总体的时刻）。有了这个主张生产力等于贫困的“规律”，我们来到这样一个点上：在这里系统的其他部分尽收眼底，也就是，明显成为一个总体。（各个比喻节点——它们从属于这个中心表述——也已被证明是让人们可以望见更大的系统的时刻，而不是起装饰作用的。）

在第一卷的这一中心时刻，如此让人着迷、让人震惊的否定和肯定的统一当然是辩证的——我们在最通常为人接受的意义上使用辩证一词。这个表述中的每一边都无可避免地昭示着另一边，人类的痛苦和技术生产力合而为一，快速的科技进步从生命耗费中显现出来（从历史上说，还无法与所谓欠发达国家的贫困相比）。

我们这里的目的不是要捍卫《资本论》的“真理”，让其免受反马克思的敌人的攻击（他们对劳动价值理论、价值向价格的转变、利润率趋于下降等理论的有效性的反对，都是从这种“反映论”真理观的角度建立起来的）。相反，无论《资本论》是否站得住脚，它都是对一个系统的再现。但我们的分析似乎更严峻
128 地受到马克思主义内部对辩证法的批判的危害，这些人企图把《资本论》改写成一本完全不同的书。所谓的“分析马克思主义”学派（现在已经被它之后的后马克思主义创立者抛弃了）[82]旨在

把传统马克思主义或辩证马克思主义翻译成一个能满足两个基本原则的方法。第一个原则在虚无缥缈的微观经济学旗帜下，提出一个存在主义的要求：任何属于资本主义系统或总体的东西，都在个人经验中具有对应物或基础。这等于取消了本质与现象的黑格尔辩证法（关于本质和现象，马克思说过，如果两者在现实生活中等同了，“科学就不必要了”[83]）。无论是不是有意，这个特别的观点（此观点也可用来反对精神分析学说和弗洛伊德关于潜意识的学说）致使价值与价格之间的区别被消除了，而这一区别是《资本论》大部分内容的核心。[84]

这种方法的第二个原则决绝地抛弃了黑格尔逻辑，回到遵循非对抗原则的古老的亚里士多德逻辑或常识逻辑中。那就是说，这种对马克思的改写不是偶尔才属于非辩证的，相反，它是以驱除与黑格尔关系密切的辩证法为中心目标的。这一目标，即剔除马克思身上的黑格尔色彩和辩证法色彩，是科尔施和阿尔都塞的共同追求，尽管原因不一样。科尔施以他的“具体化”的历史方 129
法为名[85]，阿尔都塞则以历史唯物主义方法为名（尽管属于“结构”类型，而后来其类型难以确认）。两种情况的结果也很不一样：科尔施最终放弃了正统马克思主义，走向了议会共产主义和一种无政府主义；阿尔都塞则留在了共产党内，从内部批评正统马克思主义，他把正统马克思主义和斯大林主义联系起来，并系统地将其归为一种黑格尔唯心主义。然而，科尔施的“具体化”方法在历史主义的外衣下，保留了许多我们仍然可以视为辩证法的东西；阿尔都塞则试图以结构组合和制度机器为形式，改写经济基础与上层建筑的老式辩证法的实质。

不过，从马克思身上“分析地”除去辩证法可能采用的形式，在“绝对的、一般的规律”的事例上，是很容易想象的。经过亚里士多德逻辑改写后，这个规律就是，技术的进步导致就业减少。[86]这显然是非对抗的，会让我们得出最熟悉不过的社会民主主义结论，即，福利、创造新的就业类型，以及其他凯恩斯式解决办法。这些办法没能把资本主义看作一个系统，所以都不能
130 动摇作为一个体系的资本主义的根基。辩证阐述的震惊意在强调资本主义作为一种生产方式的那个致命的一贯性。资本主义的扩张不是通过社会民主主义改良就能随意阻止的。它在积累新价值之外，会继续产生不断扩大的失业后备军，现在失业已经达到世界范围了。目前，利润驱动（其本身已经成为资本主义系统核心的、不可或缺的意识形态）已经被“减小规模”意识形态放大、充实了。根据这种意识形态，银行和投资会以“效率”为名，回报有能力产生更多失业的制度。但这些发展并非偏离正轨，它们是资本主义合乎历史逻辑的、不可避免的扩张；马克思“绝对的、一般的规律”是想强调这种运动，而不是仅仅哀伤地把它看作这样那样的国家商业文化多余的或可以避免的策略。

那么，在这样“分析地”修正或纯粹阉割《资本论》的辩证法的时候，丢失的就是否定和矛盾的中心地位。把否定和“批评性”从知识实践和经济实践中逐渐清除出去，会导致社会实证化，阿多诺对这种社会实证化进行了极雄辩的哲学批驳；而对于德勒兹（德里达以另一种方式）以差异为名对否定的细致驳斥，我们很难视其为对这种普遍实证化的辩护，而应看作从不同的哲学角度以不同的符码进行的批判，在他的批判中，否定性已经成为一种积极的力量。

马克思自己的辩证法实践不再立足于把黑格尔的否定有计划地作为一个哲学口号进行辩护。我们甚至可以说，在马克思那里，哲学——即，哲学抽象——通过实现自我而取消了自我，如同他在著名的《关于费尔巴哈的提纲》中主张的那样。这个过程我们可以通过在著名的异化讨论中采取一个不同的立场来说明。

这个不同的立场既避免了阿尔都塞对其中所谓黑格尔唯心主义的拒斥，又避开了马克思早期手稿辩护者们的人道主义。在这里的解读中，我们已经发现的是，异化概念——在最地道的黑格尔意义上使用这个词，即，我首先把产品作为与我相分离的东西生产
出来，由此异化我自己的生产，让其作为完全外在的事物和力量 131
面对我——被深深地植入了《资本论》的结构。在著作中，如我们已经看到的，工人阶级打造了自己的“金锁链”，把自己的工资提前借给资本家，并通过自己的剩余劳动促进了剩余价值的积累，甚至不忘鼓励资本主义发明、引进新技术作为对自己的抵制的回应。在这里我们明显发现了异化的形式和活动，只是没有贴上哲学标签。在这个意义上，与其把这种运作看作对哲学的取消，不如看作以一种新的方式完成了哲学。这就是马克思在他著名的口号中建议我们从抽象上升到具体时表达的意思（《大纲》，101 页）。传统哲学的确是对抽象的征服，是普遍概念从野性的思维[①]的“繁荣、热闹的混乱”中的现身，是柏拉图的理念在古希腊哲学发端的时候与物质载体的脱离。由此，马克思的具体不是什么第三项或黑格尔式的抽象“向自身返回”，而是对现代性特有的学科分类的取代，是对作为普遍联系的总体性的发现：在这个事例中，就是发现这一事实，即被称作异化的抽象化自身就是在现实中以及在作为新兴系统的资本主义对社会的总体化中发生作用的异化的运动的符号和表征。

当我们发现异化是一种形式而非一个观点或概念的时候，我们就已经处于辩证的而非经验主义的亚里士多德的世界中了。在这个“否定物的劳作和痛苦”（黑格尔语）无处不在的新世界中，

---

① 野性的思维，原文为法语 *pensée sauvage*，源自列维-斯特劳斯的著作《野性的思维》。——译者注

我们也不再需要异化这一特别的概念了。留下的是基本的矛盾观念。关于这个观念，我们必须认定：它和对立面的统一是一回事，这些对立面不再需要被等同于、被标记为正面的或负面的，因为辩证意味着它们之间地位的永恒变化，意味着一个向另一个
132 的不断转换。对这一点更专业地说一下，这意味着那著名的“同一与非同一的同一”和“同一与非同一的非同一”完全是一回事；这样，恐怕旧式的哲学真的走到了尽头，而且也不可能“断定”资本主义是正面的还是负面的，好的还是坏的，因为——按照《共产党宣言》的说法——资本主义是两面兼有的。

好与坏是我们通常认为的日常普通语言的一部分，如我们随后会看到的，辩证法不能提议以某种新的乌托邦的东西的名义取消这个部分（即使它也怀有尼采式的超越这个特定二元对立——以及其他所有对立——的打算）。于是我们就和这个对立无法分开了，这一点我们尽可以随意强调。马克思为什么要强调资本主义的破坏性是非常明显的；但除了马克思本人对技术进步和创新的兴趣，为什么他会希望我们强调资本主义的积极面，就不那么容易理解了。然而，这一特别的强调——我们今天已经明显忽略了——也是致使马克思献身未来和历史发展的东西。从这个视角看，我们必须警惕从道德角度对资本主义进行指责，提防退回到更朴素的过去，抵制那些在这个巨大的、超人类的系统发展中仍然处在人类层次上的东西的诱惑。无论如何，在为资本主义“说好话”（作为不断革命和创新的资本主义）和“说坏话”（作为剥削和统治的资本主义）之间进行选择，其实都是一个政治选择，而不是逻辑的或科学的选择：作出选择的依据，是当下的情境，是人们在政治上受负面因素（愤怒）驱动还是正面因素（希望）驱动。

但这样的选择性似乎会滤干正负对立的所有内容，并将重新

阐释的任务再次交给情境（情境本身也会被阐释）。事实上，我认为，这基本上就是辩证思维能带来的好处。在其中，甚至我称之为辩证法的核心的东西，即矛盾“观念”，也必须在形式上把握，而非作为任何具体内容。我必须再次强调，我是把矛盾和这 133
里已经详细讨论过的著名的对立面的统一看作一回事的。这明显会将辩证法引回它的根本机制或最根本的部分，也就是二元对立的部分（我们已经在上文通过二元对立最有力的形式之一即伦理二重性讨论了它的弱点）。事实上，我已在别的地方暗示过，结构主义的出现点燃了辩证思维的复苏，因为结构主义自身（最初是语言学的）是强调二元对立的（即便我们可能已经偶然地或歪打正着地——而非通过两个系统间更深层的联系——从二元对立中懂得了辩证法）。[87]

无论如何，我们已经明白了某些这样的在起作用的二元对立。首先是《资本论》开篇第一页中性质和数量的对立，在那里这一特殊的抽象对立是以使用价值和交换价值的形式现身的。接下来包括物质和心灵的对立、具体劳动的身体和商品的心灵或精神特征的对立，再下来包括空间和时间的对立、绝对和相对的对立，等等。在这个清单中，一个根本的对立被忽略了，当代哲学才执着地把我们送回到了这个对立的身边，那就是同一和差异的对立。

在这里我要插入一个关于辩证法本身的源头的假说。我认为，辩证法的出现是为了处理一个奇怪的、独一无二的历史情境。在这个情境中，什么都是不相同的，但又是相同的。历史的发现（或发明）呈现出巨大的结构差异，不仅包括古代和现代之间的差异，还包括所有不同历史生产模式之间的差异！而在另一种意义上，它们是一样的东西，即，都是生产模式。同理，历史展现了许多对其他群体进行统治的群体——种姓、封建帮派、氏

族、家族、部落，最后还有我们的生产方式所特有的社会阶级；而在另一个意义上，它们都是社会阶级，在某种程度上是相同
134 的，都是一个统治阶级从一个劳动阶级身上榨取剩余价值。因此，辩证法这种思维方式能把独特和普遍用一种独一无二的方式结合起来，或更准确地说，把排挡从独特转到普遍，然后再从普遍转到独特，在让两者保持差异的同时把它们等同起来。

如果这样的话，那么它自身怎么能逃脱这个宿命？辩证法怎么能期望可以不断改变自己的形态和形式，而不同时以某种形式保持不变且又归于某个抽象范畴之下，并在片刻之后又拒绝这个抽象范畴？

这时还应该就系统观念谈点什么，因为系统也和结构主义有关系。我们不是从头到尾都把这个结构主义术语用作总体性这一更具黑格尔色彩的（因此理所当然地是不可通约的）术语的同义词吗？诚然，术语“系统”也带有实证主义和帕森斯系统理论的含义，不过我在这里使用这个词语（这个词在马克思著作中的出现频率并不是很高），是为了强调资本主义积累的机械的、不可替代的动力。在这里，对比喻的关注可以继续发挥作用，因为在空间上马克思对系统的运用和黑格尔对系统的运用很不一样。在黑格尔那里，意识或观念“返回自身”，由此达到自我意识的更高阶段，更有力的主题化。而在马克思那里，分离运动让内部和外部的辩证法运转起来：为了发现利润，我们必须“站到流通领域之外”；消费发生在生产或流通“之外”；等等。于是，这个比喻戏剧化了资本主义的扩张本质，资本主义将它的外部拉进内部，扩大了自己的活动范围，把过去的外部裹在它现在吞噬一切的运动中（帝国主义仅仅是这个过程最显著的例证）。因此，马克思以预言家的洞察力，发现了工人家庭的发展规律，这样的家庭人力的减少必须从外部通过“代替物”来弥补，于是为新商品

的生产开辟了更大空间（432 页；518 页，注 39）。由此，在这个
系统中，社会再生产本身成为商品生产规模的扩大的媒介。黑格
尔的外化分离产品，只是为了通过重新利用产品而充实自身（以 135
及返回自身），马克思的系统则提出了不断增加的分离，此分离
必然导致系统自身的扩大。

无论如何，即使物化内在于这样的语言中，是命名过程施加于哪怕最短暂、最情境化实体的无处不在、无可逃遁的危险，我们也不必像某些解构主义理论那样得出更极端的结论，认为在任何肯定的表述和命题中都存在绝对的不可再现性或无从避免的自我矛盾。只要时机恰当，不延长或产生任何永远都透明的话语（辩证法不可能成为乌托邦普世语言），物化是可以被拦截的。一方面，如我们已经看到的，比喻能捕捉命名的结果，并重新利用这些结果，以唤起新的辩证意识。另一方面，二元对立结构表面上会让思想屈从于老调的二元论永无休止的重复，事实上却含有这样一些机制：这些机制可以用来抑制自己的传统意识形态倾向，从而绕过重复，产生更复杂、更历史的自我意识来替代重复。

即使在黑格尔那里，我们也能感觉到一种正在萌生的对物化的忧虑内在于我们所说的被命名的概念中。黑格尔在《大逻辑》中加上了一个第四项，减少了人们对按部就班的三段论套路（正题，反题，合题）——黑格尔自己偶尔这样宣传或通俗化他的哲学“系统”——的反对，很有启发意义。现在这个第四项用另一个老朋友“否定之否定”取代了“合题”。[88]“否定之否定”被正式写在恩格斯和斯大林的辩证哲学中，如同“经济基础与上层建筑”一样，遭到了众多指责。但事实上，“否定之否定”不同于“合题”或向原初性质回归的倒退观念，它是形式的、面向未来的运动，让事物的性质保持开放状态。

136　的确，我们的形式主义方法暗示的是，负面和正面的两极或两个概念，绝非如我们最初想象的那么固定，同时，甚至个别对立的内容也会流动，因为对立是可以互相转换的（性质也“无异于”身体、具体劳动、时间，等等）。在这个意义上，便有了对立的垂直统一（各种各样的对立面相互间的等同），正如在简单、水平的形式上，差异可以转换为同一，反过来同一也可以转换为差异。

这就是为什么我要根据其形态而不根据其内容来讨论辩证法的原因。甚至矛盾本身也不能免于这样的流动，因为它能产生中介作用——我们已经明白货币是如何作为价值问题的物化而非作为解答而发生作用的——同时也具有流通的可能性，正如马克思建议的那样：当马克思在把矛盾和天体的椭圆运动相比较时，建议把矛盾看作货币的运动和流通，而不是看作货币的物化，“商品……创造这些矛盾能在其中运动的形式”（198 页）。但也许，甚至这也只是另一个对立：物化与易变性，如此等等。这样的同义的可能性和它们的变形不是没有尽头的。

但我们还需要更进一步，描述《资本论》中马克思辩证法的特征。我们必须再次强调，《资本论》不是辩证哲学，而是辩证理论（如果两个说法有区别的话），或许甚至是——借用科尔施的说法——辩证“具体化”。我这么说的意思是，诸如异化或甚至矛盾这样的被命名的哲学概念在这里没有公开扮演角色；这些词语即便出现过，频率也是不高的；这些概念对应的抽象化不是以哲学方式推演的，不是以它们自己的语言推演的。在那种意义上，只有黑格尔的哲学是辩证哲学，在他那里，所有这些都发生了；也许那真正是第一个，也是最后一个辩证哲学（黑格尔本人的追随者除外）。在马克思著作中，那些抽象化、那些概念都潜到地下了，它们仍是活跃的，仍然在塑造那些发展，并在那些发展中以某种方式现身，但它们不再以本来的名称出现。马克思的文本，用另一个时兴的词语说，或许可以看作一次内在辩证法的实践。

但除从哲学中退出之外（这成就了哲学，同时取消了哲学的 137
自主性），还有其他更难表达的东西发生了，这东西意味着“辩证法”不是那种意义上的哲学概念。为了让一个思想、一个句子或一个分析成为辩证的，我们就必须把它作为一个思想、一个句子或一个分析来思考，这是一个奇特的事实。在这个意义上，辩证法是一种对已经是第二等级的思维（哲学化、抽象化）的东西的自我意识：没有哪一种辩证法不会意识到我们正在实践辩证法；那种自发的、非自我意识的辩证思维是不存在的（即使它是向“分析马克思主义者”邀请我们去的地方的回归）。辩证思维永远不能像亚里士多德思维或康德思维那样成为常识思维（或意识形态）。然而，如果说我们一定把我们的思想理解为辩证法的实例，那就不对了：但这个错误的表述让我们走上正轨，因为只有面对某种普遍性或一般性，才可能有实例或特殊。但所有辩证思维都是独特的，辩证法不是那种可能有实例的普适性或普遍性。每一个辩证时刻都是独一无二、不可普遍化的，这就是为什么我们只能根据它的种种形态（对立面的统一、矛盾，等等）——而不是根据它的抽象概念——描述什么是辩证的。同时，如科尔施所理解的，这种具体性或独特性，这种不能抽象、不可普遍化、独一无二但又具体的思想于是可以用另一种方法来描绘，那就是历史方法。只有历史是以这种辩证的方式既独特又具有意义；资本主义不是一个概念，而是一个历史现象（具有结构和事件两副孪生面孔）；《资本论》自身是一个独特的历史事件，这构成了《资本论》的辩证法。

【注释】

[82] 主要人物是 G. A. 科恩（G. A. Cohen）、乔恩·埃尔斯特（Jon Elster）和约翰·罗默（John E. Roemer）；批评他们的马克思主义理论家很多，只需以迈克尔·莱波维兹《追随马克思》和丹尼尔·本赛德《我们时代的马克思》（Daniel Bensaid，*Marx for Our Times*，London：Verso，2002）为例看看就可以明白。从外部把这些作品"分析地"写成命题和论点，较之于把斯宾诺莎的伦理学写成公理，并不能证明更具非意识形态的客观性。例如，G. A. 科恩武断的《卡尔·马克思的历史理论》（*Karl Marx's Theory of History*，Princeton，1978）一书，到头来只是把《资本论》解读为对消费主义的抨击。其实，这个政治运动，如果辩证地而非"分析地"展开，就会比现在远为有力。

[83] *Capital*，Volume III，London：Penguin，1981，p. 956.

[84] 奇怪的是，这种对"方法论的个人主义"的强调似乎不关心存在，而对存在的关心，让萨特一生都试图调和马克思主义和现象学的关系（并赋予马克思主义如此多的新的生长点）。

[85] 卡尔·科尔施：《卡尔·马克思》（*Karl Marx*，New York：Russell and Russell，1963），第 2、3 章。

[86] 在这里，我们发现马克思自己对净化（或清除）技术问题中的矛盾的评论很有启发意义：

> 而这正是经济学辩护论的主要点！同机器的资本主义应用不可分离的矛盾和对抗是不存在的，因为这些矛盾和对抗不是从机器本身产生的，而是从机器的资本主义应用产生的！因为机器就其本身来说缩短劳动时间，而它的资本主义应用延长工作日；因为机器本身减轻劳动，而它的资本主义应用提高劳动强度；因为机器本身是人对自然力的胜利，而它的资本主义应用使人受自然力奴役；因为机器本身增加生产者的财富，而它的资本主义应用使生产者变成需要救济的贫民，如此等等，所以资产阶级经济学家就简单地宣称，对机器本身的考察确切地证明，所有这些显而易见的矛盾都不过是平凡现实的假象，而就这些矛盾

本身来说，因而从理论上来说，都是根本不存在的。(568～569 页)

[87] 请参阅拙著《辩证法的效价》，17～19 页。

[88] 参阅 G. W. F. 黑格尔：《逻辑学》(*Science of Logic*，London：Allen & Unwin，1969)，836 页。事实上，三段论套路发端于黑格尔对三段论逻辑的形而上学普遍化。

第七章　政治结论

139 也许细心的读者已经明白，我的结论是《资本论》（第一卷）没有政治结论。然而，我们讨论的是一部一个多世纪以来在全世界都被视为劳动阶级圣经的书，而书的作者又曾写过一本西方政治理论的基础和经典之作（《共产党宣言》），于是，我的结论就成了需要解释的悖论。

对这个悖论的解释要求我们首先厘清政治的含义。我认为，在着手之初，我们需要区分政治理论和纯粹的政治。后者蕴涵在宣扬政治行动主义、政治实践及其策略与手段的手册中，如马基雅维利、克劳塞维茨、索雷尔和列宁的著作体现出来的那种。政治理论则总是以这样或那样的方式体现为宪法理论；它总是必然以构建宪法为关注要点，其先行者或奠基人不可避免地要追溯到亚里士多德、波利比乌斯。他们的思想经由佛罗伦萨文艺复兴（又是马基雅维利！）传到18世纪的美国，在那里它的创造性得到了淋漓尽致的发挥。宪法总是一个反对革命的构建，其本质是阻止变革的，无论这变革来自右边（政变、“暴政”）还是左边（民众“暴乱”、革命）。它的基础是这样或那样的再现理论（请注意，如我在导言中对观念再现的解释，政治再现也同样总是不
140 可能的）。然而，即便在这里，理论和实践的某种区别也可以在自由的时刻，在废除法律的时刻，在“制宪权”（constituting power）和“宪赋权”（constituted power）之间的时刻得到辨认，对此奈格里已经有非常深刻的阐述。[89]

因此政治理论把制定宪法作为它的研究和创新的根本目标，

其中又有另一个更深的原因导致它在今天不再适宜。如同 C. B. 麦克弗森告诉我们的，在洛克的根本思想中，有一个致命的、让人警醒的时刻，让构想政治理论绝对不再可能，这个时刻就是货币的出现。[90]这个异物掺入形式上完全不能接纳它或不能阐述它的抽象化系统中，意味着政治理论——宪法理论——再也不能自主运作；这个时刻名为“私有制”——一个完全不服从宪法构建的现实。

然而，本书的读者会知道，仅仅有货币的概念，还不足以描述阻挡政治理论的这一根本障碍：因为这些宪法理论家的思想源头可追至亚里士多德，无论他们对问题的阐述和抽象处理多么笨拙，他们总是已经对富裕与贫穷有了一些认识。但是，所有伟大的政治和宪法理论家的思考环境都是前资本主义的或基本仍属于农业的，这个事实要求必须重新定义洛克的问题，必须把货币在他的思考视域内扮演的角色转换到其更复杂的形式即资本上来。随着资本的出现，宪法思想的许多传统范畴不再适用，其中包括市民和代表；而其中的民主概念——民主总是一个伪概念，在它绝大多数的历史存在中，怎么都是一个可鄙的词语——成为一个误导人的幻觉。国家不再是一个由其知识的、专门的学科进行理 141
论化的自主实体，而是被资本渗透了，以致任何自主的经济理论都再也不可能存在。这种共生现象在其他任何时候都不如在我们这个时代明显，眼下如腐败、派系这样的道德词汇（也是传统词汇）已经成了可笑的仿古器物。

然而，如果说自主的政治理论在资本主义中已经消失了，社会主义制度下的政治创新的历史当然也不短，无论斯大林著名的宪法是多么不可行。诚然，马克思主义关于国家和司法系统的理论主要在于批判资本主义在相关领域的理论和实践，而承认马克思主义内部缺乏政治理论和司法理论，大概就等于同意那些在赫鲁晓夫演讲之后，以及斯大林在“大清洗”与“古拉格”集中营中的罪行被曝光之后喧嚣尘上的反马克思主义指责。不过，我认为，马克思主义理论中政治维度的缺失——它的“经济学”（在非常宽泛、笼统的意义上使用这个词）和政治断然分离——是它巨大的原创力量之一。无论如何，第一卷都不会给那些在书中寻找更完美政治制度图景的人多少惊喜，更不用说在其中寻找相应的理论化印迹了。的确，这本书没有从经济角度勾勒出任何未来社会主义图景的哪怕大致的轮廓。

就技巧或策略意义上的政治而言，只有几处零散的、偶然的评论让我们感到安慰。当然，第一部分中有著名的对“自由生产者联合体”的乌托邦想象，但这更多地体现了马克思关于乌托邦在构建他的再现时的用途的想法，而非告诉我们有关任何可能鼓动具体行动的东西，而且很有意思的是，那语言仍然和无政府主义的语言没有区别。号召工人“联合起来”是当时早期发动工人的一般政治常识；采用《蓝皮书》和资产阶级工厂视察员的奇怪事例的目的仍需要估量（马克思本人暗示说，这些东西是土地所有者集团用来反对他们在议会中的工业资本家对手的）。关于《资本论》中的两个巨大的“高潮”，喜剧的那个——一般国家和
142 社会的解体——在骨子里明显是无政府主义的；而“剥削剥削者”是一个隐含的交错配列，它预言了革命性的突变，但并没有给我们讲述太多关于突变的方式和结果的内容。

至于《资本论》本身，我们必须说，它的存在是要再现一架特殊的机器，这机器的演进和故障、扩张和失灵、发展和崩溃是（辩证地）交织在一起的。这一独特的历史运动的秘密隐藏在著名的“利润率趋于下降”中。在今天，在全球化已经充分发展的时候，这也可以从世界市场和它因为必然的扩张（通过资本主义总是已经“解决”危机的方式）而遭遇的最终限制的角度来理

解。但这种阐述是以系统而不是以人类力量为框架的，因此它不是政治的（我们在人类行动意义上理解政治一词），并且更应被看作鼓励必然性幻觉，而非为行动计划增加活力。

的确，卡尔·科尔施很久以前就提出，马克思主义在效果上拥有两套基本语言，它们可以互相转化，互相替代，或互相翻译。这两套语言或编码是阶级斗争和资本积累（或价值规律）。

> 视历史过程为生产力发展的“客观”描述和视历史为阶级斗争的“主观”描述，是马克思思想的两个独立形式，两个是同样本源的，不是一个派生于另一个的关系……根据每个特定形势的条件，它们或者被单独运用，或者被同时运用……[91]

价值编码可以“转码”为阶级斗争编码，这一点在《资本论》中只能断断续续地看出来，例如在对商品的分析中，又如当马克思提醒工人他们已经自己锻造了“金锁链”，已经自己创造了资本、创造了所有资本积累的时候。“自由生产者”的乌托邦也暗示了“转码”的可能性。“自由生产者”的乌托邦的言下之
意是，新的不同的生产方式将是透明的，它不仅是优先权的集体 143
选择的结果，而且这些优先权可以随时接受集体审查，某个社会主义生产机器的运行情况对任何想要检查（批评）它的人都是开放的。

尽管如此，我们前面所说的关于这一政治的或者非政治的甚至反政治的结论的总体命题看上去还是匪夷所思，因为我们的讨论对象马克思不仅是一位思想家，还是一位政治天才。他像列宁一样，一直都“用政治的思维思考”，他总是对任何特定形势或时刻的政治可能性有一双敏锐的眼睛，这一点也和列宁一样。但

是，说他们都是政治天才，意思是说，两个人都是突出的、最典型意义上的机会主义者：两个人都遵从马基雅维利的训导和榜样，都能做出最惊人的颠倒和逆转，把对形势和历史时刻的具体分析的价值置于对任何既定原则的忠诚上。这意味着从他们的著作中，至少从马克思自己的著作中，衍生出了许多实践性政治议程。[92]正如众所周知的，马克思主义不是马克思的创造，而是在他去世后由恩格斯创造的；这个本希望成为一个理论、一次实践、一种哲学、一门政治学的体系，其本身又遭到了从第二国际一直到议会外的左派运动和今天各种各样的无政府主义等许多派别的篡改。因此，公允地说，我们应该把恩格斯的“马克思主义”理解为既是一种意识形态，又是一种“科学”（或更准确地说，一种 *Wissenschaft*①，甚至我想说是一个理论），而把其他各种各样的马克思主义看作需要与体现在《资本论》中的“科学”
144 分析明确区别开来的众多意识形态的和政治的实践。（但因为不是每个人都喜欢这种陈旧的语言——这种语言在“科学”隐义方面比在更广泛的作为“哲学实践”的意识形态的图景方面更让人不舒服——所以我有意省略了详细阐述，只留下区别本身。）

在这里，我的意图不是要打击《资本论》的政治读者的积极性，也不是要反对这样的政治实践。事实上，我是在预言我对《资本论》进行的解读可能产生至少两种实践政治结果，尽管结果总是不可预言的（甚至根据结果一词的定义就知道这一点）。

尽管如此，无论是谁，只要说到写作的政治效应，都还是在谈论修辞（或宣传），不管是与虚构的、文学的文本相关还是与科学的、非虚构的文本相关。所有文本都产生政治效应，关键在于，这些效应能否事先判断或预测，能否事先调整或关注。

---

① 德语，经过系统研究而获得并被表述为一般规律的知识系统。——译者注

科尔施的二元论对显性政治写作产生了一些有趣的影响，这些影响自身就是辩证的。首先，这种二元论暗示，政治写作可以将重点放在系统上，也可以放在主观力量上。换句话说，它可以构建一个系统图景，这图景如此宏大，以致涵盖一切，使被包容其间的个体几乎没有能力做任何事情；而在另一方面，它可以强调人类力量，在这种情况下，行动者和参与者看起来比即使最非人格的系统还要强大，可以用积极有效的方式战胜系统。

第一种政治写作必然以其形式本身描述受害者、受压迫者，为的是激起对受害者的同情和对系统本身的义愤。采用第二种政治写作方式是为了描述英雄主义，引起读者的敬佩之情，从而挑动读者，构成一种对行动的呼吁。这两种修辞和形式策略各自的弱点都很容易看出来。后者，即对人类力量的强调，可能导致危险的唯意志论，相关主体丧失了对系统的强大威力的体认，随时可能投身于注定失败的战斗，赶赴无可避免的牺牲。至于第一种策略（对体系压倒性的威力的强调）的结果，很明显，这是鼓吹 145
宿命论——如果不是鼓吹必然性幻觉的话，这种幻觉让人联想到第二国际曾认为资本主义即将崩溃——接下来是消极地嘲讽这个系统中的主体缺乏其他选择，无望，无能，对他们来说，任何行动都不可能实行，甚至不能想象。因为我们自己的现实主要就是这样的，所以对这种特殊反应有更深的感受。

科尔施的观点是，两套编码都是各自的历史时刻的折射。在1848年前后的革命年份里（《共产党宣言》），尔后在第二帝国衰落、巴黎公社到来的年份里，马克思自己的行动主义凸显出来。但是，宿命论，对经济系统及其不可替代的逻辑的强调，成为地理固定和停滞的暗号，当时政治已经濒临灭亡的边缘，剩下的只有分析似乎永恒不变的系统（尽管就资本的扩张、新的财富、新的建筑和城市、到处层出不穷的被称作进步的堕落而言，这个系统在表面上是变化的）；这些年份是马克思慢慢地构建他阐述资本的塞克洛普模型的时候。

今天我本人的感觉不大一样，这和我们关于资本主义系统的认识相一致。事实上，在某种意义上，两个视角都是正确的，全球化已经造成了这样一个局面：资本主义系统空前巨大，绝对超乎人类之上，任何可以想象的形式的个人抵抗都奈何不了它，与此同时，从西雅图[1]开始——不要忘了萨帕塔组织，更不用说各个地方似乎已经削弱了帝国军事力量的游击队叛乱——很多不曾预料的运动和脆弱似乎天天都在骚扰已经处于绝无仅有的金融危机阵痛之中的资本主义系统。换言之，我们完全不能说，我们处于一个资本主义体系非常稳定、任何主体力量和行动可能都不存在的历史时期。但这样的行动的多样性——地方的、区域的如萨帕塔组织，宗教的如各种伊斯兰教运动，无政府主义的如西雅图和其他地方的群众游行——在当下，社会主义国家的解体，各种
146 形式的旧党派系统似乎已经完全被证明是错误的因而不再存在，这种多样性说明了关于资本主义体系的观点的多样性，说明了关于资本主义到底是什么、应该采取何种抵抗形式的认识上的普遍混乱。的确，“抵抗”概念本身体现的是总体上的反应立场，这个立场缺乏任何积极的策略目标，更不用说在这些运动中得到普遍认可的目标。

正是在这种局面下，我提供的对《资本论》的解读大约是有用的，因为这个解读坚决主张《资本论》是一部一心想揭示资本主义系统性的著作，即是说，这个解读重申了对资本主义系统进行总体化分析的优势（这里使用的总体性和系统两个词可以互

① 西雅图，指 1999 年 11 月世界贸易组织贸易部长会议在美国西雅图召开期间爆发的大型反全球化抗议，示威者大多有无政府主义倾向。——译者注

换）。诚然，我们往往被极力鼓动从开放系统和封闭系统角度进行思考，接着必然将这些系统判断为好的系统或坏的系统。于是，资本主义是开放的，因而是一个好系统，一个好的市场的系统；共产主义是封闭的系统，这封闭产生了它的一切官僚化限制。马克思的分析的悖论的创新点——甚至可以说辩证的创新点——是，在《资本论》中，“系统”的特征在于它是对立面的统一，结果资本主义开放系统被证明是封闭的。换句话说，资本主义的开放性在于他的扩张运动（积累扩张、占有扩张、帝国主义扩张）。但这运动也是一个注定的毁灭，是一个必然事件：这个系统不能不延展；如果稳定下来，它就会停滞、消亡；它必须继续吸收所经过的路上的一切，把此前外在于它的一切变成内部事物。因此，通过一个已经辩证化了的交错配列，关于封闭系统的一切弊端都转移到了开放系统上，而这话反过来却不一定正确。因此，资本主义有时被称作一种邪恶的机器，一种永远运动的装置或非自然的奇迹，它的力量到头来是它身上最让人不能容忍的东西。

现在该评估这个构建的政治价值了。在我们这个时代，没有其他制度可供选择，甚至资本主义体系的批评家对它的危机和不公正的反应都仅仅是修改它，由此希望改良它。然而，说明资本主义是一个总体制度，是为了证明它不能被改良，为延长它的存 147
在时间而对它进行的修改，结果必然会强化它、扩大它。于是这个观点就成为对过去被称作社会民主主义的东西的驳斥。今天，社会民主主义比历史上任何时候都更明确地鼓吹改良资本主义的可能性，或者采用一种反证方式，对资本主义表示默认，认为不存在其他可能的制度，因而只能让资本主义的不正义、不平等逐步减少。

但《资本论》的力量和构架成就无疑说明，这种“不正义、不平等”与资本主义总体系统在结构上是一致的，并且永远不能被改良。在一个经济和政治合流的系统中，如政府调控这样的策略仅仅是语言构建和意识形态修辞。顾名思义，这些策略的功能和目的是为了帮助系统运行得更好。主张调控就是主张对经济体系进行更有效的控制，以预防、阻止其崩溃。如斯坦利·阿罗诺维茨很久以前就说过的，社会民主主义的使命在于——和各种小集团党派相反——保持资本主义整体利益的核心地位，维护其整体功能。

这就是把《资本论》解读为总体系统的好处之一。至于本书可能提供的另一个实践政治结论，那必须谈到全球化新局面，在这方面，《资本论》（第一卷）也有出人意料的话要说。

我已经勾勒出来的对《资本论》的解读的确是围绕马克思所说的“绝对的、一般的规律”——资本主义生产和失业相统一——组织起来的。资本主义在全球化新阶段的扩张大大强化了这个统一过程，让从这个角度解读出来的《资本论》的相关性既不可避免，又充满在以前的危机形势下看不到的新颖而独到的见解。我们已经习惯了繁荣与萧条的熟悉节奏，在这种反复出现的节奏中，系统总是以一种新的方式恢复过来，而且比以前更强
148 大、更超越预期地兴旺；但世界市场的到来（全球化无疑至少是即将到来的世界市场的预示）以及未发生新的世界大战——新的世界大战本来会破坏资本积累、工厂、货物储备，并让新的重建成为可能——这些东西，连同资本主义向金融系统的转变，意味着我们正处在一个和 1919 年或 1945 年所享有的很不一样的历史局面中：

> 我们可以首先回顾一下，上一个奇迹般的黄金时代（大约是 1950—1973 年）依靠的不仅有世界大战和政府消费的

> 巨大增长，而且有史无前例的从农村向城市的人口迁移。农村人口被证明是“现代性”追求中的有力武器，因为他们为工业化新浪潮提供了大量的便宜劳动。在 1950 年，德国劳动力有23%是在农村雇用的，这个数字在法国是 31%，在意大利是 44%，在日本是 49%。到 2000 年，所有这些国家的农业人口都低于 5%。在 19 世纪和 20 世纪初，当发生大量失业时，资本主义的处理方式是把城市的工人赶回到土地上，或者遣往殖民地。资本主义在消灭传统上居于核心位置的农业人口的同时，在殖民扩张上遭到了限制，于是它丧失了传统的自我恢复机制。[93]

这些历史提示解释了为什么今天的失业现象是一个和以往萧条中的失业现象不一样的、远为不祥的系统危机症状，也说明了马克思关于“资本主义后备军”的理论中的结构性失业——这一曾经的资本主义系统次要特征——如何在任何当代解读中移到了对该系统的分析的最显著位置。

失业救治政策已经常常被看作以呼吁“完全就业”为基础的整个政治设计在意识形态上的体现；尽管我认为这个口号在当下历史时期对我们可能是个鼓舞人的好东西——尤其是因为它在资 149
本主义系统中不可能实现，因而被用来戏剧化资本主义结构的一切非功能性因素——但我相信，在坚持失业在《资本论》中的基本结构性核心地位的时候，没有必要求助于这个政治的、意识形态的策略。马克思在书中没有呼吁我们用完全就业的政策救治这个可怕的状况，相反，他论述了失业在结构上是和构成资本主义本质特征的积累和扩张运动密不可分的。

但我认为，失业在我们对《资本论》的解读中的核心地位，在另一种意义上具有政治意义和历史相关性，这个意义和眼下的全球化有关。这说明，世界各地那些庞大的人口，那些可以说是“被遗弃在历史之外”，已经被有意排除在第一世界资本主义的现代化设计之外，被作为无望的、无可救药的病人的人，所谓“失败国家”（一个新的为谋取私利而杜撰的伪概念）的公民，生态灾难的受害人，在据称为古老的、原始的“种族仇恨”中以过时的方式幸存下来的人，人为的或自然的饥荒的受害者——所有这些最好被限制在各种各样的收容所中、由各种非政府组织或其他国际慈善机构照管的人——我们的解读表明，这些人无疑是新的全球的、历史的苦难的化身，从失业范畴的角度思考他们，他们会显得很不一样。

另一个对立开始活动在对马克思范畴的运用中——可以说是与我们归为科尔施的创造的那个对立即宿命论和唯意志论的对立相并列且协同运作的另一个对立轴——这个对立同样充满争议，同样非常重要，阿尔都塞将其诊断为统治范畴和剥削范畴之间的
150 张力。[94]和科尔施的对立的二元编码不一样，这两个范畴——它们也清晰地发送自己的编码，同样的内容可以无差别地、交替地翻译成这些编码——在马克思自己的系统中的分量是不均衡的。在这里我遵循阿尔都塞的观点。他将生产方式的结构理解为基本上是通过“生产关系”组织起来的，或换句话说，通过剥削的结构建立起来的。因此，统治不仅是这个结构“次要”的结果，而且是其再生产的方式，而非生产的方式。

持相反观点的不是这种马克思主义的某个变体，而是马克思主义的亲表兄弟，无政府主义；双方都是“圣书的子民”，都承认《资本论》是他们的基本文献。但无政府主义将主要重点放在统治上，即是说，放在统治权力的类别和形式上（而不是放在我们可以简称为经济学的东西上），而每个人都明白权力这一多面孔的词语的诱惑力，在政界和理论界都是如此。我相信，马克思

主义立场会将这种强调看作在本质上是道德的或伦理的，会立即导致反抗和抵制行动，而非导致生产方式的转变。而对统治的强调得到了各种权力意识形态蕴涵的积极计划的强化，这些意识形态可能通过自由或更具政治性的民主概念，总之是通过非议会的激进方式或直接的方式交替表达出来。但如同我这里提出的政治学和经济学的断然分离所暗示的，对剥削的强调的结果是社会主义计划，而对统治的强调的结果是民主计划，后者是一种很容易而且经常被资本主义国家拉拢的计划和语言。

这里不宜对此做进一步阐述，我只重申一下《辩证法的效价》的结尾提出的那个思想实验[95]，即，从剥削角度——而非从统治角度——重新思考所有那些被忽略的世界人口，在理论和实践上都可能产生有益的变化。因为这一点大约是不可否认的：几乎所有对这些人口的处境的描述——这些描述坚信他们的处境是 151
可怕的，我们当然欢迎这个立场——最终往往由于这些概念的力量，滑向对统治的阐述（尤其是因为我们不习惯把失业看作一个剥削范畴），即便开始分析的是经济并假定帝国主义（而非其他什么）是造成大量失业的原因，也是如此。“帝国主义”事实上是一个有用的展现经济范畴可能非常轻松地转变为权利概念或统治概念的概念空间（很明显，“剥削”一词本身对这样的滑动也不怎么具有免疫力）。

正因为如此，对全球化进行的马克思式的分析——本书描述的《资本论》的思路赋予我们的分析方法——可以令人满意地重新编码当前这些多种多样的境况：贫困和被迫的闲散，众多人口无助地沦为军阀侵犯和慈善救助的对象，赤裸的生活，那纯粹生物的、没有活动、没有生产的赤裸生活，所有可以解释这样的存在的时间性的形而上学意义上的赤裸生活。我以为，根据全球性失业——而不是根据这样或那样的悲悯情怀——思考所有这些现象，就是建立一种新型的全球层次的转换政治学所要完成的任务。

【注释】

[89] Antonio Negri, "Constituent Republic," in Hardt and Virno, *Radical Thought in Italy* (Minneapolis: University of Minnesota Press, 1996).

[90] C. B. MacPherson, *The Political Theory of Possessive Individualism*, Oxford: Oxford University Press, 1962, pp. 233—236.

[91] Karl Korsch, *Karl Marx*, op. cit., pp. 228—229.

[92] 斯坦利·穆尔（Stanley Moore）的旧作《马克思的三个策略》（*Three Tactics in Marx*, 1963）是一本含义丰富的书，不仅暗示了马克思自己在这方面的灵活性，而且暗示了各种政治视角——在他的书中，指的是社会民主主义、共产主义和毛泽东思想——都可以分别从马克思复杂而博学的著作中获取资源。但穆尔把马克思一生丰富的政治著作和评论都考虑进去了；我们在这里则只考虑《资本论》（第一卷）（及其准备性著作）。

[93] Aaron Benanav, "Misery and Debt: On the Logic and History of Surplus Populations and Surplus Capital," *Endnotes* 2, p. 21. 贝南纳富在他的论文中重点讨论失业，我的这本解读《资本论》的小书就是受了他的启发。

[94] 这个观点在阿尔都塞《论再生产》（*Sur la reproduction*, Paris: PUF, 1995）中有很充分的说明。《论再生产》是一个此前一直没有翻译出版过的专题讨论会手稿。在我看来，这个手稿最充分、最令人满意地体现了阿尔都塞的观点和他一生的工作。

[95] 参阅拙著《辩证法的效价》，565～582 页。

索 引[①]

"absolute general law" 绝对的、一般的规律 70，71，127，129，130，147
参阅 accumulation 积累；immiseration 贫困化；unemployment 失业
accumulation，capitalist 积累，资本主义 35，57，65，67，68，71，87，100，130，131，134，148，149
参阅"absolute general law" 绝对的、一般的规律；primitive accumulation 原始积累
activity（*Täigkeit*） 活动 93，108
Adorno，Theodor 西奥多·阿多诺 22，28，130
aesthetics 美学 20，22，28，82，96
Agamben，Giorgio 吉奥乔·阿甘本 125
alienation 异化 2，39，42，49，131，注 33
in 1844 manuscripts 在 1844 年手稿中 1，11，80
Althusser's critique 阿尔都塞的批判 11
Lukács on 卢卡奇论 27－28
philosophical concept of 哲学概念 136
religious 宗教的 68
separation and 分离与 110，130－131
technological 技术的 103
of the worker 工人的 63
参阅 Hegel，externalization 黑格尔，外化
allegorical 寓言的 64，68，113
allegory 寓言 40－41，55

① 页码为原书页码，即本书边码。——译者注

Althusser，Louis 路易・阿尔都塞 2，3，11—12，13，74，94，95，129，149 —150

on domination vs. exploitation 论统治和剥削 149

Lenin and Philosophy 《列宁和哲学》 注 11

Lire le capital 《读〈资本论〉》 注 67

Sur la reproduction 《论再生产》 注 94

Althusserian 阿尔都塞的 40，62，95，130

anagnorisis 发现 32

参阅 recognition 辨认

anarchism 无政府主义 23，129，141，143，150

Anderson，Perry，*Lineages of the Absolutist State* 佩里・安德森，《绝对主义国家的系谱》 注 14

appearance 表现 form of (*Erscheinungsform*) 的形式 26—27，56

Aristotle 亚里士多德 139，140

Aristotelian logic 亚里士多德逻辑 128，129，137

Aronowitz，Stanley 斯坦利・阿罗诺维茨 147

How Class Works 《阶级的运作方式》 注 7

Arrighi，Giovanni 乔万尼・阿里吉 66

The Long Twentieth Century 《漫长的二十世纪》 注 23，注 38

Athens 雅典 88

Attali，Jacques 雅克・阿塔利 61

Karl Marx，ou l'esprit du monde 《卡尔・马克思，或全球化思维》 注 8

auslöschen (“to extinguish”) 消失 59，93，94，96，97—98，101，102，107

Balibar，Etienne 巴里巴尔 84 *Lire le capital* 《读〈资本论〉》 注 54

Baltrusaitis，Jurgis 尤吉斯・巴尔特鲁萨蒂斯 注 24

“base and superstructure” “经济基础与上层建筑” 4，39，129，135

参阅 Marxism 马克思主义

Benanav，Aaron 阿龙・贝南纳富 148 注 93

Blanché, Robert, *Axiomatics* 罗伯特·布兰奇,《公理论》 注 45
Bloch, Ernst 欧内斯特·布洛赫 注 68
Bloch, Marc 马克·布洛赫 32—33
Bourdieu, Pierre 皮埃尔·布迪厄 注 60
bourgeois economics 资产阶级经济学 66, 67
  参阅 classical economics 古典经济学
bourgeoisie 资产阶级 27, 67
Brasilia 巴西利亚 124
Brechtian cowardice 布莱希特式懦弱 32
Brenner debates 布伦纳争论 85—86
Breton, André 安德烈·布勒东 注 26
Brewer, Anthony, *Marxist Theories of Imperialism* 安东尼·布鲁厄,《马克思主义的帝国主义理论》 注 64
Bukharin, Nikolai, *ABC of Communism* 尼古拉·布哈林,《共产主义ABC》 注 1

capital 资本 40, 46, 49, 50, 62, 65, 71, 82, 94, 105, 112, 131
  "absolute general law" of 绝对的、一般的规律 128
  accumulation 积累 35, 42, 44, 63, 87, 100, 142, 148
  constant and variable 不可变和可变 51, 57, 99
  constitutional thought and 宪法思想和 140—141
  concentration and centralization of 的积聚和集中 66, 68, 88
  Cyclopean model of 塞克洛普模型 145
  distinct from money 不同于货币 42, 47—48, 78
  expansion 扩张 41, 48, 145
  finance 金融 4, 21—22, 45, 66
  space and 空间和 109—126
  time and 时间和 93—108
  totality of 总体性 128

as vampire 作为吸血鬼 59，123
capitalism 资本主义（多处，不一一列举）
Chandighar 昌迪加尔 124
chiasmus 交错配列 23，142，146
China 中国 80
circulation 流通 12，17，18，36，43，46，48—49，57，94，105，134，136
in *Capital* Vol. II 在《资本论》（第二卷）中 61，107，108
class struggle 阶级斗争 43，58，113，142，注35
classical economics 古典经济学 67—68，87
参阅 bourgeois economics 资产阶级经济学
Clastres，Pierre，*La Société contre l'état*，皮埃尔·克拉斯特，《抵制国家的社会》注60
Clausewitz 克劳塞维茨 139
collectivity 集体性 16，23，53—54，55，103
参阅 cooperation 协作
Colon，Eglantine 埃格朗蒂纳·科隆 注75
colonization 殖民 88
参阅 imperialism 帝国主义；primitive accumulation 原始积累
commodity fetishism 商品拜物教 27，29，44
commodity form 商品形式 13，26，44，注16
consumption 消费 8，18，19，27，41，44，59，98，106，134
of the capitalist 资本主义的 64，106
of labor power 劳动力的 48，59，116
as production 作为生产 98
contradiction 矛盾 131，132
参阅 principles of non-contradiction 非矛盾原则
"cooperation" 协作 53，84，113
参阅 collectivity 集体性；production，collective 生产，集体的
credit 信用 45，66

cybernetics 控制论 56

Darstellung 表现 3，5，24，107
参阅 representation 再现
Darwin，Charles 查尔斯·达尔文 38，86，注 53
Debord，Guy 居依·德波 28
deconstruction 解构 135
Deleuze，Gilles 吉尔·德勒兹 5，24—25，62，65，130
L'Anti-oedipe（with Felix Guattari） 《反俄狄浦斯》（与费里克斯·迦塔里合著） 注 45
Difference and Repetition 《差异与重复》 65
dialectic 辩证，辩证法 5，6，14，17，18，19，34，35，39，43，49，56，70，109，114，127—137，142
of accumulation 积累的 62
chiasmus as 交错配列作为 146
immanence 内在 136
language of 的语言 12
Marxian critique of 马克思式的批判 12，128
of prosperity and misery 繁荣和贫困的 58，125
Sartre's 萨特的 102
theory vs. philosophy 理论对哲学 136
tripartite formula 三段论套路 135
参阅 Dualisms 二元论
Dickens，Charles 查尔斯·狄更斯 113
Dickensian 狄更斯的 70，117
Dienst，Richard，*Still Life in Real Time* 理查德·迪恩斯特，《真正时间中的静止生活》 注 71
division of labor 劳动分工 53—54，83—85，103，118—119
Smithian 斯密的 103

参阅 Taylorization　泰勒化
Dobb and Sweezy　道布和斯威齐　85
参阅 Brenner debates　布伦纳争论
Donne，John　约翰·多恩　注 43
Douglas，C. H. （Major）　C. H. 道格拉斯少校，注 39
dualisms　二元论　44，135
“unity of opposites”　对立面的统一　47—72
参阅 dialectic　辩证，辩证法；identity and difference　同一与差异；One and the Many　一与多；quality and quantity　性质与数量；structuralism　结构主义
Dufferin，Lord　达弗林侯爵　72
Dussel，Enrique　恩里克·杜赛尔　注 57

earth　土地　64，111
ecology　生态学　63—64，123
参阅 Foster　福斯特
education　教育　117—120，122
参阅 labor，child　劳动，儿童
Engels，Friedrich　弗里德里希·恩格斯　135，143，注 2，注 55
The Communist Manifesto　《共产党宣言》　42，56，60，77，117，132，139，145
The German Ideology　《德意志意识形态》　64
on credit　论信用　45，66
The Origins of the Family，Private Property and the State　《家庭、私有制和国家的起源》　注 14
English peasants　英国农民
expropriation of　对（英国农民）的剥削　75
equilibrium theory　均衡理论　22
exchange value　交换价值　26，33，50

use value and 使用价值与 8，19，21，25，30，35，37，41，47，50，60，94，111，133

expropriation 剥削 38，75，79，82，85，86，142

falling rate of profit 利润率趋于下降

参阅 profit 利润

Fidelio 《费黛里奥》 38

figuration 比喻 5，21，22，27，29，33，35，38，39，57，59，68，81，96，128，134，135

参阅 representation 再现；*Träger* 载体

finance capital 金融资本 4，21—22，45，66

Fordism 福特主义 108

Foster，John Bellamy 约翰·贝拉米·福斯特 63—64，注 78

Marx's Ecology 《马克思的生态学》 64

Foucault，Michel 米歇尔·福柯 5，注 81

Fourier，Charles 夏尔·傅立叶 95，117，118

Freud，Sigmund 西格蒙德·弗洛伊德 9，128

group identification 群体认同 37

The Interpretation of Dreams 《梦的解释》 注 6

full employment 完全就业 149

gentrification 中产阶级化 110

George，Henry 亨利·乔治 注 39

globalization 全球化 71，107，125，142，145，147，148，149，151

参阅 world market 世界市场

Godelier，Maurice，*Sur le mode de production asiatique* 莫里斯·古德利尔，《论亚细亚生产方式》 注 14

Goethe 歌德 108

Goux，Jean-Joseph 让-约瑟夫·戈克斯 36

Economie et Symbolique,《经济与符号》 注 31
Gramsci, Antonio 安东尼奥·葛兰西 43, 118, 注 1, 注 16, 注 22
ground rent 地租 2, 72, 110, 注 56
Guattari, Felix, *L'Anti-oedipe* 费里克斯·迦塔里,《反俄狄浦斯》 注 45
guilds 行会 83—84

Haiti 海地 60
handicraft 手工艺 42, 82, 83, 105, 113
Harvey, David 大卫·哈维 111
The Limits to Capital 《资本的局限》 注 56, 注 72
Haussman, Georges-Eugène 乔治-尤金·奥斯曼 102
Hegel, G. W. F G. W. F. 黑格尔 11, 12, 17—18, 20, 23—24, 26, 29, 30, 33, 35, 38, 44, 49, 55, 77, 86, 128, 130, 131, 135, 136, 注 49, 注 53
activity (*Tätigkeit*) 活动 93, 108
Encyclopedia Logic 《逻辑全书》 20, 35
equation 对等 32, 33
"essence and appearance" "本质与现象" 128
externalization (*Entäusserung*) 外化 30, 63, 81, 105, 134
"form of appearance" (*Erscheinungsform*) "外在形态" 26—27
historicism 历史主义 95
idealism of 唯心主义 20, 129, 130
"inverted world" "颠倒世界" 68—69
Marx's critique of 马克思对(黑格尔)的批判 82
monarchy 君主权力 37
Phenomenology of Spirit 《精神现象学》 注 50
struggle for recognition 争取认同的斗争 31—33
unrest (*Unruhe*) 运动 96
Hegelianism 黑格尔主义 11

Marx's alleged 马克思的所谓（黑格尔主义） 55，81
tripartite formula 三段论套路 135
Heidegger，Martin 马丁·海德格尔 29，87
anti-modernism of 反现代主义 103
Bremen lectures 不来梅演讲 注 71
Holzwege 《林中路》 注 5
on representation 论再现 5
Sein und Zeit 《存在与时间》 97
theory of technology 关于技术的理论 102—103
historiography 历史书写 73
history 历史 6，8，9，17，30，49，51，53，55，64，68，73—92，95，105，111，133，137
end of 终结 105
and Darwin 与达尔文 38，注 53
periodization 分期 56，73，76，95，101，103
and representation 与再现 5
Holston，James，*The Modernist City* 詹姆斯·霍尔斯顿，《现代城市》注 80
Holy Alliance，the 神圣同盟 38
human age，the 人的年龄 62
hunger 饥饿 125—126
Hyman，Stanley Edgar，*The Tangled Bank* 斯坦利·埃德加·海曼，《草木丛生的堤岸》 注 4

identity and difference 同一与差异 9，18，133
参阅 dualisms 二元论
ideology 意识形态 5，16，17，40，48，100，108，137，144，注 35
of activity 活动的 91
of civil rights 民权的 33

of the market 市场的 17

"Marxism" as "马克思主义"作为 143

productivist 生产主义的 93

profit motive as 利润动机作为 130

immiseration 贫困化 58，71，77，89

参阅"absolute general law" "绝对的、一般的规律"；pauperism 贫困状态；unemployment 失业

imperialism 帝国主义 1，66，88，134，146，151

参阅 colonization 殖民；primitive accumulation 原始积累

information technology 信息技术 56

Irish potato famine 爱尔兰土豆饥荒 72

Italy 意大利 88

Jameson，Fredric，*The Cultural Turn* 弗雷德里克·詹姆逊，《文化转向》注 38

The Hegel Variations 《黑格尔的变奏》 注 20，注 21，注 28，注 50

Ideologies of Theory 《理论的意识形态》 注 27

Valences of the Dialectic 《辩证法的效价》 150，注 18，注 72，注 76

Jesus 耶稣 38

Kant 康德 26，74，137

Kantian ethical judgments 康德的伦理判断 70

Kantorowicz，Ernst 欧内斯特·康托罗维奇 36—37

Keynesian remedies 凯恩斯解决方案 129

Korsch，Karl 卡尔·科尔施 11，129，137，142，145

fatalism and voluntarism 宿命论和唯意志论 144，149

Karl Marx 《卡尔·马克思》 注 85

method of "specification" "具体化"方法 128—129，136

Three Essays on Marxism 《马克思主义论文三篇》 注 11

Krader, Lawrence, *Ethnological Notebooks of Karl Marx* 劳伦斯·克拉德,《马克思古代社会史笔记》 注 14

labor 劳动 20, 25, 42, 50, 51—52, 56—60, 65, 70, 78, 80—81, 84—85, 94, 98, 101, 104, 112, 113, 117, 125, 133

child 儿童 117, 119—122 (参阅 education 教育)

dead 死 8, 102

living 活 50, 57, 59, 103

of the negative 否定物的 96, 131

organizing 发动 141

power 权力 18, 28, 48, 49, 52—53, 57—59, 63, 77, 97, 99, 101

"productive" 生产的 61

reserve army of 后备军 62

skilled 熟练的 113

theory of value 价值理论 12, 50, 127

unrest 不满 58

unskilled 不熟练的 25, 83, 113

wage 工资 9, 28, 49, 56, 67, 86, 106, 118, 122, 123, 注 16

参阅 division of labor 劳动分工; machinery 机器; technology 技术

Lacan, Jacques 雅克·拉康 注 24

Lampert, Jay, *Deleuze and Guattari's Theory of History* 杰伊·朗贝特,《德勒兹和迦塔里的历史理论》 注 72

Lautréamont 洛特雷阿蒙 注 26

Lebowitz, Michael 迈克尔·莱波维兹 107

Following Marx 《追随马克思》 注 2, 注 49, 注 73, 注 74, 注 82

Lefebvre, Henri 亨利·勒菲弗尔 55, 111

Lenin 列宁, 118, 139, 143, 注 25

Lévi-Strauss, Claude 克劳德·列维-斯特劳斯 106

liberation 解放 91

Luddites 卢德派 60，110

Lukacher，Ned，*Time-Fetishes* 尼德·卢卡切，《时间物神》 注 72

Lukács，Georg 格奥尔格·卢卡奇；27—28，注 22

History and Class Consciousness 《历史与阶级意识》 27

Probleme der Aesthetik 《美学问题》 注 20

Luxemburg，Rosa 罗莎·卢森堡 79—80

The Accumulation of Capital 《资本积累》 注 57

Machiavelli 马基雅维利 139，143

machinery 机器 38，55—58，60，65，69，83—84，101—102，103，109，110，114，注 86

参阅 technology 技术

MacPherson，C. B. *The Political Theory of Possessive Individualism* C. B. 麦克弗森，《占有性个人主义的政治理论》 140

Magun，Artemy 阿特迈·梅根 注 72

Mandel，Ernest 欧内斯特·曼德尔 9，注 2

Mandevillian 曼德维尔的 64

manufacture 工场手工业 54，76，83—84，103，112

Marcuse，Herbert 赫伯特·马尔库塞 6—7，20

Eros and Civilization 《爱欲与文明》 注 20

Marx，Karl (works by) 卡尔·马克思 （其著作）

1844 manuscripts 1844 年手稿 1，11，39，80，109

Capital Vol. I 《资本论》（第一卷）（多处，不一一列举）

Capital Vol. II 《资本论》（第二卷） 63，107，108

Capital Vol. III 《资本论》（第三卷） 60，61，66，107，注 83

Capital Vol. IV 《资本论》（第四卷） 61

The Communist Manifesto 《共产党宣言》 42，56，60，77，117，132，139，145

The German Ideology 《德意志意识形态》 64

Grundrisse 《大纲》 1，2，15，20，44，67，77，89，95，102—103，114，注 59

The Poverty of Philosophy 《哲学的贫困》 55—56，58，注 26

Towards a Critique of Political Economy 《政治经济学批判》 12，13，24，26，30，37，39，40，41，42，45

Marxism，analytical 分析马克思主义 128

creation of Engels 恩格斯的创造 143

critique of epistemology 认识论批判 5

as ideology 作为意识形态 143

as science 作为科学 143

Utopian strain 乌托邦色彩 20

mathematics 数学 21，51

mediation 中介 8，13，136

Merleau-Ponty，Maurice，*Phénoménologie de la perception* 莫里斯·梅洛-庞蒂，《知觉现象学》 注 69

Mill，John Stuart 约翰·斯图亚特·穆勒 105

modernity 现代性 5，90，103，131

capitalism and 资本主义和 5，52

theories of 理论 105

money 货币 8，13，16，29，32，34—35，45—47，48，50，63，78，91，94，136，140

distinct from capital 区别于资本 42，47—48，78

monopoly 垄断 66，88，89

Moore，Stanley，*Three Tactics in Marx* 斯坦利·穆尔，《马克思的三个策略》 注 92

More，Thomas 托马斯·莫尔 8，46；

Utopia 《乌托邦》 8，注 39

Morris，William 威廉·莫里斯 20

Napoleon III 拿破仑三世 54
narrative 叙事 3，4，5，73，77
historical 历史的 74，82
nature 本质 28，35，56，60，61，69，110
human 人类 17，53，86，90
Negri，Antonio 安东尼奥·奈格里 140 *Marx Beyond Marx* 《超越马克思的马克思》 注 1

One and the Many 一与多 5，34—35，39
参阅 dualisms 二元论
ontology 本体论 65
Ovid 奥维德 78
Owen，Robert 罗伯特·欧文 117—118，注 25

pauperism 贫困状态 71，72，88
参阅 immiseration 贫困化；unemployment 失业
phenomenology 现象学
of Heidegger 海德格尔的 103
of labor 劳动的 25
of lived experience 生活经验的 19，95
principle of failure 失败的原则 97，113
Sartre 萨特 注 84
social 社会 27
Pietz，William 威廉·彼茨 注 32
political economy 政治经济 11－12，17，24，27，33，81，122－123，注 35
political theory 政治理论 4—5，37，139—141
Polybius 波利比乌斯 139
post-decolonization scholarship 后一去殖民化研究 79

pre-capitalist societies 前资本主义社会 16—17，44，86

pre-history 前历史

the end of 的终结 89

primitive accumulation 原始积累 14，73，79，80，82，88

principle of non-contradiction 非矛盾原则 128

参阅 Aristotelian logic 亚里士多德逻辑

property 财产 42，85，104，注 16

private 私有的 79，85，89，140

production 生产 8，14，15，16，25，26，34，42，44，52—57，62—63，65，67，74，75，76，78，80，82—84，86，89，94—97，99，101，102，105—110，114—115，117，119，123，133，134，143，147，150

"Asiatic mode" 亚细亚生产方式 15—16

collective 集体的 45，77，87

参阅 collectivity 集体性；cooperation 协作

and consumption 与消费 8，18，98

pre-capitalist 前资本主义的 8，86

pre-industrial 前工业的 105

vs. "productivism" 对"生产主义" 93，108

surplus 剩余 100

profit 利润 23，47，48，50，110，134

falling rate of 趋于下降 2，60，66，89，127，142

motive 驱动 9，130

proletariat 无产阶级 64，71，114

Proudhon，Pierre-Joseph 皮埃尔-约瑟夫·蒲鲁东 31，46，53—54，56

quality and quantity 性质与数量 19，20，44，47，60，133

参阅 dualisms 二元论

Quesnay，Abbé 亚贝·魁奈 52

radical geography 激进地理学 111
raw materials 原材料 50，59，97，99，101
recognition 认同 31—33，36—37
reification 物化 5，7，8，25，26，27—29，30，34，43，44，45，60，84，96，135—136
 参阅 aesthetics 美学；Hegel，externalization 黑格尔，外化
religion 宗教 16，17，27，38—39，65
 Enlightenment critique 启蒙运动批判 38
repetition 重复 62，105—106
representation 再现 4，5，6，9，40，60，76，82，127，139，141，142
 参阅 *Darstellung* 表现；figuration 比喻；*Träger*，载体
"reserve army" "后备军" 62，70—71，130，148
 参阅 "absolute general law" "绝对的、一般的规律"；unemployment 失业
Reverdy，Pierre 皮埃尔·勒韦迪 24
Ricardo，David 大卫·李嘉图 48
Rosdolsky，Roman，*The Making of Marx's 'Capital'* 罗曼·罗斯多尔斯基，《马克思〈资本论〉创作研究》 注 2
Ruskin，John 约翰·罗斯金 20

Sáo Paulo 圣保罗 124
Sartre，Jean-Paul 让-保罗·萨特 43，102，注 69
 counterfinality 反终极性 54，102
 Critique of Dialectical Reason 《辩证理性批判》 102，注 30
 Marxism and phenomenology 马克思主义与现象学 注 84
 practico-inert 实践惰性 30
 Search for a Method 《寻找方法》 注 22，注 41
Schopenhauer，Arthur 亚瑟·叔本华 26
science（*Wissenschaft*） 科学 3，27，64，98，128，143，144，注 47
Second International 第二国际 70，143，145

"Senior's last hour"　"西尼耳的最后一小时"　58，100—101
separation　分离　16，81，83，109，135
　and expansion　分离与扩张　110—111，135
　figure of　比喻　81，82，109
　of town and country　城市与乡村的　110
Sicily　西西里　88
Silva，Ludovico，*El Estilo de Marx*　卢多维克·席尔瓦，《马克思著作的形式》　注 4
Sismondi，Simonde de　西蒙·德·西斯蒙第　106
slavery　奴隶制　90—91，123—124
sleep　睡眠　116
Smith，Adam　亚当·斯密　83—84
　division of labor　劳动分工　103，113
　neo-Smithians　新斯密主义者　53—54
social democracy　社会民主主义　119，147，注 92
social-democratic reform　社会民主主义改良　130
socialism　社会主义　14，66，77，89—90，104，141，注 54
Sorel，Georges　乔治·索雷尔　139
spatiality　空间性　109—126
species-being　类存在　42，109
Spinoza，Baruch　巴鲁赫·斯宾诺莎　5，7，48，82，注 82
Spivak，Gayatri　佳亚特里·斯皮瓦克　5
Stakhanovism　斯达汉诺夫主义　108
Stalin　斯大林　118，135，141
Stalinism　斯大林主义　129
strike　罢工　58
structuralism　结构主义　7，18，133，134
subsumption　包含　7，25，61，71
surplus value　剩余价值　51—52，60—61，63，80，99，100—101，112，

131，133

absolute vs. relative 绝对和相对 55，101

surrealism 超现实主义 24—25

参阅 Breton 布勒东；Lautréamont 洛特雷阿蒙；Reverdy 勒韦迪

system 系统

参阅 totality 总体性

Taiping，the 太平天国 39

Taylorization 泰勒化 110—111

technological determinism 技术决定论 8，55

technology 技术 7，8，55，56，60，76，103，131，注 86

temporality 时间性 7，22，23，25，49，51，57，58，59，62，65，74，93—108，109

参阅 *auslöschen* 消失

Terray，Emmanuel，*Marxism and "Primitive" Societies* 伊曼纽尔·特雷，《马克思主义与"原始"社会》 注 15

Thatcher，Margaret 玛格丽特·撒切尔 105

theology 神学 5

Third World 第三世界

expropriation of 对（第三世界）的剥削 79—80

Tombazos，Stavros，*Les Catégories du temps dans le Capital* 斯塔维洛斯·托姆巴佐斯，《〈资本论〉中的时间范畴》 注 72

totality 总体性 3—7，27，35，106，128，131，134，146

参阅 Lukács 卢卡奇

trade unionism 工联主义 51

Träger（"bearers"） 载体（"承担者"） 30，31，40，64，68，78，113

"transitions，problem of" "过渡，问题" 75—76，80，82，84—86，95

Trevelyan，Sir Charles 查尔斯·特里维廉爵士 注 51

unemployment 失业 2—3，9，88，125，130，147—151

参阅“absolute general law” “绝对的、一般的规律”；immiseration 贫困化；“reserve army”“后备军”

universal equivalent 一般等价物 34

use value 使用价值 44，48，74，94

exchange value and 交换价值和 8，19，21，25，30，35，37，41，47，50，60，94，111，133

Utopian 乌托邦的 20，46，89，117，118，119，132，135，141，142—143，注 25

参阅 More，Thomas 托马斯·莫尔

Valéry，Paul 保尔·瓦雷里 60

Vico，Giambattista 詹巴蒂斯塔·维科 30，65

Virno，Paolo 保罗·维尔诺 20

A Grammar of Multitude 《大众的语法》 注 20

voluntarism 唯意志论，144

fatalism and 宿命论与 87，149

参阅 Korsch 科尔施

wages 工资 49，52，58，61，63，69，91，98，106，131

work week 工作周 63

Wagner，*Rheingold* 瓦格纳，《莱茵黄金》 13

Weber，Max 马克斯·韦伯 28

Weberian 韦伯的 37，64

White，Hayden 海登·怀特 77

Metahistory 《元历史》 注 4

Whitmanesque 惠特曼的 24，112

Wittgenstein 维特根斯坦 3

Wolff，Robert Paul，*Moneybags Must Be So Lucky* 罗伯特·保罗·沃尔

夫，　《富人必须如此幸运——论〈资本论〉的文学结构》　注 4
working day　工作日　14，51，55，58，100—101，111，113—115，119—120，122—123
参阅 machinery　机器；"Senior's last hour"　"西尼耳的最后一小时"
world city　世界城市　125
world market　世界市场　66—67，89，110，142，147—148，注 16
参阅 globalization　全球化

Yeats，William Butler　威廉·巴特勒·叶芝　87

Zapatistas　萨帕塔组织　145
Zasulich，Vera　维拉·查苏利奇　注 66
zombies　丧尸　60

附录

历史的效价

俞嘉　译

本部分选自 Fredric Jameson，*Valences of the Dialectic*（London：Verso，2009），pp. 475—612。

第一部分　让时间显现

历史就是时间。

——米什莱

1. 时间性与比喻

“在某种意义上，谈论时间总是太迟了。”[1]德里达在一次反 475
对存在主义之真实性范畴的论战中说的这句话振聋发聩，自 1920 年代以来，真实性范畴似乎是要提供几种新的伦理与阐释学解决办法，而对它的驳斥是法国后萨特哲学的关键一步（也是联邦德国法兰克福学派批判海德格尔的基石）。事实上，在两种存在主义当中，伦理都十分迅速地给政治让开了道路：在萨特那里，真实性是对付资产阶级及其同伙种种阴谋的武器，先是德国的占领，然后是美国的冷战。同时，在海德格尔那里，呼唤所谓向死的存在使孤独与苦闷的古老回声重新响起，尽管如此，却延伸到军事伦理和抉择主义（decisionist）的士兵“牺牲”当中。这两个表面上的伦理立场因此归入一个政治空间，后者本身便需要一种防御，一种萨特接下来试图提供的防御。

但是，这对阐释学而言恐怕是次要的副作用，而阐释学则是后结构主义最重要的目标：表面与其更深层意义之间的差别，这一点在现象学中已经发挥着作用，但是，真实性与非真实性的存在主义主题赋予它一种不同的生命和戏剧般的紧迫性。

在此，不一定要将这些论战中的任何一场进行到底：那可能 476

需要对战后时期存在主义体系在所有地方被取代做出更大规模的历史说明。从这个一般性运动中，我想更直接地汲取它在更狭小的语境中对某个关于时间理论的论点的说明。因为正是这一点在德里达的一篇文章中地位很成问题，在这篇文章中，德里达说了上面引用过的那句话；而知识分子的责任也许要求对那个论点从头进行重构，绝对不是因为它牵扯到下文中的某些大腕儿。

德里达的起点（与往常一样）是一个碎片：这次是一个脚注，在这个脚注中，海德格尔区分了他自己的时间理论和亚里士多德的时间理论（还有黑格尔的，一个很复杂的东西，在这里略去不提）。[2] 他告诉我们，亚里士多德的时间理论构成了"vulgares Zeitverständnis"，我们可以将其翻译为对于时间的"平常"或"日常"理解，它被理解为这一描述标志着它是对时间的不真实理解——亚里士多德的时间理论已经被评价为一个举世无双的日常现象学家（《修辞学》被称赞为第一部"关于集体存在［*Miteinandersein*］之日常状态的系统阐释"[3]）；但是从《存在与时间》的观点，这个说明同时将亚里士多德的现象学丢到了非真实性领域。的确，所有的权威都或多或少地同意亚里士多德关于时间的评论概要（《物理学》，4. 10—4. 14[4]）确实包括了时间的每一个方面，每一个题目都与时间主题有关，时间在之后的哲学讨论中都受到关注。因此，不管它的连贯性如何——海德格尔为亚里士多德那个杂乱无章的清单所具有的内部凝聚力提出了一个强有力的理由，那个清单看起来常常像是罗列了人们所有关于时间的说法——任何想要超越亚里士多德的时间和时间性论述的理论因此都要把它当作必然的起点。

亚里士多德从时间的本体论问题开始，换言之，类似于既是又不是这一悖论，一个既有过去又有未来，同时又两者都不是的现在，但是它的非存在分属完全不同的方面："过去的"或"已经发生的”与尚未发生的截然不同（而且因为它是不再存在，所以比关于未来的尚未存在这个靠不住的预言更加真实）。这些本体论的悖论或自相矛盾或许要求有一个全新的关于**存在**的概念，毫无疑问，海德格尔准备要提供给我们的就是这样一个概念（不是没有从奥古斯丁传统那里获得大量的支持，利科将向我们指 477
出，我们后面也将会看到）。

但是，此刻，本体论困境还不像亚里士多德称之为时间的“性质”这一问题那样令我们感兴趣。但它是一个关于本质还是关于定义的问题呢？即，它是一个关于内容与结构的问题吗？是究竟把时间理解为什么的问题吗？是关于时间的构成部分、原材料、组织问题吗？——正如有人也许会提出什么是物质这个问题。或者，它是一个语言问题？不仅是要找出关于时间的词语，还要在某个统一的公式中将它们连在一起。毫无疑问，我们在此面对的不是定义的任何狭隘概念（事物无法被定义，尼采的名言），而是一个过程，在此过程中，我们先是将所有可以说是关于时间的不同事物罗列下来，目的是详尽地将这些方面和主题在某种概念性统一中联系起来，这种统一可以用单句来表示。这就是：“时间是‘之前’和‘之后’的运动数目”（《物理学》，219b1），他随即对这个句子又补充道，“而且是连续的，因为它是连续事物的一个特征”（《物理学》，220a23）。

我们现在或许要问，这是一个什么样的句子：它一次又一次通过大量的现代语言翻译将我们送回到它在希腊的源头，这并非毫无意义。“关于（In respect of）”，“就……而言（with respect to）”：如笛卡儿可能说过的，通过精确和清晰的哲学眼镜聚焦并放大被切分到它的最小构成元素的分支可能意味着什么？希腊语只是简单的 *kata*：*kata to proteron kai usteron*。里达尔（Liddell）和司哥特（Scott）列举了这个介词的大量功能和用法，但是对它们的英语对应语却比较谨慎。可能符合我们的条件的是“根据”或“作为回答”，以及“与……有关”或“关于”。

提出这个词的正确处理或翻译是什么这一问题有任何意义吗？甚至在缺乏一个准确的对应语的情况下，提出希腊语的原意是什么或以前是什么有任何意义吗？这些令人沮丧的问题将我们引入一个非常独特的话题，即这样一个介词的哲学意义和功能。这样一个焦点的重要性自然是强调名词具有欺骗性的简单，名词在哲学意义上代表的是实体；也强调动词靠不住的简单，动词在哲学意义上表示过程：而且要明确提出，我们如何趋向于将思维和概念化同化为那两个范畴，如何趋向于忽略这个句子的其他语言成分（它也包括副词和在希腊语中无法翻译的小品词）。

这些是被称为言语中的语义助词的部分，它们提供了一个非常不同的语境，不仅是针对句子本身，也是针对它应该设法表达的思维。

在所有这些当中，有某种东西戏剧性地重新出现在现代主义
478 在语言中的遗传物上；或许马拉美的例子比那些较为古老的哲学文本及其译文更能说明这一点。因为我们坚持认为马拉美所使用的最重要的词语之一——那些强迫性的动词中心是风格神秘的重力中心，并且是一个超越任何意义的热情共鸣——既不是最钟情的名词或形容词，也不是一个反复出现的动词，而恰恰是一个介词：结果证明，事实上，*selon* 一词正是突然挡在我们面前的希腊词语 *kata* 的精确对等词语。

> Mais proche la croisée au nord vacante，un or
> Agonise selon peut-être le décor
> Des licornes ruant du feu contre une nixe……[5]

Selon 及其对等词语因此突然将一个同质的表面和一个能指的连续体改造成为一个单纯的拼贴，其中这些语义助词的作用只是进行简单而无意义的并置，将一个思想、一个形象、一组名词同另一个思想、另一个形象、另一组名词连起来：它们声称要在各个部分、各种材料、各种形象、各个概念之间进行有意义的联系或协调，但是对那些部分、材料和形象而言，它们只代表一种毫无思想的空间接触的操作。

“根据之前和之后”因此仅仅是让我们将之前性（beforeness）和之后性（afterness）与这个句子的其他部分放在一起进行思考：将这一部分加到那些其他的部分上（运动和数目）。亚里士多德的句子是思考某个不可能的思想的必要条件，而根本不是表达这个思想本身的必要条件。

如果是这样的话，那么时间究竟是什么（*Was aber war die Zeit*？如汉斯·卡斯拖普［Hans Castorp］用他固有的**间接自由风格**所说出来的）？它仅仅是各种特征的拼贴吗？或者它最终如奥古斯丁所以为的那样不可思议吗（“如果你问我的话，我说不出来”[6]）？

这种犹豫不决在语言学方面和概念方面同时存在，它也是神秘的和存在主义的，要求我们用一种不同的方式重新阐述这个问题，该方式会令哲学概念或单纯的言语和语言学分析短路：这一点将从另一个角度来加以表述，我更喜欢称之为象喻（figuration）。转义（trope）概念的确暗含着某种语言学上的决定主义，它仍然令 479
人想起结构主义时期；而“表现”则打开了一个哲学领域和一个问题框架（problematic），它大大超越了“据此”和“与此相关”之类的语言范围，对此，我将继续提出思维和表达或表述的问题。的确，我把比喻和表述看作两个相关的范畴，两者都意味着一种操作，不可能的或可能的，而不是单纯地启动或结束某个功能，不是简单地标示出某种特性或可能性。如果从比喻的角度提出这个问题，就要再问一些问题，它们截然不同于关于真理的传统问题（甚至不同于于从康德以降的关于理解之可能性和局限性的问题）；与关于风格或隐喻的文学问题也不一样。

无论怎样，我正是从象喻的角度继续对亚里士多德关于时间的专题论文做简要回顾，通过分离我们上面引用过的所谓“定义”中结合在一起的三个元素来对其进行归纳：它们是运动、数目以及之前—之后。由这个起点预先提出几个问题；首先就是对该起点的省略。如何处理变化？变化无疑是任何关于时间的讨论的一部分。奇怪的是，亚里士多德让时间和变化都朝着退化或消失的方向发生：“我们认为，时间在本质上是破坏，而不是生产”（《物理学》，221b3），这个立场似乎会忽略成长、“涌现”（*physis*）、出现。但是我们必须明白，对于希腊人而言，变化和运动是不可分割地纠结在一起的：甚至衰退在他们看来也是一种运动，而且在那个意义上，我们无疑可以假设，变化是运动这个主题下的一个子集。

接着，我们必须就对“现在”的分析提出问题，它当然是我们所称的时间的最独特体现：“当下的巨大特权”，黑格尔对时间的称谓。关于现在的问题自然在亚里士多德的讨论中随处存在：然而要将它包括在关于时间性质的定义或公式中可能会涉及一个邪恶的圆圈，因为，与其他三个主题不同，它几乎无法在时间之外存在，它是后者无法分割的一部分，因此不可能被作为一个构成其特性的单独特征提取出来。

继而，如后面的讨论将要向我们证明的，对现在问题的坚持将不可避免地引导我们朝向一个主观的甚或现象学的方向：如何在不唤醒意识，而且不深究古老时间或预想时间与现在时间之间的差异的情况下谈论现在，它们依靠记忆或期望仍然严格地依附于个人的（私人的或主观的）经验。意识的确只在亚里士多德的讨论中出现过一次，完全是笛卡儿式的思想实验形式："即使它是昏暗的，而且我们不知道任何身体的感觉，但有个东西在我们心里'发生着'，我们应该从这种经验识别出时间的流逝"（《物理学》，219a7）。

我们越是坚持对时间的主观经验，就越是在冒险扩大存在时 480
间与世界时间之间的鸿沟（无须多言，亚里士多德具有指导性的运动主题将导向后者，它最终接近于天国中星星的旋转，而且不仅于此，还导向圆圈这个关于运动的"绝妙"比喻）。另一方面，必须要补充的是，后面有关时间的讨论的重点正是这个鸿沟（部分地是在利科关于历史时间的文本中，我们很快便会谈到）。将希腊人与现代主体性之间的历史差异放在一边（如果这真是可能进行假设和分析的东西），亚里士多德的论述表明，他是将客观时间放在前面的，只有在我们系统地阐述了客观时间的性质之后，我们才会在同样的意义上谈论主观时间，而不是反过来：已经证实，他与后来对于人类或主观时间的存在主义分析，后者包括了很多现象学分析，似乎都同样地将在各种无计可施的疑难面前终结，这些疑难无休止地重演着主客体之间的对立，却没有任何结果。

值得补充一点，当代的，或说得更好一些，后结构主义的哲学通过删剪掉个人主体（或我思）并回到某种前苏格拉底的普遍存在的视域中来"解决"这个问题，不论这是海德格尔的"返转"（*kehre*）之后的本体论，还是德勒兹的各种流（flows）以及精神分析结构，对后者而言，"自我"是无意识的一个结果。但是，这些省略和快捷方式也没有解决这一难题，而且我们随后将发现，利科为奥古斯丁的《忏悔录》中亚里士多德的客观时间假设了一个仍属于古典的替换物。

回到上面提到过的基本问题（变化，现在），关于这些话题本身，尤其是关于之前性和之后性的范畴，我们也许可以增加一个问题，这个范畴似乎应该提前遭到德里达的非难：因为它不是已经具有深刻的时间性了吗？它不是已经预设了对时间的基本经验了吗？就算这一经验不应该被定义，也应该在某种意义上得到说明。

即便如此，首先记下海德格尔对这样一种批评性阅读的反对（预先）才是公平的。关于“根据”或 *kata*，他给出的现象学翻译使得对于亚里士多德文本的挪用有利于现象学的目的，这一点特别明显，因为他将 *kata* 译为“在……视域下”。[7]这个现象学的关键词使一切都变了：不是某个单一平面上的一系列特征，我们的三个话题现在突然在深度上排了个队，而且之前和之后成了
481 “运动数目”被理解为时间的视域。这是一个温和的解释；但必须本着那种精神被理解为一个解释：为了后来的哲学计划而挪用了亚里士多德的文本，凭着这个轻微的“修正”，它无疑对说明影响大有帮助。

因为新的读解现在将本体论引进到这些元素中间，或许最好是将这个优先权描述为现象学优先权而非逻辑优先权：从在日常意义上所理解的表面现象转移到更深层的根本性存在经验。但恰恰是这个优先权——隐含在本体中的本体论，隐含在多种存在或存在物中的**存在**，最后是隐含在非真实中的真实——成为德里达批判的目标，德里达的批判就是当代的唯名论，因为这个新的优先权概念旨在取代那个为特殊性提供背景的老的、不令人满意的普遍概念。所以，我们要为上面提到的翻译变化补充 *akolouthein* 这个难题，黑格尔将它解读成“跟随”，不是任何物质或空间的之前和之后这类物理意义上，而恰恰是从现象学优先权的角度：亚里士多德“没有将时间还原至空间，也没有仅仅是

在空间的帮助下来对它做出定义，好像某种空间决定论进入了对时间的定义中。他只是想表明时间如何与运动联系在一起。”[8]如果是那样的话，亚里士多德对空间的误读（如在柏格森［Bergson］那里一样）便与时间经验一样，也是不真实的，与时间的日常经验一样，也是平凡的或庸俗的。但德里达的问题是，是否还存在其他种类的经验。

这个难题与刚才提出的关于现在的问题无法分开：因为它与一系列关于“现在”的思想是连在一起的，这些现在是在之前和之后首先出现后才一个接一个地出现的。即使提出了现在的本质性和结构性含混——它有时是点，有时是线，是一个“分割者”，也是一个“统一者”（《物理学》，22a19），是一个中心，也是一个边界，这两种功能永远不可能同时出现或结合在一起——这个基本的时间元件被亚里士多德想象成为某种添加剂：即使现在也许应该代表一种纯粹的当下，甚至一个永恒的当下，它也是在过去的时间里堆积起来并在未来无限期地超越其自身的某种东西。如果要非常粗暴地简化这场讨论，我们需要注意，对于后来对亚里士多德十分苛刻的评论者而言（海德格尔除外），这个关于现在的概念在本质上被看作一个空间概念。因此，即使之前和之后这个范畴以深刻的空间性为特点，而且表现了某条线上的一系列点以及这些点之间的关系：“之前”和“之后”的确没有传达任何真实的时间经验，而是给出了一幅关于那种真正的时间经验的低档的、具体的空间图画（在这里，很明显，柏格森再次成为基本的参照）。

但是，凭借这个讨论，我们已经又回到了我们关于亚里士多 482
德公式的三个维度：“时间是关于‘之前’和‘之后’的运动数目”，我们将这个伪句子视为三个截然不同的比喻之间的一次拼贴：数目比喻、运动比喻以及空间比喻。没必要下降到这三个存在区域的形而上神秘当中：我的想法更简单，确定它们三个相对于同样本来就存在的时间或时间性神秘分别处在什么位置，同时确定它们彼此之间的关系。事实上，结果证明，这三个主题中的任何一个都将把我们引回到结构原则上，这里要对这个发挥作用的原则加以揭示。例如，运动主题将表明，不仅运动本身与时间是同一的，而且任何关于时间的讨论都无法将其省略。“时间既非运动也非独立于运动”（《物理学》，219a1）；或者换一种更清晰的翻译：“时间既非与运动同一，也不能同它分开。”时间“隶属于”或“属于”运动，数目和之前与之后也是如此：一个似乎令人泄气的（而且是无法翻译的）结论，除非我们从比喻而非概念的视角重新表述这个难题。

因为从比喻的立场，这些结论和为得出这些结论所做的思索相当于使时间显现的诸多努力：对希腊人而言，很清楚，无论时间以其他什么方式显现，它都处在运动中，它的在场是不可避免的。但运动远非与时间“一样”：它就是那个为了时间必须在那里的其他东西——它本身是看不见的，是无法比喻的，是难以表达的——它就是为了让时间以这样一种方式出现，我们可以感觉到在运动背后，时间以某种方式隐身地在场；或者说得更好一点，让时间黏在文本的语言上，待在它的旁边，伴随着它，与它连在一起。这里的关键词，介词或小品词，是 *hama*（同时）：德里达讨论的很多内容与亚里士多德的一样，用 *hama* 假设他首先打算分析的时间性（由此有了我们借以开始本文的德里达那带有嘲讽意味的看法）。

但是，这或许是一个逻辑难题，而非比喻难题；我对于利科那个同样令人震惊，但涵盖更广的论断持同样的意见，他认为不
483 可能有纯粹的时间现象学[9]，这句话出自当代胡塞尔研究方面最杰出的现象学家和权威，确实相当于对哲学本身判了死刑。这句

话让我们相信，它不可能从它自己的角度讨论时间；它必须求助于外在的哲学参考，才能公正地对时间做出评判；哲学（在这里等同于现象学）永远不可能是一门自主的学科：因此，利科转而求助于大量的文学作品，我们会在这里予以考察，或者在更一般的意义上依赖隐喻，隐喻对他而言常常超越了其自身及其在言语或语言学上的局限。但这难道不首先是现象学的重要基础？因为作为胡塞尔思考基础的意向性理论[10]假定，意识是空洞的，它不断被转介给它之外的事物：哲学的空洞性一开始就惊慌失措，它不充分，它自我取消运动，在关键时刻，它给了现象学一个似乎会成为起点的东西，使它一开始便把自己构建成为一种哲学。

无论如何，借助比喻，我们可以在这场讨论中获得一个停顿或“转变”（*Umschlag*），可以借此粗略地谈论它的方法论视角。从这个视角，被刨根问底的不是时间理论的内容，而是它们的形式；或者更具体地说，不是时间或时间性的概念，而是它的象喻以及它使后者得以出现的方式（作为时间，即便它也会在我们没有凭直觉认识到它是一个客体的情况下一直存在）。但是，现在，我们需要对这个难题做进一步的详细说明，因为我们在这里感兴趣的不一定是主体或存在时间与世界（和星球）客体时间之间的鸿沟，后者自亚里士多德以降便统治着这类讨论而且肯定会在这里再次出现。历史时间是增加进来的第三种时间，既非存在的， 484
也非客观的。

即便主体—客体的难题得以解决，主体仍然会一直被构想为一个个体的主体（我们也不能从某个主体的角度来思考集体）。但历史也不是地质学的时间（正如费尔南·布罗代尔［Fernand Braudel］发现他的地中海“长时段”［*longue durée*］乍看起来像客观时间，结果却使客观时间向地缘政治的时间方向转变——见下文）。“长时段”换言之只能将地理时间记录到这个地步，它被人类计划、人类住地等诸如此类的事物改造成为原历史（proto-historical）的集体人类时间——宇宙纯粹的物质历史因此再次从我们身边逃离。所以，除了让个体的时间显现这个难题以外，我们现在希望给我们自身一个让历史时间显现的任务（它是一个开放性问题，是否世界时间——客观时间、亚里士多德的星球时间——能够以两者之中的任何一种方式出现）。[11]

2. 利科的计划

与受到德里达论海德格尔那篇小文的启发一样，下面的讨论也受到保罗·利科那本更加不同凡响的著作《时间与叙事》的启发，这本书专门谈到在此引起我们兴趣的存在时间与历史时间的差别，它为这两者的结合又补充了第三个话题，如他的标题所暗示的；或者至少施加了一种新的压力，要求强调我刚刚提出的形象，我提前对它进行了鉴别，并且将其指定为某种严格意义上的叙事比喻。我至少是足够后现代的了，我愿意为一切都是叙事这个命题辩护（这需要反对基于真理的传统立场，同时也反对斯拉沃热·齐泽克［Slavoj Žižek］等同志提出的反对意见，他们觉得叙事版本的相关性也威胁到马克思主义所体现的历史真相这个独特概念）。从这个视角，我们注意到，利科在某个关键时刻退缩了，他自己的论点或许在这一时刻被更加有益地延长了；而且将叙事比喻同化为隐喻，其在《隐喻的规则》（*La métaphore vive*［*The Rule of Metaphor*］）中的本体论分析是他自己的著作中最经得起考验的部分，也是他对当代哲学最具创造性的贡献。因此，我对利科的三卷叙事著作的批评将是对其力量的证明，而且我的批评主要针对它的局限性，这些局限性会在他的人本主义中得到确认，我是在强烈的阿尔都塞意义上使用这个术语。他的这个词语事实上是关于辩证法的一个极好例子——是一种力量，同时也是一个弱点（或反之亦然），因为它本质上是利科的人本主义视角和对人本主义的强调，这样，才可能有整个一系列对于其 485
他哲学文本的批评阅读并对其做出反应——最引人注目的是海德格尔的文本——我们在这里需要依靠这些文本，我们也必须对它们表示深切的感谢。

利科很显然是一位传统的哲学家，对这门学科有着明确的兴趣，我举几个表示这种关系的迹象：求诸伦理学，系统地拒绝所有可能被划在后结构主义名下的任何立场，保持沉默，在这种沉默下，关于同样这些问题的所有马克思主义讨论都会被删除掉，最后，信赖哲学传统本身（从柏拉图和亚里士多德那里借用的基本解决办法），似乎那个传统本身不是历史地建构起来的。与这些哲学特征紧密相连的无疑是他的宗教定位（我们欠死亡的债，对永恒概念充满怀疑却仍然满怀同情地表示赞赏）以及他的一般人本主义（人类的统一）。另一个标志是他同情古老的文学批评传统，从诺思洛普·弗莱（Northrop Frye）到凯特·汉布格尔（Käte Hamburger），当这种文学批评已经已经绝对过时了之后，他还是在那时（1980 年代）对其进行了具有纪念意义的总结；还有他对弗兰克·克默德（Frank Kermode）的同情，既是批评性的也是宗教性的，从后者那里他获得了理论根据（《终结感》[*The Sense of an Ending*] 是集天启、个人死亡以及最后的审判于一身的踪迹或铺垫）。

不过，首先，关于利科，再多说几句是很有意义的，左派对他的态度常常是错误的，尤其是在结构主义和后结构主义时期；同时也要说明，何以他是一个非常重要的资源，却远不是一个盟友。他颇具深意地称之为“宗派分裂”（schism）的恐惧，一个结合了博爱这个宗教范畴和他自己在 1960 年代的个人体验的词语，表明他同自己在此处的目标（大多是文学符号学）有着极为广泛的哲学关系，这并不排除最无情的批评解剖和分析（但这种关系很平淡地略去了那些论战）。的确，正是从这类原则性的意识形态敌意中（我想到了伊沃·温特斯［Yvor Winters］和卢卡奇两人关于现代主义的观点，举个例子），我们常常享受到最好的和最有效的服务。利科的例子丰富地展示了他自己在态度上对于年轻一代拒绝传统甚至对话持有一种优越感（因此我认为这正是“宗派分裂”的含义，不仅是原则上的分歧），但是，我们也必须准备好最有力和最恰当的回答，即利奥塔的《分歧》（*Le différend*），比较哈贝马斯的普遍交往所具有的人本主义价值，它断言存在无法解决的差异，断言符码之间存在激烈的争执等，这些争执永远不可能在某个单一的框架内分出高下，因为它们本身就是有争议的框架。（但是，作为一个难点，或许这个特殊的争执可以因为变得更趋复杂和更激烈而将自己化解掉。）

486 我对所有这一切所做的详细说明不完全是一种批评（因为我钦佩利科，但也非常钦佩克默德和弗莱），但为了表现出这些利害关系，也为了证明，要让后传统的几代人相信这种探索如何有益于他们是多么困难。这个讨论因此常常包含了一种翻译，将传统的问题框架翻译为（现在）更为人熟悉的所谓后结构主义的专业术语以及引进后现代主题，这些主题或许已经修正了这些立场或至少允许对它们进行更全面的探索。

但是，应该补充一点，利科是一个有品位的读者，有人在关于一个批评家的文学研究中说，他具有不寻常的敏锐和对词语的悟性，他了解如何清晰地表达某种风格的节奏和内涵；只可惜我们在这里不得不讨论哲学文本，处理它们的内在机制很少需要这样的耐心和缜密。如果在阅读中，批判表现为中立的就事论事的观察和展示，这样的阅读或许可以当得起解构之名，不过是用这个术语表示挪用，甚至它们当中那些保守的东西也是探索和发现的工具，在利科对结构主义特征的著名概括中，即“没有超验主体的康德主义”，便是如此。的确，《时间与叙事》拒绝了大部分在今天被误认为是后结构主义成就的东西，但是，本着一种宽容和谦恭的精神，这一指责缓慢地展现出这种趋势，只是因为提议替换它的东西是令人失望的人本主义的亲密（humanist familiarity）才终于被抛弃。

但为了使对人本主义的指责看上去不只是空洞的辱骂和随意抛出的脏话，我们不得不更近距离地观察利科的《时间与叙事》这项工程，它不仅牵涉到客观时间与存在时间的对立，而且断言对亚里士多德关于时间的论述而言，后者因为替代了奥古斯丁关于时间的论述而具有优先权，它在海德格尔的《存在与时间》中得到进一步的发展。

这部著作本身有一个十分大胆的宏伟目标，不仅是为叙事辩护，称其为人类精神最重要的行为，还提出一个大胆的概念，即时间性本身就是一种建构，而且是一种通过叙事本身完成的建构。这个维护叙事功能的辩护于是与利科在《隐喻的规则》中能为隐喻所做的一样令人惊叹，在《隐喻的规则》中，起点也同样被扩大以包含本体论甚至思想本身。在该书中，对于这个原初问题的哲学扩充遇到了一个需要吸收却更难以消化的客体，即历史。然而，这个态度的样板性质没有因其赤裸裸的事后聪明而被削弱：有人真的能将**时间**说成是一吗？有人可能把**历史**当成（或命名为）一吗？在叙事的界限以外不存在终极的事物吗（由此他想到死亡，他在该书的前面章节中对死亡在海德格尔思想中的中
心地位进行了大胆的批驳）？这些对于已经展开，并且在这一点 487
上已经完成宏大计划之生命力所表示出的终极怀疑，对这项计划的危害，不及无法说明它如何处理我们的后现代现实性之类的难

题——我在这里想尝试对它们进行简单的勾勒——也不及随后重新落回到传统的文学（他不必要担心 1960 年代和 1970 年代的先锋派放弃了“情节”）和历史概念的俗套（他建议我们放弃“乌托邦”，也就是说系统的、革命的政治纲要；并且十分明显地要我们竭力避免“宗派分裂”，由此证明经典和传统等事物的价值）。

因此，在构建我为了进一步发展它而不得不做出修正的事物的过程当中，我在本书中沿用了他自己的批评方法，即重视疑难(aporia)。如我们将要看到的，那个难点在利科手上既不是作为哲学计划从一开始便毫无益处的标记要被解决掉，也不是要被展览出来（如在德里达的文章中），而是要通过扩展，通过从其自身当中催生出更进一步的、更加复杂和有趣的难点使其具有生产性。但这恰恰是我已经提到过的一个局限性标记，即利科不愿意承认这种方法就是辩证法的精髓，关于他的概念性悖论，他也同样不愿意说出那个很能说明问题的词语：“矛盾”。的确，在讨论历史编纂学和历史叙事的时刻，令人失望的是，在马克思主义传统那里，几乎没有发现什么参考意见，在此时刻，历史编纂学和历史叙事可能意味着我想要在这里简单勾勒的问题的延伸，特别是借助于那些虔诚的和普世性的伦理章节，他的宏大工程以这些章节草草收尾。在下文中，我将重新整理这些参考资料并尝试为或许已经在进行的对集体时间和历史叙事的探索提供一个新的方向。

不同的是，我们发现，《时间与叙事》对于当时的文学和叙事理论的论述没有任何遗漏，在一系列章节中，这些章节也许可以作为纯粹的文学理论中那个丰富时刻的纪念碑，我已经提到，在利科对其进行归纳总结的时刻，那种文学理论或多或少便走到了尽头：弗莱的《解剖》在这里是最重要的（连同克默德的核心文本，它们的一个次要功能就是以不同于海德格尔的方式将死亡提上了议程)；关于视角和声音的讨论，简言之，即出自亨利·詹姆斯的诸篇前言的小说的全部语法，在这些前言中，现代主义紧张地审视着伟大的现实主义小说所留下的遗产，它正是从这些遗产中艰难地露出头角。具有历史意义的是，确定何以在后现代出现的重要时刻，这个关于小说结构和形式的完整问题却消失了。

不过，利科对小说的兴趣并不那么单纯：尽管这场新的讨论与亚里士多德的戏剧理论延伸到更加广泛和复杂的模仿系统有着非常大的关系，该系统以小说这一历史性的新形式出现在这个世
界上。同时，他的“三重模仿”（triple mimesis）理论（下文中 488
讨论）在小说中，较之在悲剧中，找到了更多的素材，亚里士多德很少参考悲剧，特别是在模仿主体性这一领域中。

毫无疑问，利科在这里的论战目标变得复杂化，因为不是一个，而是亚里士多德的两个重要文本，即《诗学》和《物理学》，出现在他的议程上，分别从肯定和否定两个方面对它们予以评价：第一个，从叙事角度对人类时间进行拟人化描述；而第二个，如我们已经看到的，对时间性做出了哲学描述，这个时间性省略了人或存在维度的特殊性。叙事符号学是利科这项传统主义本质的工程的核心，对叙事符号学的重要攻击很显然以拟人化描述所对应的那些抽象范畴为目的，利科认为它们是符号学中顽固悖谬的东西。

然而，至于亚里士多德的《物理学》(相比我们在这次探询中所做的，利科将在更晚的时候着手处理)，对于时间之物化的古老谴责——所有这些“现在”加起来构成了线性时间——从一开始就与奥古斯丁的时间即意识的扩展和收缩这个概念形成对照：“过去的现在、当下的现在、未来的现在”[12]等三重划分已经

预示了海德格尔的时间的三次“向外转移”（ek-stases）。我们必须将那个明显的反驳意见放在一边，即奥古斯丁没有解决客观时间对主观时间这个难题：此刻已经足以将人本主义等同于意识形态对后者高于对前者的支持。

但是，这肯定不足以说服任何一个在后现代时期与这类争论有关的人。我前面已经在观察，今天的哲学家，在很大程度上，包括提出返转（*kehre*）的海德格尔，如何忽略了意识和存在的整个问题，我的这个观察只是假设，利科在二十年前试图重新开启的那个痛苦的疑难提前解决了，但就像一个伤口，尚未痊愈。

正是在他的关于叙事符号学的讨论中，我们或许可以为后现代时期找到我们想要的答案和某种相关性。（类似的历史参考材料，对以前关于历史编纂学的讨论的参考，处理的是历史法则和因果关系的对立，后者指的是造成叙事在历史中的作用的因果关系，这些参考材料没有得到充分的运用；海登·怀特只是偶然被提到，尽管利科借用了怀特的“情节化”［emplotment］一词来说明他自己的目的；而且只有布罗代尔是一个始终引起兴趣的人物。）不过，如我所言，这一时期的文学理论被大量地归纳总结并与其后出现的“理论性”分析形成对照，即，格雷马斯（Grei-
489 mas）试图将讲故事的各种表面元素——那些属于“模仿活动 I”（Mimesis I）或日常生活现象学的日常范畴或常识性范畴——还原到更加抽象的（和认识论的）义素（semes）的结构性互动。如我们将要在下文中看到的，这确实是带有报复性的解顺时化（dechronologize），是以客观过程代替带有很大主观性或经验性的感觉：例如，人的行为被分解成“能”（*pouvoir*）和“欲”（*vouloir*）之间的对立游戏，人物被还原为两种施动者（actant）的结合，阅读效果被条分缕析地分解为某个给定的符号对立之间的相互作用。这显然是用类型学代替了年代学，用逻辑序列代替了叙事序列。

然而，你没有必要赞同各种符号学系统的科学伪装，以此来表示对这种研究的启发价值的欣赏，这不仅能在一个给定的情节中区分不同的层面，显示出一个给定的情节编排行为的异质性，而且还能对作品中的知识或义素内容进行更微观的审视，它们一般是作为纯粹消遣，至多是作为虚构再现而被弃置不顾的。但后一个方向承诺会对意识形态研究和无意识投入研究有所贡献，这是一个利科的意识哲学或主题没有考虑到的领域，除非它是要否认这类非个人力量的存在；而前一种趋势则一反常态地强烈反对对统一体和统一的评价，该评价控制了利科的分析（即使它同它们无法分开：例如，假设统一的行为可能突出多元性和异质性，因此它们被完全统一，似乎这样的话，它便可以成为**同一**［Identity］在意识形态方面的物神了）。

然而，反对格雷马斯的论战必然将从后者的范畴及义素的人格化内容开始。就如同对于时间的谈论总是为时过晚一样，因为你开始谈论时间的那些角度本身先已有了深刻的时间性，同样地，我们人类的观点也必然决定了在行为和价值的所有抽象化内部，都存在本质上属于人格化的投射，我们想科学地从这些抽象化当中清除这种投射：我们的客观性仍然是主观的，因此，对于利科而言，格雷马斯的成功仅在于他用一个伪科学的专业术语表述了他自己对人类行为的表现方式的模仿，在遵循詹姆斯传统的小说进行更加开放的人格化研究中，这些表现形式得到了更加充分的分析，上文中已经有所列举。无疑，这是一个强有力的反对意见，但并没有真正说清楚格雷马斯的符号学或其他叙事符号学对于文学和文化分析家的用途（利科对他们的学科规划没有表现出多少兴趣）。于是，在这一点上，我们或许注意到，符号学批判倾向于反理论，含蓄地对理论术语，对理论带给这个文化世界

490 的新型的“非人”抽象化进行了谴责，并表现出对古老的美文传统及其精心雕琢的文学话语或高雅文学话语的怀恋。

在利科谈论他自己的文学例子时，这是一个将会产生重大影响的盲点，关于这些例子，他颇有洞见，我们将会看到这一点，但是，他显然没有将这些例子等同于真正的现代主义作品，它们也不一定是一系列可能性的例证，他自己的方法或许也能以其他的方式揭示出这些可能性。无论怎样，人本主义论点是为当代所有那些对这类诠释（如精英主义、操纵性、总体性诠释等等）的反理性攻击量身定做的，其名号是怀恋对文学的古老辩护，这些辩护是从扩大我们的可能性、死亡主题以及他者的界限和担心等角度做出的，事实上，他的宏伟计划就是以这些结束的。

3. 亚里士多德对符号学

尽管如此，利科的叙事学研究方法中具有创造性的部分是这样一个命题，即亚里士多德的研究不仅是最早的叙事学，更重要的是，这些针对古代悲剧的描述对于所有的叙事而言都是有效的，不仅仅是针对悲剧体裁或模式。任何关于现代悲剧的讨论——这仍然是可能的吗？它能采取什么形式？我们如何使那些古老的范畴适合现代性？——都没有像这样将亚里士多德的基本范畴延伸至所有的叙事，尽管净化这个模棱两可的概念（利科在这里也没有做出令人信服的阐释）常常被拿来作为解释这种或那种接受效果或类型的救命稻草。

这是一个需要证明的脆弱的论点：亚里士多德的论述适合于希腊悲剧，这几乎不容置疑，但它很可能不适合其他的形式和体裁。相反地，它可以从那个语境中被抽象出来为所有的叙事变化提供一个更加普遍的范式，在这个层面上，它作为对“悲剧种差”（*differentiae specificae*）的系统阐述的地位可能是不确定的，可能将受到怀疑。同时，几乎没有其他的体裁能够激发关于叙事的更一般论述：在这里，最明显的例子自然是普洛普（Propp）的《民间故事类型学》（*Morphology of the Folktale*）（所有现代叙事学的圣经和顶级参考）。亨利·詹姆斯的那些前言并不是特别关注行动内容，而是将更多的注意力放在观察和表现它的途径上（视角、声音等等）。同时，诺思洛普·弗莱的综合性论文从本质上讲是对亚里士多德的概括总结，其基础是后者关于主角地位的论述（比我们好，和我们一样，或者更坏/更低劣）：这种观点可能使我们注意到，读者对于被叙述人物的态度对某个给定动作的接受模式产生了什么样的影响。

但亚里士多德的力量就是坚持行动（action）比人物重要： 491
如果关于他的分析有什么东西到最后可以被有效地概括出来的话，它肯定会牵扯到某种方式，这种立场以此方式让我们在我们自己和倾向于主体化和心理学的更现代的趋势之间拉开距离，我们将这种趋势与作为一种形式的小说联系在一起。（甚至卢卡奇的《小说理论》也是围绕着他的四种基本小说类型中主人公的四种最重要的“世界观”［*Weltanschauungen*］进行组织的。）但是，这是一个警告，它可能已经提醒我们，在利科的研究方法中可能有一些失误，他的整个计划完全站在人及其存在的主体性一边，反对事实、行动、事件本身的客观性本身的客观性。

即便如此，还是回到普洛普，民间故事或童话故事这样的低级形式竟然能产生出普遍的范式（弗莱的才能是从阶级和地位的起点推断出一套故事类型或叙事变量及替代物，却没有使某个单独的形式和与其相关的动作被奉为适合所有叙事的更深刻的本体结构），这实在很荒谬。依我之见[13]，普洛普范式的用途是它在“反面人物”和“缺乏”的功能之间提供了基本的选择自由，“反面人物”和“缺乏”交替构成主人公—主要人物必须面对和战胜的障碍。因此，情节被认为是对欲望目标的寻求，它因为遇到这两个障碍中的一个或另一个而中断并变得复杂化：无论如何，它们确实根本不在同一个范畴层面上。反面人物很显然是一个人格化的施动者，他被你想赋予他的任何一种欲望所驱使（绝对是邪恶的欲望，对权力的贪欲，嫉妒，他自己的目标等等）；而缺乏是一种状态，它可以用来表现欲望的特征（但实际上，其他所有事物都源自人的生命在时间中的基本界限）。毫无疑问，反面人物也受到缺乏的驱使：但那样一来，我们就不得不对情节做一些逆转，就像对原作的评论进行二次重写（通过伊阿古自己的眼睛看他的生平，打个比方）。的确，将这样的各种范畴——普洛普的主人—情节或原型——与亚里士多德的范畴进行比较是很有趣的。

但首先，我们必须注意利科的反对意见：它是非常深刻的，而且对于赋予他的人本主义以具体内容以及揭示整个哲学难题背后更深刻的动机也很有帮助。因为在这里，以及在下面对克劳德·布雷蒙（Claude Bremond）（行动逻辑［the logic of actions］）和 A. J. 格雷马斯（叙事符号学）的著作分别进行分析的章节中，与非时序化的叙事的基本运作不同，他的指责没有挑出很多的抽象概念来替代人格化表现形式。在此，利科的计划所断言的
492 时间优位以复仇的面目重新归来：很显然，对格雷马斯的符号方块（semiotic square）中各个范畴的替换让叙事行为在暂时的讲故事中离开了它的位置，将它改造成为一套空间关系，很难讲这些关系朝哪个方向移动以及它们之间可能是怎样的顺序。如果将一个特殊的行动或事件抽象成一套义素（“欲”［*vouloir*］、“能”［*pouvoir*］以及“知”［*savoir*］，打个比方），得到的结果是一样的，它的逻辑组合和相互关系于是被事件或行动的时间推移所取

代。在这里，利科的人本主义大概是向着海德格尔将“此在”(*Dasein*)分析为时间这个方向移动。如果时间性是人类生活、人类计划以及他们的故事、人类欲望以及我们满足这些欲望的行动等的实质，那么，很显然，将时间从这个过程中省略掉就等于是跳过了它们最基本的真理，还有它们的生命质量。

后面对这个批评还有另外一个补充，它与叙事接受有关：将利科所谓的“叙事智能”(narrative intelligence)、“领悟”故事(“follow” a story)的能力、从“领悟性”(followability)视角对叙事本身的定义等归到海德格尔的“此在”上。[14]格雷马斯无疑假设有一种叙事无意识(narrative unconscious)(它类似于原始无意识，可能在时间之外)；但只有他的叙事对象的领悟性被重点提出，因为这些对象延展或改变了认识论范畴，如因果性。但是，正如利科正确地指出的，使这些更深层的义素对立或范畴对立得以“展现”的操作，也就是说，将它们翻译成人物以及日常可以识别的行为等表象——人格化表现的义素内容在某个更深的抽象化层面上被确认——这类符号学操作仍然十分神秘(即使格雷马斯给了它一个极端复杂并令人悚然的专有名称)。

我相信我们必须对这类分析中的两个方向进行区分：在我自己对格雷马斯的挪用中，例如，在从“表层”叙事表现、体现在文本中的故事回到更深层的义素系统这一方面，我发现它是富于启发性的。但另一个方向，即对这一程序的“验证”，在我看来是一项不可能，甚或令人厌恶的工程，它可能证明文本的生成源于这类隐含的义素系统之外。第一步是我们所谓的解释：与民粹主义的偏见相反，它并不断定解释者或“知识分子”优越于显然更平庸的读者(但如果是那样的话，我们在阅读时便都是平庸的)。它仅仅提供了各种解释性假设，读者或重读者(rereader)可以随意探索或放弃(因为无结果，因为牵强，因为搞错了)。

493 读者不能随意放弃的是解释过程本身，它总是牵扯到用一个不同的文本替代原文本：利科的人本主义解读——举个例子，现代小说因为唤醒了读者的心灵，使他们比以往更全面地体验和运用时间的可能性，从而扩大了人的潜能——恰好是用解释的概括性代替了具体的叙事文本。我对此不能同意，但我的反对不是基于替代运作，而是基于第二代码或解释性代码本身，而这并不是非常有趣。

但是，分析的另外一个或第二个方向——证明最终的文本从它的微观义素元素或它的生殖代码（geno-code）之外生产出来——在我看来是对幻想出来的真正科学方法的拙劣模仿：很明显，它同样相当于试图将某种二元对立重新引入共时分析并回归某种历史或进化的叙事。因此，这个黑匣子的发现非常多余，形形色色的格雷马斯层面在其中都被神秘地转化为人类讲故事的过程，该过程是可以识别的，无论是因为我们不得不处理格雷马斯自己对他的研究的证明，还是不得不处理利科对其结果的反对，这个发现都是多余的。

或许更有意义的是空间和时间之间表面上的不协调，因为从长远看，利科在他对结构主义的种种批判中始终反对所有形式的时间空间化；对于非时序化的这个非常中肯的批评若要完满，则需要对空间加以讨论，利科从未涉足对空间的讨论，他预先做出假设，“时间性”（the achronic），他这样称呼当代理论的这个方面，仅仅会被当作对时间（也就是说，对人和具体的人的经验的以及对现象学的）的曲解和压制或隐藏。在此，需要安顿好两种回应。

第一种是当代理论肯定经历了一次空间转向，而且不仅是在针对索绪尔的共时和历时之间的区分所发起的意识形态战斗中。图表在当代理论中随处可见，从列维-施特劳斯的各种模型一直到拉康的精神分析（mathemes）及其表现，福柯在《词与物》（*Les mots et les choses*）中那些更奇异的地图，甚至德勒兹的图表性（diagrammicity）概念。我认为将这些最重要的图表作为教育手段来研究是十分适宜的，在其中，最好是把各种复杂的系统理解为一个由可见的关系及其裂缝和空位（思维需要对它们进行填充和完成）组成的一张网，它们的时间性在于展示或 *Darstellung* 本身，随着指针从一个元素移到文本上，又移回来。格雷马斯的符号方块肯定要在理论图表的剪贴簿上来记数，而且它们在教育上是有效的，也是有用的。

很显然，它们的确以某个系统概念，最终是以当代生活中某
个不断增长的共时概念——还有共时性！——为先决条件：一个 494
包裹在后现代性观念本身当中的前提，利科在 1970 年代和 1980 年代写作该书时不可能对此进行讨论。这的确经常被说成是用空间压制时间，所以，值得专门说明一下，在这里，这里有问题的是什么。作为一个最简略的口号，空间的统治地位所传达的意义几乎就是当代作家放弃了深层时间和记忆这个大主题，因为它在现代主义中已经被探讨过了而且得到详尽的阐释（特别是在利科选择来进行分析的小说中，我们后面将要看到）。毫无疑问，记忆今天在创伤理论中卷土重来，但后现代性这个重要概念的不可避免的诱使我们找出新的方式来描述这个新的理论症状，它不是人类永恒关注的事物的简单回归，甚至也不是古老的现代性主题的回流（可能只要举出对错误记忆[15]的痴迷便足以间接说明，这个新概念有着非常不同的形态）。

但是，在这里，最重要的是将共时概念从那些时间性（achronicity）的踪迹中清除掉，利科指责时间性中有共时概念（正是他自己眼中的权威，如奥古斯丁和有些小说家，比结构主义者更迷恋“永恒性”[16]）。如果我们暂时用“共时性”替代“共时”，

我们会发现自己面临的是这样一个思想，它什么都是，却是非时间的（atemporal）。的确，它假定关于时间性的丰富经验是一个历史性的出现，但它是一个非常不同于任何传统经验的时间性经验。始终值得注意的是，尽管利科聪明地挪用了海德格尔对时间的复杂分析，但很明显，他不愿意承认，人的时间在晚期资本主义中可能经历了某种结构变形。但这恰恰是后现代的共时性所隐含的意义，即各种关系在当下的繁殖（有时在意识形态意义上被等同于信息）亦促使注意力从过去先在的因果线向系统各种更新的概念的不可避免的转移，这些概念对理论和哲学以及人类实践都将产生种种重大影响。的确，布罗代尔本人特别挑选出这样一个新的共时性作为历史书写学科在当代发生转变的“原因”[17]（或者也许是因为“原因”一词已经沦落为这种转向的牺牲品，我们最好称这一发展为一个任意症状，由此可以探察到这个转向）。但这只是意味着一种新的时间，而不是任何真正的“时间
495 性的终结”（我曾经用该表述说明当代思维的此类“重大影响”）。[18]当前，后现代生活由于注意力短缺（attention-deficit）而造成的种种无序状态无疑带来了新的问题，一个老的、缓慢的世界用不着处理这些问题。但它们也用新文本和新的哲学问题使我们面对奇妙的、新的可能性，这些新文本和新的哲学问题（部分是在时间和时间性领域）提供了令人激动的前景，并使得我们可以避免以经典、永久的哲学、传统或任何其他贴在形形色色逆行的本质主义之“永恒人类”上的意识形态标签为掩护，重复那些古老的解决办法，避免重蹈它们的覆辙。

4. 叙事现象学

当利科将他对（照我的看法，他是被误导了）符号学批判与

他对历史法则的先前讨论和历史编纂在法律上的可能性所展开的理所应当的攻击联系在一起的时候，他是站在了一条更有生产性的轨道上。那些东西自然是消失了，但不会被返回到任何传统叙事历史或历史编纂式的讲故事所取代。年鉴学派（Annales School）（对这个学派，他的感情很复杂）的各种创新会证明这一点，但也间接指出，我们需要在我们对历史叙事的研究中走得更远：而且在这里也需要以新的方式延长利科的问题和研究。

历史编纂，他告诉我们，较之文学，或说得更好一点，较之虚构文本，提供的时间结构似乎不是那么花样繁多。我们会认同这个印象，即使稍加思考，也足以让它成为一个令人震惊的决定：的确，形形色色存在意义上的时间性如何能够希望与包括在人类历史经验中的那些难以胜数的时间性相匹敌？这足以令我们怀疑，历史编纂还不能够胜任这个任务；同时也让我们困惑，我们的困惑在很大程度上符合利科的精神，是否叙事本身曾经能够承担这个任务，而且它在当时的可能性和局限性究竟是什么。

这是一个他自己在对某种文学批评进行了百科全书式的考察之后开始提出的疑问，如我已经间接提到的，这个问题不再是真实的，不再是普遍的或有影响的，相反地，它是利科在对它做足了功课之后交给我们的一份综合论文。[19] 因为我已经注意到，这些参考资料所涵盖的范围从克默德（叙事或体裁性改变的可能性）， 496
中间有本韦尼斯特（Benveniste）、凯特·汉布格尔以及威因里希（Weinrich）（关于时态系统），一直到古特·穆勒（Günther Müller）和热奈特（Genette）（关于“叙述”［*énoncé*］和表述），以声音和视角结束（多里特·科恩［Dorrit Cohn］、史丹泽［Stanzel］、乌斯宾斯基［Uspensky］以及巴赫金）。如何对一个如此宏大的概述进行总结？

要做到这一点，我们只能紧紧抓住利科自己的那根红线，即对时间进行叙事表现的可能性。的确，在这一章中（紧接着关于叙事符号学那一章），我们第一次遇到利科自己可能都没有完全明白的一个态度转向，但它对我的论证十分重要。它与他赞同语言学批评家将时态系统和实际经验分隔开来有关。

这一分隔的结果似乎重现了对格雷马斯的反对意见："语法学家"一直试图用一个时态系统的抽象术语来替代人类时间性的真实经验。但是，这个对立并没有以同样的方式将自己显现出来。因为现在一场辩论已经若隐若现，在这场辩论中，两种对立的可能性需要一个新的第三种解决办法（因为格雷马斯的方块在实际的世界中是不存在的，但语言及其时态是存在的）。一方面，我们有心理学派，该学派声称，时态仅仅表达了时间性中基本的人类经验；另一方面，结构主义者声称，语言及其形式首先产生活的时间经验的效果或附带现象。利科提出的现象学意义上的第三种方式——即扩展对语言学时态的阅读并修正我们的经验——也不是非常令人满意（而且或许可以对它进行补充，如果结构主义、符号学以及理论都灭绝了，无疑，在它们之后繁荣兴旺的各种阅读理论早就收到五花八门的讣告了）。但我们在这里也不需要任何实质性的解决办法或综合：在这一点上，利科不愿意将现象学经验与语言学系统对立，这已经足以令人感到震惊了。而且这也足以暗示出一个非常不同的结果，这两种时间性维度（话语
497 维度和经验维度）的——甚至不是不可通约性——交叉才是那个关键性事实，才意味着一种新的方法论密钥。

在我们考察时间的哲学理论时，我们的确已经拥有了这把钥匙，但我们却浑然不觉：因为这些理论都是象喻，我们发现，它们每一个单独来看都会生成一种表象幻觉，即表示时间的实质性"定义"的幻象，任何严肃的哲学研究很快便能消除这种幻象（时间不是运动，不是数目，不是空间，等等）。但是，这三者的

交叉使得我们能够超越任何特殊的、有限的表现形式或象喻来对时间和时间性的“现实”作三角测量。或者更确切的说法是，象喻本身就是几种不可通约的表现形式之间的交叉。

无论怎样，我们在这里第一次瞥见能够将象喻转用于叙事的一种可能性：我们能够获得对（虚构的）叙事时间的洞察力，不是因为这些论述中的某一种优于另外一种，而是因为它们的多元性，它们的交叉。（有些人认为，经验或现象学时间根本不是文本，而是某种难以言喻的、无法还原的东西，也许是某种具体但无从表现的东西，也许应该让他们相信——与时间本身就是一个概念极为相似：事实上，现象学立场的基础在身体当中，所谓的经验时间性正是身体的时间——但它是另一种文本，结构主义者可能会提醒我们这一点。）

所以现在，凭借这根关系线索，我们也许能够安全地绕出这根线索后面由关于时间的各种文学和语言学理论组成的迷宫。“叙述”（*énoncé*）和“表述”（*énonciation*）之间一度无法避开的对立，例如，说话和言语内部一瞬间发生的任何事情与将该事情表述或说出来、将它变成语言的时间之间的对立——这种对立产生的结果是将所有的文学文本变成自我指涉（autoreferentiality）而且不可避免地回指它自己的生产过程（一种于是被授予“自反性”之名的结果）——现在可以看到，这种对立就是从句子内容和说话行为这两种时间性的交叉中汲取力量（因此回到阿瑟·丹托［Arthur Danto］的公理——“要有一个叙事句子，就必须有两个提到过的事件，一个是指涉的事件，另一个是从考虑第一个事件的视角提供描述的事件”[20]——但这个公理要在目前这个讨论的意义上从形式方面加以理解）。除非这两个维度在某个单独（文学的）行为的“配置”（为什么不用利科的绝妙说法?）中被绑在一起，否则，时间是不会出现的。而且因此，我们现在可以

继续进入关于叙事声音和视角的结论性悖论中，它们不一定符合我们的要求，但它们在与 18 世纪英国第一批现实主义作家有关
498 的时间游戏中实现了对经典的凸显（《项狄传》：“我这一个月比我十二个月以前的这个时候整整老了一岁；而且，你应该注意到，现在几乎进入我第四卷的中间部分——却仍然待在我生命的第一天”等等。[第四卷，第八章]）。这些句子第一次生产出时间，或者，如果你喜欢，它们使得某种一开始便发挥作用但看不见也说不出的东西变得可见，变得可以利用了，即**时间**了不起的人格化从它的各个交叉处出现了。时间只能在各种时间的交叉处显现。的确，难道点和线的悖论不就是这样一种经验吗？其中，在我们的眼皮底下，在某种格式塔（*Gestalt*）替换中，“现在”突然波动起来——首先，它本身就是一段时期，是某种事物的中心，然后变成一个分割者，成为两个时期之间的断裂。我们是那种断裂的标志者吗？或者如谢林（Schelling）所言，通过否认过去这一行为，我们只是强烈地存在于我们自身当中，作为我们自身而存在吗？

然而，更重要的是（利科的经验，如我们将要看到的，来自对海德格尔的经验的洞察）这些交叉的多样性。但是，如果是这样的话，对时间的某个独特精髓的追求，对从时间的这种多样性中像一个寓言人格一般出现的**时间**的追求便不仅是一团鬼火和一个幻象，它还是真实性这个纷争不断的概念的源头。现代人无疑追求过这一幻象——但时间是什么？（*was aber war die Zeit?*）——抱着一种顽固的韧劲，现代人被引至他们那些五花八门的绝对，超越我们此时此刻脑子里各种各样的时间性。虽然我们能够很容易就让后现代人洋洋得意，沉醉于他们的那些时间交叉，却丝毫不担心**时间**的本体论普遍性，时间也许正源自这些普遍性。这再一次成为差异相互联系这一原则的真相，而且或许现在可以期待它

将我们从文学继续带入历史时间在其恰当时刻的表象中。但现在，我们需要一直回到开始的地方，回到利科自己的起点。

5. 奥古斯丁对亚里士多德

的确，希伯来传统和希腊传统之间、奥古斯丁与亚里士多德之间开始并置或许可以在经过奥尔巴赫（Auerbach）的《模仿论》(*Mimesis*）这个起点时给我们提个醒。在这里，它仍然是一个两种类型的时间性并置的问题，或者确切地说，在这里，它是两种关于时间的理论的并置：一个——亚里士多德的时间理论——是之前和之后的时间，是我们在天体中和在自然的或客观的世界中观察到的年代学；另一个——奥古斯丁、胡塞尔以及海德格尔的时间理论——是过去和未来的世界，它们被现在的扩张力紧紧地捆在一起，因为它延伸它的期待（protension）和记忆
(retension)，因为它间歇性地、动态地投射出它在时间上的向外 499
转移，而且它在记忆和期待中，甚至在在场对世界本身的狂热的**意向性**（*intentionalities*）(在现象学意义上）中活跃在其自身之外。这段论述巧妙地回响着胡塞尔和海德格尔的声音：因为后者有力地发展了奥古斯丁对于时间的三重洞察，同时缓慢地将奥古斯丁对过去的偏见转向主观的、海德格尔式的对未来的赞颂和对“此在”向未来推进的赞颂。

因为奥古斯丁的延伸和意向——如同呼吸造成心脏收缩和扩张一样——强烈地预示着胡塞尔将在把人类时间理论化为意识的一种期待和记忆方面做出重大突破。[21]由此，但只是一个小的跳跃，便产生了海德格尔的“此在”是其自身的时间性这一概念，它是向前趋向死亡的一个界限，它通过世界本身的存在将世界理解为时间。[22]我们既是自己的过去，也是自己的未来：这就是对

奥古斯丁困境的解决之道："我被逝去的时间和未来的时间所分割，而它的过程对我来说是个谜。"[23]然而，这是一个奥古斯丁本人努力想要解开的谜：

> 有三种时间，过去、现在、未来，这一说法在严格意义上是不对的。或许正确的说法是有三种时间，过去事物的现在、现在事物的现在以及未来事物的现在。[24]

在这里，除了胡塞尔的时间性强有力的统一活动和海德格尔的三重时间转移，我们已经接近了现象学的时间观，它将表明，利科在这里所寻求的人的（或人本主义的）传统将与亚里士多德的宇宙的客观时间概念相互对立。但是，我们需要在这个多重层面中补充第四个奥古斯丁的时间维度，即奥古斯丁的永恒性原则，或各种时间在神那里的同时性：它是时间性的一种形式，对此，利科明智地保持着不可知的态度，但这一时间性在他对涉及时间性的三部现代小说杰作的分析中重新出现，这三部小说，加上费尔南·布罗代尔的历史编纂，成为他的基本证据。这种永恒时间作为宇宙客观时间的一个宗教替代完全有理由吸引我们的注意，它同样超越了存在经验的界限，但它也是某种形式的变形——类似于黑格尔试图将系统或本体、斯宾诺莎的存在宇宙（universe of being）改造成为主体——它在摸索一个对这个维度进行更有人性
500 的或更主观的表现，而且寻求将世界时间重新拉回到人的时间中，要是能取消后者就好了。海德格尔的伟大革命于是要扭转奥古斯丁通过强调未来维度而对过去和记忆的突出，未来利用射影给我们定位，也给我们定义。任何萨特的信徒对这种强有力的时间性再定位所持的保留态度——利科对此显然是接受的，但是带着某种复杂的感情——就是海德格尔对未来即死亡和向死的存在

的强调，它不仅带有军事意味（如果不是法西斯意味的话）[25]，而且使对未来产生影响的伟大集体计划变得不可信。但让我们来看一下中心问题，这个问题的提出是利科的功劳，即海德格尔—奥古斯丁的时间分析对于历史编纂的书写和阅读的用处。

我在这里首先想加入一个对我而言很重要的脚注，关于时间性的表现的脚注。我已经注意到利科在哲学上的一些非常大胆的说法——他断言，“不可能有纯粹的时间现象学。”这意味着，事实上，不可能在纯粹意义上对时间进行哲学定义；我们现在需要从一个更加熟悉的当代和后当代主题的角度，即表现的角度，来重新表述它。亚里士多德说，时间不是运动，但总是以某种方式和运动一同出现；这句话的意思只能是时间本身无法表现，而只能通过对其他事物的表现来得到表现——例如，风在林间吹过。如果是这样的话，我们便能立刻明白利科何以求诸文学或非哲学文本，它暴露了一个思想无法获得的时间比喻，或者如他所言，“纯粹的现象学”无法获得时间比喻。的确，这是利科将他的叙事例证容纳进来所产生的巨大优势——《达洛维夫人》、《魔山》、普鲁斯特——他们的经验为我简要描述过的比喻原则增添了某些新东西。这些例子说明，只有在各种时间性的交叉中，**时间**本身——如果有人能谈论这样一种东西的话——才能显现。有人可能喜欢将这一思想与德勒兹的时间—影像、时间电影这类概念，以及动作电影或运动影像并置；但我们在这里必须让这条另外的路保持原样。我们也还没有说在这类文本中相互交叉的这些时间性是什么——而且不仅在文学文本中，费尔南·布罗代尔的三种持续时间这个绝妙的例子会让其显现。

不过，事实上，这场更深刻的哲学争论所引发的不是亚里士 501
多德的叙事与奥古斯丁的时间性的兼容，而是后者与亚里士多德的时间的不兼容。在这里，我们确实发现，两种时间理论产生了对立，一个是在亚里士多德经典的综合中发现的客观时间理论，另一个是在奥古斯丁的《忏悔录》第十一书中论及语言和历史时出现的主观或存在时间理论。已经证明，亚里士多德的时间是年代学时间，是之前和之后的时间，是根据宇宙、天体星座的旋转、自然的衰朽和再生、客体运动等来衡量的世界的时间。奥古斯丁的存在时间同时预示了“此在”的时间，过去和未来的世界由于“现在”和人的意识的扩张力而动态地结合在一起，因为它延伸了胡塞尔后来所称的它的期待与记忆，并且间歇性地投射出海德格尔和萨特所称的它的时间性向外转移，以便在记忆和期待中，甚至在它的在场对于世界本身的狂热意向中（在胡塞尔的现象学意义上）活跃于其自身之外。

利科最重要的人本主义因此在这个起点上已经在场了，它更隐蔽的戏剧性不是奥古斯丁与亚里士多德的《诗学》的并置，而是奥古斯丁的时间理论（三重的“过去的现在、当下的现在、未来的现在”）与亚里士多德的《物理学》之间的并置，因此，在亚里士多德的《物理学》中，仅仅表示时序的客观或常识的时间概念确实展现了哲学传统。因此这种观点事实上是我们的老朋友，亦即主体和客体分离的一个变体：奥古斯丁的时间是现在的时间，是人的或存在经验的时间；亚里士多德的时间是事件的顺序、年代学、纯粹客观意义上的之前和之后的时间，但也是星体的时间，是宇宙的时间。利科对符号学的全部攻击和其他稀奇古怪的哲学、结构以及理论上的研究都归结为一点，即它们都想把人的时间客体化；它们都将人的意识，人或主体从事件中剔除掉，这些事件不仅依靠人的选择，而且必须被了解叙述性质的人所理解——被他所谓的叙事智力或现象学上的领悟性所理解。但我在这里想质疑的在很大程度上不是这种人本主义立场，也不是对符号学的科学性或伪客观性的这种怀疑；我要质疑的是，对个体的人的意识和对个体主体的严格限制是拒绝集体能动性的理论化。

我们因此必须跟随这条新线索通过我们关于时间的讨论折回去：亚里士多德将人类的主观时间与宇宙的客观时间、星球的转动、完美的循环运动对立起来，他的存在倾向于将个体的时间经验还原为纯粹的推断。奥古斯丁通过深化存在的时间性并将超验 502
的客体性同化为神的共时性和永恒性开创了时间性分析的现代传统。我们因此有四个术语，四个供完整的时间性理论使用的候选术语：世界的时间；神的永恒性；个体的时间性，这个如我们已经看到的，在海德格尔那里折射为庸俗的时间感（那恰恰是亚里士多德本人的时间感）；以及某种更真实的时间性，这种更真实的时间性在《存在与时间》的末尾几页似乎涉及历史。我们的问题现在与这最后一个有关，而且要确定，加上客观时间性和存在时间性，是否可能存在第三种时间性，它不是这两种时间性中的任何一种，而且它可能就是历史本身的时间。

6. 利科的三种模仿

但那一时刻尚未到来；我们现在需要回到亚里士多德的《诗学》，利科为我们做了一次非比寻常的读解，至少我们是为了将亚里士多德这篇论文中的某些熟悉部分——例如，情节是对动作的模仿而非对性格的刻画这句名言——同利科的挪用区分开来。他是唯一一个（或第一个）坚持认为模仿是一种操作或过程而不是一种静态的表现的评论家吗？或许不是：但这个提醒在这样一个情境中是非常及时的，在此情境中，关于表现的讨论不可避免地滑向视觉，在这些讨论中，现实主义的结局似乎总是一幅由各种事物组成的图画，人们看着它并拿它同实际的原物进行对比，而不是作家对世界所做的事情，不是作家施之于世界的一种干预、一种选择和一种塑造。的确，利科关于三种模仿的不同的庞大系统确实至少产生了一个积极的结果，即很难将三种当中的任何一种看作一系列反映（在任何形式的镜子中）而不是一个过程。

我对这三种模仿进行归纳是为了说明利科的探索的架构，之后，回到第二种，文学的或严格地说是亚里士多德的模仿，只有它在这里引起了我们的兴趣——即情节的形成和这项工作的各种元素及样式，无论是在戏剧中，还是在叙述中。

然而，利科的第一种模仿先于这个模仿，它深深地存在于现象学本身之中，而且控制着文学模仿中素材和构件的出现，从无言经验的前语言混沌中，从我们最初的感知和欲望那“繁杂的、闹哄哄的骚动”中出现。但这里指明的不是一种遗传的或历史的纽带：简单地说，文字和概念在经验本身当中有其基础——即语言能够在其半自主化当中使我们忘记的东西（以至于，例如，我
503 们可以生活在文字层面、思想层面，却无须将现象学的纽带拉回到它们最初的指涉物那里[26]）。因此，在我们面前的各种姿态已经是有意义的，但它们必须是根据人们更早的经验以及他们处在某种情况下的身体雕琢而成；某个给定行为的概念（连同它的名称），一个表示迄今为止无言的情感的名称，将人分成性格类型，因果感觉以一种易于理解的方式将一个事件与另一个事件连接起来——所有这一切都必须预先形成，而且是以截然不同的单位预先形成，旨在使亚里士多德的模仿（利科的模仿活动 II）结构能够继续下去。令人好奇的是，这种较低级别的经验和素材同时也是符号学元素的宝库，而且也是反对前言语经验和符号系统的争论或许有望被引用的另一个场所。它自然也是适宜于文化及其特殊形态的地方，因为这里的文化素材问题远非仅仅是个人癖好和

个人价值。于是，也许可以说，模仿活动 I 标志着一个时刻，在此时刻，现象学的自我超越，它的基本原则，即“意向性”，得到了证实和确认，亦即每一次意识行为都是某物**的**意识并规定了其自身的一个外部。

模仿活动 III，通过阅读和接受而激活作品，我们几乎不需要补充，是另外一个这样的空间，而且的确为在文学作品中参考利科的论点奠定了基础。这是一个他需要提出的论点，因为他要回答一个非常明显的问题，关于事实和虚构之间的差别的问题，试图将虚构与历史编纂以它们各自的方式吸收进叙事中。既然如此，读者将在模仿活动 III 中成为最重要的参照；而且如同在上文中观察到的，结果（从伽达默尔和康斯坦茨学派［Konstanz School］的接受理论那里得到的结果）是一种十分空虚的人本主义呼唤，呼唤对读者进行改造（“让一种新的读者出现”［*TR*，Vol. 3，238；164］），以及一种方式，模仿活动 III（对文本的“重新配置”）以这种方式“将读者放在一个发现某种解决办法的位置上，他们必须为这一解决办法找到恰当的问题，那些问题包括某部作品提出的审美和道德难题”（*TR*，Vol. 3，254；173）；在这些问题当中，“让读者自由地提出对现实的新评价，这些评价将在重新阅读中成形”（*TR*，Vol. 3，259；176）。后一个表达将宣泄作为其理论缘起；并提醒我们注意亚里士多德的原文本中 504
的这个神秘概念，它首先为求诸接受美学和阅读提供了正当的理由。

但不能说利科对于宣泄的读解是非常令人满意的，尽管它与其他人的读解一样看起来是合乎情理的：

> 它出自这样一个事实，即令人同情和令人恐惧的事件……其本身被付诸表现。对这些情绪的诗意表现反过来产

> 生于这种结构本身……我本人在其他地方提出，将宣泄看作把认知、想象以及感情连在一起的隐喻过程的必要组成部分。（*TR*，Vol. 1，831，50）

这段话搭起了一座有益的通向利科不可一世的隐喻理论的哲学之桥（他后来更明确地试图将它同一般叙事书籍中的参照理论连起来）；但它同时也接受导致与他在这里的观点对立的一种解释。因为引起争论的或许是，即使宣泄是将真正的受难改变成为对它的表现，它也可以被描述为进入想象的一个通道，同现实拉开的一段距离，对情绪的一种缩减，因为最初的参照其实已经变成了艺术和影像并丧失了它的基础：艺术地表现一起谋杀不仅远没有挑起恐惧和愤怒，而且很有可能使它显得非常令人愉悦并将它变成了一个充满媚惑力的形象。

我们在这里不需要进一步讨论这个美学问题（它会在我们关于历史的讨论中重新回来，见下文），而只需要将模仿活动 I 和模仿活动 III 的这些假设分开，它们根据亚里士多德的叙事理论组织了这个三部曲，我们现在就回到亚里士多德的叙事理论，只保留一个附带条件，即这个模仿（像其他两个一样）被理解为一种操作，将各个元素放在一起，是一种"情节化"（海登·怀特），或如利科所言，是一种配置，而且的确是进行配置的操作，而不是一个简单的物化对象。

模仿作为一种配置这个概念的确是利科对重新解释亚里士多德的模仿（用他的术语，模仿活动 II）做出的最重要的贡献。我们也许可以提前对那一解释的三个基本方面进行概括。它们是：（1）假设亚里士多德确认的三个基本情节路线——突变，或反转；发现，或识别；感伤力，或受难[27]——是叙事的中心特征（而且的确，我们在将这些情节形式延伸到历史甚至辩证法时将

遵循他的引导）；（2）亚里士多德理论中的完善维度（eudaimonic
dimension）——由顺境转入逆境，由幸福转入不幸——标志着主
体必然介入叙事过程当中（而且很明显将成为对历史和历史编纂 505
进行考察的最关键的问题框架）；（3）结束和意义概念（“一个有
一定的重要性和长度的动作”），它最终会让我们回到有关统一
的问题，无论是以（单纯差异的）多元或多样统一的形式，还是
以统一化过程的形式。

因为，首先，我们要讨论的，而且的确也是利科，他借用了怀特的说法，叫作情节化的东西正是整个的模仿过程。对他而言，要被确认为康德意义上的“判断”的正是一种精神操作：“控制情节化的配置行为是一种法律行为，需要一个‘捏在一起’的过程”（*TR*，Vol. 2，92；61）。他遮遮掩掩地表达了一种认同，因为他强调这个叙事判断的独创性，对照康德的原话：

> 一个决定性判断（determining judgement）和一个无相判断（reflective judgement）之间的显著差别。决定性判断在它所生产的客观性中被完整地掌握。无相判断则依靠各种操作在这个世界中各个事件的因果链基础上建构审美形式和有机形式。在这个意义上，叙事形式相当于无相判断的一个第三等级，它是一个能够将基本的目的论操作当作其对象的判断，这些目的论操作形成了审美的有机实体。（*TR*，Vol. 2，92；174，n. 1）。

叙事判断同审美判断的分离在这里尤其值得注意，而且很明显，是特意要为伴随有各种虚构类型的历史叙事开辟一个地方。同时，这种划分作为一种判断隐秘地重新引入了康德对后者的详细说明，将其作为必要性的某种表象（我们在上面讨论过的第二个

研究宣泄的方法)。情节化因此会将某种关于必要性的感觉强加在事件、人物以及元素之上，它们由此被配置在一起：而且正是因为出现了对必要性的这种认识，动作才趋向结束，即，它的结束将组成叙事的多种元素统一起来。

既然如此，很明显，这里的多样性要理解为不和谐、对抗、冲突以及斗争：也要理解为意想不到或出乎意料的东西，亚里士多德本人悖论性地将它们作为因素包括在这个过程中——以他自己的名言为基础，即历史只讲述发生过的事情，而“诗”讲述可能发生的事情，或然或必然发生的事情——然后他又转而跟着阿加通（Agathon）评论道：“很有可能很多事情都应该逆于其可能性而发生。”[28]所以，甚至不可能和未必发生的事情通过一个成功的情节编排也会变成必然的。对必然性的这种认识——它必须是那种方式，或者用庞德的话说，“它始终是连贯的!”一种近似于
506 放松的感觉，不过是在其他某个悲剧层面上——构成了利科对宣泄的更加似是而非的解读：“情节正是想要使这些不和谐的事件成为必然和可能。而且在这样做的过程中，它净化了它们，或说得更准确一些，清洗了它们”（*TR*，Vol. 1，74；44)。

对情节中的否定材料、对抗和矛盾、受难、不和谐以及不兼容性的坚持将在利科关于情节是“不和谐的和谐”的论述中得到充分的表达，只要最后一项被理解为一个时间过程，而且是一个可以理解为有其自身价值的行为过程，或换言之，一个情节编排的过程，它通过赋予后者统一性和必然性将不和谐“捏在一起”。以这种形式，将历史学家的作品说成是同样具有某种叙事的情节化特点，使所有看起来无序或无关的事件都进入必然性之网，好像便不是那么荒谬了：情节化既是一个行动也是一个过程，这种说法也并非暗示有某种高于历史的外部塑造力量，而仅仅是意味着一个发现，对潜在的因果逻辑或客观实体的发现，这就是历史

学家的艺术和他最重要的“叙事智力”所要显现的。我们暂时将这个哲学问题搁在一边，将这个哲学问题与另一个哲学问题连在一起是利科的功劳，这另一个哲学问题即这种情节化是否也能使**时间**显现（或者，在这第二种情况下，使**历史**显现）。

至于这个已完成行动的三种样态——情节突变、发现、感伤力——我们将在本文第二部分以不同的方式返回来讨论它们。此刻，完全可以说的是，它们每一个都控制着一种十分不同的具体或经验事物的抽象化。三者中的最后一个是最令人惊讶的，而且通常不包括在关于亚里士多德情节概念的传统论述中。受难的场面相对于索福克勒斯（尽管事实上，在索福克勒斯那里也有很多非常真实的受难诗歌，如在《埃阿斯》［*Ajax*］中）可能看起来确实更接近阿尔托（Artaud）著名的“残酷剧场”：欧里庇得斯的《美狄亚》或许是一个更恰当的例证，因为它展示了被杀的孩子。那么我们是否要将亚里士多德的感伤力理解为视觉或场面——拉奥孔——凌驾于情节的其他要素之上呢？但是，在《诗学》中，作为“演出情景”（*opsis*），视觉场面在建构中已经被安排在一个相对次要的位置。在这里，求诸一种对动作的提升和强化，如某种“增加”（*Steigerung*），似乎更为可取，在其中，人的忍耐被推到极致（但它不一定限制在某个单个人物的个人经验上）。也许读者已经很清楚，我有意将这个概念引向海德格尔的方向，作为他的现象学的一种审美“显现”（*phainesthai*）方式，显现是正在出现，也是事件，是一个时刻，在此时刻，如他所描述的，**存在**本身以某种方式通过个体存在显现并超越个体存在，而当下则被扩展以同时包含过去和未来。海德格尔意欲用庄重（solemnity）来标识这个思想并将它同“愿景”之类的词语所具 507
有的平凡化（trivialization）区分开来，尽管显现作为事件永远不可能得到保障（即使乞求于死亡也无济于事，这可以说是海德格尔将这类瞬间提升为某种半宗教模式的标准方法)。我们没有必要保持这种可敬的节制,的确,它有时是自摆乌龙(我们可能会回想起德里达无礼的窃笑[29]);我们需要记住的就是这一时刻的改变,在这个时刻,感伤力与不和谐达成一致,的确是在这种不和谐的一致中,这一时刻成为了一个事件——它的效价(valence)从几乎静态的或者是半明半暗的场面变成了类似于既真实地发生,同时又被理解为所发生的一切的源泉或根源:或者如果你愿意,崇高正在进入视野中。

但是,感伤力这个事件也可以被设想为一个庞大但短暂的统一,它也承载着一套不同的效价,因为它可以表现为世界是场噩梦这一前景,或者交替地——因为与利科一样,我们在这里的意思是将情节概念从单纯的悲剧中分离出来——表现为对某种超人快乐的传送或者将整个世界变形。如在刚才的分析中那样,这两种状态都不是在观者即接受者这一意义上"被忍受"。我们也有理由,打个比方,像引证最黑暗的绝望一样,在这里引证各种欣快的、救赎的或得救的状态:如同情感在感伤力中实现其自身并在那个最终被静止的场景中将自身外化一样,这个场景在某个方面就是封闭的时刻,也是情节化成功实现的标志,狂热症或躁狂抑郁病似乎的确也是情感的基本范式。[30]

另外两种情节样式对于成功的情节编排而言似乎同样必不可少,只不过是以极为不同的方式。情节突变在语义意义上可以简化为变化,它是这个模仿过程中基本的时间结构。然而,对亚里士多德思想的这种简化有两个不同类型的问题,一个关乎内容,另一个关乎形式。关于内容的问题包括**新事物**的性质,以及事物在其某些方面发生改变时的性质。在结构主义时期,因为强调共时性,**新事物**的出现总是很神秘,仿佛基本数据、已知事实和对立面都预先摆在那里,于是便很难看到任何新鲜和不同的事物,任何迄今为止不曾在这个世界上存在过的事物如何都可能在它们缓慢的移动和重组中生发出来。有人总是忍不住援引卢梭的例子，并严格地对这个问题进行论证，而唯一可能的结果也许是这 508
样一个结论：变化本身从一开始就不可能存在。的确，如果起点是一个等式，如何位置的交换却导致新术语意想不到的出现？可是变化以及**新事物**是存在的。那么，情节突变或许仅仅是一个名称而已，代表这种神秘，或代表它在表现情景中永恒的再现。

但是，所有的变化都等同于情节突变或反转吗？例如，亚里士多德自己认为时间（在《物理学》中）是一个缓慢的衰落过程，从中不可能出现任何积极的事物，相反有很多事物消失，这一思想需要进行某种结构性调整以符合《诗学》中的情节组合。但是，也许恰恰是那种结构性调整在情节编排中吉凶未卜。

所有这一切都在不知不觉间导向形式问题，也就是说，导向这一思想包含其中的抽象化的本质。例如，它如何与普洛普关于寻求的基本范式相协调（更不用说与缺乏和反面人物相协调了）？缺乏，或许；一个由不足到丰饶的反转。至于反面人物，也许它只相当于一个从抗拒、对立、敌对向一致或和谐的过渡吧；即使不是从邪恶过渡到良善。但普洛普的范畴仍然更加顽固地保持着经验性，更靠近叙事表面；它们在性质上仍然是人格化的而且从未达到支配亚里士多德的概念的抽象化程度。

当然，凭借变化这一思想本身，我们靠近了一个更进一步的语义抽象类型，它就是关于反转的抽象；后者赋予前者一个具体的样态，即在两极之间前后移动。变化因此找到了一个样态或形式加诸其自身；或说得更确切一些，它的元素被重新组织成为一个可以识别且有名称的事件。因此，情节突变似乎牵扯到将世界（或者至少是这个特殊的叙事世界）重组为对立（而普洛普的情节类型仅仅是各种可能出现的对立的特殊例证）。于是，在这里，充满悖论地，亚里士多德的分析至少可以延长到格雷马斯符号学的边缘，哪怕只是在情节编排的过程中发挥对立这个基本作用。

发现是一个更加难以敲开的硬核桃，而且它是朝着另外一个方向发展的，因为识别可能具有经验性内容而且可能更加直接地呈现出一种人格化外表。在最狭隘的意义上，打个比方，我们发现——久已失散的父母与孩子团聚了——这类效果是情节剧的核心部分，现在最常见于喜剧，也能够在悲剧中幸存下来的任何事物里产生震撼效果（“艾莱克特［Electre］，我是俄瑞斯忒斯［Oreste］”[31]）。但像这样将情节样态折回到各种类型的家庭剧也不完全是出于偶然：的确，在他对于《诗学》所做的产生了重
509 大影响的评论中，吉拉德·F·艾尔斯（Gerald F. Else）在这个特别的事件中辨别出产生了典型雅典城邦的古老氏族系统的一个标志和残留。[32]折回去重新凝视那更加古老的暗夜，我们能够看到那些世仇宿怨[33]，也看到整个社会都是围绕着大家族系统相互之间通常充满敌意且始终相互怀疑的关系进行组织的（各种敌意甚至降临到家庭本身，因为丈夫和妻子可能经常会来自不同的家族系统，对某种联盟关系起到黏合的作用，但因为可能会发生的背叛与不和而总是变得格外沉重）。于是，在发现过程中出现了一种主要形式，即发现敌手事实上是我这一方的，是我的家庭和宗族这一方的；表面上的敌人事实上是血亲，这一发现改变了权力对立的整个结构。这个重要发现会因为部落特点以及种族，甚至性别等维度而变得丰富起来：发现因此在这个意义上既是对某种群体或集体的认同或生产，也是对某个名称或某种家庭关系的简单揭示。而且很显然，这个发现足以在两个方面发挥作用，它很容易导致的结果是，发现老朋友原来是有血债的敌人，团体那种沾沾自喜的亲密关系也是一样。它是分割性的，也是联系性的，而且因此可以说体现了“生命本能”（Eros）或“死亡本能”

（Thanatos）之类的东西。

然而，对这个概念的扩充留给我们一个挥之不去，同时也远非毫无意义的问题，即该情节（普洛普的帮助性元素和辅助性元素也可以随意归结到这个情节上）在一个社会性世界中的命运，在这个社会中，宗族以及被延伸的家庭越来越不构成社会的构件，更不用说作变化和历史的施动者了。对黑手党及其“家族”的怀恋在这种情形下会被解读为一种补偿性形态，而非当代社会潮流的一个标志和症状。

与这种集体怀旧或文化妒忌同时留存下来的是一个完全不同的传统遗产，即对识别本身的需要（“敬重”、“荣誉”）：黑格尔仍然是在资产阶级时代的黎明时分感觉到了这一点，当时他写出了若干版本的主人和奴隶的辩证法[34]，将其作为基本的斗争，它
导致要求对“我的”自由进行辨识。在一个不断增生而且不同的 510
身份已然模糊的世界上，它远远不是一个仅仅为某人命名的需要；它包括对这个宗族本身的认可，黑格尔的语言意识到了这一点，就算他本人并没有意识到。发现因此标明了一个事件——围绕这个事件的还有一次准时的接触或遭遇，斗争或对峙，由此必然出现等级和一张完整的、包括高等及低等社会群体的地图：它干脆就是他者之地，就如同情节突变是时间之地，感伤力是身体的命运。我们在本附录的第二部分将回到这些形式的情节与情节化，将其与历史编纂联系起来。

7. 快乐

现在，关于《诗学》和利科对它的挪用，我们需要继续考虑下一个重要问题，即试图理解快乐（eudaimonic）在叙事中的作用，以及从幸福到不幸福的过渡（不排除相反的过程，它可能是

亚里士多德关于喜剧的那些散佚篇章的组织线索）的意义。乍一看，这个问题几乎不构成一个难题。无疑，我们在这里赋予情节突变一个特别的内容，现在，要从我们的运气或幸福发生逆转这个角度来理解反转，我们习惯这样做。至于拟人，我们在这里很显然是处于人格化的范围之内：什么比幸福或苦难更与人有关？它本身就是从最先让我们幸福的具体内容当中抽象出来的。什么比这些状态更普遍地揭示出人性？对于这些状态，他人、接受、观众和公众被期待以最直接的方式做出反应。面部和身体的痛苦标记激发出一种满含同情的模仿；快乐是一种光辉，让每一个被它触碰到的人都变得美丽。如果它本质上不是与人有关，那么，快乐便与生物生命本身有关，快乐的脆弱性或丰富性在各物种之间扩张、收缩，并终于在生物本身的活力中，在狂热或虚脱的健康状态或衰弱状态中达到最终的同一。“幸灾乐祸”（*schadenfreude*）正是这种直接性的证明，是它在个体和群体中引发的嫉妒的证明——以它自己的节奏全情投入，就像抱着同样的情感和心情为它们庆祝一样。

不仅如此，感伤力的范畴本身似乎就需要将这种好运气不加掩饰地、大张旗鼓地、淋漓尽致地展现出来的仪式，或者以痛哭和尖叫的形式表现其哀伤，用哑剧表现受难以及煎熬中和垂死时
511 得不到回应的呼唤。在这一点上，对于以某种仪式来证明幸福及其脆弱性在人的生活中占据中心地位而言，同情和恐惧所扮演的似乎仅仅是帮手的角色——“不要让任何人称自己是幸福的……”——对于这个经典形式，甚至对于人的时间的不堪一击，它也许告诉了我们一些东西，也许什么也没有告诉我们，但它似乎已经使我们远离了叙事的各种问题，我们从这些问题开始，而且似乎也很难确认它们在普遍意义上具有相似的功能。

但是，也有必要掌握社会内容，它一开始或许表现为单纯的

个体和肉体现象。亚里士多德的理解是基于阶级的幸福概念，它的最高实现是有其范式的，即一个健康的、出身良好的男性，他拥有巨额财富和庞大的家族以及这一切所带来的朋友圈：这种呼唤（在《尼各马可伦理学》［*Nicomachean Ethics*］中[35]）很明显是族长的理想；而他真诚地想要奉献给精神和智力追求的闲暇时间是以好运这一经典前景作为先决条件的，关于它的脆弱性，悲剧已经对我们发出过警告。雅典的戏剧因此假设并预先提出，围绕这种古典价值有一个普遍的社会共识，它的展现本身就是在上面提到的更广大意义上的"识别"。

我们因此又回到了与亚里士多德的快乐相连的"好运"和"幸福"这类表达所具有的语义意义和意识形态意义上；而且我们可以更加充满感激地欣赏诺思洛普·弗莱就亚里士多德关于主人公的身份——比我们优秀，同我们一样，比我们更糟糕或更低下——等意见所做的推断，其阶级内容现在昭然若揭。我们中大多数坐在露天看台上的人是不会达到大宗族那个层面的，他们的胜利和凶险命运是在悲剧舞台上上演的；我们也不会认同于那些更低下的存在，那些丑陋的、残疾的、低等的阶级，甚或那些刚刚被解放的奴隶、充满嫉妒和**仇恨**的人、表达无能的愤怒和反抗的人，以及其他所有的罪人，它们是喜剧所表现的笑柄和主要对象。尼采的建议，即古时最早关于善恶的概念正出自这种基于阶级的系统（经由大宗族及其血缘识别又和自我与自恋连接上了），似乎在这里将找到许多证明并有助于将叙事分析从表面上的心理问题，既是健康人的心理问题，也是对他人的同情这类心理问题，转移到更加形式性的问题上，即叙事是否并非始终以这种方式围绕某种原始的自我主义进行组织（用弗洛伊德的话说：善为我，恶为我[36]），由此产生了更加肤浅的伦理效果（但我们要在群体或宗族的更广大的社会意义上理解自我主义，我在上面提到过）。

512 快乐问题因此发现自己被提升为涉及群体或民族命运的更具集体性的寓言，并且由此触及这类问题与历史编纂之间的关系，在这种关系中，因为信息、自反性、客观性以及所有其他更新的优点，古老的民族历史（的确，在民族国家的形成中意义重大）变得陈旧过时了，当代历史学家从这些新的优点的角度庆祝他们的情节编排。或许，相反地，正是因为民族国家不再被看作某种真正的集体发泄当之无愧的对象，我们发现，从亚里士多德的快乐角度读解当代历史的尝试是幼稚的，而且完全用错了地方。但是，在一个这样的商品社会中，我们可能会把条件放低一些，从成功或失败的角度为幸福或衰败重新编码，我们发现，在现代叙事中，无论是否是历史性的，这些范畴都比在亚里士多德那些古老的形式中得到了更有意义的运用。例如，对希特勒的垮台以及他在地堡中的最后几日的迷恋不是一个值得更野蛮的希腊残酷剧场表现的感伤场面吗？对畅销书和大企业写真故事的阅读，更不用说对那些名人大腕儿的真实故事的阅读了，难道不是在想尽办法重复对成功的赞颂吗？的确，将这类成功故事从高雅文学中排除之时——它出现在自然主义当中，也出现在自然主义作品成为畅销书的过程中——对于叙事本身的历史而言是一个具有历史意义的重要时刻（对它分裂为高雅和低俗文化而言，也是一样）。但是，这类范畴的根本意义——人性，人之常情——似乎会强化利科就“时间通过某种叙事模式被讲述从而变得有人性”（*TR*，Vol. 1，85；52）之方式所提出的更加人道主义的观点——它被理解为，叙事之所以是人性的，恰恰是因为一种方式，按照这种方式，它的观点围绕着我们一直所称的快乐及其成功与失败（它们与行动是有着密切联系的）被组织起来。

8. 行动的结束

现在，我必须说说利科对亚里士多德的第三个观察，一个与行动的结束和规模有关的观察（“一个微小的造物不会是美的”，他说［《诗学》，1450b39］；但他是生活在有显微镜和彩照之前）。不过，事实上，这里的一切都与接受时间相关。的确亚里士多德似乎是将两个分开的事物向彼此靠拢，行动的“重要性”或“意义”，以及检验它所需要的时间，微小的造物“几乎不占用时间便能看清楚”；一个过于冗长和复杂的行动可能不“容易记住”。从这一观点出发，于是，《尤利西斯》或布莱克的沙粒绝不是不 513
重要的或没有意义的；但我们必须从上面列举过的社会意义来清晰地理解关于后者的描述。日常生活的边缘地带所发生的事情在时间上不太可能延伸，因此不值得公众注意，除非议论纷纷的犯罪或日常的小灾小难寓意了更大的问题。

但是，在这里，在一个文学史已经清除了大量与它有关的传统难题的时刻，最要紧的是结束的重要性：我们不再觉得著名的“三一律”（时间、地点、行动）应该是我们的审美实践中不可或缺的一部分，而且只有最大胆的人才敢于抗拒或摈弃它。的确，今天重新讨论那些结束，这本身就是一个大胆的举动，也是非同寻常的建构技艺的展览。同时，不完整的事物——契诃夫的短篇小说、碎片、无情节小说——已经凭其自身被推举为体裁，它们现在不再被看作开放的，而是展现了一种新的结束，就像艾柯（Eco）在他的《开放的作品》（*The Open Work*）中对大部分形式进行理论化一样。这就是何以利科关于叙事尽头的思考不是非常重要的原因：他对宗派分裂的恐惧，发生在1960年代的无法化解的争论和敌对，因为那些东西在美学中将自己延长了，如泰凯尔（*Tel Quel*）杂志的那些观点，其“文本”似乎不再像叙事那样可以分类——这些恐惧由于作品本身的命运已经消散，因为这些作品已经证明是成功的，是经得起考验的，于是，它们为自己发明了一种新的体裁性结束，否则，它们便会因为不可读而湮没无闻。

在这里，对我们而言，更有意义的是结束的基本原则，它掌控着对叙事的重新解读，而且与其说它的特点是统一（unity），不如说是联合（unification）。但统一或联合的思想今天在意识形态意义上发挥着作用，是同一和将多还原为一的标记，无论是通过趋奉还是通过暴力。“封闭的形式”已经同“线性时间”或“线性历史”一样是受到污蔑的表述；尾随这些谱系的细节可能会很有意思，这些谱系在本质上属于后现代词汇学。然而，我们当下的语境揭示出，这个将要到来的学科既是政治的，又是美学的：封闭的社会遭人谴责，艺术作品中的封闭也是一样。这些谴责的基础首先是自由的基础，但是通过规定多和差异的价值来取代“民主”的“开放性”，另外一个术语便会转入激进主义和无政府主义，而且很显然引发了 1960 年代形形色色的文本实验，这些实验（对利科而言）很明显产生了宗派分裂的危险和无法化解的敌对：这是一个政治立场，如上所注意到的，根据这个立场，哈贝马斯对普遍交往之可能性的确定无疑迎头撞上了利奥塔的“歧异”（*différend*），歧异始终坚持无法化解的敌对、无法相互转换的符码、无法裁决的案件。

514 试图调节这些敌对的立场就不可避免地要将某个立场置于哈贝马斯一边，这实际上是因为定义，而且预先就是这样的（因为正是调节的想法在这里处于火力攻击之下）。我更愿意坚持我称之为拼贴的后现代原则，其中，新的统一或闭合的操作者是并置这个单纯的事实，而非综合或和谐。不需要从并置中获得任何明确的意义；重要的是在某个单独的、有意识的行动界限之内，两个不相容的事物在某个时刻被放在一起这个事实，就像抓拍到的一幅照片。意识在这里代表的是对照片材料的记录，而不是对思维或解释的记录，思维或解释在这里都没有直接说出来。这无疑是要保留某种审美框架，但这个框架只有一个功能，即标出注意界限甚或不能被思考的空间。对于现代主义者而言，这仍然属于例外或偶然性操作，而且在这种形式下，它依然是一个思想，它仍然在指涉。现在，我们的后现代并置只是记录下了“差异关联”的操作；如果这在哲学分析看来是有疑问的，我愿意从利科的疑难角度来思考它，疑难永远不可能被克服，而只能被扩大，并且被提到更高的层面。

所以在这里，我们新的审美疑难或感知疑难只能被加强，而不能被赞颂为某种新的形式原则。不过，如果是这样的话，那么，便可以调整不和谐的协调这个概念，使其绝对适应这种后现代的敏感性；而且联合这一行动可以在整个分割过程中得到保留，但被赋予了一种非常不同的审美精神。1960 年代被抛弃的事物确切地说是一个乌托邦概念，即审美的边界将被打碎。后者蔓延开来将世界本身殖民化：在偶发艺术（Happenings）或马尔库塞（Marcuse）的美学中，这个世界可能会被改造成为艺术：如同对莫里斯（Morris）和拉斯金（Ruskin）而言，更久以前，工作本身可能就是审美劳动，个人的作品本身是这个过程中一个逐渐消失的对象。

毋庸置疑的是，这个预言已经实现了，不过是在一个极为不同的意义上，与提出它时的精神不一样，它所遵循的是消费者的精神，而不是生产者的精神。因为景观社会、广告、商品化以及影像在蔓延并将这个世界审美化，由此，对于任何想称自己为艺术的东西而言都产生了一个新情境和一套新问题。后者现在必须

求诸某种暴力来重新确立仍然非常狭隘的或瞬间的框架：必须历史性地改变感知模式，借用本雅明在我们的建筑空间以及他所谓
515 的心神涣散中所发现的注意类型[37]，旨在塑造一种新的注意，我们也许可以称其为有方向的涣散，它最接近弗洛伊德思想中的联想——的确是一个最具活力的过程，在其中，古老的自我以及更古老的意识习惯受到抑制并系统性地被排除。

不管怎么说，如果这样的艺术是可信的，那么，就不需要驳斥利科的封闭是一种传统的美学意识形态这一论述，而只需对它做出调整，使其适应当代的作品和条件，他本可以想到这些，而且也不能怀疑他对这些没有产生同感。如在比较老的现代音乐中，不和谐让自己变成了新的和谐；和谐在那里只是帮助我们感觉到所有压迫着它的不和谐所具有的无法容忍的力量，而关于同一的记忆本身则以新的、生动的方式催生出差异，以及差异的种种差异。在历史编纂中，这类差异是人口统计学意义上他者的出现，数以百万计的新主题的冲击在这样一个框架中以某种方式被思考，这个框架曾经仅仅是一个国王与王后、首相、充满传奇色彩的叛逆者以及民族国家的故事，谈不上是高等种族的故事。我们现在需要明白，在什么样的条件下，情节化仍然能够在历史编纂的后现代性中发挥作用，而且新类型的时间是否在这里被标记出来，是否叙事可能以任何有说服力的或令人满意的新方式搬掉周围各种集体性实体的笨重机构。

9. 现代主义与时间范畴

然而，在我们提出各种集体性实体（以及它们对更一般的叙事法则下的历史编纂所产生的影响）这个问题之前，我们需要弄清楚，利科关于文学叙事的读解对我们有什么启示，尤其是因为

它牵扯到让时间显现这个难题。我们已经提前观察了利科的三个例子——《达洛维夫人》、《魔山》、普鲁斯特的《追忆似水年华》(*Le temps retrouvé*)——都是现代主义经典中的主要作品；而且有人只是简单地注意到门迪洛夫（Mendilow）关于“时间的故事”和“关于时间的故事”之间的区分（*TR*，Vol. 2，150－151；100－101）（如门迪洛夫一样），却没有充分考虑阶段化和形式方面的问题。空间方向上的后现代转向使得现代主义和时间性主题之间的复杂性变得更加生动，同时也尖锐地将所谓伟大的现实主义小说百分之百的时间性结构同现代时期的小说结构之间的区分问题化了。如果在利科的计划中，一般意义上的叙事韧性跨越了叙事结构中的基本变化这个问题是一个关键性的基础问题，那 516
么，至少，应该像关注从亚里士多德的希腊悲剧向现代悲剧（尤其是向小说结构，每个人都认为小说是一种特殊且在历史上独一无二的形式）的转向一样关注它。

同时，另外一个重要的文学问题在这里也被省略了，即历史小说的问题。的确，这里讨论的所有三部现代小说文本也可以被看作历史小说（虽然是非常不同的类型，它们之间的不同与它们同“传统”历史小说的不同，如托尔斯泰的《战争与和平》，完全一样）。因此，《达洛维夫人》提供了第一次世界大战刚结束时伦敦的景象，它在这部小说于1925年出版时的景象已经被人遗忘了；《魔山》（1924）很明显在唤醒战前的某种现实，它已经被那场战争一扫而光（小说对它和平时期的结局保持着开放性）；最后，拉乌·鲁兹（Raoul Ruiz）的巨片展示了《追忆似水年华》在何种程度上已经凭其自身（战时的巴黎）成为一部历史小说，这种体裁上的发展在《让·桑德伊》（*Jean Santeuil*）对德雷福斯案件（以及对左拉的审判）的表现中已经埋下伏笔。这些作品都让我们对**时间**可以在小说中显现的方式有所了解，这是毫无疑问的：但体裁间差别的模糊也使我们不能提出我在上文间接提到的两个问题，即，（1）是否现代主义已经发展出了它自己独有的令**时间**显现的方式（可能在今天，它已不再是我们的方式）；（2）是否这些小说，靠着它们的历史材料，并没有以不同于有关和平时期的标准现实主义小说的方式令历史的时间显现（从《贝姨》到《我们共同的朋友》，从《包法利夫人》到《米德尔马契》）。

因为不管在何种情况下，在这里发挥作用的都是日常存在时间与**历史**时间之间的区分。的确，利科发明了几种有用的范畴来标识后者对前者的干预，这些范畴本身的提出受到了海德格尔的启发。但后者的说法本身不会在《存在与时间》中找到，这部著作是为获得终身职位（他能重回弗赖堡大学）而匆忙写就的，特别在结论部分，关于历史时间的某个层面可能既不同于日常的非真实时间，也不同于个体或存在性“此在”的真实时间，写得尤其粗略。的确，海德格尔在那里阐述的各种时间层面——我数过了，至少有五种：*Sorge*（个体“此在”的时间），上手状态（*Zuhandenheit*），大众（**男人**）的非真实时间，个体向死的存在的真实时间，最后是（或许仍然是真实的）世代及其“使命”的集体时间——透露出对海德格尔的第一个系统（他可能自己被认为在转向［*Kehre*］或向某种**存在**哲学的转向中对该系统做出了预测
517 和修正）的某些重要反驳。尽管如此，他在《存在与时间》（在《现象学的基本问题》［*Grundprobleme der Phänomenologie*］这个标题下出版，其时，他的生命已经快到尽头了）出版次年举行的研讨会上对那一卷中没有展开的一些暗示补充了某些有用的范畴。尤其是他当时称为“宣判时间”（ausgesprochene Zeit）（或“被表达的时间”，从人的角度表现并在语言中建构的时间）的四个范畴是很有启发性的：它们是“意蕴”（*Bedeutsamkeit*），“数

据”（*Datierbarkeit*），“跨越”（*Gespanntheit*），“公共领域”（*Öffentlichkeit*），或者，如果翻译成英语，分别是：significance，datability，spannedness，以及 publicness。[38]

“意蕴”（significance）与我需要完成我的计划的时间有关，也就是说（用哲学意义上不正确的语言）它暗含着从我的主观欲望和价值观向客观地估算时间的一个过渡，客观地估算时间是完成或实现这些欲望和价值观所必需的：“意蕴”，换言之，不仅在某种含糊的意义上指定了“含义”，而且也指定了与这个世界的种种交涉，这些必然维护“此在”在其时间中的生命。

“数据”（datability）于是将“此在”置于其他生命的网络中，这些生命是同时存在的，早已消失的，或未来的，在其中，个体时间发现自己蕴涵在有时我们所称的历史当中，即他人及其时间性的洪流和多样性当中。

翻译得特别蹩脚的“spannedness”总结了构成海德格尔的时间的“向外转移”（ek-static）结构，这一结构是他发展了奥古斯丁和胡塞尔的思想所得出的：即期待和记忆的时间性的“伸长”——我的“现在”可能扩展并包括过去和未来（或者另一方面收缩到人体对于此处—和—现在［here-and-now］之感觉的直接注意）。这个术语因此现在开始指定历史性本身，与可能在我的时间意义上包括过去和现在一样，或者另一方面丧失了所有的历史感，发现我自己被简化为身体和当下。于是，在这一点上，使**历史**时间显现的可能性是以“此在”的时间性之向外转移的性质为基础的，是一种奇怪的方式，我“先于我自己”[39]，同时将我的过去拖在我身后，就像拖着一根拴着我的链条（用一个萨特的表达）。

最后，“publicness”，是“现在”进入语言的方式，或者已经以某种方式在其存在能够用话语表达这一事实中先于语言；或者说得更确切一些，除非作为可以被言说或表达的东西，否则它根本不可能存在。利科随后将对当下与语言之间的这种同谋关系给出一个结构主义的转折，他把它翻译成阐释的条件：现在是，也只能是（他声称）阐释的时间，“追忆似水年华”（*TR*，Vol. 3，159；108－109）：这相当于对古老的时间性经验一类的概念
518 进行了独特的提炼，时间性经验不仅继续导向各种结构主义和后结构主义的文本本体论，而且，在利科的手中，产生了清晰表达这一举动与 *énoncé*——表达的内容，或者换言之，叙述的可能性之间的一种同谋关系。

但应该注意的是，海德格尔的所有这些范畴都预先假设了中介的存在——由“此在”时间向历史时间的转换：其本身无疑就是一种“增加”（*Steigerung*），一种提升和强化，而且很可能是真实性与非真实性分道扬镳的一个契机。但无论怎样，这些范畴也意味着经验内部的一种连续性，一种从个体时间向集体时间的自然运动，一种“此在”时间已经预先是历史和集体时间的方式，而且只要求表述和说明在存在中已经在场的范畴。

不过，利科用来替代的范畴，他将它们描述为具体时间和普遍时间之间的连接者（*TR*，Vol. 3，153；104），似乎较之海德格尔的范畴暗含了更多两个层面之间的分离意味。我们发现，在这里，如果**历史**不是如小说所记录的那样粗暴地干预个体时间，也至少是将那些范畴插入可能仍然对其一无所知的日常生活当中。“自反性工具”（Reflexive instruments），他这样叫它们，它们构成了第三种时间选择，它

> 出自我们对时间现象学之疑难的反思，主要是思考现象学时间［个体的，或存在的、有生命的时间］与现象学没有成功构成的时间之间的历史时间之场所，我们称其为世界时

间、客观时间或平常时间［海德格尔忽视了的时间，尽管如此，也没有将他自己禁锢在奥古斯丁纯粹的主观时间性当中——*FJ*］。(*TR*，Vol. 3，153；104)

这三个中介性“工具”（一个精心选择的术语，以同“范畴”区分开来）是一个日历，是一系列的生成，也是档案或踪迹。但是，这些工具的情节化可能看上去要以某种特定的空间为先决条件或依赖这种空间，可能是某个相对于私人空间的公共空间，一个历史时间性与存在时间性的相互交叉可以作为一个事件发生的空间。

这个事件与历史本身这个**事件**不一样，这应该很清楚了：在这里，或许我们可以开始将这些现代主义历史小说同卢卡奇所赞赏的传统历史小说加以区别，传统历史小说的确试图从正面呈现大的历史变革并直接表现它们：如莫斯科的大火，甚或法布莱斯
(Fabrice) 不知道滑铁卢战斗是一个特定的事件。但是在《达洛维 519
夫人》中，那个事件不是第一次世界大战，它是一个时刻，在此时刻，历史层面在战争刚结束后的每一天当中都是可见的，在乔伊斯式的每一天所涵盖的空间里，它突然并且是粗暴地与和平时期的家庭世界以及达洛维夫人为当天晚上准备的酒会发生了交叉。这个交叉的标志是它同时唤醒了一系列其他的时间，它们不是在同一个层面上，与四年恼人的战争岁月也没有同样的节奏或时段：因此塞普蒂莫斯（Septimus）无疑还记得战争和那些堑壕，在伍尔（Woolf）描写被委婉地称作炮弹休克阶段的段落中，它们像鬼魂一样缠绕着他，折磨着他；但达洛维夫人本人却记得她的童年和青年时代，这段记忆被彼得的归来所唤醒，他结束了他在英属印度的帝国主义性质的服役，他本人也以个人的方式记得他的服役，即使它将自己更大的公共时间铭刻在这部小说中，因此，

这部小说既是反战的，是和平主义的，同时也是反对帝国主义的。

我们不需要为了确证这些时间性的爆发与公共时间之间的密切关系而坚持任何一种因果性，公共时间先是出现在大本钟（民族时间）的钟声里，然后是在首相的豪华轿车（国家时间）经过这一过程里。我们可以在这些时间上再补充一个男性权力结构的时间，它体现在上流社会的医生的权威中，他决定隔离塞普蒂莫斯，导致了后者的自杀；它同样体现在一种方式上，也可以补充一种方式，按照这种方式，酒会在大的时间上的共存也因为闲话和谣言时间而成了蜂窝状，不是掠过家庭和孩子的暗淡前景；所有这些时间性于是都受到看上去是无时间时刻的控制。在这里要注意的与其说是这些迥然不同的时间的联合，不如说是它们的附加和重叠，以及它们赋予巨大的帝国权力中心的多种交叉（帝国权力中心最重要的盲点十分不同于依赖和臣属之类明晰的经验，这种经验记录在《尤利西斯》中军事占领下的都柏林那被殖民化的空间里，它以另外的方式为伍尔夫的“实验”提供了形式模型）。

在《魔山》中，空间上的先决条件在很多方面与这个相反，因为它假设同那些**历史**将于中发生的“平地”有一个绝对的、几乎是阐释学意义上的分离。我们在《达洛维夫人》中已经开始观察的时间的异质性是以非常不同的形式被记录下来的，即通过小心分割的、不均衡的时段来表示，小说便存在于这些时间中，而且这些时间利用篇章的篇幅和叙事划分来表达小时、天、星期以及年之间的张力，一块包括多种时间性的独一无二的飞地，平地上那些寻常的（平凡的或“庸俗的”）时间被明确地排除在外，即使它既包括存在时间也包括历史时间，既包括和平年代的每一
520 天，也包括即将到来的历史战争时期。[40]曼的小说仿佛就是这种

时间记录工具，它要求与寻常时间做一个剧烈的分离，为的是让它自己更好地呈现为一种客体。不过，利科的分析给出了这个揭示点，在阅读和解释该小说的过程中，通过一种独特的轮换获得了这个点，这一过程拒绝被简化为任何一种解释性选择。因此，我们当然可以将它看作对时间本身的一次哲学探索；但那种阅读不时被疾病和发热的身体的时间晴雨表所打断；在其他时刻，也被关于欧洲命运的反思所打断，因为它的精英都误打误撞地、热血沸腾地一头扎进战争当中。每一次这样改变的时间性选择都构成了**时间**的一个不同侧面（借用胡塞尔的技术术语），一种被那些无时间性时刻所强化的多样化，也是被利科隔离开的多样化（它在我看来发挥了一个不同的作用，而且比奥古斯丁对上帝永恒的无时间性的假设更具叙事功能）。

但同样很难为普鲁斯特那里的无时间性时刻进行辩解，那些著名的狂喜时刻和从过去盲目地收集一个现在，这个过去外在于某个空虚的上流社会及其仪式那充满嫉妒或挫折而且乏味的每一天，与之俱来的是恼人的个人失败，如马塞尔的文学抱负无可救药地沦落为神经衰弱。但利科对这些“永恒性”的阅读没有用来发展与普鲁斯特的时间性有关的某种新理论或旧理论（如普莱[Poulet]所做的那样，举个例子）。确切地说，以前从自发的记忆和最终的展示这类视角对普鲁斯特的解读，相比德勒兹从符号以及对符号的解码这个角度对《追忆似水年华》的更新式解读便贻笑大方了：正是这两种无法比较的阅读之间的冲突不仅构成了利科的“解读”，而且也推着我们去理解在普鲁斯特那里，**时间**如何通过这些解读的异质性以及它们相互叠加的时间性得以显现。

因为从探求和展示的角度做出的传统解读实际上抹杀了结尾之前的整部小说：是对一个错误时间的论述，在这个错误时间里，艺术生产与个人经验的关系没有得到理解，或者说得更明确一些，是被压抑的。关于那种压抑的故事在“永恒的崇慕”（adoration prepétuelle）之光的映衬下突然间变得了无趣味，人物本身成了畸形学研究的样本，有缺陷，可怜，病态。

但是，按照德勒兹的读解，这部作品便分解成一系列的“时间点”或阐释学意义上的时机和感知。所有的一切相对于彼此都具有同样的价值，在这个令人十分满意的劳动中，不可能有特殊的等级，通过该劳动，每一个时间点都被表达、翻译或转换成语
521 言本身，以至于——在书写的这第二时间里——它只是“第一次”发生。仅仅是在表面上，这些细微的现象学最终形成了关于这个过程的自反性或自我意识，普鲁斯特开始写作之前应该已经先对这一过程有所了解。

《追忆似水年华》：与在标准的 18 世纪参考文献中一样，利科在他对这一特征的讨论中第一次用到这些文献（菲尔丁、斯特恩、书信体小说），在这里，麻烦的与其说是各种解读的冲突，不如说是两种时间（或者，如果你喜欢，两种阅读时间）之间的相互干预。不过，普鲁斯特浩大的篇幅包含的种类更多，扩张与收缩的剧烈运动证明了这一点：没完没了的午餐持续了好几百页，阶段与阶段之间有数次跳跃。我们尚不清楚的是，存在时间与历史时间在这类作品中如何交叉；尤其不明白，如何期待多种存在时间，这把有代表性的扇子展开，以记录和包括形形色色的个人时间，能获得更严格意义上的历史时间的震颤；或者是否需要借助某种外在的力量——事件、社会结构、集体的觉醒——历史时间才能现身。

我们因此回到利科的三种时间中介——日历、世代、踪迹——来对这些作品中的时间做一次 X 光透视或 CAT 扫描。日历无疑代表时间的衡量点：柏格森的空间性与可视性中的点，他

将空间性与可视性置于某种更深层、更自然或有机的流（flow）的对立面，在某种活力论二元主义中，这种二元主义在海德格尔之后，甚或在德勒兹本人试图复活柏格森之后，已经不再有哲学上的启发意义，而且对于普鲁斯特而言也不再是一种可以普遍接受的解释代码。但是，日历时间——既是公共的，也是银河系的——的确意味着对利科而言，从他的领域排除客观时间可能还不很成熟。利科实际上将自己逼到了一个角落里，他坚持用有生命的或奥古斯丁的时间来替换亚里士多德的星际轮转时间：这一替换于是必然将宇宙的客观时间拉回到我们自己的主观性，在我们的主观性中，它必然表现为某种投射或幻想的形式（甚或神话，一个利科既承认又反对的领域：史前的或远古的时间，或许是前现代的、迷信的时间?）。但是，由于利科的三部曲也受到死亡的缠绕（在他的涵盖了从克默德到海德格尔以及关于伦理学的讨论中），或许值得问问我们自己，是否并不存在客观时间与存在时间的交叉，这两种时间都有待确定，它们是客观的事件，既是不可同化的，也是不可理解的。在这一点上，不仅死亡本身标志着世界不兼容的外部时间，而且还有一系列此类干预也在小说 522
的叙事机制上显现出来。

在托马斯·曼那里，疾病和发热的身体这个潜在的反抗力，打个比方，似乎自然标志着主观性能够内化的事物的外部界限：感伤力在这里因为疾病和他人的死亡而保存下来，例如表兄阿希姆的生病和死亡；但汉斯自己的热度是来自外界（而且其特点自然不同于他在一战的壕堑中的历史性死亡，如果他确实死于那场战争的话）。疾病作为一种肉体经验在普鲁斯特那里不是特别生动，很荒谬地，他个人方面对疾病了解很多：不过逐渐老去却是很生动，如在最后一卷的 *bal de têtes* 中（我们将在世代这个标题下回到这一点，一个恰恰是寻求为历史经验复制这一纯粹意义上的物质和生物事实的范畴)。更重要的是，作为地球上有机生命的地质时间的一个标志物，动物学时间在普鲁斯特那里无处不在，它不仅暴露出这个家族中亲缘关系的作用——无疑是一个更具历史性和社会性的范畴——而且与这样一个事实相吻合，即逐渐老去是等级结构在年轻人和活跃分子之外的一次不可避免的出现。因此，盖尔芒特家的喙状特征，它们在他死前重新出现在老圣庐（Saint-Loup）的正面，这时，它将生物学上的天命拉入这个文本和当下的时间经验当中：一个甚至比家族相似更深刻的现实层面，家族相似较之他们的精神和话语悸动更确切地标志出这个族姓中人的特点。动物性隐喻在这里的确非常不同于其在普鲁斯特的伟大导师巴尔扎克手下的样子，对巴尔扎克而言，人类社会中的动物王国是一个交织着恶习与美德、暴戾和脆弱的地方，而不是一个群体物种从时间的迷雾中进化至此的地方，在历史的雾霭中，法兰西的历史本身只是一段过渡的插曲（布罗代尔的“长时段”［*Longue durée*］）。

这个有机的客观时间（因为它替代了银河系时间，星体是银河系时间的标志物，我们在电灯时代几乎不接受它们了）其本身却几乎与利科的日历不兼容，无论生物学家试图用怎样的数字来表达它。人的日历也不是一个单纯容纳数字或数字序列的场所。我们在这里可能回想起（预告了后面一个更加广泛的讨论）列维-施特劳斯反对萨特的历史主义时用到的一个更为低劣的焦点[41]：日历时间是一个网格，是由点构成的平行线组成的，它在施特劳斯那里所发挥的作用是展示了一种方式，根据这种方式，萨特所谓的历史就是非常不同的时间模式混乱地交叠在一起：世纪、年、革命岁月——所有这些都有它们与众不同的节奏，它们不受任何宏大的历史综合或统一理论的影响。依照我们自己在这
523 里的观点，这种异质性证实了将要得到发展的直觉，即，事实

上，正是从这种不同类型的时间模式的混乱交叠当中，**历史**真正出现了。

不过，利科对日历做出的更具决定意义的洞察与日历中的一个有效在场有关，他称之为中轴事件，一个神秘的或不在场的起点，它为元年（Year One）的出现提供了契机，无论它是逃亡，是最后一个皇帝的死亡，是基督的诞生，是星体的结合，还是任何被当作零度的事物，由此，钟表开始滴答，日历可以再次开始它长长的倒计时。甚至顺时时间，即年表时间或物化的"现在"中为害不轻的线性时间，也不是看起来的样子，物化的"现在"被排成一列，延伸至无穷，空间性却没有减少，顺时时间还将在自身之内隐匿对超验时刻不可或缺的参照，超验时刻既非一个开端（在叙事意义上），也非完全外在于时间（像利科的哲学和文学参考文献中各式各样的永恒），而是被赋予了**事件**的原初性（primordiality），在意识形态意义上，它不得不代表世界上某种新事物的开端，卑微的日历忠实地将它记录下来并与它保持一致。

所以，在我们这三部现代主义小说中，第一次世界大战就是一个中轴事件，即使因为这些形式曲折缠绕，它在这些小说中还是以现在时（在普鲁斯特笔下）甚或将来时出现（在曼笔下）。但好像正是这种粗暴的时间断裂使它本身沿着这个连续体生发出更细小、更诡异的景象：所以在伍尔夫那里，个人的或童年的种种过去都表现出有些不祥的感觉，好像错过了一些可能性，即使这种感觉很模糊，而在曼那里，过去的小事突然像预兆一样重现于对《圣经》类型做出的世俗回答中，根据这些《圣经》类型，《旧约》中的事件预报并寓言性地预示了《新约》。然而，正是在普鲁斯特那里，悖论性地，中轴事件从未完整地发生：无疑，某种普鲁斯特式的经验在定义上就是一个不完整事件，类似于恩斯特·布洛赫（Ernst Bloch）的当下的虚空。于是，战争本身在小说结束之时尚未结束；相反地，它的作用是改变了巴黎，是日常生活以及它的原班人马的彻底堕落。但是，战争在它将客人名单转手之时复制了那个较早发生的事件，现在已经证明，该事件是中轴性的：德雷福斯案件本身，年轻的小说家第一次提到这个案件是为了在《让·桑德伊》中抓住它的要害，但它巧妙地避开了任何直接的全面表现。

的确，这个中轴事件——好像对于一个历史连续体的存在而言是不可或缺的，但是在现实中，它的作用是打断共时的时间并将后者作为各个超载层面的一种异质范式揭示出来——在很大程度上是通过自己的不在场而可见，而且在对它做出有力反证的地方，对它的呼唤也最强烈。所以，是在那些历史学家中间，费尔南·布罗代尔关于地中海的书中的三重叙事结构将暗中削弱勒班
524 陀战役（Battle of Lepanto）的历史意义作为其秘密使命，而且的确要对这个传奇事件进行去魅（demystify），它被当作西班牙与奥斯曼帝国之间的伟大转折点，在很多方面与年鉴学派的计划和使命是一致的，如我们将要看到的，这样做意在弱化事件以及由此生发的叙事历史等范畴。

同时，弗朗索瓦·傅勒（François Furet）对法国政治意识中法国大革命的中心性进行了反共产主义的攻击，他试图将其从当下的写字板上抹去（尽管如此，却没有用一个对等物进行替代），这些都体现了对**事件**范畴的攻击所采用的强大的政治形式（只在列维-施特劳斯与萨特的论战中有所预示，我又回到了这个论战）。因为法国大革命是一个中轴事件，如果曾经有这样一个事件的话（英国历史学家做了类似的努力来试图消除他们自己革命的意义，他们的努力相反则很软弱）。无论怎样，利科的理论化在坚持中轴事件的现实性方面是有其价值的，尽管实际上是在另

外一种不在场的，甚至不存在的或神话的意义上：作为一个结构化原则，换言之，它从来不可能被看作一个单纯的主观投射或集体幻想，即便它本身就是意识形态的最中心。

利科的第二个范畴——世代范畴——很显然是狄尔泰（Wilhelm Dilthey）首先强调并理论化的，出自一篇著名的文章，海德格尔在《存在与时间》的脚注中引用过。[42]后者的出版——匆忙凑成的——在处理这个范畴时，简单但有些不祥地提到这是他那一代人的“使命”。不过，我们现在知道，他的教书生涯，无论是在希特勒上台之前还是之后，都明白无误地说明了那个使命的性质，以及要完成它，他的学生们要承担的责任。[43]

然而，世代概念或许被理解为一个范畴而非一个带有特殊内容的思想：与其说它是对必死性和遭到年轻人与充满生机活力的人抛弃的落后事物（弗莱对喜剧的定义）发出预告，不如说它是通向他人和集体存在的机遇。与其说它是导致隔代人之间的敌意或妒忌的契机（利科如此频繁地悲叹“宗派分裂主义”，似乎就是这个意思），不如说它被理解为不论善恶，我的“同代人”共存共在和休戚与共；在这个意义上，我们必须指出，不是每一代人都觉得自己是真实的一代，而且有时会有分散、延续，有仅仅是暂时的、呆板的生活方式，在这些时候，人们尤其感觉不到自己在这个独一无二的、活跃的同时性中是统一的。的确，值得怀疑的是，是否一代人可以根据其所受的外部折磨而被消极地定义：如此，大屠杀的受难者与其被当作一代人，不如被看作在他 525
们之后的几代人更加可信：以色列的立国者，以及更晚一些的不同民族的同代人，他们复活了关于大屠杀的记忆并将自己重新定义为犹太人。

不过，世代性经验（the experience of generationality）是一个关于当下的特殊的集体经验：它标志着我的存在性当下扩大成为一个集体和历史的当下，一个联系起来的当下，即使不是通过某些特殊的集体行动联系起来，至少也如海德格尔正确指出的，通过实践的暗示联系起来，这个实践就是“使命”。前卫派可以说是通过纯粹的意志力对世代做出的唯意志论证明，是某个世代的使命的寓言，该使命可能从未出现（或者，也许甚至应该说，它永远不可能出现）。

同时，世代性也包括一种反对当下的斗争，这也许并不荒谬，因为当下还不是集体性在场的空间，集体性在场离不开未来。

> 在旧时中央宫殿那宏伟的车站前蜿蜒攀升的长长的——时间的——隧道中，我们在穿行……当过去停止不前，未来姗姗难至，抑或过去与未来令人困惑地交错，掩盖了彼此间距离的时候，那些捍卫自己时代而又对过去所知寥寥的人，一边对过去弃置不理，一边对未来恣意穿凿。[44]

在一篇将政治行动与写作既对立又结合的文章中，马拉美对当下的找寻通过世代得到衍生，它像海德格尔的时间本身一样总是在它自己之前或落在后面，但是，在这个现在，没有从时间的完满性（plentitude）获得任何好处。

这个时候，或许会引发一种少见的关于叙事中“将当下中立化”的讨论，利科很明智地将此与普鲁斯特联系在一起。原因是哈罗德·魏因里希（Harald Weinrich）将过去时态简化为单纯的叙事信号：

> 难道这个标志着进入小说的信号没有通过中立化过程，没有通过悬置过程而间接地提到过去？胡塞尔用中立化详尽

> 地讨论了这种关系。按照他的思想，欧根·芬克（Eugen Fink）从“现时化”（presentification，*Vergegenwärtigen*）的中立化这一角度定义了“影像”（*Bild*）。根据这种对“现实主义”记忆意图的中立化，以此类推，所有的不在场都成为**半过去**（*quasi-past*）。每一种叙事——甚至未来的叙事——说到不真实时，都**仿佛**它是过去。如果在叙事和记忆之间没有中立化所产生的某种隐喻关系，我们如何才能解释叙事时态也是那些记忆时态？（*TR*，Vol. 2，110—111；74）

如果是这样的话，世代性本身就成为一种叙事，我们试图将这种 526
叙事加给一个难以应付的当下，我们是从一个关于未来的胜利故事的视角来理解它。或许到最后才能获得同时代性，而各种他者的在场不仅产生了巨大他者的幻象（和现实），也催生了我自己的个体主观性。正是个体形象背后的所有他者这种模模糊糊的在场使叙事具有种种寓言性可能，对此，如果类型感不是陈规成见的话，它便只能是一种调节。因为世代的接合随着历史环境本身的变化而有所不同，只能试探性地提出一种叙事性归纳，它是这样一个假设，在紧张冲突的时刻，在各种时间的对抗中，这些时间性争取权力的斗争就是声明每一个都拥有当下的时间。表现这种隔代交叉的困难于是要在对另一方的物化当中得到确认，他在时代的某个单独时刻是静止的，他被普鲁斯特的 *bal de têtes* 试图重新消解为多个自我的永恒面具所同化，这多个自我停靠在无法想象也无法表现的时间线上。但这是一场反对“当下之巨大特权”（黑格尔）的斗争，这一特权清除了它的种种过去并顽固地支持遗忘。历史编纂同样压抑这个世代性事实，它以某种方式沦落为一种形而上的假设或成为固定不变的闻所未闻的伴随物，而不是完全消失。在马克思那里，世代时间（genegrational time）

被劳动时间以及资本的流通时间取代，这可以说是资本主义的客观时间性或宇宙时间性，无视革命是年轻人和妇女发动的事实。的确，在革命中，各代的时间性都集中在单独的某一时刻——“时间是暴怒的最后火焰!”——这无疑是清除它的另一种方式。

但是，如果当下是宣言的时间，世代的当下便也是集体试图发出“我们”（we）（在“我们”［us］觉醒之后）的宣言的时间。在这种意义上，世代性也标志着将主体插入集体中的尝试，其途径是寻求将前者扩大至后者的范围：在这里，利科的创新性阅读是一个很恰当的说明，因为这一阅读现在将小说的各种时间性理解为必须被读者的时间性以某种方式激活的东西。利科的模仿活动 III 因此成了在两种复杂时间系统（我在其他地方将它们描述为一种四时段交叉，而非两时段交叉，在那里，读者和作者实际上是两种历史情境和时刻的某种接触之间的中介[45]）之间进行接触并相互重构的过程。

所以，显而易见，历史是这样一个地方，在这里，我们被召
527 唤，不仅是要面对过去某个特定的当下，而且要激发那个当下的过去以及它暂时包含在焦虑和期待、恐惧和欲望等形式中的未来。伽答默尔的“期待视域”没有什么意义，除非它包括一种方式，以此方式，一个给定过去的当下必须被想象为在其自身内部承载着它自己独一无二的过去的负担和它自己独特的狂热希望以及计划。现代小说涉及对这些形形色色的时间性的再征服，也包括试图发明一种叙事语言，这种语言可能意味着小说人物的存在性当下是他们在三重时间转移中“外在于其本身”的经验。现代文学史编纂因此想要跨出那种发明之外，将作者的情境本身的各种独特时间性包含于一个日益复杂的阅读行为内部，在这种阅读行为中，文学作品本身——伍尔夫、曼、普鲁斯特的 20 年代——已经使自己莫名其妙地变得具有世代性了。但是，在某种

纯粹或永恒的当下，它很容易伪装成一种审美操作。

利科的最后一个时间交叉地——踪迹——使这种对过去的隐藏成为不可能，根据它独特的本体论，存在和非存在（not-being）以一种哲学无法将其概念化（如果有过一个疑难的话，这是一个）的方式并存。因为踪迹同时存在于当下和过去：从符号的角度唤醒这种双重生活（符号的神秘性无疑由此而生）是太容易了，除非你（错误地）愿意承认，这个符号在当下作为一个客体完整地存在。有人不禁要说，如利科对时间本身的做法，不可能有纯粹的踪迹现象学，但它至少在这一点上与符号是相同的；它只能被当作一条线索来加以读解、破译、追踪，被当作一个有损毁的叙事来解读；它要求有一种它在其中作为踪迹可能完全消失的重构。这些可以说是黑洞，他们让当下千疮百孔，却使当下不可见：如果虚构叙事可以通过这种或那种探察叙事（或者所谓的无意识记忆）让它们显现，大部分的历史编纂——除了历史的历史——似乎在它的故事开始被讲述之前便都已经穿过它们到了另外一边：笔记已经做好，登记簿已经审查过，档案已经封闭。

这些在当时就是中介范畴，由此，存在时间可以被理解为历史的：中介代码，或许在这些代码中，“此在”的时间性可以从这种或那种历史版本的角度被书写或重写——世代，民族，集体性，或我们希望在意识形态意义上阐述这个难以捉摸的领域的任何方式。

但是，这样描述它也暗示出它的问题，即，是否那种存在时间完完全全是历史的，而且只要求转换成历史术语即可；或者，是否对历史进行调节这个可能性本身就是不连续的，而且只是在间歇的或断断续续的时刻（它们本身可以是欣快的或噩梦般的）分裂成私人生活；或者，最后，是否历史的时间性没有被完全置于另一个范围——集体，这一范围因此要求有一个特权环境，以 528

在其中显示其自身。

有了这第三个可能性，我们似乎已经从某种日常阐释学移向海德格尔的返转这个更超验的模式，在这个模式中，存在者——*Seiendes*——的实验性经验，存在于这个世界上的各种本体——突然被包裹起来并且在**存在**——*das Sein*——本身的惊鸿一瞥之下黯然失色——存在的基本属性（如果有人可以使用这样的语言的话）就是盈亏圆缺，在它自我公开和展开的时刻引身而退，只有以那种可感的不在场的形式才能接近它。

但是，如果这是利科的考问形式，那么，渐渐清楚的是，两个问题已经重叠了：**时间**的显现和**历史**的显现这两个问题重叠了。同时，它们也已经被某个第二轴或辨证轴混淆了，成了一个含混的新领域，在其中，**存在**经验或总体性的消极受纳能力有可能让位于它的积极挑衅，无论是对哲学家，还是对艺术家而言，都是如此，更不用说政治领袖了。在一个堕落的世界，关于这种开放所具有的魅力的经验视情况而定，而且似乎是武断的，于是一个新的问题出现了，即它是否可能被显现，促成这样一个领域的先决条件是否能够得到积极的满足（即使它们在理论上已为人所知）。

但在弄清第一个问题的答案之前，还不能提这个问题。似乎利科的人本主义和人类学框架将它局限在对个体时间本身的研究上面。他的考问集中在是否我们可能让**时间**本身显现，如何让其显现这个难题上。尽管他有历史编纂资料，但好像还是不能假设有某种严格的历史时间，或换言之，历史本身，对此，有人可能会提出一个类似但明显不同的问题，我们如何能让**历史**显现。的确，历史编纂材料可能会被迫为文学材料提供佐证，它们的时间交叉机制以及不同时间维度的重合在对**时间**的探索中具有优先权。

但是，有**时间**本身这个东西吗？不是有各种各样的时间性吗？它们试图统一成一个单独的概念，这成了难以计数的伪问题的根源，最终道出了哲学不能克服它无尽的疑难的缘由。这一疑难的答案在于这个问题的结构，它是围绕着拟人化组织的：最高行动者，即**时间**，“时光”（*le Temps*），它让自己在普鲁斯特的最后篇幅中显现。但根据利科，这样一个形象总是情节编排的一个符号，因此需要一个与三种模仿相当的答案，将现实转换成叙事，而非转换到世界时间、星体和宇宙时间的空洞的宇宙层面上，它从那里得不到任何回应。因此，在重复萨特对历史——或 529
者，如果你喜欢，被称为**历史**的化身的出现——的统一所做的回答时，我们必须说，时间不是一，而是变成了一：因为统一，它赢得了作为化身的绝对地位；利科可能还会补充一点，是被叙事模仿本身所统一。时间的统一因此与作品的结束是相关的：它就是使得各种不和谐成为一个单独的不和谐的和谐。但如我们已经看到的，这个公式在某种程度上具有误导性，它仍然暗示着一个较老的现代主义概念，即使不是传统的概念，即和谐与统一应该居于首位。

但是，我们实际上在小说中观察到的是它们收集和包罗的各种时间性，是一种多元性，它超越了主观时间和客观时间的二元主义，超越了我关于时间流逝的个体经验和这一时刻在星体和银河系宇宙中的客观落脚点的二元主义。在这个阶段，将这种简单的对立简化为一系列我们在叙事中遇到的各种时间层面也是没有意义的，这些层面包括日常生活时间和集体历史时间，短时记忆时间和长久记忆时间（胡塞尔将它们区分为期待和记忆），他人时间和民族、或死者、或人类种族时间，投射过去的时间和凝视过去的时间——海德格尔的真实和非真实时间，托马斯·曼的永恒时刻，后现代性的聚集，这一切是如此迅疾，似乎已经悬置于某种凝固的框架中，与农民生活的缓慢形成对立，他们穿着凡·高或海德格尔的木鞋在春天的犁沟间步履艰难。如此多的时间主要不是凭借它们的内容被区分开来，而是构成了诸多不同的、各具特点的时间形式，它们可能只有相互重叠或负载，但不是融合在一个超载的形式中甚或两个对立的形式中。这些时间中的每一种都在与其他时间的关系中呈现出一个不同的哲学难题：不过，文学文本似乎将它们胡乱放在一个由各种时间框架组成的大筐里，只有情节编排才能将它们的杂乱无序和多重交叉理顺，它们只接受叙事解读的影响，不接受哲学的系统化——接受叙事智力，不接受抽象理性。某些白日梦的内在的个人时间所造成的中断和大本钟的金属振动所带来的自由联想似乎也不可能解决我们的任何疑难，而是首先产生了疑难。

但对于利科而言——或者在我看来——这恰恰是文学优于哲学的特权，对此，我们回想起“不可能有纯粹的时间现象学”。的确，文学之于哲学的优势——如果有人可以用这种平凡的语言来描述它——在于这样一个事实，即后者一般认为自己的功能是
530 解决疑难和克服矛盾，而前者的使命则在于首先产生这些东西。

正是在这一点上，我们可以以一种新的方式回到亚里士多德的宣泄问题：它成了真实现象——好运或歹运，真实的受难——变形成为其审美表现之后所产生的事物的名称。但是，这里重要的是将有关单纯的审美效果的陈腐论述同那个审美化过程区分开来，审美化过程将现实转变为审美表现，这个过程是一种行为和操作——的确，也是一种生产形式。第一次替代只是记录下其他客体中的一种奇怪客体的存在，它产生了其他存在物没有产生的独特效果。不过，后者是我们对现实所做的事，而它的最终变化在真实性上绝不亚于它被施行其上的客体。这个操作现在可以得到更充分的叙述，但要放弃“审美”这个术语——它可能已经令

人联想起艺术欣赏和奢侈或休闲活动——并回到我们在叙事本身当中的起点：因为情节编排对这一操作提供了更具活力和更具生产性的认识，同时，它最初的苦难系数也发生了变化。按照利科的读解，宣泄是一种感情变化的名称，传统上多被理解为发泄、清除，至多被理解为净化：这些充满轻蔑的表述让我们明白，我们只是使自己同被强烈地、令人不安地感觉到的事物拉开距离，而且我们现在已经竭力以某种方式将这些压抑的感情排解掉。不过，到目前为止，"情节编排"已经从它同历史编纂的联系当中吸收了认知的含义；但我们没有把握的是，现在，它可以被理解为一种建构活动和对一种新现实的生产：一项至少很体面、很有实际价值的事业，像弗洛伊德的谈话疗法。

如果我们现在回到这个问题的哲学一面，并且重新审视宣泄——以这种新的方式理解宣泄——的效果，对疑难的概念僵局的影响，其价值就会更高。的确，利科的耐心且广泛的展示意味着，不仅**时间**永远不可能被表现（康德已经得出的结论），而且宇宙时间与存在时间或现象学时间之间的鸿沟也永远不会凭借哲学的概念化而弥合，相反地，是在任何复杂的层面上作为一个对抗单纯思维的疑难保留下来。这种叙事观点于是导致了对各种解决办法的怀疑主义，虽然如此，它却很重视对它们的不可能性的缜密论证。正是在这个意义上，我们也许可以谈论这类疑难的生产：即阿尔都塞的语言所暗示的公式，在另一个语境——文学中的意识形态这个语境——中他说：

> 艺术让我们"观看"，我们又往"观看"的形式里加入 531
> "感知"和"感觉"（感觉不是"认识"的形式），"观看"起于思想，在思想中逐渐充实，然后脱离思想成为艺术，同时又映射思想。[46]

这一观点赋予艺术一种认知和建构功能，这个功能与它自己特殊的存在模式是连贯的（而且不是从哲学那里进口的）；它间接表明了一种有用的、可以理解情节编排操作的性质的方式，现在被理解为疑难的生产，将它们展现在我们面前（就好像有人在展示一种新机器并试验了它的全部性能），由此导致它们的存在地位被修正（这就是“宣泄”这个谜一般的词语寻求表达的东西）。在其他语言中，艺术的功能是生产矛盾，并使它们具有可视性。列维-施特劳斯的阐述，即对真实矛盾的想象性解决办法——或者说得更直白些，“想象的花园中真实的癞蛤蟆”（玛丽安娜·穆尔［Marianne Moore］）在理解这些“解决办法”方面是令人满意的，我们将它们理解为各种方式，以这些方式利用有争议的矛盾，对它所有冲突或不和谐的方面进行审查（因为在我们对后现代分化进行讨论这个背景下，防止“解决”［resolution］一类的词语有和谐化的寓意很重要）。

于是，这些疑难在文学中的总括较之怀疑主义和虚无主义中的节略，更好地替代了对哲学重要性的重复展示。在某种纯粹的状态中让**时间**显现遭到反复失败，将它直截了当地看作一种无中介现象（最近的一次是在胡塞尔那里[47]），由此为所有时间症状的集合让开道路，即它留下了自己无所不在却无形的踪迹。但那些踪迹——这是我们也许可以从利科的伟大计划中得出的第二个结论——只有在几种迥然不同的时间交叉处才能得到确认和标示。即使在对时间经验进行的最主观的简化中，仅让这件事情本身是可见的，也必须是在时间的共存时刻，在同时性时刻，在同时代性时刻，而若干种迥然不同的主观性是不能同时结合的。[48]

532　但正是文学文本使**时间**本身显现的这种潜能，即使是间歇性的，同时构成了后现代美学在这方面较之其现代主义前辈的优势。因为后者追求统一的幻象，在这一点上，它与哲学是相同的，前者选择容纳播撒和多样性；而且“差异是相关联的”这句口号，我在上面已经提到过，对各种时间层面的展开而言，确实是最有效的程序，我们已经发现，在事物本身不在场的情况下，要通过中介靠近时间，是需要这一程序的。被讨论的这些作品不仅膨胀（在奥古斯丁的语言中），并且伸展（在海德格尔的语言中）：它们痛苦地拉伸以触及时间显露其自身的零散方面，就好像很多面墙，身体伸展出去的手臂想要用张开的手指够到它们；这个身体隐喻可能可以代替那个终极的人力，利科将它等同于模仿活动 III，或者换言之，阅读。阅读于是成为一个片刻的、瞬间的统一行为，在这个行为中，我们在一刹那掌握了时间的多个方面，这一刹那不可能将自身延长为哲学性概念。

10. 历史学家的时间

因此，现在转向历史编纂的物证本身是很恰当的，尤其是比较在“时间小说”中发挥作用的形式处理与在更规范的历史文本中被发现的东西，特别是在费尔南·布罗代尔的大作《菲利普二世时期的地中海和地中海地区》（*The Mediterranean and the Mediterranean World in the Age of Philip II*）中被发现的东西。这部具有纪念碑意义的作品利用了时间结构，布罗代尔非常出色地将该结构理论化为三“时段”（*durée*）——首先，地理时间的“长时段”，其次是各种制度盛衰兴替的中时段，最后是历史事件的“短时段”（我自己在《政治无意识》中使用的三分体系是对它的修改，需要顺便注一下）。

当然，也是在这里，我们也许可以提出反对的意见，布罗代
尔的历史编纂也可能被说成是现代主义的，年鉴学派历史学家就 533
是以这种方式发起了他们最重要的运动，反对将所有叙事、事件

作为中心范畴，因此，在某种意义上，他们的立场被看作在历史写作方面反对叙事，希望摆脱传统历史对重大历史事件和转折点以及重大历史行动者和人物的强调。

不过，年鉴学派，尤其是他们这位最具样板性的代表人物，非常令人赞赏地保留了历史对于变化的强调，而且可以说因其容纳了“时段”或时间结构而扩大了后者的框架，由此超越了个体及其行动的单独的人类学层面（19 世纪叙事历史的古老领地，包括伟大的历史人物和他们的戏剧性事件）。现在，沿着这个层面，或者也许你应该说在它下面，出现了各种制度更长的时间运动，如文化制度、政治制度、宗教制度以及经济制度，甚至在那之下，还有空间本身和地质情况的著名的长时段：在布罗代尔的大作中，地中海地区自其在阿尔卑斯山区的欧洲部分与非洲两块大陆之间的地理意义上出现起，它的生态就是如此，在这一阶段，严格意义上的地中海制度和文化按照它们自己的（在内部有所不同）速度和时间出现了，历史上那些有名有姓的大人物高视阔步，指手画脚，声明他们自己那微不足道的叱咤风云绝对是永恒的（布罗代尔已经承认他极不情愿写他的历史中的第三个时段，因为它不可避免地要牵扯到重大的个人叙事和历史事件，那就是勒班陀战役）。

问题因此首先在于传统的、恰当的叙事范畴对于前两个“时段”的适用性，尽管它们肯定有“事件”甚至人物适用于它们各自的变化节奏。他将叙事符号学与马克思主义历史编纂一同拒之门外的做法所带来的一个结果是，利科满足于从类似准事件、准人物、准情节这些次佳范畴的角度来讨论布罗代尔的三个“时段”，甚至在符号学术语，例如行动者（或叙事中介）可能会催生出各种更新、更有趣的问题等方面来讨论它们。

《地中海和菲利普二世时期的地中海地区》事实上分为三个

部分，正好与讨论中的三个时段相对应：第一部分是一篇长达三百页的关于其地理方面的专论——沿海地区，奥斯曼帝国和西班牙边界，但最重要的是这片海域本身被划分后的小地区，像陆地上的道路一样固定下来的海洋线路穿过这些地区，而且成为军事和海事争论的主题。第二部分的篇幅达两千页，全部是关于所谓各种制度、文化以及经济节奏的中间时段的讨论；而最后一部分则是布罗代尔勉为其难加上去的，包括“叙事历史”的短时 534
段——征服与朝代，事件与主角。这部分以菲利普二世的死亡结束：这一事件以某种方式象征着这片辽阔的内海本身被边缘化，它不再是实际上的最后两大帝国之间（沃勒斯坦的认识）的战场，因为西班牙转向美洲，而通向东方的航线当时在外部，围绕非洲，被重新定位，同时，在勒班陀，奥斯曼帝国从欧洲水域退出。

这些时段有三个层面的时间性，这一假设因此对于探察其他类型的时间而言只是一个框架——例如，农民在土地上的季节时间，或商人在港口之间沿海岸线航行的时间，作出重大政治决定时间，或者新的意识形态公告的缓慢渗透时间；西班牙黄金的周转时间，油画从佛兰德斯被引入意大利的时间；折磨的时间或占领的时间……所有这些时间在它们彼此的正点交叉中都没有被熟练地定位；将它们放在临时接合中加以理解是有意为之。

很清楚，正是第一个或长“时段”构成了对利科的人本主义的最重要挑战，他在这上面获得了一个重要的胜利，我们需要将此考虑在内。这种新的历史编纂无意识就是地理学本身，或许甚至就是地质学——在这个最古老的王国中，在19世纪，深层历史被发现，由此产生了“历时分析”这个词语（在李尔［Lyell］的研究中）。的确，地质年代本身向每个试图按照亚里士多德的情节读解历史的人，例如利科，提出了一个严肃的问题。

因此，我们跟随第一部分中的某些地质踪迹，为的是看清布罗代尔如何将它融合在一篇首先是历史而非地理的论文中。这些踪迹必须被无情地简化为一条线索，因为它们导向不同的方向，同时还有异常丰富的大量事实，包括习俗、位置、文明。我们必须非常简短地谈一下山脉，它们出现于地质学上的深层时间，不同年代环绕内陆海的山脉是痉挛性出现的：这也是一个叙事，这一点应该引起注意，但没有人注意（至少有一页左右）。注意，这些山脉作为一个基本边界实际上从各个方向将地中海包围起来，也定义了将要到来的后者的历史叙事：这是第一次闭合，定义了研究对象，而且将它统一为一个独立的客体和一个独立的历史。

它也是一种不同的外部界限："我们能把山脉定义为地中海
535 最贫穷的地区，定义为它的无产阶级后备库吗？"[49]一般而言，布罗代尔是同意的：但他以反论开始："山脉是躲避兵士和海盗的避难所，所有的文献都有证据，可以远溯至《圣经》。有时，避难所成了永恒的居所"（*MM*，27；31）。但这些永恒的居所本身也是一种文化：

> 至少有一件事是确定的。无论是定居在规模很小的小村庄还是大村落，山里的人口与周围山外广阔空间里的人口相比一般来说是微不足道的，在山里，交通不便；生活确切地说很像新世界早期定居点的生活，新世界也是辽阔空间当中的岛屿，大部分是野蛮或充满敌意的，因此便被剥夺了对文明而言必不可少的联络和交换。这些山区被迫以自给自足的方式来获得生活必需品，尽他们的全力来生产所有的东西，培育葡萄树、小麦以及橄榄树，只要土壤和气候适宜。在这些山区，社会、文明以及经济都打上了落后和贫穷的标记。

（*MM*，29；32—33）

这段文字中的重要形象（“辽阔空间当中的岛屿”）无意中确认了大海的特权，在描绘飞地这个前概念范畴时，它是基本的参照物或比喻。同时，否定在这里从旅行和轨道的角度，从水上运输的角度，突出了这个世界的建构，与此同时，否定也强调被隔离开的山区飞地似乎不仅决定了不同于其他地区的历史编纂方法，而且决定了它完全从历史编纂当中被排除在外。

> 山区是一个与文明隔绝的世界，这成了一条定律，文明是城市和低地的成就。它们的历史是一无所有，它们永远处于文明大潮的外缘，甚至最长久和最稳固的地区，它们可能在地平面上跨越很大的距离，但如果遇到一个几百米大的障碍，它们则无力垂直地移动它。（*MM*，30；34）

毫无疑问，这也是自由总是与山区联系在一起的根源，无论我们想到的是难民还是草寇，是征服和殖民化的压迫还是纯粹的权力或霸权影响。现在，因为差异也是一种关系，我们可能也注意到，我们发现书的封底是非山区地区有利的生态，这些地区已经被暗中比较了：高原、山丘以及下一部分会出现的山脚，最后是平原本身。

应该注意，布罗代尔非常痛苦地让我们看到，所有这些各具 536
特点的生态都不是真正意义上最后的结束点，它们每一个就其自身而言都不是真正的完整和自足：高原是运输和转口贸易之所，集中体现在“这些无尽的驮兽队列，驮着货物的骡子和驴是看不见的……这使得卡斯蒂利亚一直是半岛外围地区之间的纽带，这些地区环绕着它，在有的地方将它同大海隔开”（*MM*，49；54—

55)。高原因此预示了对这片海洋本身的替代。

相反地，山坡乍一看是真正的福地：旅行者“春天来到这里……迎面是已经开满鲜花的绿地和耕种的土地，在那里，白色的住宅掩映在葡萄树、白蜡树还有橄榄树之间……”（*MM*，50；56)。然而，“靠山坡梯田上的庄稼支撑的脆弱经济无比复杂且随着时间的流转而不同……这些庄稼不得不根据市场价格相互竞争……而且还要同周边地区的农产品竞争”（*MM*，53；59)。最后，相对沙漠而言，这是一个围绕着地中海本身的非常狭窄且频繁受到侵扰的丰产地带，但它是另一种飞地；山坡容易受到来自底部和顶部的入侵者和强盗之流的光顾。

至于平原，在前面的篇幅中，没有什么比布罗代尔对这些固定模式的尖锐指斥更引人注目了：它们远远谈不上富饶肥沃，最初只是沼泽遍布、疟疾肆行之所，只有以几代人的沉重劳动和市镇、地主或君主的明智投资为代价，它们才成了现代的模样。同时，作为发展相对较晚的地区，它们也是以单种经营和大地产为主的地方，它们那里的地主是最残酷的——即他们的经营导致了农奴制或奴隶制。

参照这些其他类型的基本地区的优势和弱点，我们现在回到山区：首先，是迁移性放牧和游牧这种移动形式，其次是人口从山区普遍向外流动。人口过剩？算是吧，至少“相对于他们的资源而言”（*MM*，37；41)。对地方的描述因为其居民的运动而变得活泼起来：从山区，先是涌进富庶的谷地；然后成了各式各样的小贩和商人；码头上的工人；乞丐；最后是海员。因此，更深刻地认识了作为地中海“无产阶级后备库”的山区的最初特点，而且这一认识还有了内容。这种来自山区的移民运动将成为人力资源，而且后来还被确认为这片内陆海地区基本行业最终的人力库，它容纳各种船只，它们带给它巨大的财富，也构成了它独一无二的身份。

因此，这位历史学家逐渐将他书中静态的地貌变成了人口和
他们的历史。在提出这位历史学家从他著作的第一部分向第二部 537
分过渡的问题时，利科敏锐地抓住了这种微妙的变化：“地理历史，”他告诉我们，“迅速地转变成为地理政治”（*TR*，291；209）；而无疑，这再次确证了他的人本主义议程，即借助亚里士多德关于情节的人格化概念，将所有的叙事都转回到它潜在的人类形式上。不过，我们后面将看到，即使根据利科的分析，更不用说布罗代尔本人的研究方法，关键是这种转变没有完成；山区、自然、非人，它们没有完全消解在人的实践中；在第一部分和第二部分之间仍然存在着某种细微但重要的断裂。

不过，稍待片刻，让我们关注一下两个更深入的观点，它们是关于人在这些地方逐渐出现，以及迥然不同的个体所组成的不同生态系统中的人口。首先，人口本身这一主题——它在这里已经让我们开始考虑某种人口过剩问题，人口过剩满足了正在扩大的沿海地区的需要，因为那里的工业和商业需要越来越多的人力——这个主题也预示了地中海作为一个整体，作为一个半自主地区，作为“世界历史舞台上的一个表演者”（如利科后来所说的）在未来的命运。因为辩证法的基本形式之一就是，如我们将要看到的，成功带来失败，赢家亏本，好运导致各种新问题，这些问题到最后也许会是致命的。所以在这里，作为一片被陆地封锁的水域的狭窄沿海地区，最终是人口问题限制了地中海本身的发展：在其鼎盛时期，不再有足够的海员，不再有足够的工人来造船，甚至从它的影响和吸引力所能辐射到的最远地区也输送不出足够的移民，而这个基本的局限将敲响这个地区的丧钟，这也是该书的结论，宣告了属于其叙事的历史时期的结束。

但是在这一点上，对我们而言，可以说更重要的是旅行、运

输、移民本身的作用：因为正是这些构成了这一阶段的叙事；或者换一种委婉的说法，旅行是特别针对地理和某个空间层面的叙事，它是讲故事在这个层面上所采纳的形式，并且它可以获得各种元素。然而，甚至比那更重要的是更进一步的叙事资源，它隐藏在这个表面的抽象概念中，在这个抽象概念下面，运动、入侵、人口迁移、流亡、旅行队、各种各样的旅程被分类排序。因为它们不仅是形式各异的运动和移位形式：它们连接起了经营活动，在其中（在这个舞台上，即这些地理地区以及与它们对应的飞地），更基本的人物阵容以“组合”（*combinatoire*）结构或排列结构为运动形式。的确，我们这时是在布罗代尔“方法”的核心部位（至少在这个有其特殊限制的专门研究中）：它主要不是
538 发明几种一般类型，按照这些类型整理他那些多得令人目眩的原材料。有一种做法可能相对简单一些，这种做法也是韦伯式的（Weberian）：将所有花园般的山坡都作为一种理想类型隔离开，我们后来就是这样来处理差别的；或者对形态各异的山村，或者对各种平原以及那里特有的庄稼采取这种做法。不，这种一般化机制在这里被导向这些地区之间的关系类型：例如，迁移性放牧对游牧主义，的确在它们内部，它们是这两种迁移性放牧。

现在是面对这个问题的症结的时候了，它的确就是关系；或者说得更准确一些，是相互关系。这种关系有好的和坏的形式，如我已经开始暗示过的。将当下和过去混在一起，或说得更确切一点，将今天的全球化与布罗代尔的 16 世纪晚期的地中海之间的某个连续体炸开，我们也许会说，当时出现在那个内陆海地区，出现在菲利普二世和苏丹时期的地中海世界的现象的确就是全球化：西班牙帝国将目光投向美洲，奥斯曼帝国朝向波斯，然后，在勒班陀和兰西瓦尼亚（Transylvania）之后，欧洲实现了铁幕下的稳定——所有这些标记都伴随着地中海作为一个世界历

史舞台的没落。按照意愿变换舞台，难道这不恰恰是全球化造成的后果吗？逃离工资高的地区去往其他仍然可以找到廉价劳动力的地区？放弃不同的发达地区，让它们的货币流通停滞，创造全新的生产和商业中心，的确就是赋予老的世界“中心”一个新的、更惊人的意义，尽管是更具哲学性的意义？无论如何，文艺复兴时期的地中海正是以这种方式被一次全球空间的巨大扩张去中心化，而且被降到历史的从属地位，西班牙和土耳其，还有意大利和北非成了“病人”，不仅是欧洲的病人，而且是先前的整个世界历史地理区域中的病人。

这些冰川群块和非人群块，然后是将地中海及其沿海地区包容在它们的边界内的巨大山脉，实际上拥有各种微观叙事：下一批存在意义上的实体，植物，然后是动物，都是吸引、滋养、有时甚至是人类活动的结果，无论是定居、入侵、人口下降、迁移性放牧还是游牧。在关系这个层面上，山区一度开始暴露出它们与山麓地带、平原、港口以及大海本身之间的联系：通过探险、入侵、移民、交通。但是，在历时层面上，每一个地理特征都成了关于定居、人化、简言之，实践的微观叙事的契机。

正是在这里，我们遇到了利科那个了不起的、贴切的公式：“地理历史迅速地转变成了地理政治”（*TR*，291；209）。换言之，第一部分的基本叙事实际上是一个元叙事：它是一个关于时
间性 1，即地理存在，向时间性 2，即人类在这个地区定居的中间 539
时段转变的故事，包括这种转变所带来的所有经济、技术、文化、宗教以及战争。因此开始了一种螺旋式上升，在这个过程中，第二部分在它可能称其为更高但肯定更人性的层面追随着第一部分的轨迹，而且是以一种更快的时间性在追随，尽管在跨世代意义上仍然是缓慢的移动。在它们逐渐彼此认同这一点上，层面 1 和层面 2 逐渐变得难解难分，留给我们的很像基础与上层建

筑这个古老的马克思主义二元性，只不过在这里，基础包括文化，而时间性3的上层建筑成了马克思主义历史编纂中的事件泡沫，有时被唐突地当作“附带现象”，认为它们是还原的和抽象的而不予理睬。

在这个螺旋上升中，让我们考察一下关于地中海地区形成本身的一些百科全书式的句子，该地区被确认为

> 特提斯海（Tethys Sea）现存的主要断片，在阿尔卑斯造山运动时期之前，它环绕着东半球。内港结构和现在的形式以及它周边的山体系统是相对稳定的欧亚大陆板块和非洲大陆板块挤压和退缩的结果……相应的褶皱系统的海槽以及后来被褶皱系统包围的一些陷落地区和后来被各种褶皱所包围的一些陷落地区构成了这片海域内部的主要盆地……[50]

也许没有必要补充说这一论述也是一种叙事，有施动者和事件。尽管如此，仍然有一个重要的含混性：这个“长时段”是一种时间形式吗？或者难道它不是一种非时间（non-time）？在这段非时间中，什么也没有发生，什么也没有改变。从人类历史的观点，换言之，长时段、地理，更不用说地质了，是不改变的东西；而布罗代尔的词汇和公式使我们相信，它仍然是一种变化和一种历史，只不过是非常缓慢的那一种，是一种深刻到人的感知，甚至人的故事讲述、历史记忆、记录和档案都无法标示的时间性。

然而，我们已经看到它是一种地理学家能够讲述的故事；因此这个含混性是一个结构性含混——从人类角色的观点，物理框架不发生变化并且表现了一种自在（being-in-itself）；但是从它自己的视角（如果这种说法是正确的），它有它自己的时间和它自己的叙事可能性，就像太阳系或银河系一样。你如何能将这两

个相对的视角放在一起？另外一部当代历史编纂的杰作是罗伯特·卡洛（Robert Caro）的《权力掮客》（*The Power Broker*）（它被伪装成为一部罗伯特·摩西的自传），在这部书中，我们可以精确地看到这个过程。当主人公接受了他第一项伟大神圣的任务，重建长岛并修建林荫大道和海滩时，卡洛突然停下了，然后 540
给我们看到的是长达一百页的关于这块地方的形成的地理描述，从它的起源开始。

但是，很显然，无论是哪种情况，这些层面之间需要且必然有一道鸿沟：震撼出现在混合当中，出现在这两种极为不同的现实和时间性的并置当中，它们一方面是地貌的演变，另一方面是人类计划的命运，一切都同金钱与权力交织在一起。要使它们有联系，就必须将它们分开；它们只有分离才能产生联系。这是一条以某种方式将黑格尔和卢曼（Luhmann）相结合的法则：差异相互关联，巨大的差异本身就是某种形式的认同。或者，如利科在他对亚里士多德的情节的看法中所言：它是一种由不协调组成的协调，这种不协调被深度探索，结果揭示出它本身就是一种超越了不和谐的和谐。这是一种涉及总体性要求的历史编纂所采纳的形式，它的特性对亚里士多德而言是充分的规模、封闭以及必要性（处于其他特性之间，如幸福或不幸，我们很快将回到这个问题）。

尽管如此，在这个公式中，我们也只是成功地命名了这一现象（在布罗代尔那里），但我们尚未说明它的功能。我们能观察到的是他的第一部分也包括了叙事句子，而且的确是由这些句子组成的；但是，它们不是百科全书所提供的关于地质表述的那一类叙事句子。不过，要理解这些叙事句子的作用，我们需要注意（如利科那样）这第一个或地质层面的一个基本含混性。无疑，该书正式的时间跨度限制在1550—1600年；但这几乎不足以表示它本身当中以及它本身一个真正的“长时段”，因为对那个问题而言，在那五十年或任何五十年的时间里，地中海地区不可能发生任何地理移动（尽管它仍然包含了地理事件——也就是说，灾难——如公元179年的灾难那样的灾变）。重要的仍然是这两者之间的鸿沟，即在布罗代尔那里被保留下来的鸿沟：

> 因此要使这两个系列同步是不可能的，广义的一系列经济危机和一系列政治事件，一系列当代人认为最重要的事件，特别是在一个尽管一切事物都存在，但由政治引路的世纪。（*TR*，Vol. 1，297；213）

根据利科的分析，这道鸿沟将会因为两个当代读解得到调和（即使不是真正的填平或消除），从开始到结束，再从结束到开始。每一种读解都释放出一个不同的情节：首先，正是地中海地区本身的命运组织了这个情节，后者可以这样来描述：“地中海作为一个集体英雄在世界历史舞台上没落了……两个政治巨人［西班
541 牙和奥斯曼帝国］之间的冲突结束了，历史转向大西洋和北欧”（*TR*，Vol. 1，300；215）。如果是这样的话，这个情节不是于1600年，而是在那之后几十年才完成的。

根据另一种读解或再读解，恰恰是菲利普二世于1598年的去世成为第三部分的结尾并因此也完成了这个巨大的螺旋式上升的全部转变，它变得更接近于叙事历史和关于事件与世界历史人物的老式叙事历史。人类就是如此将事件阶段化并将这些多种多样的现实转化为他们能够记住的一种叙事，一种以他们自己的各种时间存在为参照的叙事。

不过，重要的是这第二种叙事仍然是一种失败并由此保留了其元叙事的标志，它是要表达年鉴学派的观点，即叙事历史、事

件、人格化角色等是不充分的。菲利普二世的个人历史因此必须同时表示闭合（对于这个整体叙事而言，在它的三个层面上，也就是说对于该书本身而言），而且也必须表示作为一个单纯的个人事件，它本身也是不充分的。它如何同时执行这两种矛盾的功能呢？

> 什么是地中海地区情节的框架？我们也许可以毫不犹豫地说：是地中海作为一个集体英雄在世界历史舞台上的没落。在这一点上，这个情节的结束不是菲利普二世的死亡。它是两大政治巨人之间冲突的结束以及历史向大西洋和北欧的转向。（*TR*，Vol. 1，300；215）

但是，在利科的精彩读解中，这两个死亡，西班牙统治者的死亡和地中海地区本身作为一个**历史**中心地带的死亡，不是构成了一种简单的平行或同源性，它们没有密切的联系。如果情节在某种程度上真的始终是异质的综合，布罗代尔这本书的实际情节是要教会我们通过将异质时间和矛盾的年代拼在一起来统一结构、循环以及事件。不过，这个实际上的结构却使我们能够在对《地中海和菲利普二世时期的地中海地区》的两种相反解读之间做出判断。

> 第一种解读使事件历史从属于长时间跨度的历史，长时间跨度从属于地理时间——于是，主要的重点放在地中海。但是，随之而来的是地理时间处在失去其历史角色的危险当中。对第二种解读而言，历史仍然是历史的，因为第一个层面本身相对于第二个层面被限定为历史的，而反过来，第二个层面从其支撑第三个层面的能力中获得了自己的历史特

质。重点于是放在了菲利普二世身上。(*TR*, Vol. 1, 302; 216)

542 当然，这两种解读之间的差异反映出一个更深层的疑难，即客体和主体的疑难，与奥古斯丁的存在时间或现象学时间相对立的亚里士多德的宇宙时间的疑难。但是，在结构方面，最关键的特征是在这三个层面之间有一道鸿沟，在它们之间有一种不可通约性，这道鸿沟和这个不可通约性必须得到承认而且要保持开放的状态，目的是揭示这个疑难，同时也能够通过这个疑难来表达时间本身。不过，这些交替出现的读解很显然在利科那里没有得到公正的评价：唯一真实的事件是存在性事件，在他的研究中，对它采取了菲利普二世的视角并且是以他的死为结束。另一种读解，关于地中海在两大帝国之间的对抗的“伪叙事”，对利科而言是一种符号学建构，借助于这种建构，历史学家模仿某种存在叙事的可追踪性，模仿某种独特的人类戏剧的节奏。更具反讽意味的是，参照年鉴学派对纯粹的事件叙事的敌意，如关于伟大的历史人物和伟大战役，关于重大转折点的叙事：似乎是在他们弃绝这类叙事并代之以“更深层的”精神性、制度以及地理的努力中，他们发现这类显然是非叙事的话语缓慢地变回到叙事，尽管是“真实的”或人格化事件和角色被利科所谓的伪事件和伪行动者所替代的叙事。

于是，利科的议程到头来处于与年鉴运动这个官方计划相对立的立场：而且如果较之他对于符号学的攻击，他对于他们观点的哲学批判较少进攻性的话，这可能与布罗代尔屈服于叙事现实主义或表现性有关，也与他在《地中海和菲利普二世时期的地中海地区》的结论部分重新退回到这一时期的事件和更加传统的叙事有关。同时，布罗代尔的理论代码——三个“时段”——鼓励回到时间的概念化这些传统的哲学困境当中（在这些困境中，利科表现得游刃有余，我们已经看到了），却没有提出一个成熟的理论和反人本主义符号学在概念上和术语学上的替换物，这种符号学的存在意味着与哲学传统的彻底决裂，尤其是与现象学和存在主义的决裂。

不过，从另一个视角，这场论战不仅在意识形态方面是有益的；它还促进利科以一种意想不到的方式进行探询，他假设可能有一种替换性的时间维度和一种替换性的阅读与方法论代码，即使这种可能性被认为是错误的。因为利科本人的做法使他倾向于在一个比以往更宽泛的规模上从矛盾转移到矛盾，永远不解决它们中的任何一个，永远不“生产”一种新的、更令人满意的概念性解决办法，而是利用每一个困境生产新的、更丰富的矛盾。他因此正需要这类激进的概念性替换物，这类无法接受但具有理论性和哲学性的对立者，目的是保证他自己可以继续探询，以至于因为在意识形态上偏爱我们称之为人格化表现的人本主义——如 543
果最终被证实并被永久地确定下来，如它在最后一卷中的情形——从而阻碍了他自己的论点中所有生产性的东西，而且正是在这个意义上，对于那个论点（的确也是对他自己的“叙事”）而言，符号学领域和年鉴学派的反叙事计划都是必不可少的。

这意味着利科对**时间**的研究方法——以及我们自己类似的研究方法，与他对**历史**的研究方法交叠在一起，但范围更广——需要多种断裂，需要不同维度之间的不可通约性，需要相互不兼容的解读，需要无法破解的疑难，需要**时间**和**历史**的多重维度，单是它们的交叉和不协调便能让事物本身显现。

正是本着这一精神，我们必须重新解读利科对布罗代尔的庞大文本所做出的各种另类阅读：个体和集体的规划的故事，斗争和结果，它以菲利普二世于 1598 年的死亡结束，或者以地中海作为历史核心的消解结束，这发生在下个世纪的进程当中。而且我们必须是以几乎相同的方式来评价三部现代小说中的多种时间性，利科对其进行了聚合性拆解，这些小说的每一部都投射出这项研究的一个主题中心，它断言这是最正确的读解方法。

但是，在实践中，众多的选项对于时间——虚构文本或历史编纂文本的历史性——并不是最关键的：它们的交叉使时间或历史显现。这些阅读之间的鸿沟是必然的，它们的不可兼容性和它们所引发的悖论不是提出了一个问题，而是在某种意义上构成了解决办法。

换言之，在这一点上，我们需要某种“交叉理论”本身来作为一种结构现象（它应该也有它的相关性和它在文本外的“现实”中的对等物）。我们也许会同意，某些文本需要一种最初的和时间性的经验，而且不同的时间决定了某种阅读是必要的，我们可以将这种阅读比作强制性的阐释（*raverse*）或穿越，因为叙事建构了多条道路，留下了不同的轨迹，同时在时间中穿过它投射出的各种时间维度。然而，**时间**或**历史**的显现靠的不是这些轨迹的多样性和差别性，而是它们彼此之间的相互干预，它们与它们的交叉之间的相互干预，它们的交叉现在被理解为不协调和不可通约性，而不是被理解为一种结合，这种结合通过由某些和谐的汇合与组合构成的中心空间，以综合的形式来强化所有的交叉。

因此，我们必须在所有交叉概念中保持这种暴力和否定性，目的是使这种不协调的接合可以被当作一个**事件**，尤其是那种随着**时间**和**历史**的显现而短暂出现的**事件**。这也不是一个单纯的文
544 本或哲学问题：因为正是同样不协调的结合构成了时间和历史在真实世界中的出现，由真实的时间和真实的历史所组成的世界。的确，正是在交叉时刻，时间突然对个体显现为一种存在经验或

现象学经验（或者，只要你愿意，显现为对这类私人经验的强烈干预，显现为一种事物，它突然从外部闯入私人经验，使它变得不堪一击并成为外在于它自身的不可思议的力量的玩物）。

> 当大人物的宅邸垮塌
> 附庸于它的很多陋室也遭倾覆
> 那些没有分享到权势者好运的人
> 常常分担他们的不幸。摇晃的大车
> 拽着汗如雨下的老牛一同
> 坠入深渊。[51]

这样一个时刻，在更宽泛的程度上，是由使**历史**本身在我们面前出现的多种力量和维度所构成的，是突如其来的可能性或意想不到的自由的时刻，是革命的时刻，也是战败和最凄凉的绝望的时刻。这些时刻与其说是主观时刻，不如说是存在时刻：如我们将要看到的，在**存在**的某种海德格尔式开端，其效价（valences）可以是否定的，也可以是肯定的，因为世界各种力量的接合本身，这些时刻才可能出现；这就是为什么应该在这一点上回想一下阿尔都塞的多元决定（overdetermination）和结构性因果律等概念，在我看来，这是试图将一个同类的现实理论化，而且它将在本附录的第二部分（“让历史显现”）发挥重要作用。

如果说我之前不愿意援引这些概念，这不仅是因为利科不声不响地完全略过了所有这类可能牵扯到马克思的时间与历史理论的东西[52]，而且更加切实的原因是，为了能够在参照我们此处已 545
经考察过的所有事情的条件下展示它们的不足。阿尔都塞对辩证法的含糊其辞是众所周知的，尽管在结构性因果律的辩证法方面，他也很愿意使用这个词（很谨慎地）。但他的反黑格尔主义不是我们在这里要特别讨论的问题。

更为重要的是，阿尔都塞的概念本身没有否定性。无疑，它们的否定和批评价值可以在哲学意义上得到恢复，但我们需要将它们重新放置在它们最初的论战情境中并按照那些概念目标的功能来读解它们，它们的目的就是削弱和替换这些概念目标。多元决定在那个意义上是一种表示欢迎的行为，目的是对在庸俗或正统马克思主义的陈俗之见中被理解为一种单因决定论（monocausal determinism），特别是被理解为经济决定论的东西进行再理论化。同时，结构性因果律也是这个计划的一次扩展，以阻挡用某种理想主义替代马克思主义历史编纂（所谓的表现性因果律［expressive causality］）等危险，在这种理想主义替代物中，经济因素被无声无息地省略，而且它从一种准斯宾格勒式（quasi-Spenglerian）的风格与精神统一这个角度来看待历史的接合。

但是，在我们当下的语境中，这些新的版本——多元决定论，结构因果律——在它们自己的时代和情境中一定很受欢迎并且很有益处，似乎现在暗示一种多元主义和相对主义，多元主义和相对主义对于自由主义和资产阶级的历史观而言，比任何马克思主义都更为适用。多元决定，考虑到它所有的独特性，现在似乎意味着一个单独的事件有很多成因，它们的接合是随机的（而且可能很令人信服地省略了经济因素）；而结构性因果律从一段特殊距离的视角将不同层面之间有差异的关系公式化，这段距离本身就是“结构”的结果。即使后者被理解为一个生产方式本身的时刻，所以，这个概念仍然是一个积极的（甚或是实证主义的，或肯定的）概念，否定性由此被挪走，或者在其中它至少是无法理解的。这就是说辩证法的中心机制——矛盾本身——在此仍然以某种方式处于缺乏状态，或至少很难被这个概念本身所强调和凸现。

交叉概念想要恢复的正是这种否定性，而且以此为参照，利科提出的各种自相矛盾（antinomies）可以根据它们的辩证形式被理解为矛盾。正是在这种理论修正的参照下，我们或许现在可以最后同利科分道扬镳了，这是为了应对他的研究向我们提出的更基本的问题，即他的亚里士多德叙事系统与辩证法本身的兼容，尤其是与马克思主义形式的兼容。在这一点上，换言之，我们也许现在可以认为对**时间**以及可能使其显现的方式所做的研究有了一个结论；可以将我们的注意力转向**历史**本身的出现或“显现”（*phainesthai*）的可能性了。

【注释】

[1] Jacques Derrida, “Ousia et Grammé,” in *Marges de la philosophie*, Paris: Minuit, 1972, 47; in English, “*Ousia* and *Grammé*: *Note on a Note from Being and Time*,” in *Margins of Philosophy*, trans. Alan Bass, Chicago: University of Chicago Press, 1982, 42.

[2] Martin Heidegger, *Sein und Zeit*, Tübingen: Niemeyer, 1957, 432—433.

[3] Ibid., 138.

[4] 除非另注，所有对 *Physics* 和 *Poetics* 的参考均出自 1831 年希腊文本中的标号，Jonathan Barnes 整理过的 *Complete Works of Aristotle*, Princeton: Princeton University Press, 1984。

[5] 但是靠近空洞的北面的窗棂

一缕金色正在寂灭，背景是（或许［原文如此!］）

独角兽依着仙女在踢着火星……

这是那首著名的《咳》（*ptyx*）十四行诗，它的镜头在空屋（主人不在的屋子）中扫视，直到捕捉到这几行诗中的微光，其中的火星（当视域略过窗户本身）缓慢地在诗的结尾部分变成北斗七星。

［6］Augustine，*Confessions*，trans. R. S. Pine-Coffin，London：Penguin，1961，Book 11，par. 14.

［7］Martin Heidegger，*Die Grundprobleme der Phänomenologie*，Gesamtausgabe Band 24，Frankfurt：Klostermann，1975，347；in English，*The Basic Problems of Phenomenology*，trans. Albert Hofstadter，Bloomington：Indiana University Press，1982，245.

［8］Ibid.，344—345；in English，243—244。

［9］Paul Ricoeur，*Temps et récit*，Vol. 1 Paris：Seuil，1983，21，125；第 2、3 卷由 Seuil 出版社（巴黎）分别于 1984 年和 1985 年出版。三卷的英文版名称为 *Time and Narrative*，Kathleen Blamey 与 David Pellaver 译，Chicago：University of Chicago Press，1984，1985，以及 1988，上述引文见第 1 卷的 6 页和 83 页。后面对该书的参考均标注为 *TR*；所有的参考部分均先标注法文版，然后是英文版。我应该补充一点，利科后来的著作 *La Mémoire*，*l'histoire*，*l'oubli*，Paris：Seuil，2000，在前文未予以考虑。记忆现象——在 *Time and Narrative* 中几乎完全缺失（如在我对它的讨论中一样）——返回来在一部宏大的续篇 *Memory*，*History*，*Forgetting*（2004）中引起利科的关注，这部续篇与前三卷规模相当，而且扼要重述了相同的立场（包括结尾处的道德化转向，在这里成了对宽恕的思考）。这样一个主题在第一轮研究中（除了它同奥古斯丁的时间理论的相关性）竟然被完全遗忘，这让我认为，有一种方式，时间和记忆可以借此构成对同样现实的替换代码或概念性语言。对于突出记忆，还有一个更具政治含义的维度，因为它为近代史的建构打下了基础，尤其是决定了各种纪念碑的建立（Pierre Nora 那本颇有影响的对症的 *Les Lieux de memoire* 始于 1984 年，利科的第一个"三部曲"时期）。在这一点上，相对于群体政治，如果不是个体的主体性的话，历史处于第二位。

［10］见 Jean-Paul Sartre 那篇激动人心的演讲，"Une idée fondamentale de Husserl"，in *Situations I*，Paris：Gallimard，1947。

［11］文章的这两部分可以单独成篇。

［12］Augustine，*Confessions*，Book 11，par. 20.

［13］See *The Prison-House of Language*，Princeton：Princeton University Press，1972，64—69.

［14］这个术语是 W. B. Gallie 的。见 *TR*，Vol. 1，104；66。

［15］关于错误记忆，见 Ian Hacking，*Rewriting the Soul*，Princeton：Princeton University Press，1995。

［16］Ricoeur 关于“永恒”的有些困惑的讨论见 *TR*，Vol. 1，41—53；22—30。亦见 *TR*，Vol. 2，163—164，193，214；109—110，130，144。

［17］Fernand Braudel，in *Écrits sur l'histoire*，Paris：Flammarion，1969.

［18］见题为“The End of Temporality”的文章，收于 *The Ideologies of Theory*，London：Verso，2008，636—658。

［19］或许，最好还是注意一下，到他写完《时间与叙事》，对叙事学的主要的或基本的贡献已经完成。无论怎样，文学分析很少成为如此严谨、如此透彻的纯哲学关注（不是总能发挥它的优势）的受益者。美学家从未想到它对于文学批评家而言是有用的，而只有借助于现象学，这两个学科开始颇有成效地相互靠近（例如，Roman Ingarden 的研究）；然而，甚至萨特的文学批评离 *L'Imaginaire* 的现象学实践仍然十分遥远。我的印象是，哲学家的兴趣一直聚焦于虚构性问题（或者胡塞尔的“中和化”，萨特的“非真实化”），这个难题在处理时间（虚构的，或其他的）的性质时与处理情节或语言的性质时无疑一样不可避免。

［20］见利科的讨论，*TR*，Vol. 1，203—211；143—149。

［21］See Edmund Husserl，*The Phenomenology of Internal Time-Consciousness*，trans. James Churchill，Bloomington：Indiana University Press，1964.

［22］Heidegger，*Sein und Zeit*，par. 45.

［23］Augustine，*Confessions*，Book 11，par. 29.

［24］Ibid.，Book 11，par. 20.

［25］不过，我在他处会说明，海德格尔的哲学明显是革命哲学。然而，他的纳粹主义——一位党的官员嘲讽地称之为“海德格尔教授的私人国家社会主义”——对于一场忽略了经济的革命而言是一个理想的方案。关于这

个问题的要义，见 Charles Bambach，*Heidegger's Roots*：*Nietzsche*，*National Socialism*，*and the Greeks*，Ithaca：Cornell University Press，2003。

［26］的确，这种可能性为所谓的胡塞尔本人的异化或物化理论打下了基础，见 *The Crisis of the European Sciences and Transcendental Phenomenology*，Evanston，Northwestern，1970。这部著作有一个零碎的注释，"The Origins of Geometry"，对该注释的翻译构成了德里达的第一本著作出版（1974）并且成了他批判真实性思想的起点。

［27］Aristotle，*Poetics*，1452b10. 亦见 Ricoeur，*TR*，Vol. 1，72；43。

［28］Ibid.，1456a24.

［29］Jacques Derrida，*Heidegger et la question*，Paris：Galilée，1987，86.

［30］对这些命题的更广泛讨论包括康德诉诸激情，见本附录第二部分的第 14 节。的确，接下来关于情节突变和发现的评述同样是分别在为第 12、13 节做准备。

［31］Jean-Paul Sartre，*Les Mouches*，in *Tháâtre complete*，Paris：Gallimard，2005，36.

［32］Gerald F. Else，*Aristotle's Poetics*：*The Argument*，Cambridge，MA：Harvard University Press，1967，349—350.

［33］René Girard 关于世仇的讨论，见 *La Violence et le sacré*，Paris：Grasset，1972，关于血仇作为人类历史的中心现象，他的讨论仍然是最引人注目的。

［34］**主人/奴隶**辩证法的两个最早版本似乎都是在 1802—1804 年和 1805—1806 年的耶拿（Jena）讲座（所谓的《现实哲学》［*Realphilosophie*］）中阐发的。分别被翻译为《道德生活系统》（*System of Ethical Life*），eds. H. S. Harris and T. M. Knox，Albany：State University of New Yore Press，1979，238—240；以及《黑格尔与人类精神》（*Hegel and the Human Spirit*），ed. L. Rauch，Detroit，MI：Wayne State University Press，1983，191—193。

［35］亦见 Aristotle，*Rhetoric*，in *Complete Works of Aristotle*，ed. Jonathan Barnes，第 2 卷，1360 b18—30，2163。

［36］Sigmund Freud，"Creative Writers and Daydreaming，" in *The*

Standard Edition of the Complete Psychological Works of Sigmund Freud, Vol. 9, London: Hogarth Press, 1959, 150.

[37] Walter Benjamin, "The Work of Art in the Age of Mechanical Reproduction," in *Illuminations*, ed. Hannah Arendt, trans. Harry Zohn, New York: Harcourt, Brace and World, 1968, 239.

[38] Heidegger, *Die Grundprobleme der Phänomenologie*, 369; *The Basic Problems of Phenomenology*, 261.

[39] Ibid., 375; 265.

[40] 关于《魔山》中断裂的不同解释，见 Fredric Jameson, *The Modernist Papers*, London: Verso, 2007, 第3章。

[41] Claude Lévi-Strauss, *La Pensée sauvage*, Paris: Plon, 1962, 第9章。

[42] Heidegger, *Sein und Zeit*, 385.

[43] 见上文，注释25。

[44] Stéphane Mallarmé, "L'action restreinte," in *Oeuvres complètes*, Paris: Gallimard, 1945, 371—372.

[45] 见我的 "Marxism and Historicism", in *Ideologies of Theory*, London: Verso, 2008。

[46] Louis Althusser, "Lettre sur la connaissance de l'art," in *Écrits philosophiques et politiques*, tome 2, Paris: Stock/IMEC, 1995, 561.

[47] 见德里达对胡塞尔的探索中反复出现的无法压制的矛盾的证明：*Le problème de la genèse dans la philosophie de Husserl*, Paris: PUF, 1990。

[48] 无须返回到对爱因斯坦无法避免的参考，我们发现了一个关于社会不断增长的同步性的简明思考，见 Benedict Anderson, *Imagined Communities*, London, Verso: 1991, 24—25："我们自己的同步性概念在很长一段时间内处于形成阶段，而它的出现，以尚待研究的方式，必然同世俗科学的发展连在一起。但是，它是一个极为重要的概念，如果不对其进行充分的考虑，我们会发现，很难调查民族主义模糊的起源。已经取代了中世纪的时间同步性概念的事物是，再次借用本雅明的说法，'同质虚无时代'

(homogeneous, empty time)，在其中，同步性可以说是横向的，穿越一时间，其标志不是预示和完满，而是暂时的重合，通过钟表和日历来衡量。”

“对于民族之想象的共同体的诞生而言，要理解何以这种变化非常重要，我们就要考虑18世纪首次在欧洲兴盛起来的两种想象方式之基本结构：小说和报纸。因为这些形式为‘表现’**那种**想象的共同体，即民族，提供了技术手段。”

[49] Fernand Braudel, *La méditerranée et le monde méditerranéen à l'époque de Philippe II*, Paris: Armand Colin, 1990, 27; in English, *The Mediterranean and the Mediterranean World in the Age of Philip II*, trans. Siân Reynolds, New York: Harper and Row, 1972, 30. 后面对该著作的参考均标注为*MM*；所有的参考均先标注法文版，然后是英文版。

[50] *Encyclopedia Britannica*, 1961, Vol. 15, 209.

[51] Wenn das Haus eines Grossen zusammenbricht
Werden viele Kleine erschlagen.
Die das Glück der Mächtigen nicht teilten
Teilen oft ihr Unglück. Der stürzende Wagen
Reisst die schwitzenden Zugtiere
Mit in den Abgrund.

Der Kaukasische Kreidekreis, in Bertolt Brecht, *Werke*, Vol. 8, Berlin: Aufbau, 1992, 107.

[52] 或许，关于利科与辩证法的关系，我们还应该补充一句：像德勒兹的*Difference and Repetition*那样对它做最狭义的解释，他认为，它的对立即否定概念已经被康德在“Attempt to Introduce the Concept of Negative Magnitudes into Philosophy”(1763)中批驳过了，在该文中，康德断言，根本没有否定。

第二部分　让历史显现

1. 偏袒

现在，最关键的是解开这些问题框架，与利科不同（因为他将这个问题主题化了），然后假设**时间**的显现不一定总是伴随着**历史**的显现，即使后者可能需要前者的配合。这并不意味着我们一定不能接受利科在这个最后阶段将小说和历史编纂并置，相反，只意味着我们需要颠倒他的重点，并且论证小说与布罗代尔的相同之处在很大程度上并非指后者的叙事性正是前者的历史性。这在很大程度上不是因为布罗代尔的研究明显适应于亚里士多德的叙事诗学这个视角，即利科将小说和历史都归在叙事的标题下这一做法具有说服力；而是因为他选择的小说本身的建构就是为了标示历史本身更深刻的过程。它们可以说是“时间的”小说，但它们也是“历史的”小说。 546

即便如此，我们现在也必须将尚未得到回答的重要问题或难题之一放在合适的位置上，这些问题的提出源于小说与历史之间的对比，与将主体植入叙事有关，可以说，或说得更确切一些，是叙事和历史中的偏袒问题。小说或悲剧的人格化文本在这方面没有表现出任何特别的麻烦（尽管在那里，这个问题可能变得非常复杂）。但是，谁在**历史**的重大集体伪事件的结局中偏袒伪人物？无疑，这曾是列维-施特劳斯对于历史思维的颇有影响的攻击[53]，我们通过观察将其归纳为，在他看来，在现代性之前，在

547 法国大革命之前，历史中的偏袒问题的确变得疑窦丛生：在投石党运动这个被搞得乱七八糟的事件中，更不用说前哥伦布时期巴西各部落之间漫长的自相残杀的战争中，我们应该为谁喝彩？但如果我们不能够在这个较早的人类历史中表明立场，如何重新激活亚里士多德为历史提出的实现论（eudaimonic）范畴？又如何评价从幸福到不幸的各个不同阶段？这是悲剧最重要的原动力，当我们转向历史判断问题时，它变得极端困难。

但是，《诗学》存留下来的东西主要是针对悲剧的——但也可以在生殖崇拜的喜剧中（年轻一代胜过老年一代），在畅销书中（连同其中那些被贬低的有关成功与好运的幻想），或者最后在我在他处所称的幸运叙事（providential narrative）中找到例证。[54]不过，这种描述仍然必须与结束和意义（“值得给予严肃的关注”）等要求结合起来考虑，这最后一点在很大程度上从阶级的角度被定义为将高贵的悲剧演员同不如我们的人（将亚里士多德同弗莱的创造性再定义合并在一起）区分开来的东西——第一等人独自拥有将要失去的好运和高位。幸福因此在这里与阶级地位的好运连接在一起，而“结束”则注定了悲剧性堕落本身，从第一个微不足道的逆转信号到它显然已经确定无疑和无法挽回的时刻。死亡对于这种无法挽回仅仅是最残酷的外部标志，如同集体叙事中的战争和战役。

然而，后者提出了作为它们的一部分的行动者问题，即将要被叙述的已完成行为的主体，利科称之为准人物（quasi-characters）——一个预先排除了最有趣的理论问题和难题的描述。如果历史已经被书写，可以用符号学的方式对其进行质询，行动元（actant）可以得到确认并被分离，历史叙事就是围绕着行动元进行结构的：因此，某个技巧，如视角，在绘画史上也可以充当行动元，而一个类似于福柯的“规训”的现象也可能成为准“教育小说”中的英雄，在世界舞台上有其先祖和成熟时刻。但是，上文对布罗代尔的讨论提醒我们，这种叙事结构可能是含混的，并且展现出几种不同的读解可能性，亦即几种不同的叙事，它们有迥然不同的主人公和一个变化着的重点，从一种宿命（地中海的）到另一种宿命（菲利普二世和他的个人计划与命运）。我们甚至可以在谷物（grain）（我们待会儿将要看到）的参照下阅读这类叙事，探察在胜利者公开的成功故事背后起作用的失败者的悲剧叙事。然而，如果所有这一切都是真的，那么，我们似乎需要对历史叙事的基本主体表示某种同情（正是这一点超越了古老的亚里士多德式同情和恐惧）：为了让我们的理解和我们的期待 548
与历史的成功或失败，与它的幸福或不幸的结局连在一起，我们就不得不接受政治危机或历史危机，但一定是以最公正的方式。这或许是亚里士多德坚持行动（action）高于人物的另一个原因：我们可以饶有兴趣地欣赏这个计划并观察它的圆满结束或它意想不到的毁灭，这样做比身不由己地同情即将获胜的主人公更加容易，任何相反的事情都可能使我们对他感到鄙视或憎恶。

在本应客观的历史编纂事业当中，对于偏袒和一边倒的这种拟人化遗风而言，什么才是证明其合理的正当理由？我们要从心理学的角度思考同情这一要求吗？如果是那样的话，它可能成为一种幼稚的驱动力，这种驱动力被升华为那些遭到尼采谴责的伦理哲学；在他所称的自我中心幻想中，弗洛伊德本人注意到：

> 其他人物被截然分成好和坏，不理会在真实生活中都能观察得到的形形色色的人物。“好人”是提供帮助者，而“坏人”则是自我的敌人和对手，自我已经成为故事的英雄。[55]

不管是哪种情况，启蒙的目标似乎恰恰是要根除孩童的这种自我中心主义痕迹并到达一个客观性和禁欲主义的阶段，在这个阶段，没有什么恶棍或英雄，而我们对正在展开的叙事的注意力是中立的，只是对它的动力做出估计，对它的结果进行评价。

这实际上恰恰是列维-施特劳斯对**历史**的反对，他不仅认为历史意味着各种异质时间框架的融合，从日子到时代，从年份到王朝，全都被统摄在日历名下（关于此，我们已经看到，恰恰是这种异质性使得**历史**能够成为多样性的统一）；而且最重要的是，他认为历史意味着某个中轴事件预设了必然的偏见——在他对萨特的批判中，偏见就是法国大革命本身——它统治着我们的历史同情，将人物的历史花名册划分为英雄和恶棍。但是，列维-施特劳斯问到，对这些发生在任职日（inaugural date）的极端简单化之前的事件，我们做了什么?[56]对于教会的神父而言，这是关
549 于“高贵的异教徒”的问题，或者对卢卡奇而言，是关于1848年之前的作家和《共产党宣言》(*Manifesto*)的问题：现在是一个受到投石党运动（1642）[57]的复杂谜团牵制的问题，我们发现，大贵族、宫廷、巴黎人民、摄政者、她的儿子国王路易十四、马萨林（Mazarin）、雷斯主教（le cardinal de Retz）等等全部在基本的敌对中狭路相逢。在这场混乱的起义中，所谓的巴黎人民被理解为贵族、律师、店主以及他们的学徒，实际上，他们绝对不是无产阶级或被践踏、受压迫的大众，在这样一个情境中，历史的动力在哪里，我们应该站在谁的一边？列维-施特劳斯没有提到那个对人类学家而言甚至是更直接的参考，即发生在巴西不同部落的人民之间的古已有之的战争，在巴西，要确定富人或有权势的人，然后同他们的受害者站在一边，这的确是个不高明的想法。对受害者的认同的确在很大程度上是21世纪公民的一个当代趋势，他们了解种族灭绝，深知种族压迫：但它仍然是一个意

识形态的或纯粹的伦理选择，在那个方面证明，历史叙事与意识形态视角下的结构假设是不可分割的，甚至全知的或客观的叙述者都依然隐秘地受制于这个视角。

“一切历史都是阶级斗争史”，马克思和恩格斯在一个具有重大影响的声明中如是说，结果它成了一个相当奇异的总结。因为在最具技术性的意义上，各阶级只能出现在现代资本主义当中，它们表现为工人和业主的两分形式。阶级分化思想（例如小资产
阶级）是社会关系对这两个基本阶级的一种功能并且主要是对意 550
识形态分析有吸引力。至于农民和地主，在没有被改造成为农场工人和资本家之前，他们在资本主义的第一个世纪没有受到什么冲击，最好是将他们描述为封建等级，以略微不同的方式在发挥作用，就如同奴隶范畴不能同化进工资工人范畴，工资工人独自构成了工业无产阶级。远溯至部落群体和狩猎采集者，谁愿意维护这样一个思想，即在村落长者统治年轻人和妇女的情况下，我们仍然需要有阶级斗争吗？

我们当然能够明白为什么马克思和恩格斯要采取这种表达方式：他们想突出剥削之于生产过程的关系。“历史的噩梦”（乔伊斯）无疑是暴力与残酷的累积，但如果以这种绝对的方式来看待它，那等于是在鼓励某种伦理上的怜悯，只有当我们将这种历史图景的对象从人类历史移位至社会结构，这种怜悯才可能具有生产性；同时，阶级概念包括权力在没有将追求权力的欲望本质化的情况下的种种不公。这句著名的口号因此将我们的注意力引向人类过去的剥削系统，同时以对伦理和人本主义的各种偏见进行去魅为目标，这些偏见忽视了那些系统而且倾向于将它们碎片化为单纯的个人过失和经验错误，以此来掩盖这些系统。

但是，我们当下的语境也为马克思和恩格斯一方的这种修辞夸张提供了另一个理由：它是要将人类历史上这些没完没了的资

产负债表（balance sheets）叙事化并且恰恰是像鼓励列维-施特劳斯所强烈反对的偏袒那样来表现它。但是在这里，我们需要十分谨慎地对这些复杂性表示尊重，在叙事学的立场，它们并非一直非常明显。它的确不是确定一个“视角”的问题，从这一视角来观察和评价这些各不相同的前历史：也就是说，即使是广受批评的“历史主体”概念在这里也并非毫无疑问，更不用说卢卡奇的“党派偏见”（*Parteilichkeit*）（萨特的**入世**［*engagement*］或承诺［commitment］可能更接近一些）。但所有这些概念，以叙事视角开始，都反映了本质上属于现代或后笛卡儿的（post-Cartesian）个人主体范畴。在叙事历史上，我们也许可以断定，沿用本维尼斯特（Benveniste）的观点[58]，第三人称首先出现且先于第一人称叙事：后者随之在自由间接文体（*style indirect libre*）中返回到第三人称并且用我叙事（I-narrative）的所有主观习得丰富了前者。

亚里士多德诗学实际上远非指定了一个视角，这部分地是因为它在戏剧的集体接受层面的理论化，部分地是因为它与利科所
551 称的陈旧思想和神秘思想之间的联系，在这种思想中，居于支配地位的是各种力量，而不是个体的人，诸神的形象只体现了部分或有限的人神相似理论。这是返回到情感条件的时刻——幸福或不幸——亚里士多德非常谨慎地将它们用在他关于已完成行动的论述中。对于前个人（pre-individual）接受而言，实现论的特点不一定意味着现代个人主体的在场，无论是作为观察者还是作为主人公：幸福和苦难在这里都是这个世界的自由漂浮状态，它们在外缘可能被拟人化为**好运或厄运**，即后来的命运女神福耳图娜（*Fortuna*），甚至更后来的**机遇**（Chance）。即使海德格尔的“心境”（*Stimmung*）概念对表达世界的这种状态而言可能也太过主观，世界现在充满凶兆地暗淡了，现在受到艳阳的冲击：道家关

于世界和谐与世界不平衡的观念更令人满意。

无疑，正是一系列类似于这些前个人或后个人概念的东西更适合用在对人类历史的多种过去的沉思中，没有证人能目睹所有这些过去，没有**绝对精神**能够涵盖所有这些过去：斯宾诺莎的实体而非黑格尔的主体——对去中心（decentered）而言，是关于一般哲学共识的后当代偏见，去中心必定会空出一块地方用于领会在通向乌托邦或灭绝的漫长倒计时中出现的各种真实的苦难，以及繁华时刻与发明。

然而，我们还没有穷尽马克思主义提出的历史叙事化的全部内涵（它在历史的自由市场这个尽头又消失了，在那里只有最初级的关于善——我们自己——和恶——他人这类摩尼教故事留存下来）。因为现在，作为一种历史上新的和具有创造性的思想模式，马克思主义辩证法所宣扬的是**好运**与**厄运**的异质融合，而且将历史环境理解为幸福和不幸的同时存在。《共产党宣言》提出将资本主义看作历史上最具生产性的时刻，同时也是最具毁灭性的时刻，并且规定对**善**与**恶**的思考要同步进行，要将它们理解为在时间的同一个当下是不可分割的和无法解开的两个方面。于是，较之犬儒主义和无政府状态，在超越**善**与**恶**方面，它是更具生产性的方式，许多读者都将犬儒主义和无政府状态归结到尼采的计划中。

那么，难道我们不能得出一个结论，即偏袒是叙事中主体必然投入的标志？如果是那样的话，如康德所言，那个“我”始终被加诸我思考的任何东西之上。也许在阿尔都塞的意识形态理论中能找到它的当代类似物，这个理论表达了主体与其存在条件之表现之间的关系，与科学相对，是一种没有主体的话语。[59]但是，毫无疑问，表现我与那个更广泛的历史现实及社会现实之间的关 552
系（我用多层情境的形式把这个现实给我自己画成地图）已经是

一个叙事了，无论是隐含的还是显性的，无论是真实的还是已经成为一种话语形式。扭转阿尔都塞的各种优先权并将科学理解为一种尝试，对我作为一个主体的定位性（positionality）进行解叙事（de-narrativize）并将主体性从中移去，也就是说，去掉“我认为”这个似乎一直伴随着它的短语，这实际上也许是可能的。但如果叙事是一种形式，我必然要通过它来理解历史，如果历史意识始终都是一种情节编排（利科的 *mise en intrigue*），那么作为我的主体性投入其中的标志，偏袒可能看起来也是不可避免的（无论对它进行怎样的伪装或压制）。

2. 情节突变

现在，我们的确可以转向我们第二种探索方法，它与叙事范畴——尤其是亚里士多德的三个叙事范畴：情节突变、发现以及怜悯；或者，如果你喜欢，宿命、**他者**和**绝对**——对历史文本的结构本身，或对历史编纂的适用性有关：也与对某种方式的适用性有关，按照这种方式——如利科对“关于时间”的三部样板性现代小说的分析那样——这种叙事结构可以说“生产”了**历史**，或更确切地说彰显出历史**时间**的超验经验。

我们已经记下了这三种结构原则之间的不对称：情节突变很显然描述的是一种一般的情节动力，是一种逆转，有必要推测一下它是否是一种普遍性逆转：换言之，对于一个广义的历史叙事理论而言，它是否抽象到足以成为一个可信的范畴。

不过，识别（recognition）似乎要具体得多，而且，它目前是引起叙事理论注意的一个有趣的候选者，在先前的意义上，丝毫不具备普遍性。[60]更明显的是，不是所有的叙事都涉及各种识别场面，即使试图将这种特殊的经验形式普遍化可能在其他方面很有趣，例如在将叙事与家庭联系起来的尝试中（因为识别似乎总是假设，即使没有文字性联系，至少有一种比喻性的家庭联系）。

最后，作为一个景象，受苦似乎是事物的一种不同秩序：剧场表演中某个特殊时刻的名称，而非叙事结构的名称。事实上，有人可能会揣测，我们理解这个叙事范畴的全部含义的条件不是很好，因为我们缺少亚里士多德这部专著的另一半，即喜剧理 553
论。因为后者可能为这里所谓的受难提出一个充满欢欣的对等物——或者说是一个战胜命运的胜利，与这里另一层意义上的承受或“忍受”命运相对。如果是那样的话，怜悯便承载了一个更主要的功能，而不仅仅是一个偶然的功能，根据这个功能，如在《美狄亚》中那样，它记录下某种并非与背景和某种纯粹的舞台艺术无关的东西，在那个高潮时刻，她的孩子那骇人听闻的命运被展现出来：恐怖电影中一段或许与欢乐更有关系的插曲（或者反过来）或者对肉体折磨的病态迷恋（例如，拉奥孔这尊雕塑所唤起的陶醉，这是现存的古典艺术中另一个经典例证）。

但是，如果这里提供的读解有什么功劳的话，那么，有人可能冒险沿着它的路线走得更远，认为怜悯在此完全变成了叙事的驱动力，并且认为这里的意思仅仅是故事的隐秘线索在外部闭合，它最终被外在化并被确认，即让我们看见人如何屈服于命运的权势，在命运面前，他们失败了，他们获得了落败和屈从的经验。毫无疑问，在某种喜剧中，那种经验——如果是由于你的敌人——对心存不良的观者而言是愉悦的；但在另一种喜剧中，英雄的胜利却记录下这枚硬币的另一面，并让我们了解到人的经验的另一张脸，即使转瞬即逝，那就是机遇和好运，我们的各项计划获得成功，达到亚里士多德称之为幸福的那个短暂的惬意状态，一种比怜悯更危险的状态，因为它很显然是一种瞬间的幸福，注定会过去，而受难和失败或许应该是一种更持久的性质。这两种状态（和叙事的两种更深层的功能）因此绝对是相互对称的，不过它们肯定是辩证的。

然而，恰恰是因为确立了这种成功与失败的辩证法，才构成了戏剧和情节突变的动力——回到我们在这里的第一个特征。因为原则上，逆转在两个方向都可能发生：而最后一分钟的得救，主人公的落败似乎没有任何悬念，他似乎要遭受毁灭性的失败，落入绝望的陷阱，承受致命的后果，向敌人缴械，并且沮丧绝望，然而，他却安然无恙地再度出现在眼前——这种拯救式的脱险无疑绝对是一种戏剧性转折或逆转，而不是似乎更加符合道德的转折，在其中，主人公处于成功和好运的顶峰，荒唐地沉醉在他的运气中，他为这种骄横跋扈受到惩罚并被打击到万劫不复的境地。这里的评价——悲剧在某种程度上比喜剧或罗曼司高尚——包含了文学和伦理的双重意义，也就是说是一个宗教——意识形态评价：因为它的前提是受难对我们是有益的，而每一次成功都诱发人性中最坏的部分：的确，人的生活是邪恶的，在为
554 人准备的牌中从来没有真正的好运，以至于戏剧最好是让我们习惯于受难，习惯于它神圣的理性化。

这就是为什么一部得体的喜剧天生就会受到警告，天生便具有某种动机——弗莱的生殖崇拜喜剧，年轻人战胜了老人，性战胜了死亡——因为它不可能真正长久，所以不是非常危险，而且不过是瞬间的经验而已。因此，悖论性地，这种结果的另一个可以被采纳的形式便包裹在神学的外衣中而且得到神学的认可，即拯救形式，在这个形式中，皆大欢喜的结局包含着宗教寓意：在这里，如在乔治·艾略特那里一样，皆大欢喜的结局似乎是可以接受的，因为它可以被看作一个关于这个或那个宗教过程的寓言（它也可以被理解为没有意识形态方面的正当理由，如我们在其

他地方试图证明的那样[61]）。所有这一切都不会从乐观主义或悲观主义的角度加以理解，尽管不同的变体肯定有其在各种世界观当中的意识形态根源：但是这里讨论的不是意识形态或心境或气质，而是叙事形式本身，是故事类型，如果你更喜欢那种表达法，它以某种更深刻的方式表达了明显的心境，而且成为实现论的源泉，也就是说，成为叙事的人格化特征的源泉——一种似乎是同义反复的特征，但在我们讨论历史和集体的叙事行为时，我们会发现，它提出了非常有趣的难题。

不过，这些都没有触及构成情节突变真正的辩证特征：它应该是对立的统一，也就是说，是一种结构，在这种结构中，情节突变的两种形式可能会重叠，或者说得更清楚一些，彼此达到深刻的认同。因为辩证法不是简单地被理解为一个关于成功的故事，也不是关于失败的经验：它相当于一种非常难于获得的智慧，在其中，这两种结果合而为一，失败变成成功，成功变成失败。这是萨特的悖论性公式所表达的一个形而上扭结，获胜者受损，而落败者收获。但是，这种理解在任何环境中都很难达到，甚至更难用戏剧来表现它。无疑，人们已经心甘情愿地承认，所有的成功都蕴涵着失败的因素；可是反过来，成功可能也自然而然地存在于失败当中，这个途径却不是非常清晰，而且肯定不是一个十分广泛的观点（除非，还是在某种特殊的宗教形式中）。这个观点一定是一个非常高尚、非常遥远，甚至冰冷的观点，目的是使这些关于成功和失败的过于人性的范畴在它们自己的对立中变得超然。

但是，这两个事物的同步性——成功与失败同时被完全结合在一起——其本身已经与教育小说不相符合了，教育小说倾向于将它们分开，分别作为青少年和成年阶段的果实，而且即使是采取更具宗教诱导的形式，它也固执地坚持将它们严格地区分开。555

那些古怪却含义丰富的苦行形式很少能够用一种奇异的透明状态将两者结合起来，《培尔·金特》（*Peer Gynt*）或彭托皮丹（Pontoppidan）的《幸运儿皮尔》（*Lykke Per*；*Lucky Per*）这类的作品并不多。

史诗却似乎没有提出同样的问题，尽管它也受制于卢卡奇孜孜不倦地反复强调的那个样板，即体裁中介。不错，在我们当下的语境中，我们也许可以理解体裁动力学在最初级的叙事形式中发挥作用，在利科所称的情节安排中发挥作用。然而，讲故事不可能是中立的；叙事始终都是一种诠释，不光是依靠对其插曲的安排，最重要的是通过塑造它的叙事代码。因为那种体裁代码也构成了一种诠释选择，克劳迪奥·纪延（Claudio Guillén）很久以前就向我们证明，体裁即系统，而对文本的读解总是参照它在体裁星座中的不同处所，将它安置在体裁关系项和对立成员之间。[62]

所以，正是在《史诗与帝国》（*Epic and Empire*）中，我在这里以它作样板，借助史诗与罗曼司之间最主要的体裁对立，一个基本的历史观点得到确立。[63]这个对立不仅是传统的（不间断的文艺复兴理论化对其有记录），在该书中，它还在关于最早的荷马诗歌的寓言中获得了一个神秘的地位，这两首诗歌不仅标志着这两种体裁的成熟，而且也标志着它们相互间不可分割的辩证关系。但是这两种体裁，或它们的共有系统，如果你更喜欢这样说，并没有建立文学史上一种以西方为导向的神话（类似于奥尔巴赫最早在《模仿论》中提出的二元论，但在内涵上非常不同）；这个二元系统让我们在同一时间回到存在主义及其现象学，它让我们向外进入政治历史当中。

史诗于是成了叙事时间、以计划为导向的时间的最卓越体裁，以计划为导向的时间是历时的，也是开始、中间、结尾的素材。但是，罗曼司似乎也是要讲故事，尽管是不同类型的故事。不过，在这里，我想比昆特（Quint）走得更远一些，我坚持认为，他的分析证明罗曼司使用其叙事机制表达了一种非叙事时间（可以简单地称其为共时的）。罗曼司是在孤立的、不可重复的开头以及插曲性事件的意义上讲述“时间点”的故事，讲述冒险的故事。在它的外沿，它的组织形式——关于此，旅行是一个典型范畴——有分解成断断续续的遭遇和经验，有分解成当下的非叙事时刻的征兆，一种不同的体裁系统无疑希望能将这些时刻等同于抒情。于是，作为史诗时间的对立面，罗曼司总是随时可能变成非叙事；或者实际上，昆特自己的分析便表明，罗曼司必须借 556
用它可能从史诗这个对立体裁中收集到的叙事逻辑，从而仍然作为一个讲故事的载体维持其存在。

但是，当我们在历时和共时之间，在叙事和原抒情诗（proto-lyric）之间调查这些时间对立的源头时，我们发现，我们的注意力不仅转向经历这些特殊时间性的各种人群，而且转向控制他们的特殊经验的不同环境。我们在这一点上重新回到历史和政治中，而这两种体裁也成为两种迥然不同的历史经验和宿命的标志物。我们已经说过，史诗的叙事时间是这项计划的时间：换言之，它就是胜利者的时间，是他们的历史和世界观的时间。史诗因此恰恰是帝国和帝国主义的体裁表达，被理解为战胜和征服其他群体并实现对他们的最高统治权的意图和计划。如果征服和摧毁特洛伊就是这个范式，罗马大获全胜的扩张就是帝国成就最完满的实现，也是它在维吉尔的史诗中被大肆渲染的时刻，他对这个形式的符码化将会统领后来所有的同行，即便是在他们反对它的时候。如果是那样的话，维吉尔的叙事就是唯一的叙事（彼特拉克［Petrarch］有句名言，“Quid est enim aliud omnis historia quam romana laus?”——“除了罗马大庆，所有的历史都算什么?”)。维吉尔因此就是系统，形形色色反系统的非叙事或反叙事必须削弱和颠覆的系统，但它们却没有一个自己的叙事来替代它。

但是，那些反叙事和反史诗趋势的主体是谁?别无他者，而且事实上定义也是如此，他们就是这场帝国战争的失败者：在西班牙的征服下归顺的印第安人，在塔索（Tasso）的远征中被打败的穆斯林，其革命被复辟所废止的清教徒，尤其是被维吉尔的得胜的特洛伊人所征服的意大利部落——一次同样表现了一种不同的胜利和击败的征服，即奥古斯都（Augustus）击败了国内的对手和帝国本身内部的反帝国主义者（具有示范性的是卢坎［Lucan］的《内战记》［*Pharsalia*］)。

于是，在这里，“罗曼司”以某种方式表现了战败的经验，一个宣告历史的目的论无效的支离破碎的经验：它是历史的终结，历史也是叙事的终结，它导致被征服者和被奴役者、被处决者和受制者倔强地沉默，如果不是转向其他形式的表达，这种表达借自胜利者，但被微妙地做了变形并且被重塑和重新编码，旨在传达被击败者隐秘的思想，如在奴隶们的基督教中或德勒兹的“小语言”中。史诗的大团圆结局于是，如果不是全部的话，被
557 转移到天国和拯救，或者转移到某个遥远的未来；被改造成为梦想成真，它使得战胜和镇压被重组为一种新的叙事；《奥德赛》则随着奥德修斯出人意料的受挫和失败以及他受到的众神的压制进入眼帘，这提供了史诗性旅程的范式，那个没有目标或最终着陆点的漂游，被流放和受迫害的经验，成了能够表达落败者真实经验的形式，不过是在体裁上与已经获得实现的史诗的必胜信念形成一般性反差的时候。

现在，我们也许可以回到辩证法和情节突变的含混性这一问题，回到成功与失败的对立统一。传统上对于派生出的拉丁史诗

的价值的种种犹疑不决（通常与对罗马帝国本身的文化真实性的种种犹疑不决是连在一起的）大多是抱怨它的虔诚和它的枯燥，因为两者都被浓缩成史诗中寡淡无味的英雄，既不是阿喀琉斯，也不是赫克托耳，既不是奥德修斯，也不是撒旦。埃尼斯的虔诚是他屈从于命运的标志，对于一个史诗英雄而言，这是一个非常消极的角色。命运是对实现世界的帝国统一的呼唤，是历史的一个终结，第四首《牧歌》（the Fourth *Eclogue*）和 T. S. 艾略特的意识形态为其添加了基督教的罗马；这提供了一个更加乏味的图景，它几乎不可能激发我们的想象，征服一个敌对（而且是更加文明的）城市的方式，或者回家（甚或拯救）的方式却可以做到。真相是成功本身就是单调乏味的，它标志着一个计划的结束，让我们处在无处可去和无事可做的状态。（我们将探索真实性概念，从它自资本主义中出现和它的商品化开始：对于 19 世纪的现实主义而言，成功从来不可能像失败一样真实。）

换言之，只要《埃涅阿斯纪》（*Aeneid*）被解读为一个成功故事，它就会永远像所有沾沾自喜的得胜故事一样肤浅，像帝国为那位胜利者歌功颂德的全部意识形态一样，换言之，像我们自身一样肤浅。昆特在前面提到的那本书中已经通过揭开贯穿于帝国黄金中的白银脉络让《埃涅阿斯纪》再一次能有所用，并且揭示了这个关于失败的故事和暗暗尾随着所有的胜利的战败的经验。

于是，它成了一个双重叙事，或者一个在其自身的基础上意义翻番的故事。从传统的视角，《埃涅阿斯纪》讲的是征服一个新家园的故事，它本身就预示着罗马帝国的出现和奥古斯都时代的到来。这个关于特洛伊人的故事于是至多是一个战胜困境的暖人心房的故事，最坏也就是一个殖民者年谱，在这个故事中，一群没有土地的人攫取了其他“民族”或人民的土地并征服了那块土地上倒霉的人民。这是一个你可以问心无愧地讲述的故事，因为失败者，即意大利部落，被表现为侵略者，以一种可以理解的愤怒和敌意来对付他们不受欢迎的新邻居：一种让他们显得很不可爱的个性（图尔努斯［Turnus］）的反应，也使帝国主义的特洛伊宣传机器得以声称有自我防卫的权利。

558 然而，等我们意识到的时候，一切都变了，不仅是特洛伊人本身就是这种帝国侵略（站在希腊人一边这么说）的第一批牺牲品，而且幸亏昆特细致入微、不遗余力地探察潜藏在维吉尔文本中的所有余音和暗示——一个包含着各种重复和标记的游戏，这些东西难以记数且盘桓不去，它们不可能是偶然的——他们同时被解读为胜利者和失败者。弦外之音，低声说出来的提示，它们不仅是关于第一次失败的潜台词，最终的胜利正是源自这次失败，而且也是关于接下来殖民军队在他们的征服过程中与各部落无数次认同的潜台词，它们都为胜利的志得意满补充了落败的经验，并使这首官方的国家诗歌同时秘密表达了帝国的对立面和经久不息的地下分歧。维吉尔现在清晰地表现为奥古斯都制度的批评者和征服与扩张主义在政治上的反对者，同时，他仍然是那个政权的奉承者和奥古斯都新秩序的鼓吹者。并非完全出乎意料，这部矫揉造作的新史诗成为一个更复杂也更有趣的文本，它的华美与和谐现在被一种混杂的感情激发出来，而且它们本身就是一种征服，是各种矛盾组成的一首乐曲。我们似乎突然能够再次看到拉斐尔（Raphael），第一次是在格特鲁德·斯坦因（Gertrude Stein）所谓的“原丑”（original ugliness）中，他的即将产生的形式斗争中原本便包含着它。[64]昆特这样描述它：

> T. S. 艾略特以温和的反动态度将《埃涅阿斯纪》挪用于教会和英帝国……它受到了最有力的反驳，因为这首诗中

> 的意识形态被重点强调，因为《埃涅阿斯纪》被看作在质问奥古斯都的最高统治和它**由其内部**并且是从它自己的角度制定的政党路线。该诗使这些矛盾的术语在彼此的对照中破绽百出，然后它发问道，这个政权所许诺的新的政治基础将是对罗马内战史的一次逃避或仅仅重演而已。在这个过程中，维吉尔对这种失败者变成胜利者的治疗叙事提出质疑——“好”被重复，代替了坏——他的史诗便成为罗马历史的基模。[65]

实际上，我们也许可以暂时从那个高高在上的，确切地说是形而 559
上学的层面上下来，在那个层面上，我们把这个讨论的调子定为——失败者和胜利者，一般意义上的胜利和战败——更加特殊的意识形态矛盾，奥古斯都的新体系面临的就是这些矛盾，它们被维吉尔忠实地记录下来。

因为奥古斯都将他的新政令解释为恢复共和，元老院和国家的各种机关等空洞的形式被保存下来，甚至**罗马皇帝**或**第一公民**（尚不是一个专门术语，仅仅是为了避免国王这类带有历史印记的称号）的无上权力也没有了它们的实际功能。历史矛盾于是表现为两种相关的形式：如何表现奥古斯都以这样一种方式在内战中取得的胜利，他使内战相互抵消而且将胜利伪装成和解（一个实际上因为屋大维的个人魅力而得到解决的困境，不受平庸的政治家那种自我主义的拘束）。同时，在一个更具体的历史层面上，这个困境表现为尤力乌斯·恺撒的难题，他的记忆与最血腥、最渴望复仇、最后导致四分五裂的内战不可分割地联系在一起；但奥古斯都的合法性却依赖于恺撒的神圣地位。如何在同样的时间里既忘却又记得恺撒？正是在这个意义上，《埃涅阿斯纪》（在其中，恺撒只被提到一次，而且是作为一个神被提到）可以说是对真实矛盾的一次想象性解决和对立面的一次成功统一。

尽管如此，这首诗的主导形象还是对胜利者和他们的帝国的庆祝，这一点毋庸置疑；这个表象现在要求对那些歌颂失败者的作品进行一次调查研究，最著名的（对罗马而言）就是卢坎的《内战记》，或者再晚一些，到宗教战争期间，德奥比格涅（d'Aubigné）的《惨景集》（*Les Tragiques*），甚或弥尔顿本人。后者通过将三种截然不同的形式——史诗、罗曼司、启示（the providential）——融合成一种独特的风格解决了这个难题，我们现在无法再超越这种风格。在卢坎和德奥比格涅的作品中，关于对立和失败者的传奇常常分解为插曲，甚至没有罗曼司的连贯。昆特能够一次又一次地指出这些诗人如何通过借用胜利者史诗，尤其是借用维吉尔本人的作品中一般的魔王将某种叙事结构从无目的状态中解救出来，他们也只能做到这一点。既然如此，失败者便没有任何只属于他们的叙事解决办法，他们不再有自己独特的通用话语；这不是说因为历史上形形色色特殊的原因和语境原因，后来的胜利者史诗（卡蒙斯［Camoens］和塔索）就更加成功。后者通常是独白式的并且是以单调的语气来歌颂帝国，当时还没有用罗曼司的桥段，特别是用旅程和冒险（一般地，在这种情景中也是胜利者受损）来使其变得生动活泼。因此，或许可以假设，关于对立、造反、战败的叙事表达只有借助一个完全不同的体裁系统才可能
560 实现，即小说的出现。史诗现在也被彻底地等同于一种体裁话语，帝国将被挪用来执行一个不同的政治功能。

所有这一切将罗曼司本身置于一个有趣但十分含混的地位，它成了史诗的一个对立性补充，而不是它实际上的对立物。尽管如此，从昆特的史诗与罗曼司的一般对立这个相对具有寓言性的角度解读《埃涅阿斯纪》之所以得到认可，仍然是由于荷马诗歌最初的二元论。因此，罗曼司——被等同于断断续续的旅程——

将成为《埃涅阿斯纪》前半部分的主导，这部分被看作一系列对《奥德赛》的借用；而第二部分，征服意大利，将在《伊利亚特》中找到其范式，但是，在《伊利亚特》中，埃涅阿斯只是一个小角色：一个先被狄俄墨得斯（Diomedes），然后又被阿喀琉斯赶得到处跑的不光彩的角色：

> 凭着超人的艺术才能，在埃涅阿斯与掷石块的图尔努斯最后的决斗中，维吉尔几乎是同时将这两个伊利亚特式的经历结合起来……在这两个插曲［《伊利亚特》的两个插曲］当中，埃涅阿斯似乎要被更强大的希腊武士打败了，但却被庇护他的诸神所救。在《埃涅阿斯纪》的结尾部分，埃涅阿斯得以将这两个情景颠倒过来，并且扮演了狄俄墨得斯和阿喀琉斯两个角色，战胜了一个现在由图尔努斯扮演的埃涅阿斯。[66]

但这种读解不仅是要告诫我们，昆特借助文学典故的再解读既是寓言的，也是学术的，而那种典故不是作为某种无意识或有意识的记忆或模仿，而是在生产这首诗歌的双重意义的过程中发挥了积极协作的作用，同时也使得叙事顺序或连续性的思想复杂化。因此，《伊利亚特》和《奥德赛》的范式不仅控制着这首诗的前后两个部分；而且在翻番和加载这样一个连续的过程中被重叠在一起，在这个过程中，《伊利亚特》中的胜利者同时也是《奥德赛》中的失败者，而埃涅阿斯则被唤来同时充当这两个角色。这种胜利与失败的同步性也使对情节突变的单纯顺时理解变得复杂：因为如果是在特洛伊的漫长旅程这个层面上，在特洛伊的战败反过来为在意大利安家奠定了成功的基础，在意大利的定居最后并且是顺应天意地成了罗马，特洛伊人对临近部落的征服以一种诡异的方式重现了他们自己在得胜的希腊人手中的悲惨命运。我们也许还记得奥尔巴赫对史诗的永恒当下的分析，我们现在可以将它理解为是罗曼司的非叙事性情节结构的一个史诗对立物，所以，在形式和内容两个方面，否定转化为肯定就成了一个矛盾的同步体，将否定变为肯定，再以同样的方式返回来，如同我们让这段经历在历史的空间轮转。

561 情节突变由此成为一种辩证法，记录下了否定与肯定更深层的含混；在这里，胜利者的成功被削弱，而且肯定会按照它获胜的程度受到更大的侵蚀和损害。在这个情节突变转化为辩证法（或者它掀开面纱露出辩证法的真相）的过程中，我们也许可以探察到存在及其时间的内部出现了历史时间，因为历史（和“长远的观点”）修正着鲜活的个体的感情和情调。胜利是虚空的；战败与之相反则充满了内容。这是不是说，那些死亡和折磨带来的最终的落败也因为一种方便的历史化辩证法而被神奇地转变成了宗教慰藉风格的胜利了呢？各种存在主义的基本使命就是否定这种看上去属于黑格尔式的慰藉，并坚持认为损失和失败是无法挽回的，这应该能使它们超越任何自鸣得意的历史教训。在帝国的历史过程中，大量部落的灭绝以及令人目眩的对战役失败者的屠杀，还有在被围困的城市中对他们家人的屠杀都是神的提醒，即历史上的战败是真实的；但是它们是对生者的提醒，他们从定义上讲尚未战败。[67]

黑格尔的经验因此仍然有效，不过是在心理和政治意义上：主人的胜利剥夺了他的奖品本身——即，他者的**赞赏**，这个他者因为战败已经变成了一个不平等的人和一个非人，一个**奴隶**；他所赢得的闲暇和消费产生了影响，即用单调的宽容取代实践本身的满足；同时，**奴隶**，他的“真理就是**主人**”（与后者不同，他的“真理就是**奴隶**”），不仅明白赞赏的真正含义，而且知道生产的真正含义，以及“被否定者的劳动和受难”。（我们很快就会观察到辩证法的这个新版本要在现代文学中，尤其是小说史上重现。）

但是，对昆特自己的史诗叙事而言，这标志着一个重大的辩证逆转：后者不再是故事，而且降至在形式上被失败者统治的非叙事层面；而在该体裁系统的这次彻底逆转中，失败者的故事成了叙事动力的核心。但是，它是一个枯燥无味的，始终隐含着维吉尔的颂歌和塔索的帝国礼赞一类传统的逆转：不在场的是站在失败者一方的真正的叙事表达这种可能性，失败者只能满足于罗曼司，只要罗曼司不会分解为某个德奥比格涅的宏大但不连贯的无形式状态。

既然如此，回到我们当前的话题，在肯定与否定最初的辩证 562
认同当中，情节突变似乎是可能的。如马克思在《共产党宣言》中所言，资本是人类历史上最具生产性，同时也最具破坏性的力量，这些同步存在的潜力于是在时间上被投射在一个连续性当中，在那里，资本的胜利（获得一个新市场）变成了失败（这个市场饱和了）；而它的受挫（停滞，劳动成本提高）转变成新的胜利（领域的扩张，生产出新的替代技术）。情节突变需要成为叙事形式或表达辩证法的这个原有的含混性。

实际上，从《大纲》开始，我们就可以观察到一个独特的情节结构的出现，在这个结构中，某个公司的进展——用自己的产品使市场饱和——最后导致它作为企业停滞不前，最终垮台。赢家输了（也或许输家赢了）——萨特版的这个独特的辩证情节将繁荣与萧条或兴盛与破产的循环交替之类古老的资产阶级意识形态范畴改变得面目全非（无疑，在这种新的叙事结构和黑格尔式周期——著名的理性或历史的狡计——的辩证情节之间也存在着某种关系，在黑格尔式周期中，叙事逻辑从个体转移到集体的力量，前者对此毫不知情）。

马克思对这个过程的分析（在《大纲》中）倾向于强调个体公司的命运，随着它生产销售其产品而获得成功，它逐渐使市场饱和，这样一来，它便开始停滞不前。正是在这一点上，技术进入这个画面中，而发明创造刺激了要求某种更新产品的新扩张（常常要取代现在人人都有的旧产品）。尽管如此，技术也并不是一个万无一失的解决办法，而此刻我只是想表明，在这个特殊的生产模式中，在辩证意义上，失败和成功是多么紧密地纠缠在一起。

在其具有开创性的资本主义历史研究中[68]，乔万尼·阿里吉（Giovanni Arrighi）将这种辩证法推及整个这一体系的扩展。我们知道资本主义的发展已经不再连续：从文艺复兴时期意大利的城邦（最重要的是热那亚）开始；然后很快移到西班牙，一直到黄金从新世界大量涌入，逐渐耗尽了西班牙本身的活力，从而将这个过程的动力传到了西班牙在低地国家的延伸地和殖民地。自那以后，一跃而至更适宜的英国框架，在现代时期，从英国传到了美国，这个跳跃再熟悉不过了。无论阿里吉想说明的东西与某
563 个适宜的框架这一问题有多大的关系：因为在每一个这样的事例中，资本主义生产欣欣向荣的开端很快使其市场饱和；商业阶级于是开始将其生产投资转移为金融资本和货币投机（金融投资阶段的概念是阿里吉最伟大的理论创新），直至它产生递减的收益；最后，跳入一个新的、利润更加丰厚的领域，一个扩大了的游戏场，在那里，这个过程开始再一次从头上演。病毒，可以说，最初是由在金融方面支持西班牙帝国的热那亚银行家携带，然后由秘密犹太人（conversos）和其他人携带，他们将荷兰和佛兰德斯等新领地握在手中。无论怎样，这仍然在很大程度上是我们的赢家亏损范式，在这个范式中，成功本身炸毁了未来的发展，并且

像某种经典的劫数一样，出人意料地变成了停滞与萧条。

现在让我给出一个更加政治性的例子。例如，遵循马克思的《路易·波拿巴的雾月十八日》，我们可以说明资产阶级在1848年革命中的胜利如何辩证地导致它最终被现代的独裁或管理系统所击败和颠覆。但这的确是一个非常复杂的故事。所以，我代之以从当今意大利最有声望的历史学家的著作中所选取的一个当代案例：保罗·金斯伯格（Paul Ginsborg）关于西尔维奥·贝卢斯科尼（Silvio Berlusconi）的崛起有一个非常有趣的观点，他最初代表一个媒体界的亿万富翁在一个媒体的社会中破天荒地掌了权。但是，金斯伯格的辩证解读[69]让我们回到那个较为古老的阶段，年轻一代的黑手党暴发户的肆无忌惮和自我放纵导致整个意大利普遍对其产生了强烈的厌恶和抗拒。我们都熟悉那场英雄的肃贪运动（*Mani pulite*）（干净手），勇敢的法官和受难者发起斗争，揭露意大利政治生活中的腐败并宣判那些臭名昭著的黑手党家族有罪。的确，这场运动的成功在其他发达国家没有出其右者（即使腐败本身有各种各样的翻版），它于是成为一种获胜和成功力量的原型。它的波及范围如此之大，以至于摧毁了占统治地位的资产阶级政党基督教民主党，他们自第二次世界大战以来就统治意大利，还有社会主义党，他们最近的任期维持时间比较短。这可能会被认为仅仅能带给意大利一个政治上的新开端。相反地，根据金斯伯格，正是在这个各党派被摧毁的真空当中，贝卢斯科尼脱颖而出，当时，没有一个党（从一开始）完全依靠金钱和媒体的力量。这在很大程度上是赢家折损的辩证法，也是一种方式的辩证法，成功就是这样产生了一个意想不到的结果，失败；或者如果你更喜欢黑格尔的说法，由媒体和通信及信息构成的晚期资本主义以这样的方式历史性地取代了古老的黑手党资本主义阶段甚至前资本主义个人或家族统治形式的残余。 564

现在，作为结论，我们也许可以简短地回到叙事形式问题，因为它在19世纪小说的辩证法中表现出来。我将通奸故事的中心地位作为我的例证，它可以最全面地证明否定在19世纪资产阶级社会中的权力。[70]通奸小说是揭露社会秩序及其制度的空虚性的否定力量或批评力量。要之，通奸小说首先是关于失败的戏剧，而且正是失败体现了以成功为导向的社会中的否定。我用男性成功小说的空洞乏味作反证，尤其是19世纪下半叶的这类小说：上半叶也有一些男性成功的例子，如拉丝蒂涅（Rastignac）的成功，而这一时期的教育小说不一定是注定要失败的范式——《维尔海姆·麦斯特》（*Wilhelm Meister*）就有一个快乐的结局；但是司汤达的胜利本身就是失败，于连自己选择被处决和法布里斯最终选择牧师的职业都是自愿接受从生活中隐退。即便如此，当我们获得第一个完美的商业成功——我只需要提及左拉的奥克塔瓦，第一家大百货商店的创始人（在《妇女乐园》[*Au Bonheur des dames*]中），或者莫泊桑的《漂亮朋友》——就已经很清楚，这些空洞的成功除了落入大众文化梦想成真的俗套外无处可去。

于是，正是在这个意义上，成功故事必然是文学的失败：随着资产阶级或商业时代的确立，成功故事必然表现的是商业成功，它们失去了内容（金钱本身是没有内容的，德勒兹称之为公理的东西），堕落成畅销书（被当作一种体裁）中的梦想成真。这些就是异化和商业化的叙事；我将在他处试着说明，这类叙事的真相——商品形式和普遍异化的无处不在的症状，也可以说是
565 这个社会的真相——只有在它们的辩证对立面中，也就是从失败的立场或可一窥。

3. 发现（Anagnorisis）

我们如何能够通过打开关于历史与虚构共有的叙事结构这个视角来调整亚里士多德的情节突变这个叙事学范畴，使之适应一种现代的、唯物主义的历史编纂，我希望这个问题由此变得更加清晰。现在，我们需要重新考察两个平面范畴——发现（或识别）和伤感力（或受难）——也是从这个视角。识别在有限的意义上带着19世纪情节剧中的复仇又回来了，在那种情节剧中，认回失去已久的兄弟姐妹或后代已经成了叙事结束的一种流行形式。我已经注意到杰拉德·F·艾尔斯（Gerald F. Else）的观察，亚里士多德对发现的理论化与古代希腊重视部族结构和在政治上重视大家族有很大关系。[71]于是，在将“我们”同“他们”拆解开的发现中，识别可能是一个基本元素。不过，从现代辩证法和唯物主义的视角，在历史上，这似乎是一个完成或总体化的问题：识别由此可能意味着那些在官方故事中和视域内受到压制的各种他者进入视野当中。

所以，（回到我们早些时候关于社会阶级的讨论）李维（Livy）的《早期罗马史》（*Early History of Rome*）通常被看作阶级斗争的原型，催生了社会和政治的范畴，这些范畴仍然活跃在自马基雅维里和法国大革命者以降的现代政治历史当中。的确，对于任何读者而言，没有什么比李维的前五卷更枯燥的了，全部说得是元老院和人民之间，尊贵富有的贵族家族和“庶民”或普通人之间的斗争烽烟再起——一场在莎士比亚的《科利奥兰纳斯》（*Coriolanus*）中得到最生动表现的斗争。这段历史是罗马与它的拉丁及伊特鲁里亚邻国之间的外部战争同这两个“阶级”之间没完没了的内部战争之间永无休止的循环交替。

和平之后马上就是新一轮的政治争斗，保民官挥舞农业改革的旧大棒，直到平民同往常一样完全失控。[72]

566 在这些事件的过程中，历史被重演，一场战争的胜利结局之后，紧跟着就是政治动荡。(*EHR*，192)

一旦元老院不得不面对另一方——这次又是保民官，他们指责元老院让军队继续待在战场上这种狡诈的行为，认为其真正意图是阻止法律的通过……(*EHR*，210)

保民官和平民反对贵族的敌意再次升级……(*EHR*，257)

同时，在罗马，只要这个国家不是在战时，获得政治提升的希望不断落空的大众运动领袖便开始在保民官的议院组织秘密集会，讨论他们的计划。(*EHR*，296)

与这场运动形成对照，并非人们所担心的那样，它很容易便平息了，国内短期的政治平静出人意料地被许多严重纠纷所打破……(*EHR*，316)

在这两年里，国外却是风平浪静，尽管国内政治因为古老的土地改革斗争而屡受重创。(*EHR*，322)

同时，在罗马，反政府宣传达到了一个新的强度……争论导致一些丑陋的现象……而唯一阻止暴徒施行实际暴力的事情就是最高元老们的行动……(*EHR*，369)

毫无疑问，正是阶级冲突的持久性激励马基雅维里创作了最重要的政治理论著作之一，它控制了我们对于后期罗马史的看法，因为它的结果是革命失败（格拉奇［Gracchi］），帝国主义（迦太基的毁灭），以及民粹强人的最终胜利（尤力乌斯·恺撒）：所有我们从资本主义经验重新投射回古典过去的范畴。

但事实上，这种读解是以一个范畴错误为基础的，对它的更正会引导我们重新评价发现在唯物主义历史中的中心作用。最后这个可以用具体的例子来证明，它们就是杰弗里·德·圣·克鲁瓦（Geoffrey de Ste. Croix）在他的《古希腊世界的阶级斗争》（*The Class Struggle in the Ancient Greek World*）中那些强有力且细致的例子（在这本书中，罗马表现为希腊城邦一个更加辽阔和富裕的变体）。圣·克鲁瓦乐此不疲地指出，我们已经将其角色规定为无产阶级或劳动阶级的庶民或平民实际上是自由民，他们绝对不是这个社会体系中剩余价值的生产者。古代的生产模式可能也把城邦或第一个真正的政治社会（避免“民主”一词，它有着非常不同的词源学意义）作为它的主要体系，但它也是一个奴隶社会，它的财富在结构上绝对依靠法律上不自由的人的劳动。（当时，工资劳动和商业在统计意义上微不足道。）“古代经 567
济和现代世界经济之间只有一个重要的组织性差异，在古代，有产阶级主要从非自由劳动中获得其剩余价值。”[73]圣·克鲁瓦关于这个命题的丰富文献毋庸置疑地证明，在那个古代世界中，奴隶以及随之而来的意识形态和概念占据着中心地位。的确，如果没有奴隶制本身所创造的闲暇时间，那个古代世界在其全盛时期的辉煌壮丽是不可想象的：

> 所以，希腊的有产阶级在本质上是那些因为可以支配他人的劳动而将自己解放**出来**过一种文明生活的人，那些他人

> 承担了为他们的好日子提供必需品（以及奢侈品）的负担。[74]

> 在我看来，我们能够在希腊世界不同的自由人群体之间划出一条最重要的分界线，即将平民分离出来的界线，我称那些人为“有产阶级”，他们能够“自食其力”，不用花费更多的时间谋生。[75]

现在，慢慢地，斯巴达人的起义开始取代这个社会中自由（男性）成员之间的政治口角，而历史则完全变成了由无休止的艰苦繁重的奴隶劳动组成的噩梦，这个噩梦持续了若干世纪。

自然，在技术上或理论上，我们不禁要更新关于阶级性质的一个争议，而且实际上，无论奴隶是否能被理解为一个构成阶级（很清楚，因为他们不是一个社会阶层，圣·克鲁瓦所谓的农奴——契约奴隶——的出现使得关于这个问题的社会科学讨论更加复杂化）。但是，我们的叙事学视角的优势在于以一种十分不同的方式越过了这些难题（它们的价值在于需要更高的规格和文件编写）。在元老院和平民斗争的背后，对于突然出现的新的集体形象——他被完全剥夺了任何声音或表达，而且事实上，由于前台人物嘈杂的争论，他变得不可见了，那些前台人物其实就是站在两个立场上的奴隶主——某种历史终极主体的出现，这个主体背负着所有人类生产和价值的全部重量，无疑构成了历史发现或识别的强有力形式。这是一次真正的行动元（actantial）意义
568 上的揭露，在这个词的理论意义上，也剥去了一层层意识形态的伪装和掩饰，提供了对历史**真实**令人恐惧的一瞥。

在用于这个分析的合适范畴的马克思主义意义上（生产性劳动对非生产性劳动，等等），这不仅是一个“科学”问题。它也

是一个政治问题，一个牵扯到确认历史的行动者（actors）或原动力（agents）的问题，同时，它假设他们已经作为“历史的主体”被识别出来。

但是，“承认”这个词很含糊；而且黑格尔的“为了承认的斗争”（struggle for recognition）——在一种利益对决的语境中，对这场斗争而言只有一个政党会被承认——也鼓励了一种自由主义政治思想的传统，在这一传统中，承认本身解决成了多文化中的一个赌注，凭此，不同群体和平地、以选举的方式瓜分利益。但在这一点上，很显然，有争议的实体不再是各社会阶级——而且将工人阶级政党的合法性说成是对无产阶级作为一种集体身份的承认似乎也并不正确——因为他们作为种族、性别以及伦理范畴也可以借此要求获得法律权利。既然如此，为了这种承认的斗争仍然是一种启蒙政治，一种在资产阶级公民社会的框架内发起的斗争，它还算不上一种其利害能刺激经济体系或生产模式的阶级政治。

正是在这一点上，对希腊语 *anagnorisis* 的不同翻译澄清了这个讨论，因为它没有被译为“识别”，一些著名的版本（巴恩斯版的 Bywater，利奥布版的 Fyfe）将这个词翻译为“发现”。很清楚，这给了这个问题另一张完全不同的面孔，而且更加准确地描绘出了这一过程，由此发现，站在古代城邦可见的政治竞争背后的是罗马的奴隶们。以此形式，它也是一个我们能够对其进行估算的过程，即使是在民族和世界范围内的资本主义时代。

实际上，一般会假设马克思命名并确认了一个劳动阶级，它在第一种生产模式中已经逐渐显现，这种生产模式在结构上纯粹是经济的，它在那种意义上已经不再需要被发现。同时，恰恰是他关于劳动体的描述，工作日和无期徒刑一样的工厂本身等恐怖景象回溯性地阐明了强迫劳役（*corvée*）和奴隶制的时间性（“一种温和的男权形象，只要生产的导向主要是满足直接的当地需要”），继续回溯到迪奥杜拉斯·塞库鲁斯（Diodorus Siculus）描写的金矿中，在那里，“所有人在鞭子的逼迫下必须一直干活，直到死亡终止他们的苦难和痛苦”[76]。

569 然而，与劳动的有期徒刑同时存在的还有无所事事和贫民院的有期徒刑：绝对不是马克思所发现的对立面那惊人的、辩证的统一，也绝对不可怕，因为资本主义一个不可或缺的功能就是创造被温和地称为“劳动储备大军”的事物，或者换言之，大量的失业人员，他们是这个体系的一种需要，无论在繁荣时期，还是在危机时期，他们都被生产出来（“在业工人的过度工作使它的贮备阶层膨胀，而反过来，来自贮备阶层的竞争给了在业工人更大的压力，迫使他们接受过度劳动……”［*Cap*，789］）。资本主义结构不仅借助潜在工人生产出来真正的劳动力“储备”，那些不能劳动的人也被“生产”出来，他们表现为那个时期所谓的救济对象，这也包括所谓的流氓无产者（罪犯、流浪汉等等）、童工以及“心灰意冷者、破衣烂衫者和那些不能工作者”（*Cap*，797）。这些不幸者不仅定期造访现代大城市的底层，也对伦敦的穷困或“巴黎的秘密”投去一瞥；不仅如此，它们还在人类历史本身之上打开了一扇超验之窗，作为一种宽慰和治疗，从这扇窗怀恋地瞥视部落乌托邦几乎没什么用处。

我已经引用了工业化地区贫困加剧的例子：

> 经济学上的悖论，即缩短劳动时间的最有力的手段，竟变为把工人及其家属的全部生活时间转化为受资本支配的增殖资本价值的劳动时间的最可靠的手段。（*Cap*，532）[77]

但是，在失业的语境中，最关键的辩证法是马克思开始有效利用的，当时他注意到一个奇怪的事实，一台给定机器的生产率的提高——即，某种新技术带来的劳动时间的降低——实际上伴随着额外时间的提高，也就是说，劳动日本身被延长而不是缩短了（的确，就强迫性超额时间上所展开的斗争已经是很多现代美国劳动纠纷的中心问题，不仅在马克思那个古老的维多利亚语境中是这样）。辩证主义者以下面的方式来解决这个矛盾：

> 资本主义生产过程的机制清除了它暂时造成的基本障 570
> 碍。劳动价格再次下降到与资本的自我稳定需要相一致的水平上，不管这个水平是低于、等于还是高于工资提高之前的一般水平。因此，我们看到，首先不是下降率，无论是绝对的下降率，还是与劳动力增长或劳动人口增长成正比的下降率，造成了超量资本，而是正相反；资本的增长使可供剥削的劳动力不足。其次，不是增长率，无论是绝对的增长率，还是与劳动力增长或劳动人口增长成正比的增长率，造成了资本的不足，而是正相反；资本数量的相对减少造成了可供剥削的劳动力，或确切地说，是它的价格，高于需求。（*Cap*，770）

这些文字使我们可以说，《资本论》本身实际上是一本关于失业的书；但也提出了关于失业者与阶级范畴之间的关系之类的理论问题和政治问题。

的确，在一篇关于马克思的流氓无产者概念（“社会渣滓、废物、被所有行当拒之门外的垃圾”[78]）的内容翔实的著名文章中，流氓无产者的概念帮助路易·波拿巴在1848年之后那场重要的反革命中夺得权位，彼得·斯塔利布拉斯（Peter Stallybrass）已经论证[79]，这个概念总结了所有体面的资产阶级对社会中**他者**的厌恶并且象征性地对其重新施行社会排挤，由此，所有的少数人群成了替罪羊并且从社会秩序当中被驱逐出去。马克思的阶级分析中的基本范畴（生产性、非生产性）也因此被断言使严格意义上的资产阶级偏见（乃至于欧洲中心论等偏见）延续下来。所以，马克思被变成了一个社会保守派，而各式各样身份政治的反马克思主义却由此得到丰富的证实。

我认为这类文章需要与上面已经引用过的《资本论》中的段落（引自《资本主义积累的一般规律》一章）放在一起，在这些段落当中，流氓无产者的范畴再次出现于以“救济对象”的形式从生产性社会中被完全排除出去的群体中间。这一段尽管远没有证明马克思对于被排挤者本能的轻蔑，但至少暗示出一种犹豫不决，他不想把这类人放在“劳动储备大军”这个一般性主题之下。两者都是被排除的范畴，但失业这个主题似乎与其他形式的贫民、丧失劳动能力的、年老的或实实在在的流氓无产者截然不同。好像身体良好但失业的劳动者依然保留了工人或劳动阶级范
571 畴的体面，而其他的则根本不在这个范畴之内。或者，也许可以用更实用的说法，我们可能观察到，有资格的工人、失业工人仍然可以在政治上被组织起来，而其他个体范畴则完全处在政治行动这个王国之外，或再使用另一种语言，前者在必要时依然构成“历史的主体”，而后者不可能以任何方式被设想为主体。

然而，作为一种历史物质，后者事实上逐渐被吸收进那些群众的暴乱当中，这些暴乱发展成为政治革命，其结构就是将社会有倾向性的、但绝对是以两分的形式划成两大阶级：支持阶级和反对阶级。这种实际上的再吸收和将流氓无产者及失业者一同包容在革命阶级这个主题下似乎恰恰重演了我们正在这里考察的发现过程，它是对历史知识的一种扩充，历史知识于是与实际的政治效果产生了共鸣。

这个过程和围绕它的争论本身在世界范围内因为葛兰西的“臣属性”（subalternity）这个术语的理论性发展而得到概括，先是在所谓臣属研究学派的印度历史学家的著作中，然后是在其他非核心地区（尤其是拉丁美洲），在那里，它事实上与早些时候关于“第三世界”之类术语的关联性的争论紧密相关，这些术语是对后殖民人口的一种“识别”模式。

葛兰西最初使用这个术语似乎是对古典马克思主义术语的又一次伪装，旨在逃避法西斯的审查：如果是那样的话，它的意思很简单，就是“无产阶级”。但这种换码常常会产生一种效果，创造性地偏离马克思的用法，进入一个全新的语义领域，该领域要么可能被看作批评性地挑战马克思的某个正统思想，要么被看作对它的补充和丰富。如果是这样的话，这一词语体现了葛兰西毕生的思考，对意大利南部的思考，对农民与城市（和北方）工人阶级之间的关系的思考。“臣属性”在那个语境中规定了一些习惯，包括服从和尊重、固执和缄默，农民阶级的抵抗模式完全不同于工厂工人的抵抗模式。但它到目前为止还只是表明了某种等级意识，因为等级意识在这个阶级世界中没有消亡，而且它要求有自己的政治策略来与它的文化和社会特殊性相匹配。

在纳拉伊特·古哈（Ranajit Guha）和印度臣属研究学派的手中，“臣属性”这个概念将被发展成为一个研究农民的全新的分析方法，尤其是对他们的历史起义进行彻底的再思考，这些起义大部分被作为自发性形式而不予考虑，代之以组织分析和政治分析。同时，在毛主义和拉丁美洲政治的参照下，农民本质上就是“一麻袋土豆”[80]，是不革命的，甚至是保守的阶级（如果它 572
是一个阶级的话），这样的整体概念必须改变。

因此，臣属研究学派已经能够重新组构那个古老的、同样典型的集体，这个集体是成为一个真正“历史主体”的农民阶级，他们的行动和干预不再是扎克雷起义（*jacquerie*）① 和无理性的暴徒行为那种盲目和自发的本能反应，而是具有一种迄今为止尚未被认识或承认的目的性。[81] 于是，也是在这里，有了一发现，即**历史**本身可以通过一种新的和更加令人鼓舞的方式被窥见。

但是，所谓的臣属理论是在“新社会运动”时期出现的，它也已经使这个思想转向一种非阶级的方向，成了对某些群体的一种“认识”，这些群体在技术意义上不是社会阶级，而且他们的集体意识也完全不同。这里仍然坚持这个创造性概念的某些东西，即这些群体是各个阶级之下或背后的阶级，他们被那些阶级以某种方式所掩盖，而且政治理论和组织也触及不到他们。自马克思的贫民和流氓无产者这些含混的概念之后，这些阶级表现为各种形式：克里斯蒂娃的弃儿概念，以及更近一些的阿甘本（Agamben）的“赤裸生命”（bare life）的观点，这些是最突出的理论尝试，它们试图从精神分析或存在主义方面改变这一最终的底层。尽管如此，如果所有这些范畴都假设这位理论家处在一个本质上是审美和沉思的立场上，而且她的目标是作阿尔伯特·莫里亚斯（Alberto Moreiras）所谓“宏伟救赎”（spectacular redemption）的载体，肯定也会遭到反对。[82] 至于臣属性作为一个更具社会性和政治性的范畴，佳亚特里·斯皮瓦克（Gayatri Spivak）在一篇著名的文章中毅然将臣属阶层（subaltern）问题与表现和命名困境的问题联系在一起，她认为，其他已经被命名并得到表现的群体肯定要解决这个问题[83]；而莫里亚斯则推测臣属阶层是一个残余或剩余的范畴，是无法消化的范畴，每一个臣属群体都会接着生成它自己的臣属阶层，以至无

① 扎克雷起义，是1358年法国的一次反封建农民起义，是中古时代西欧各国较大的农民起义之一。扎克雷，源自 Jacgues Bonhomme——“呆扎克”，意即“乡下佬”，是贵族对农民的蔑称，起义由此得名。——译者注

穷，由此，提升和消灭臣属性成了一个不可能的幻象。

的确，我们很可能会遇到这样一个现象，即无限地退回到一个“第四世界”的概念，它出现于1960年代，为的是挑战当时占主导地位且在政治上代表进步的第三世界主义，这个主义构成 573
了在民族解放时期，那些已经同化为第一或第二世界的阶级范畴中的人对后殖民身份的某种“识别”。

值得注意的是，曼纽尔·卡斯泰尔（Manuel Castells）这样的思想家应该在他今天的地缘政治空间地图上继续追索这个曾经令人怀疑的意识形态概念。卡斯泰尔从民族国家世界的外部总结了内部“社会排斥”的概念（贫民窟、失业，等等），在民族国家，排斥表现为历史的“黑洞”和全球化本身。[84]全部地区和它们的人口完全被排除出历史和发展，它们从缝隙中掉了出去，消失在各种空间当中，在国际意识中，这些空间相当于早些时候未开发地区的地图上那些古老的空白空间，那些未被西方开发和殖民化的空间。这是可能发生在所有大陆上的事，如撒哈拉沙漠以南的非洲大陆所见证的那样，它们被交给卡斯泰尔所称的“食肉性”政权和国际慈善项目机构管理。这些空间于是成了那个积极的“脱钩”（delinking）过程中可怕的辩证逆转，“脱钩”是萨米尔·阿明（Samir Amin）发明的一个概念，旨在提倡退出资本主义全球化并培养一种新的生产模式。[85]但他对这种可能性过于乐观了，在一个全球的情境中，国际劳动划分已经被强行推广，它摧毁了自给自足，即使对于那些潜力最丰富的国家——巴西、印度——而言，如果逃避美国的自由市场无所不在的影响而实行自给自足，就等于一种自杀，它也使得这些国家不再构想“在某个国家实现社会主义”这样的事。具有讽刺意味的是，只有那些所谓失败的国家（failed states）成功“脱钩”，它们无意间毅然决然地同一种不可救药的苦难后果脱离开来。

自由市场或新保守派经济学家只是简单地将这些国家勾掉了，就像一个人勾销了一笔不良投资。另一方面，从政治视角将这种情境重新编码为转移责任和隐藏潜在的经济原因提供了一条便宜之径。“失败国家”这个目前非常流行的社会学术语为这种操作提供了有用的遮蔽。但是，在 1993 年，保罗·詹森（Paul Johnson）已经直截了当地讲道：

> 有些国家还不适合管理自己。它们的继续存在，以及它们孕育出的暴力和人的堕落，对它们的邻居而言是一种威
> 574 胁，对我们的意识也是一种侮辱。这里有一个道德问题：文
> 明世界有责任走出去，去管理这些绝望的地区。[86]

这为第一世界的干预提供了一个理念，所谓美国了做出人道主义回应（例如在达尔富尔）就是将其长期的军事占领包裹在这个伪装之下。这是一个用政治取代经济的经典例子，马克思主义意识形态批判在传统上对此持批驳态度。

同时，曼纽尔·卡斯泰尔和其他人的研究则说明了如何对这种政治上的僵局——他所称的“食肉性”政权在非洲的出现，同时伴随着基于西方慈善和救济的发展——从全球化（他称之为信息资本主义）的角度在经济意义上做出解释：“信息化、全球化资本主义的上升的确是以经济上的同步发展［在第一世界］和不发展［在第三世界］为其特征，手段是社会包含和社会排斥。”[87]

这不单纯是各种环境的不幸结合，而是一种真正的辩证法，在这种辩证法中，肯定和否定相互依赖，同步进化，而且是在互动中同步进化。这一类理论出现于 1980 年代和 1990 年代自由市场的全盛时期之后，出现在全球化（卡斯泰尔的书将其截止在 1998 年）所许诺的收益的废墟上，它们越来越有特色，而且标志

着1960年代发明的“不发展之发展”这句口号意想不到地复苏了，保罗·贝恩（Paul Baran）是个先兆，随后卡多索（Cardoso）、冈德·弗兰克（Gunder Frank）、沃尔特·罗德尼（Walter Rodney）（他发明了这句口号）对其进行了进一步的阐发——这一在后来繁荣昌盛的新保守年代广受讥嘲的理论现在又回到了议程上。

但是，在我们的时代，罗伯特·库尔茨（Robert Kurz）在他那本了不起的《现代化的崩溃》（*Der Kollaps der Modernisierung*）中最强有力地给出了这个辩证情境的最终结论，该书从无情地批判现代化意识形态这个立场引出全球“发展”的整个问题：将会被记住的是后者在沃尔特·罗斯托（Walt Rostow）的“起飞阶段”理论中得到了最令人难忘的概括，在该理论中，世界经济被想象成一个飞机场，许多大型喷气式客机已经由此飞上天空（第一世界或发达国家），同时，另外一些还等在跑道上，发动机在转动，等待着起飞的信号（他提到墨西哥和土耳其），还有一些正停泊在门口或在飞机库里检修。库尔茨这本令人不安
的著作有一个大功劳，它论证了现代化在此后是不可能的，不再 575
有任何的起飞阶段，全球化本身是在所谓不发达国家的基础上保证“世界市场的死刑”能够执行。

> 这个分析排除了政治干预：问题在于这样一个事实，即利润的抽象逻辑天然地存在于商品形式当中，因此由它所构成的世界市场没有，也不可能承认政治催生出来的战略，一个纯粹是从意志和决定演化出来的战略。利润法则——根据这个法则，只有那些符合全球生产力水平的货品才有价值，才有资格进入世界市场——肯定或迟或早要不顾一切地重申自己的意义。[88]

所谓的自由市场震撼疗法在这里也没有任何用处。它的

"模式"只是提供了一个关于经济竞争力的抽象结构；但现实要求这个结构**在世界市场本身内部**发挥功效。否则，它就毫无价值。一个在世界市场上没有竞争力的国家是穷困寒酸的，无论它是否有一个内部市场结构，即，它将永远处在恐怖的经济竞争的驱使之下。内部市场的简单开放只是造成了混乱，或者说这就是它取得的"成就"。但是，这类市场对外部世界的开放只能导向一种情况，国内没有丝毫抵抗力的工业被西方竞争者和掠夺性商业收购所消灭。(*KM*，185)

这在根本上是一个投资问题，对投资的要求使得第三世界国家在全球化背景下的处境截然不同于西方"资本原始积累"的古典阶段：

第三世界越跟不上竞争对更高生产力的要求，它对外来西方资本的直接投资就越不感兴趣：这些投资是它的发展和它自己内部市场的发展必需的……(*KM*，195)

强大的西方资本积累的基础首先会带来发展，但在同时控制世界其他地区的商品逻辑中，这个基础永远不可能成为现实。"不发达"国家在发展和生产力提高方面向前迈出的每一步都会否定性地付出两步、三步，甚至更多步的过度补偿，才能在较发达国家的梯子上向上爬一格。这是兔子和乌龟的赛跑，结果只能是兔子的死亡。(*KM*，197—198)

576 至于非洲，库尔茨现在做出了预言性结论：

最贫穷的国家——首先是非洲，但也包括那些亚洲和拉

> 丁美洲的国家——甚至从一开始就没有机会启动它们自己的工业化和社会改善。对它们的原材料和食品所制定的越来越恶劣的“贸易条件”已经使它们变成了无可救药的“病态”世界，它们甚至不可能依靠自己活下去。争夺残汤剩饭的内斗导致血腥的屠杀、种族内战、饥荒和干旱。(*KM*，201n)

当然，这些后果看起来是要证明，人性和历史的意识形态上出现一个历史性转向是合理的：对于大屠杀的悲观主义被扩大，以包括发生在巴尔干半岛国家和非洲，实际上是发生在全世界的种种不可理喻的暴力和残酷行为（不排除伊斯兰教，现在被看作一种宗教狂热和暴力）。但是，没有什么人性，而从它们自己隐藏的议程和它们自己的政治程序这类角度，关于人性的这个或那个意识形态（和美学）断言中投射出来的历史愿景总是得到更好的评价。

因此，我们必须一次又一次地回到那些集体，那些个体的人，他们已经“从历史中掉了出去”——不是为了顺应利科的叙事人本主义，它指出，在某个系统背后发现了人格化角色，这个系统可能超越这些角色——那本来就是发现的任务，如我们已经看到的——而恰恰是为了在某种程度上准确表现这类集体同我们在此简单勾勒过的辩证系统之间的关系——支持资本主义创造失业储备大军并排斥全部社会阶层（或者在这里，在全球化当中，世界人口的各阶层）的结构必然性。

从系统向原动力或行动者的这个过渡于是将牵涉一种由时间向空间的转换：而且实际上，我们也许可以预测，我们寻求的那个历史前景——关系的出现——恰恰将构成转换的过渡点这一形象，从时间过渡到空间，或从空间过渡到时间。这样一个形象事实上将反映出我们在这里一直寻求的空间辩证法：但它还是需要最后走一点弯路，通过世界系统中肯定和否定的统一，然后，我们才能得出一个关于**历史**本身可能显现的思辨性论述。

事实上，我们已经呈现了由肯定到否定的轮换，又回到前面关于全球化的讨论[89]；现在，必须从马克思关于帝国主义的一个更加古老的辩论这个角度重新阐明这一轮换。在马克思的遗产
577 中，的确再没有什么东西比那些文本（尤其是关于印度的文字[90]）更令人反感了，在这些文本中，这位共产主义之父似乎很欣赏资本主义所扮演的角色，认为它将其殖民地带进自己的现代性光芒当中，因此使这些殖民地可能发生社会主义革命，同时将它们过去的农村背景丢在一旁，即使不是丢进了“历史的垃圾箱”，至少也是丢进了金钱和历史之前的世界那充满怀旧意味的影像簿中。

非洲很显然就是这样的场所，在当代这个**虚构**世界里，它已经脱离了**历史**本身。它可以成为一个示范，自然灾害——饥荒、生态灾难、污染问题和所谓的生物权力（bio-power）——以同样的方式既表达，同时也掩盖了另一个更基本的现实，即脱离资本主义。

不幸的是，要脱离一个现在已经全球化的资本主义或世界系统也并非那么容易。在1960年代，即使资本主义与你擦肩而过，即使你生活在它的雷达探测系统之下，或者仅仅是因为不值得花力气占有或同化，还有很多田园景象表明可能过一种不同的生活。这就是当时在一个较大系统的疯狂势头中，村庄作为一个前资本主义飞地的乌托邦景象，它是那一势头内部的一块平静之地，一个避难所，在那里，前资本主义的社会关系（在不同的前资本主义意义上，它们可能也是压迫性的——性别等级和年龄等级、氏族之间的斗争、宗教禁忌的压迫）能够幸运地保存下来。这种乌托邦想象的可能性——受到历史上资本主义扩张过程暂时

停止的激励，这是因为民族解放战争等事件的缘故——以不同的方式被理论化，被列维-施特劳斯在复活卢梭的过程中理论化，被萨林斯（Sahlins）和鲍德里亚那些人的人类学理论所理论化，也被科林·特恩布尔（Colin Turnbull）的人种论[91]理论化；而且非洲作家本身也赋予这种想象以内容和表现形式。

但是，今天，那些和平的村庄飞地已经变成了饥荒和生态灾难的发生地，而且当各种人口，如腾布尔（Turnbull）的森林人，没有被强行迁走并固定安置在这个系统之内的时候，村庄的封闭本身也变成了难民营非常需要的界限。我们已经间接指出，否定之否定可以有两种形式（而且这两种形式也分别附带着肯定和否定的效价［valences］）。一方面，对资本主义的否定不再导回到乌托邦，而是简单地摧毁先在的形式本身；另一方面，它在这个系统本身内部促成了越来越高级的复杂化和“现代性”等进步， 578
这就是想象的否定力量，它许诺在这个系统内部打开缺口，还许诺了一个新系统的成像。由此，退回到飞地不同于对这个系统本身进行改造，用一个完全不同的系统取代它。飞地至多是这个新系统的讽喻（即，它可以作为一个乌托邦发挥作用）；最坏的情况，也就是说，在现实中它被简单地摧毁，在身后留下一堆瓦砾废墟，但这堆瓦砾就是由个人组成的群体本身的生活，这些人已经“脱离了”这个系统，从此成了虚无的一部分，成为阿甘本所称的赤裸生命的残渣或剩余，生物性的幸存者，被剥夺了工作或行动的所有可能性，只有靠国际慈善机构的施舍在难民营继续生活。

实际上，这些难民营正是我们当前在世界范围实行社会排斥的种种图景的强形式：在那些围起来的住地，人们过着他们自己的日子已经差不多六十年了；它们外边就是临时难民营，在那里，美国和一些非政府组织的慈善关注对象是这样一些个人，他们不太可能回到被内战摧毁的家园，或者因为饥荒而逃离，他们被迫在无所事事中，在被历史排斥的人群那痛苦的休止状态和无力状态中过活。改变关于这类黑洞的效价，改变有关排斥的描述的效价，只需要将它们重新纳入这个世界系统当中，以及实现全球商品化，这些黑洞和描述尚未涉及全球商品化。既然如此，在这一点上，地球上失去的人口可能将不再是新的和难以想象的流氓无产者或赤裸生命这一范畴，他们那时将重新回到普遍的失业储备大军中，甚至一个新的全球资本主义为了自身能继续存在下去也必须要永久维持这支失业储备大军。

在这一点上，我们需要回到那些抽象范畴，这个讨论到现在为止一直是从这些范畴的角度展开的；我们也需要解开意识形态和经济的异质融合——尤其是从社会科学的视角——关于发现的整个探索似乎已将我们引入这种融合当中。的确，黑洞和失败国家的语言，脱离历史的语言可以说是加在前第三世界不发达国家身上的一种恶毒诅咒，它完完全全是意识形态的；但是，用科学，甚至用一种更好的、更进步的意识形态取代这种意识形态并不能弥补它的缺陷。如果“发展”本身就是另一种意识形态，是对旧的现代化意识形态素的一种改头换面，那就要通过发展统计学来对命运的各种意识形态进行充分的纠正的确不太可能。因为在个体的或存在的生活中，在历史分析的王国中（在经济学家寻求解决的问题中），**意识形态**始终在我们左右，而我们对客观条件及其可能性的分析也始终是通过某种特定的社会**想象界**（或通过我所称的认知地图）来组织的。

579 对发现的强调揭示出，意识形态结构是一个行动元过程（actantial process），而且对它的评价不是以它所表达的乐观主义或悲观主义为基础，也不是以偏见或成规之见的比例为基础，而是以集体人物和动因为基础，它就是在这个意义上对一个给定的历史环境或事件进行组织。在非洲，似乎很清楚，基本的意识形态斗争与谁应该承担责任有关：是非洲人本身，他们的文化和传统（或民族性格），还是他们那些掠夺成性的精英和后殖民政府；或者另一方面，是国际货币组织和其本质为美国全球化的政策；或者实际上，是地理，殖民历史，或简单地，就是不好的运气和命运本身的诅咒（但是在这些系统的某一个中还有另一个动因）应该承担责任？似乎同样清楚的是，如果不是在这种动因或集体行动者的意义上来组织非洲，就不可能分析非洲的情况，无论将要得出怎样的结论，无论在多大程度上准确可能将责任问题中立化。一个更中肯的问题是如何将这个环境同作用者本身区别开来（根据其他人的读解，他们本身就构成了将要面对和修正的环境）。于是，发现这一行动或活动——是对尚未完全显露的作用者的识别，也是对他们的发现，是对行动元场（actantial field）的再组织和再分配——在分析过程中是不可或缺的一个开始时刻，它还表明从叙事视角看，意识形态和科学（除非是经济学的科学研究方法）之间的区别是不可能存在的，也是不受欢迎的。

因此，让我们暂时回到马克思对失业的看法这个问题，因为将非洲丢进历史的垃圾箱与马克思的棘手问题和流氓无产者范畴惊人地相似。这里似乎有一种污染，在这种污染中，备受争议的生产性劳动和非生产性劳动之间的对立与劳动储备大军（即目前失业的工人）的全部问题交叉在一起。被误解为生产性/非生产性区别的道德化内容被非法地从这些概念中的一个转移到另一个。但是，马克思的真实意图从来不是用“非生产性”这个术语对有争议的工作类型进行道德判断；而且这个区别纯粹是描述性的，它将生产资本的劳动同生产工资的劳动区分开来，生产工资的劳动在即时的消费中被用掉了。西方心理或许韦伯式心理中某种深刻的东西似乎不能将“非生产性”理解为一种谴责和判断，尽管事实上它是过去历史上所有劳动领域的特征：这样的听众因此很可能被马克思那句干巴巴的话所惊呆，“成为生产工人不是一种幸福，而是一种不幸”（*Cap*，644）。不过，这也几乎算不上
580 对无所事事状态发表的反文化赞颂（除非是在他女婿关于这个主题的著名册子的意义上），而是在提醒“生产性劳动”之后会产生的东西，而且是在结合进资本主义体系的地狱战车这个严格的意义上。

当我们回到那个不同的对立，在其中，工作与失业是对立，我们遇到这样一个情境，其中肯定概念似乎有两个对立面（或者如果你更倾向于一种技术性语言的话，一个是对立的，一个是抵触的）：它们分别是失业和不能就业，或者根据马克思的分析，失业储备大军和那些人——老弱病残，还有众所周知的流氓无产者——他们甚至在某些特殊季节或兴盛时期也找不到工作，这些时候的工作注定是留给储备大军的。但是，有一个关于这些对立的示意图揭示出，还有一个缺失的术语：

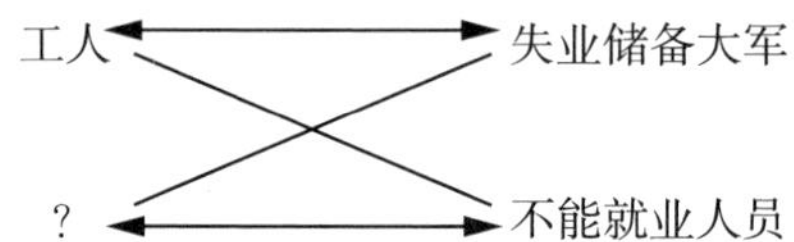

这个空缺在《资本论》中已经被间接确认了，《资本论》在关于所有被淘汰出局的产业的精彩论述中很有远见地对培训这类虚伪概念进行了无情的攻击：但只有全球化才将它向外投射到可视的地理空间中，由此对该范畴进行了更明晰的生动展现。因为这个新范畴就是**先前曾就业人员**（*formerly employed*）：也就是说，曾经在重要产业中非常活跃的就业人口，这些产业现在已经辉煌不再，在它们废弃的工厂周围，那些过时的劳动行业中的能人同

他们的家人一起继续在比难民营好不了多少的飞地，尤其是在他们的住处和要被收回的地方生活着。

但现在，这个行动元系统可以被画在全球化本身的空间地图上，在那里，第一世界和第二世界工人中的失业群体与工作人口同有缺陷的人一样，都在储备大军（如果他们周围启动了新的产业或可能性的话）和曾经就业但现在永久失业的人员之间漂浮不定，“发展”永远不会再注意到第二种人群了。全球化于是在极大的程度上切实加速了这一过程，因为它对更廉价劳动的需求是无厌的：放弃了墨西哥边境加工厂原来的工人，这些工人承担了先前美国工厂工人的劳动，来到中国，在那里，新近已经建好的工厂被关闭，因为看到了东南亚其他地区的劳动费用更低。马克思的世界市场前景，或普遍商品化阶段（工资劳动），因此不会被理解为某种巨大的、极为充实的空间，那里并非每个人的工作都有工资，他们并非“生产性地”创造着资本；而是被理解为这样一个空间，在这里，每个人曾经都是生产性的劳动者，而且无 581
论在哪里，劳动都开始脱离这个系统确定价格：他预言，这一情境是剥削性的。

我们现在也许可以回到在这种背景下“承认”或“发现”非洲这个问题。在一个非常值得注意的对比分析中，乔万尼·阿里吉已经确定了这个历史性时刻，在此时刻，先前的第三世界开始分批进入亚洲虎（韩国、台湾地区、新加坡，现在是中国本身）的工业“奇迹”当中，也进入那些曾经比它们更“不发达的”地区，如非洲，但后者现在，尤其是以它们自己为参照，似乎本质上就是不发达的。[92]这个时刻当然就是晚期资本主义（或全球化，或后现代性）全面出场的时刻，即 1980 年代早期撒切尔/里根的时刻，“美国在 1950 年代和 1960 年代一直是世界资金流动和直接投资的主要来源，但在 1980 年代，它成了世界主要的负债国，现在则是外国资本最大的接受方。”[93]这种分期化，特别是对我们在文化和社会经济层面理解我们当前的情境而言，就是阿里吉为他所谓的非洲危机提出的两个基本原因之一，即资本投资中的逆转，它现在开始从第三世界流向第一世界。第二个原因，主要是就先前的第三世界国家的命运所产生的新的分歧，牵扯到使西亚和东南亚成为永久耐用的廉价劳动来源的殖民历史和政策，但这些却削减了非洲的人口。从我们现在这个讨论的角度，这些因素于是解释了为什么发展中的或（亚洲的）“前第三世界”现在被看作一个基本的劳动储备大军，而“不发达”和欠发达的前第三世界（特别是非洲）则填补了那第三种动因的空间，我们称其为“不能就业的”。在这一点上，与处在非洲社会经济（甚至文化）环境中的其他学者一样，阿里吉为未来政策提出了实用的建议，但不是很乐观。

然而，在这里，我们的兴趣，无论好坏，都纯粹是理论性的，它确切地说是一个关于“行动元”转移的问题，从一个语义范畴或空间转到另一个——将想象中的实体“非洲”从雇佣工作（“不能就业”这个空缺）的“矛盾状态”转移到它的“对立面”，即“可以就业”，或马克思的储备大军。这样一种再认同是发现的构成性操作，但同时，在历史现实中，与非洲的社会经济现实
582 在晚期资本主义阶段正在出现的世界市场中的巨大转变相对应。
这样一种移位很明显是可以想见的，可以在全球化间断性扩张的前景中找到合理的解释，全球化从一个廉价劳动地移到另一个，第一个地方的发展提高了工人的工资和生活条件，超出了生产可能产生的利润：资本主义无规律的扩展这幅图画在《资本论》中已经出现，但今天可以在一块大得多的画布上画完它，如最近许多研究所证明的那样。同时，与马克思零零散散论及的某种终极世界市场或普遍商品化同时出现的错误图画通过我们的第四个范

畴，即“先前曾就业”，得到了修正，或换言之，那些现在被资本“轻率地”（*fuite en avant*）放弃的领域：在被摧残和毁灭的同时，现在完全被商品化了。世界市场的封闭因此不会被理解为正在填装一个空箱子，而是被理解为一种蔓延的进程。

然而，它们两个都是比喻，每个都有它自己的缺陷和构成性变形，只能通过歪曲另一个比喻来更正。我已经简单描述过的这个论点是为了说明来自任何更严格意义上的认知地图的比喻过程都有不可分割性。但是，它无疑类似于思想实验，我们也许可以将历史上的某些争论，如“家务劳动的工资”，与之相比较：这可能不是一个实际的政治计划，但它在关于女性处境的女性主义分析中从哲学意义上强调重新思考商品化（工资劳动），这将整个问题放在一个当代的政治议程上，放在一个反资本主义的政治议程上，而不是放在关于前资本主义形式得以留存的历史研究上。（同时，食品的工业化以及家务劳动在某种程度上的自动化，如清扫等，开始表现出这些空间实际在多大程度上受制于现代资本主义带来的殖民化——只有我们给它加上“家务劳动工资”的可能性之后，这种殖民化才算完成。）

所以，现在，对后现代世界的弃民实行工业化这个不太可能的可能性却以同样的方式使我们将他们在这个世界系统内的结构性地位重新概念化，在认知意义上重新绘图，并且在一个较之整个这一系列辩论迄今被置入的叙事更具包容性的关于晚期资本主义或全球化的叙事中重新创造行动元、施事者、叙事人物。在这里，换言之，我们是将发现理解为一个理论性生产的行动，在这个行动中，新的人物被生产出来供我们的集体性发现、政治性发现以及识别之用。

4. 怜悯（Pathos）

i. 可见性的诱惑

583 从亚里士多德的情节突变或逆转，以及发现或发现/识别等范畴，我们现在继续移向利科发现的在《诗学》中发挥作用的三元基（triad）的最后一项。无疑，这最后一项——怜悯——不仅接受哲学修正，它还在关于事物本身的结构性质和功能方面可能误导我们。换言之，也可以说，在《诗学》中，怜悯与情节突变或识别根本就不是同样的叙事学范畴。实际上，他最重要的注释者也对此表示同意，说："很显然，亚里士多德认为怜悯是悲剧情节基本的、不可或缺的'成分'，因为突变和识别都限于复杂情节，而怜悯则不然。"[94]这里不是要论证对亚里士多德的进一步阐释，甚至也不是要争论利科重构他的三元基的意图[95]，他的三元基的作用只是为我们提供了一个起点。

但是，以亚里士多德为参照会帮助我们以两种进一步的方式澄清我们的论点。实际上，艾尔斯（Else）强力主张，亚里士多德的怜悯具有非主观性质，它关乎（根据他的看法）事件而不是情绪。那么，这个时候，就可以说，我们在这里的讨论将不会允许我们对近几年的悲伤或创伤理论进行任何丰富的探索，也不能在建构主体性方面做出任何精神分析方面的假设，这些假设与主体性有关。接下来，有心理共鸣的唯一问题就将是幸福问题，它的辩证含混性（对立统一）将支持一幅噩梦期或拯救期交替出现的历史图景。

"图景"一词暗示了一个更进一步的评论，涉及在亚里士多德的心中，怜悯表现是什么性质，它一般被理解为表示一种血腥的结束场面：我们已经想起埃杰克斯（Ajax）的自杀，美狄亚被她死去的孩子们围绕着，俄狄浦斯失明，或者对关于怜悯的传统理解更具范式性的拉奥孔雕塑——拉奥孔和他的儿子们在那条巨大的海蟒的缠绕中绝望地挣扎，它引发了莱辛（Lessing）关于艺术中连续性和同步性、时间与空间的著名讨论。艾尔斯的结论是：

> “在舞台上”不是亚里士多德的意思……亚里士多德是在将**怜悯**与突变和识别进行对照。因为正是根据突变和识别的性质，它们才是可见的事件，是心灵王国中发生的相互影响，尽管它们也许伴随着可见的标志。另一方面，死亡、痛苦、创伤按其性质都是物理事件；它们都属于可见的王国。584
> 但是，那并不意味着它们在悲剧过程中也要以物理事件的面目出现。按照要求，它们在那里被假设为与道德或精神相关的物理事件，它们表现为突变和识别。[96]

此刻，这个讨论可以提醒我们注意，在我们对怜悯的理论化中要警惕可见物化的诱惑。将怜悯等同于某种结束场面这个基本事实——事件和历史之后（*Nacheinander*）的莱辛的平列（*Nebeneinander*）——必定是加强了这种诱惑，同时，它给了我们一种对这个难题的新公式进行评价的方式，它必须成为一个连贯的整体，以排除可见性。

但是，怜悯在这里会鼓励我们试着改造利科与**时间**面对面的计划，转而尝试面对**历史**本身。利科的模式中一定隐含着可见性和可见化，即海德格尔靠近**存在**本身的现象学计划。这项计划是围绕着“显现”（*phainesthai*）这个希腊语动词组织的[97]，它是名词“现象”的词根，他用这个词表示一种显示或出现（*scheinen*），或说得更确切一些，是一个给定现实显示其自身或被显现的方式。可见性的诱惑仍然在那里，但比较微弱，而且海德格尔试图以更高调的方式来处理它，他坚持认为，我们正在讨论的现实的出现——在这种情况下，它就是**存在**本身，与世界上我们周围无以计数的经验存在相对——同时就是它的消失或暗淡，它在出现的同时开始隐退。海德格尔的本体论因此假设可以感受到**存在的**这种瞬间感，这种瞬间感很难同它出现时所产生的刺激区分开来。用他后来更具宗教性的语言说，对**存在**的这种去蔽与哲学的使命有关，如果它不能对世界进行干预以唤来某种存在感，它至少可以注意到它的沉默和它的不在场；可以诱发一种等待和期待的状态，最好是提供“一种准备，使一切就绪，让自己随时面对神的降临或不在场”。[98]

利科的修正——让**时间**显现——（尽管有海德格尔那个著名的标题）即刻成为对《存在与时间》中“显现”的阐释，也是一种含蓄的批判：因为对利科而言，**时间**是这样一种事物，在哲学
585 中，更突出的是在文学中，借助于时间性那些多样的和重叠的层面，我们在上面已经考察过，可以积极地显现。

同时，我们自己对利科的修正——使**历史**显现——也将使我们以一种不同的方式回到海德格尔，这可能被说成是表明马克思主义本身就是一种本体论。海德格尔本人也勉强承认这一点，在战后那封《关于人本主义的通信》中，他确认了 1844 年手稿中[99]异化理论的本体论元素：但或许也可以说，这一妥协是他保持骑墙状态的办法，在欧洲，红军离他只有一到两个小时的路程。海德格尔的学生赫伯特·马尔库塞之前已经为黑格尔的最高**生命**概念的基本历史性做出了很有启发性的论证[100]；但是没有将这个论证延长到资本本身这一关键问题。当代的“资本逻辑学家”（capitalogicians）在挑衅性地演绎出绝对精神即资本本身时引发了更多的联想[101]，由此在黑格尔和马克思的“世界市场”

之间拉起一条纽带，同时开辟了一个视角，从这一视角，今天唯一有意义的总体性就是全球化本身。但这个视角一方面有赖于一种**历史**与资本主义的同一，另一方面有赖于**历史**与绝对的同一，它们两者都有待揭示。那么，是否如 E. P. 汤普森所言，"有时'终审的孤独一小时'真的来了"?[102]

在我们做出如此肆无忌惮的断言之前，一些准备工作还是必要的。我们或许，例如，想要回忆一下艾尔斯关于亚里士多德的事物组合系统中那些复杂和简单情节的提示。在复杂情节中，情节突变和发现是怜悯的重要部分，而后者的经验的确是辩证的，因为它涉及对这三个范畴的表述，它们也将这些情节统一在一个独立的现实中，即怜悯本身当中，它从一个表示该过程之一部分的词语，最终成为代表整个过程本身的表象（一种不同于马克思在 1857 年的《大纲》引言中所勾勒的辩证法的辩证法[103]）。因
此，是因为识别出历史的原动力（在发现中），在**命运**与**定数**导 586
致了怜悯的第一个悲剧场面的爆炸性相互统一中，才完成了对**命运**或**定数**（情节突变）的对立统一的感性认识。

但是，亚里士多德的简单情节却避开了发现和情节突变一类的东西，它似乎要为某个单独灾难或灾变提供模式，在这一模式中，历史以山崩地裂之势干预到个人生活并且表现为无法挽回的、简单的、压倒一切的形式，无论是自然灾难、战争、干旱、萧条、瘟疫、核事故，还是我们得称之为上帝行动的其他事件。具有讽刺意味的是，我们常常从这些"简单的"灾难的角度标记**历史**的时间，而且正是从自然或自然的这个角度，我们应该将**历史**理解为闯入日常生活之连续性的事物，看上去似乎是社会惯例的自然繁衍。于是，我们想知道，是否日常生活本身要被理解为非历史的，**历史**的复杂情节要如何来想象和读解。然而，如果必须从灾难角度表达这些"上帝行动"，关于亚里士多德的《诗

学》，就需要一种不同的提示。

因为，众所周知，这些范畴属于一篇残损的论文，它的另外（丢失了的）一半论述的是喜剧。喜剧无疑也有其怜悯时刻，尤其是其中对形形色色的守财奴和暴君的警戒性惩罚（在莫里哀和莎士比亚等人那里）：无论如何，他们的失败与其说是道德缺陷（因为大部分是荒唐而不是恐怖）的后果，不如说是旧时代的报应。喜剧中的反面人物，因为他们代表社会和秩序，必然与被呼吁下台的老一代联系在一起。喜剧是年轻人的胜利，或者如阿兹达克（Azdak）的情形，是那些与反叛或更新它们的人、与一个新时代的到来联系在一起的胜利。同样地，似乎必须要以有些不同于怜悯的悲剧功能所规定的风格来假设这个胜利时刻，但其形式或结构适合容纳这两种结果的任何一个，同时将每个结果都指定为一个“显现”的时刻，使它露面，这正是我们在这里所寻求的，但我们仍然要继续用亚里士多德原来的“怜悯”这个词来表示它，怜悯也是我们的出发点；我们后面将回到某种正面的或乌托邦的怜悯形式上。

总之，怜悯的效价从否定向肯定变化这种可能性也使刚才假设的对立变得复杂起来，这个对立就是“什么事都不发生”的日
587 常生活与一个不连续的**历史**之间的对立，该**历史**基本上是一系列准点的断裂和灾难。让**历史**在那些更长的、似乎是非事件性的连续性中显现，这是可信的吗？年鉴学派用它的各种时间寻求在伟大的历史人物和重大历史事件那里突显的正是这些连续性（地理的缓慢变化和地中海的习俗制度取代了勒班陀战役以及菲利普二世的各种决定和气质）。但这种可能性似乎需要更微观地登记和记录这些因素，同时能够在存在本身当中、在生物主体的个人经验当中探察出**历史**的悸动，这些生物主体的寿命与历史本身巨大的、几乎是地理性的节奏并不同步。利科的研究以文学中这些工

具的建构和校准为重点；需要提出的是，历史和交叉学科如人种学、生物学以及精神分析，在各处已经开始进行类似的实验。于是就出现了一个问题，是否后现代性还希望向这些本质上是现代主义的努力和抱负致敬。

ii. 舞台造型与时间性

我们现在也许可以从怜悯概念的角度重写这些主题和难题，从这一角度，只有参照出现作为一个事件的可能性，视觉化和物化的危险才不会失去平衡。这个概念或范畴的确试图将圆形变成方形而且试图将舞台造型的可能性与某种天命或命运的时间性结合起来。但在古代悲剧的世界中更容易观察这一结合，在那里，历史本身受到城邦范围的限制，时间性则受到季节性战役的限制，在这些战役中，一个给定的团体出发去摧毁某个邻居的庄稼，时间也受到个人寿命较短的限制。探究**历史**的某些现代意义如何使自己显现似乎是另外一个问题。即便如此，对辩证法而言，舞台造型和时间性之间的张力也并不是将我们带到停止状态的悖论，而是恪守发展诺言的矛盾。

怜悯概念的表现性优势事实上恰恰在于它至少能暂时将历史物化，迫使其用自己的力量表现为一个实体，从而使其变得可见。像这样在瞬间让多种似乎无关的历史趋势和潮流停驻可能会被当作它们暂时的（甚或一刹那的）统一，我们必须从整个过程开始。

萨特曾经观察到，对于像列维-施特劳斯那些人而言，他们质疑这一思想，即历史是某个单独的实体，这个实体本身是历史的，**历史**本身必须是在历史进程中逐渐形成的。[104]一开始，他就 588
告诉我们，没有历史，或者说，有很多历史：数不清的部落的地方史，没有书写或稳定的集体记忆的人民正在消失的历史，与世隔绝的国家在灿若星河的空间中的自主动力学。一个单独的历史只有摧毁那些多样的集体时间，将它们统一到一个单独的世界系统中才能进入视野中。那种统一（或总体化）就是我们所称的资本主义，它在当前的全球化（这个系统的第三个阶段）中尚未完成，它只有在实现普遍商品化，在世界市场的条件下才能实现。

让历史“显现”靠的就是这个统一过程，仅仅是它的荣枯变迁就能生成各种不连续情境，在这些情境中，这样的一瞥是可能的：这就是说，**历史**的“显现”靠的就是客观的历史情境本身。这里有一个理论与实践的统一（福柯也许会称之为权力和知识的矛盾），据此，理解历史统一体的认知（或表现）可能性也与各种实践情境是一致的。如同正是在革命的情境中，一分为二的阶级被彻底简化，我们因此得以开始认识到，阶级斗争只是一种极为纯粹的形式，所以也只有享有特权的历史呼喊才允许我们“看到”作为一个过程的历史——也正是在那些呼喊中，“历史”是最脆弱的。表现的可能性于是必然也是一种政治和社会的可能性；只有通过坚持这种客观性，我们才能将怜悯的概念从审美的琐碎化中解救出来，或者如果你愿意，才能赋予审美适合于它的政治维度和实用维度。

这种呈现**历史**显现难题的方法将赌注提高到了利科的人本主义够不到的高度，与此同时，它以不同的方式将所有的元素具体化。布罗代尔的地中海被出现在两头的两个庞大的世界帝国和它们突然出现的冲突“统一”了，但它的历史宿命——一方面体现于勒班陀战役，另一方面体现于菲利普二世的死亡——只有在地中海世界开始分裂而且世界历史的重心移向大西洋时才变得可见。但要与这个难题达成充分的妥协，令人满意的办法既不是对这种衰落的怜悯，也不是我们将革命认同为上述的表现。因为在这里，可见的场所（在这种更高水平的诱惑中）被老的实体或本体观念理解为某种统一的客体，它最终可能成为“表现”的对象，在海德格尔对“世界观”的攻击中，他用同样的方式批驳那种意识形态错误。[105]实际上，对海德格尔来说，世界观的物化是 589
主体和客体在现代发生分裂的后果之一，是认识论对本体论的胜利，甚或——与从希腊的存在经验向罗马或拉丁的抽象化过渡时的情形一样[106]——是统治和占有一个世界的意志，它本身已经变成了一种事物，是笛卡儿哲学延伸而成的一个灰色王国，是一种地理，**地球与世界**[107]之间最早的巨大张力已经从这个地理上被根除了。这个现在为大家所熟悉的对现代性的诊断不应该混淆非常有影响且仍然具有说服力的表现批判，它是海德格尔由现代性推导出来的，即使我们现在是在一个更加一般和更加中立的意义上使用“表现”一词。

的确，要坚持海德格尔的批判和马克思在物化之前关于物化的诊断，我们就要改正自己的努力方向，不能规定表现的对象不是一个实体而是一个矛盾，而且矛盾不是一个事物，不能被描画或想象成一个静止的客体，由此通过怜悯来思考**历史**。这里要表现的东西也可以被描述为一个总体，条件是后者被等同于矛盾：同时被规定为一个非物（non-thing），一个非客体（non-object）。但是，如果它不是空间的或可见的，它也不会被主题化为时间的（尽管那个诱惑对历史年表，甚至对海德格尔的辩证矛盾而言比对空间的诱惑还要强烈）。当代哲学对一种绝对当下的承诺有助于抵抗这种诱惑，但无助于忠实那些过去和未来，那种集体性经验，因此，某种关于历史必然性的辩证概念寻求扩大存在和私人或个人的意义。

但在这里，辩证法必须与悲剧分隔开，或至少与亚里士多德那篇不完整的论文分隔开，那篇论文完全是在只关注怜悯对受难和不幸的现代感觉方面讨论怜悯。无疑，它肯定必然地要先讨论受难和不幸：今天，对**历史**的任何大致了解都必然包括长久地、令人头晕目眩地注视历史的噩梦。这一情景按照事物的本性是不可能持久的，它不可能被长久地忍受（“看看我能忍受多少”，是马克斯·韦伯对自己最基本的历史使命所做的富有启发性的描述)。同时，与所有这类与总体性的不期而遇一样，事件表现了独特性与普遍性之间的交叉，将某个特殊的历史时刻和情境看作一扇很少打开的门，它让人无法想象地一直飞回到人类历史的最开端。除了遗憾和惊恐，这种经验的内容也根本不稳定：对古人
590 而言，它是生命的短暂；对基督教世纪而言，它是罪的无处不在和人性无法弥补的败坏——我们真的能认为这些执着的主题不仅仅是统治阶级借此使他们的附属阶级听话的稻草人吗？无论怎样，他们在自己留存下来的文学中留下了关于厌恶和恐惧的记录和痕迹，关于此，我们只能假设，它是一种异质的而不是流行的表达。但当我们靠近 18 世纪，那个资本主义开始在西方开张的更加民主的时代，一种包括监禁、独裁和专制、任意惩罚、狂热以及迷信的偏见开始感染政治热情，并且准备要推翻旧政权。但是，议会系统和一种相对的政治平等所发挥的作用仅仅是转移恐惧，却揭露出更深刻的劳动视角，包括工厂是监狱，是终生的苦役，这于是反过来从一个新的、或许更具拯救意义的视角照亮了劳动着的身体的时代。

历史有那么多的历史总体化，它们有它们的绝对真理以及它们的历史和理论相对性。修昔底德（Thucydides）在**命运**的悲剧概念下对无休止的伯罗奔尼撒战争（连同和它一道出现的傲慢这个道德化宗教概念)[108]进行统一化，这使得我们必须认同一种必然性，它在经验事件的偶然性之下发挥作用，这些偶然性执拗地通过它们瞬间的成功以及局部的失败表达着自己。这种历史即必然性的观念肯定还存在于我们中间，即使它必须要从对立的角度来理解，希腊的历史学家当时不可能有这个角度，比如生产模式

的潜力或损耗。但如果假设我们与这种对立的关系——昨天，决定论与自由之间的矛盾；明天，阴谋和乌托邦之间的矛盾——没有人类历史的那些早期时刻那样麻烦，那就错了。较之过去的历史学家，我们唯一的优势就是我们自己的历史随着它接近一种真正的全球历史而相对扩大了。

iii. 两种总体性

不过，我们现在需要回到统一化和总体化的过程中，目的是对真正重要的东西有一个更清楚地了解。我将提供两个关于这类时刻的物证，在它们中，事件流偶尔被打断以获得对整个历史系统的粗略了解，这个系统本身却可以被交替当作系统或事件。之后，我想确切地阐述我们与这类现象可能是什么关系，它们最好不要用普遍化的当代语言（与独特性相对立）来进行概念化，或 591
许更令人满意的方法是从一种关于**绝对**的古老的宗教语言来对其进行概念化：然后，可能会接近历史怜悯的效价以及它的两张孪生面孔，即否定和肯定这个关键问题。

第一个物证是萨特的战争前夜小说《缓期执行》（*Le Sursis*；*The Reprieve*）中的一个时刻，有一个叫多斯·帕索斯的人，他的多种命运纠缠在一起，即将达到融合的高潮，小说的标题只是由于《慕尼黑公约》的延期而暂时确定下来。接下来的反思采取的是非直接引语形式，它并不是这部作品的哲学高潮（它出现在马修在新桥［Pont neuf］上发现自由的性质之时）；但它以诸多方式成为这部小说的中心经验，即它的交叉剪接的自指性，以及对非自由或依赖性的展现，仅仅参照这种依赖性就能对自由的命题做出判断和评价：

> 一个巨大的实体，在一个有千百万个维度的空间里；三维存在在想象中也不可能达到这种程度。而每一个维度都是

> 一个自主的意识。试着直接看一眼那个星球，它可能会分解成小碎片，只有意识会留下来。千百万个自由意识，每一个都意识到有各种墙壁，一闪一闪的烟蒂、熟悉的面孔，每一个都按照自己的责任建构自己的命运。但通过察觉不到的接触和感觉不到的变化，每一个意识都意识到自己的存在是一个庞大的、无形的珊瑚中的细胞之一。战争：每个人都是自由的，而死亡被赶走了。正是在那里，在每一个地方，它是我所有思想的总体性，是希特勒的话语的总体性，是格麦斯的行动的总体性；但没有人在那里将它们加起来。它只为上帝存在。但上帝不存在。而战争却存在。[109]

在这样一种经验中，**历史**真的是被当作一场噩梦记录下来；但它
592 不是远古时代令人目眩的杀戮和屠杀的噩梦，也不是任何宗教或政治系统都无法清除人类根深蒂固的恶习这类噩梦。（《缓期执行》中的人物都在“自欺”［*mauvaise foi*］，这一点没有问题，但却不是一样地心狠手辣。）确切地说，这场噩梦是身不由己的相互依赖，通过身不由己和被动性，人们渐渐意识到他们的集体性。萨特有一个关于我的自由在不知不觉间被他人偷走的修辞在这里增值为一种**绝对**景象，一种身体被完全塞在一辆驶向未知命运的轿车中的绝对。但“景象”不是一个恰当的词语，如我们已经了解的：因为这不是一个完成了的表现，它表现的是马修强迫自己将某种他既不能思考也不能描绘的东西哲学化，并且还将这种失败变成了一种不大可能取得的认知成就。这个成就的哲学名称是总体性，马上就会清楚的是，以它的全知之名或假托它的智力神秘来攻击这个“概念”完全是搞错了地方。至多，可以说它相当于个体或存在性努力，试图理解个人存在的集体维度；重复一种现在很熟悉的萨特式辩证法，它只有通过失败才能成功。

但我们必须注意这种本身就是事件的揭示依赖这类**事件**的方式：只有在确定历史的某些事件的时候，**历史**本身才能被理解为一个**事件**：大的骤发性危机，战争很显然是其典型特征，在这里被假设为与平日、与和平年代的常规、与没有任何新鲜事情发生的按部就班的世界截然不同，在和平的世界里，实际上什么事也没有发生。萨特的“极端情境美学”因此与年鉴学派和他们的程式正好相反，将事件降格为历史编纂而且突出越来越长的“时段”：它们是否能成为历史叙事？这个问题与萨特是否曾经公正地评价日常生活同样有趣（《恶心》[*La nausée*] 本身基本上属于身体的危机）。

无论如何，因为萨特和战争，我们触及一个**历史**确定无疑地显现的时刻，它表现为一种不在场的总体性和一种焦虑经验，如果不是恐惧经验的话。现在，让我们考察另一个相似的时刻，在此时刻，对历史的粗略了解随即产生了一种轻狂的得意。这就是伊曼纽尔·康德对法国大革命的描绘，在这里，**历史**被体验为自由的重要化身，马修体验到这种自由的不在场：

> 我们已经看到，一群天才发动的革命正在我们这个时代展开，它或许成功，或许流产；它可能充满苦难和暴行，以至于敏感的人，如果他勇敢到希望在第二次能成功地完成它，可能永远不会决定以如此代价来做这场实验——这场革命，我是说，却在所有旁观者（他们本人没有加入这场游戏）的心中发现了一种满怀希望的蠢蠢欲动，它几近于热情，它的表现充满危险：这种共鸣因此只可能有一个原因， 593
> 即人类的某种道德素质。[110]

将一个事件赞颂为如第二次世界大战一样对其同时代事件具有重

大意义，这似乎与萨特典型有力的悲观主义情感系列相对立：革命时刻与历史环境在此是并置的，在历史环境中，人民感到绝对的无力，在革命时刻，自由和集体自决得到成功的展示和演练。对这位启蒙哲学家而言，法国大革命真的是这样一个时刻，全体人民此刻突破了历史是孩童或专制权威的监护对象这种地位，而且首先是“因为给了他们一种民法”而成年了。

但这两段文字都记录下与**历史**的相遇并且记住了那些时刻，在这些时刻，**历史**可以说真的显现了。我想要论证这两种经验的共同之处，我从它们对情感的指责开始：与经验情绪和感情的异质范畴截然不同，情感可以被描述为一种广义的心情，从高到低，从兴奋时刻到精神恍惚到完全沮丧，不停地变化。康德描绘为“热情”的情感因此与今天被分析为忧伤的情感有着密切的关系，而且这两种状态在一种非常有效的对立统一中辩证地相互关联。既然如此，在这两者中，情感的强度标志着实际经验转变为超验经验，隐隐约约地感觉到总体性的出现，这种总体性超越了具体的细节。

事实上，这两段论述都记录下了这个过程：萨特是从否定的角度，通过将当代表现危机的全部重量压在这一词语上——在这种情况下，是“革命”——它是不可或缺的，但它也不能为如此巨大和无法抗拒的现象命名。同时，康德从透过经验历史的信息和当前事件所射出的**理式**（Idea）之光这个角度典型地描述了经验的状况：“纯粹的权利概念”，因为它反对自我利益，无论是以“金钱回报”的形式，还是以既定的“古老的尚武贵族”的阶级利益的形式。

我们必须认真对待这样一个异议，即这两段文字都是认知和思考而不是叙事，它们也是辩证法，旨在传递思想而不是对行动的具体模仿。萨特明白地让我们看到思考行动中的马修（也在思考萨特自己的思想）；而康德则明确地强调他自己所描述的经验的历史性：它将历史事件当作自己的时机（“人类历史上的这样一种现象不会被忘记”[111]），却将其从直接的历史或叙事语境中隔离出来并放在括号里当作任何事情的一个可能原因（“即使要 594
联系这个事件才能看到的结局不应该现在获得，即使一个国家宪法的革命或改革最后也应该流产”）。他由此将一个独特的历史事件转变成为人类集体一个永恒的可能性或潜在性。

实际上，这样的异议等于是将与历史的一次遭遇转化成了一次关于历史的思考；它们会与那些其他的异议并置，这些其他的异议在这两段文字中只看到对其思考对象的感情所做的纯粹主观的表达。两种异议因此让我们降回到一个纯粹的实际经验世界，一个正在朝着彻头彻尾的唯名论发展的世界。它们在现代哲学的现象学力量（甚至康德思想中的现象学趋势）面前破碎，对于这种力量而言，了解（连同其纯粹的认识论难题）不会同其他意向性以及与这个客观世界的其关系截然分开，例如情感：或者，如果你喜欢，对这个世界而言，情感也是一种了解形式，是对过去常常被称为客观性的东西的一种意识。与辩证法类似，现象学亦强调“客体的优势”（阿多诺）。如果那个客体是超验的，极大地超出了我们自己的个人理解和认知能力，那肯定更是如此。正是在这个意义上，两种经验和对它们的描述在康德方面都是对“崇高”的表达，并暗示出实际上那种崇高本身一直都是靠近**历史**（或者是它靠近我们）的标记或症状（“历史标志”［*Geschichtszeichen*］，康德说）。

但是，对康德而言，崇高被确定为一种审美判断模式，伴随着意识形态的后果，我们也必须考虑让-弗朗索瓦·利奥塔（Jean-François Lyotard）的建议，即康德在这里描述的恰恰是一种审美经验，而这类对革命政治的热情常常是旁观者而不是参与者对政治活动的反应。[112]的确，难道康德本人对他的热衷者不是坚持保持一种相对冷漠的精神？这不仅是因为他们对另一个国家的事件的积极情感不会被看作对他们自己的君主制度的威胁，最重要的是，他们只是“置身事外地旁观的公众……没有一点帮助的念头”[113]。他们由此不会被诱惑去再次进行这样一场革命，因为它可能流产，因为它有“苦难和暴行”[114]；无论如何，康德补充到，革命“总是不公正的”[115]。

595 我倾向于认为，审美即现实的一个托架，这一观点是当前某种审美主义解政治化的意识形态，这种审美主义甚至不能公正地对待它所依仗的盛现代主义实践，或者不能公正地对待它声称获得其支持的德国现实主义实践（应该包括康德在内）。然而，关于美学与现实之间关系的不同观点都为它们所用，包括海德格尔的艺术是真理“使自己发挥作用”的基本方式之一，注意到这一点就足够了。[116]

但是，审美旁观与现实保持着一段消极沉思的距离这个观念也可以用不同的方式讲出来，我们在当代的全球化经验为我们展开了这种方式。即使在现代（或帝国主义）时期，外部世界也从来不只是由无偏见的思想或审美消费组成的客体：而是一种关于我们自己那部分延伸的现实部分的象征性经验，这部分现实因为我们在这个世界系统中的特权地位而被压抑并变得神秘起来。我们介入其他人口极为不同的环境中，我们的介入绝不仅限于我们的早餐食物的来源或我们汽车用的汽油。以一种直接的方式来想象这种关系是错误的，与我们从“影响”这样的伪概念角度来考虑它们一样错误。这里有一种超距作用（action at distance），它可能是模拟性的，甚或牵扯到对某些结构的颠覆。能够预先做出假设的就是，一个远处（和不在场）的空间在国际的或全球化系统内部为我打开各种可能性，它们与我自己环境中的任何事物都不同。于是，所谓影响，简单地说，就是这样一种感觉，即某个迄今为止没有受到怀疑的事物是可能的，那么，我也可以通过想象中的再生产，或实际上就是通过厌恶和逃避，对它进行再创造。

无疑，战争就是对所有那些神秘化的虚拟性进行强化并让它们变得真切：那些不在场敌人的到场，和平年代和日常生活将这些敌人限制在报纸或电视新闻上，它们的存在与我自己的存在在所有层面上相互作用。（无疑，媒体也是一些维度，在这个世界体系中，我们无法摆脱它们，并无意识地介入其中——更像是康德的“历史标志”，而不是任何直接表现的渠道。）

正是在这个意义上，在普鲁士王国，康德对发生在巴黎的革
命的热情绝对不是一种纯粹的思考热情：在一个第一世界国家出
现政治和经济可能性这个新空间，在当时说第一世界，可能是犯
了一个时代错误，已经对日耳曼各公国的生活世界产生了巨大影
响，随后当然是对第三世界各个实体产生影响。这也不是一条单
行道；而且不仅是在我们这个时代，那场发生在外围或半外围空 596
间中的运动强烈冲击着核心国家的经验和具体观点——见证了海
地革命对黑格尔本人的影响，正如苏珊·贝克-穆斯（Susan
Buck-Morss）为我们揭示的那样。[117]的确，如果**历史**就是一种总
体性，或说得更确切一点，是一个总体化过程，是对这个星球更
多延伸部分的合并，那么它的经验将必然包括不在场对在场、远
方对近处以及外部对内部的一种新的创造性关系：它将不仅是康
德所认为的历史“标记”，而且是理解这些新的、迄今为止没有
受到怀疑的关系的模式，也是让这些关系被意识到的模式。

但现在，我们必须回到对立统一，我们已经将这两种历史证据描绘为对立统一：因为此时应该探讨与**历史**的遭遇的辩证性质，也应该证明，它可以被表现为恐惧和热情这两种截然不同的

效价。靠近**历史**，与它的瞬间遭遇是一个**事件**，可能打碎或激励失败的经验，或反过来，唤醒那些巨大的可能性，唤醒一切皆有可能（*tout est possible*）的感觉。因为失败的对立面或委顿无能的对立面不是对胜利那种廉价的、自我庆祝的、沾沾自喜的满足，而恰恰是新行动的开始，是新力量和未受到怀疑的潜在性的激活。马克思可以使我们认识这种辩证含混，在《资本论》第一卷的最核心部分，也是这一卷的叙事高潮，他突然将我们送到一个新的辩证层面并且引入了集体维度。

这一章的主题是“合作”，马克思在这里控制了他的“热情”，他简单概括了新的社会劳动分工（直到这一点才开始被讨论）如何“创造了新的生产力，它在本质上是一种集体力量”（*Cap*，443）。参照亚里士多德著名的形而上定义（人是一种政治的动物，马克思准确地将它翻译成“城镇的公民”），再参照富兰克林的名言，人是一种“制造工具的动物”（*Cap*，444，n. 7），它们暗示着一个旋涡，将各种水流汇聚一处，马克思自己的形而上定义——人是一种“社会动物”，集体中人的特殊性——突然从这个旋涡中浮出水面。合作于是恰恰是将人的生活提升到一个新的辩证层面：工人的劳动时间没有增加，但他的生产率迅速提高了——“送给资本的一份免费礼物”，马克思欣喜若狂（*Cap*，451）。同时，第一次提到达尔文，这也暗示出这个新维度的时间视角和它的原初功能（他告诉我们，在这种多样性和集体劳动的情况下，“资本主义生产才真正开始”［*Cap*，432］）。集
597 体性主题由此与异化和生产率等概念一起赢得了成为某种严格意义上的马克思主义哲学候选者的权利。

但这个故事并没有就此结束，因为就在下一章，对它以更严肃的语调继续进行了讨论，反映出“合作”或任务的集体分配与劳动的社会分工如何在机器本身当中历史性地被客体化，机器是

工业资本主义的载体，马克思将它同后者的“制造”阶段严格区分开来。在对“泰勒化”（Taylorization）的预言性展望中，马克思将黑格尔的“geistiges Tierreich”（“精神的动物性王国”）重写为畸形学（teratology），即惠特曼细数机器的不同部分的热情（手表的机制及其生产［*Cap*，451－452］），并且谴责机器“通过压制整个世界的生产驱动力和趋势，用在温室中强化某个技能的办法将工人变成瘸腿的畸形怪物，就像在拉普拉塔（La Plata）各国，他们宰杀一整头动物只是为了他的皮毛或油脂”（*Cap*，481）。

现在，历史的总体化运动慢慢地出现在视野中。马克思顺便揭穿了工业资本主义的辩护士那些歌功颂德的修辞，他们（与后来全球化的辩护士一样）从景仰个体工厂实行劳动分工后的生产率转而崇拜生产在整个市场系统中的“无政府状态”（*Cap*，477，635）。不是因为“市场自由”才对**历史**有了一个粗略的了解，而是因为机器本身的物质性：

> 运动从一个自动中心通过传输机制传送到一个被组织起来的机器系统，这个系统是最发达的机器生产形式。在这里，我们已经取消了单个的机器，代之以一个机械化的庞然大物，它的体积占据了整个车间，它那魔鬼般的能量一开始隐藏在它那些巨大的组成部分缓慢的、可以衡量的运动中，最后突然喷涌而出，让它数不清的构件快速、狂热地飞速旋转。（*Cap*，503；亦见544）

所以，即使在马克思那里，同样的过程也可以有一个双面的、对立的表达：首先是对集体的狂热，它最终通过引用一个“自由人联合”（*Cap*，171）的温和说法触及一种乌托邦的未来，它让我们瞥见“社会劳动的组织与某个被批准的权威性计划是一致的”（*Cap*，477）；然后是机器的反乌托邦（dystopia），它产生的结果除了未来主义焦虑的噩梦，什么都没有。

马克思由此强化了这样一种印象，即对历史趋势的认同服从被称为对立统一体的辩证节奏，在这个对立统一体中，一个给定的现象可以轮番标示为肯定的或否定的，不会受到无矛盾法则的
598 影响或要求在这两个明显的交替物之间选定一个或另一个。这样一个现象不仅挑战了传统伦理逻辑的静态习惯——好和坏的效价，肯定与否定的效价绝对不相互沾染——它也激励我们去更深入地探寻这个现象本身的结构以触及辩证法的核心。

iv. 作为系统的历史

在那个引起我们兴趣的现象中，某种历史感的突然闪现，我们必须想办法来解释一个证据，即在那个意义上，对**历史**的体验可能是一场噩梦，或是狂热中的一个开端和可能性。它是一种轮换，意味着事物本身存在某种更深刻的两面性：例如，**历史**显现的方式，它的显现会以新的方式打开过去和未来，可以设想从对立的角度来标志这种开放：关于暴力和屠杀的阴郁的过去让位于集体生产的新感受，或相反地，让位于对过去某个诺言的瞬间一瞥，它在一般的大灾难中由于所有的领域都闭合而被终止了。说得更确切一些，这两个维度可以同时被体验，在一种不可判定的情境中，**历史**的再现与其内容无关，而是首先依靠过去和未来在经过漫长的向当下已经降低的可视性还原之后，如何再一次在它们的各种距离间完全透明地开放。

但是，当下的盲目和利用时间向外转移（temporal ek-stases）的深呼吸之间的对立给我们的仍然只是形式上的解释，我们需要回溯到它的可能性条件，也就是说，用这种或那种内容的语言对它进行重新编码。我想建议——暂时抛开它的否定和肯

定效价——我们将这种轮换重读为总体系统和**事件**本身这两个比喻之间的轮换，条件是“**事件**”在这里要理解为一个基本问题，即一种能够改变某个老系统并通过社会总体性的所有层面到达这个老系统的动乱。既然如此，空间和时间，或说得更准确一些，共时和历时，甚或斯宾诺莎对黑格尔，一个无所不包的总体性对一个各种时间性的奔腾水流，一个经验的总流。这些端头的任何一个都可以表述为个体与集体之间的对立，或主体与客体之间的对立，因为要么是空间，要么是时间可以被还原成个体的经验，或者另一方面，可以被理解为一种无法想象的多样性。这种轮换于是毫无疑问也构成了康德的两种崇高形式之间的差异，数学和动力学，级别形式和权力形式。不过，在所有这些可能性中，重要的不是参照一端来权衡另一端，从善恶的角度评价它们——关于此，我们的看法已经确定，即在两者之间似乎有一个无休止的 599
交互转变——与事实和经验的对立本身极为相似。无论这种双重性是否是历史的一个永久特征，向后延伸到某种所谓的前历史，在那里它仍然是潜在的，尚未被觉察到的，只有等待资本主义和全球化本身将其呼唤出来，或者无论对立结构本身是否就是一种新的历史现象，这一现象的发展与世界市场的出现有关，这是一个问题，不能凭推理做出回答，但将它放在议程里也是有益的。

但很显然，从目前的视角，系统概念（和它一起的还有总体性概念）可能将从否定意义上被体验为一个无处不在的噩梦般的制约；而**事件**概念（如在康德那里，见上文）倾向于被解读为一种关于自由和可能性的表达。我们因此将暂时按照实现论（eudaimonic）的形式，不管它多么具有意识形态含义，也不考虑这个事实，即这一对立的两极都是围绕统一的比喻进行组织，而不是围绕差异和分歧的比喻进行组织。

这个系统范畴在当代已经得到丰富的阐述，其开端是结构语言学的发现；没有必要重述所有它那些熟悉的特征，例如它是由二元对立连同某种共时理解共同组织而成，这种共时理解贬低历时思想，认为它仅仅是机械性的或附加的。在我们提出的**历史**经验是无所不包的系统这个概述中，更有用的是强调迈克尔·曼（Michael Mann）的禁闭概念，系统以这种方式通过各种机制保持自己的存在，这些机制使系统免于分解，避免它退回到早先的形式或被后来的或更先进的形式同化和改变。[118]

这在马克思相对非理论化的“生产模式”系统这一概念中已经有所暗示，在马克思的概念中，历史的例证强调新的生产模式必然摧毁老的生产模式，新的生产模式力求取代老的生产模式。圈地是这个过程的经典例证，它不局限于说明马克思对资本主义的出现和金钱经济取代农业社会所做的论述。马克思讨论了古老的、相对自给自足的村庄社区在印度的毁灭，这从他关于这类社会是静止或无变化的结构（也被称作亚细亚生产方式）的描述中得到补充，这类结构只知道无休止的朝代更替，部落统治者是最高首领，它们的基础是农业经济再生产。马克思有时对这些再生
600 产机制的描绘更加直截了当，如对古老的行会如何抗拒改变成新的生产系统的描述，因为这个系统最后是朝着工业资本主义的方向扩张：“行会的规则……刻意阻挠单独的主人转变为资本家，对他能够雇佣的学徒和熟练工人数量做出严格的限制”（*Cap*，479）。手工生产向工业资本主义的转变为机器劳动的分工开辟了新的方向，手工生产只在相对时期占据统治地位，这恰恰是因为缺乏类似的机制。

在最激烈的时刻，系统之间的斗争必定表现出该系统拥有一种天然倾向，因为它保证自己的存在，而且它天生具有一种动力，要不惜一切代价让自己坚持下去并发展壮大；而且它必定破坏并扫除其他威胁要取代它并占据它的位置的系统（残留的或新

出现的）。

这些论证中的第一个或许可以在皮埃尔·克拉斯特尔（Pierre Clastres）关于部落社会，或更具体些，关于狩猎者和采集者的著作中找到自己的相似物，关于此，他发现自己能够确定一个原则，根据这一原则，系统（或生产模式）能够使自己不会变成一个围绕权力而组织起来的社会，在这个例子中，是变成围绕着所谓大人物的出现而组织起来的社会。一般的国家权力，以及特殊大人物的出现只能是剩余的结果，有了剩余，才有可能养活非生产人员、军队或护卫（或牧师身份的思想家）并长久保留这些人员。剩余无论如何只有在拥有农业和粮仓的情况下才能在更广泛的范围内成为可能：但是在克拉斯特尔研究的社会中，成功的或技艺高强的或体格更健壮的猎手把剩余的肉交回来，由此，他确定了一种可能的权力范例。对狩猎者—采集者这一生产模式产生的威胁于是被一个简单的规则预先阻止了，这个规则本身就是该社会的生存和繁衍机制，即狩猎者严禁吃自己杀死的猎物。[119]他因此自动地就依靠别人拿回来的猎物，而他自己的贡献则用于集体再分配和公社延续的目的。

迈克尔·曼对系统思想发展的贡献在于假设了一个机制，它使新系统成功地抵挡了任何形式的败落，而且不会退回到旧的系统：在它进行扩张的驱动力被旧的社会形式和生产形式的防卫机制无数次击败之后，也就是说新的、刚出现的社会形式退回（退化）到更早、更简单的社会形式，它才能达到统治状态：

> 文明是一种不正常的现象。它涉及国家和社会的分层化（stratification），人类花费大量的时间避免这两种情况的发生。在那些条件下，依靠不多的几个时机，文明确实发展 601
> 了，因此，那些条件就是使那种避免不再成为可能。所有

> “原始”文明中都有的冲积农业（alluvial agriculture）的意义是它连同大的经济剩余一起打包后所提供的领土界限。当它成为灌溉农业时，如经常发生的，它也提高了社会限制。人口被禁锢在特殊的、有权威性的关系中。
>
> 但那还不是全部。冲积农业和灌溉农业也禁锢周围的人口，还是和经济机遇不可分割。贸易关系也在整个地区禁锢（尽管程度通常要小一些）游牧民、雨水灌溉农学家、渔民、矿工以及森林人……现在，很难再让那些被禁锢的人口像他们在史前的无数场合中那样不理睬逐渐出现的权威和不平等。[120]

曼的禁锢理论还是能让今天的我们产生共鸣，今天，老的国家统一体正在被同化进那个被称为全球化的新的、更加广泛的系统，它们先前的自给自足因为出现了一种新的国际劳动分工和互相依赖的生产而不复存在。

对这个新系统的体验常常是以一个相对噩梦般的模式在进行，史蒂芬妮·布莱克（Stephanie Black）关于牙买加的精彩纪录片也许可以阐明这一点，影片的名称是《命与债》（*Life and Debt*）（2001），片中，我们看到美国公司造成了牙买加养鸡业的崩溃，它们通过在牙买加国内市场大量供应廉价鸡产品而击垮了当地的公司，当地公司根本无法与美国公司竞争。最后，国内的竞争者不复存在，外国的生产者在他们的垄断中万无一失，这时，他们便又将价格提了上来。通过同样手段，它们在所有相关的生产领域牢牢地控制了牙买加，它有大片丰富肥沃的土地，作为新的全球系统中的一个卫星国，它完全依靠进口食品和国际劳动分工，这些都是从外部强加给它的。在这样一个系统中，对于新加入的、不情愿的成员，一般分配给它某种特殊的单一栽培作物或出口作物，这即是它的贡献。在这个案例中，除了糖和烟草，牙买加在这个系统中被分派到的功能似乎就是旅游业，这的确是在全球化背景下发展起来的重要新产业之一，可以说保证了迪斯尼化（Disneyfication）和将它转化成为古老历史和社会现实的奇观和幻境。

曼的这种新的禁锢形式也将强化一种印象，即不仅这个系统是反乌托邦的，而且它还是一种阴谋。“与建银行相比，”布莱希特问道，“抢银行是一种什么罪行?”可以对新的全球垄断提出同样的问题。但如果阴谋意识形态在今天完全的后现代性中已经是
一种普遍的意识形态，它发挥着一种政治和教育作用，那么，绝 602
对不能忘记——作为人的动机和行动——它也同时将描述由系统转向**事件**。大公司的阴谋——那些新保守派或自由市场思想家们的策划——也正是本着这个精神才可能被认可为具有极大创造性和世界历史意义的举动，类似于早期有记录的历史上其他那些创新性的战略干预（包括海德格尔的“无国界”［*staatsgründende Tat*］）。

v. 作为事件的历史

因此，我们现在必须摆脱**历史**的那张面孔，即一个给定历史日益压缩的统一化，它被理解为一种总体性，转向另一种代码和解读可能性，即**事件**，实际上就是**行动**。在我看来，这里最适于回忆阿尔都塞的结构因果性这一经典概念，它现在被读解为对**事件**的一种论述。[121]应该记住的是，类似于刚才想到的经验，即总体性即系统经验，结构因果性也代表了一种多样性的统一（或者用利科的语言，不协调的协调），但是表现为在感性上将第一种形式颠倒过来。这个现象所强调的——也就是说，在这次认知感受中最先出现的——是噩梦般的统一本身，是所有的事物都在某种严格的恐怖禁锢中被连在一起的感觉；同时还有瞥一眼**历史**本

身这类感知所具有的时间性，就像怜悯和奇观，一种要求我们先瞥见**一**（One），然后对**多**（Many）进行区分的时间性——它就是被突出的阴谋本身，只有在这之后，才能产生关于其成分、特征、因素以及类项的分析清单。在所有事物都被清除和淹没在其网络中这种恐惧开始之前，总体性之类的庞然大物就已经出现了。

相反地，关于阿尔都塞的概念，先出现的是各种因素和参与者：历史的施动者、“先已给定的”情境，来自其他系列的偶然性和事故（自然的和人为的），空间的集中，多种文化和民族传统（在战时）的时间性，或多种群体、阶级和阶级分支（在内部危机的情况下）的时间性等等。在这里，正是无穷尽的多样性这个高深莫测的事实赋予事件的统一本身一种反动力：阿尔都塞所称的过度决定于是成了在它的统一之后对这种多样性的一种再思考和枚举，它的统一是我们命名（并根据仪式追溯）的一个单独
603 事件。或许，萨特的一种较老的语言通常会有助于解开这两种经验：如果系统被理解为一种总体性，那么**事件**就被理解为它的总体化，被理解为一个过程。

从另一个主题角度，也许可以说系统将其所有“人的”元素都无情地改造成了某种自然或非人的决定论；而**事件**的逻辑则将所有非人的事物都拉进它的再编码过程中，将它们变成了意志和法规。那么，这个过程的原型可能就是地质地层，战略学家将它改造成地表，它就成了进行军事对峙和战略细化的地点：被改造成战场（真实的或潜在的）的地理市场和事故，它渐渐地获得了自己的名称并作为一个或成功或流产的行动进入历史当中。

如此一来，很显然，这些视角也可以反过来，我们的系统是一个阴谋，这一论述也可以将一个表面上“自然的”过程恢复为一个有意图的行动；而结果的不可预测性可能将由行动者和施动

者构成的历史重新变回到某种化学作用或地震事故。尽管如此，这两种应对**历史**的模式之间的对立也将只有在保留它们的差异的情况下才会有用；本着这一精神，有人可能会将**战争**看作第一种或系统模式的范式，而**革命**就成了第二种或历史即**事件**，亦即集体行动这种模式的范式。

无论怎样定位这种对立，它还是将包含了**一**和**多的**双重存在的现象统一为一种多样性，它对应于我们关于历史的经验体验，我们对历史的经验体验是，它是一个连续的时间和一个空间，在这个空间中，感知是无序的，是随意的，这个经验突然被一个关于深刻的统一性和相互依赖的信念，被一个相信关系性有无法逆转的维度的信念完全改变了，这个维度不能直接理解成一个客体，相反地，它作为一种类似于海德格尔的**存在**的超验出现在这种多样性的背后。没有了系统和事件这个双重视角，**历史**的体验是不可能的。无论谁缺了对方，都触不到**历史**而且会完全变成另一个范畴：对统一的孤立认识成了哲学和形而上学，对于单纯的经验事件的体验至多成为存在性叙事，最坏不过是一种惰性的或实证性的知识。

vi. 作为绝对的历史

“**绝对**”一词明显已经与这种现象连在一起了，还有那个甚至比较不合时宜的哲学术语“超验”。总之，有必要详细说明与这两件事物中任何一个的关系是何性质，这两件事物决定了**历史**的体验；特别是有必要将它同宗教的常规看法以及静态的审美观照拆解开，后者意味着亚里士多德的戏剧怜悯以及康德那个看上去完全是接受性的热情。

与**绝对**的关系这个概念很显然不能失去真实性或真理的含 604
义，无论我们多么希望将它世俗化甚或赋予它一种实践的可能性。但在这一点上，现代主义和后现代主义之间的一个传统差别似乎凸显了出来：前者坚持认为在**绝对**的生活和重复性日常生活的堕落行为与堕落文化之间有极显著的差别；而后现代性的问题框架似乎始终想通过回忆起绝对性无法避免的多样性重新激起关于相对主义的没完没了的争论，那些绝对性在后现代时代彼此面对。

海德格尔的例子仍然是一个讨论这些问题的有用空间，但还有另一位现代时期的作家，他现在同样不合时宜而且名声不好，他也将有助于对这个论证做出生动的说明。对于**绝对**的语言而言，我们的确从一个作家那里借用了一些，海德格尔的各个真理模式（见下文）没有一个和他是格格不入的，他的生活和作品因为那个原因有时看起来似乎是一种充满敌意的姿态并囊括了全部煞有介事的谎言和姿态，囊括了形而上学的装腔作势，其可疑之处丝毫不逊于海德格尔的一本正经，尽管是完全不同的风格和范围。但或许只有通过这样的极端，**绝对**才可能是可见的而且是根本无法逃脱的。不仅是在艺术的各种超验中——人的和非人的——如安德烈·马尔罗（André Malraux）在《沉默的声音》（*The Voices of Silence*）中便对它们发出呼唤，在《人的境况》（*La Condition humaine*）中那些人物的激情中，也有人发现绝对的某种相对性，它在这里也许对我们有所帮助（这个人物是老吉索斯，类似于全知的圣人，处在《人的境况》这个迷宫的最中心，反思他周围各种人物的命运）：

> “**红**或**蓝**，”费洛尔说，“这些苦力都一样还是苦力；除非把他们一个个地杀死。他只有一次生命，他却应该为了一个思想而甘愿失去它，难道你不认为这是人类的一个愚蠢的特点？”
>
> “一个人很少能忍受——我应该怎么说呢？——他的处

境，他作为一个人的命运……”

吉索斯想起克尧的一个思想：人甘愿为之死去的任何事物都高于个人利益，这朦胧地证明了命运的合理，但要给它一个体面的前提：对奴隶而言是基督，对人民而言是民族，对工人而言是共产主义。但他没心思和费洛尔讨论克尧的思想。他又回到前者：

“总是有陶醉的需要：这个国家有鸦片，东方有大麻，西方有女人……或许最重要的是爱，它是西方人将自己从人类命运中解脱出来的方式……”

在他的一字一句下面流过一种模糊的、隐而不见的反潮流比喻：陈和谋杀，克莱皮克和他的疯癫，卡图夫和革命，梅和爱，他自己和鸦片……只有克尧在他的眼中与这些范畴是对抗的。[122]

但是，像海德格尔一样，马尔罗也将他对这些形形色色的生命激情的观察安置在人的有限性内（“人的境况”［sa condition d'homme］），也就是说死亡这个事实：死亡一下子将分析的重心从客体转移到了主体，从义务的客观性质转移到了个体“存在”（*Dasein*）的主观需要。然而，萨特的存在主义大胆地抛弃了这种形而上学的残渣，不再承认死亡焦虑（代之以自由）是最后的动机，我们陷入生命激情或真实义务和原初选择的一种真正相对性中，康德的自由崇拜伦理学不能将这位伦理思想家从这一相对性中解救出来。在这里，那个焦灼的问题（德勒兹和迦塔里在他们自己的处境中以不同的方式面临的问题，但未必得到更加成功的解决，即偏执和精神分裂之间的对立，或游牧民和国家之间的对立）仍然是人道主义和法西斯主义之间的差别，是人的伦理学和非人的伦理学之间的差别——一个后来成为审美形而上学 605

者的马尔罗不必要尊崇的一个差别，他对欢庆生命的艺术的赏识不亚于他对那些饶有兴致地干预摧毁生命之事物的欣赏（“从狂喜到低落……”[une extase vers le bas…]——“他在这里还有一些东西……满意地压垮了生命”[il y a aussi quelque chose de…satisfaisant dans l’écrasement de la vie…][123]）。

在马尔罗和海德格尔两人那里，死亡和有限性在区分真实和不真实时都扮演了至关重要的角色，事实上，这样讲并不是夸大
606 其词：与死亡面对面以及死亡焦虑本身都似乎将一个给定的选择或经验变成了与**绝对**面对面，**绝对**于是被还原为个体与他或她的必死性达成妥协的某种方式，但不一定是接近总体性的模式，甚至也不一定是接近集体的模式。（我要赶紧补充一点，萨特的模型——与自由和焦虑面对面——也未必能做到。）

以他特有的方式，老吉索斯将马尔罗的人物中最“守信的”一个，他的儿子克尧，排除在他这份相对化的绝对清单之外，（“克尧孤零零的，他还待在这个地区”[Kyo seul，pour lui，résistait à ces domaines]），而将克尧的战友凯图包括在对单纯的“革命”热情所做出的某个政治**绝对**的限制中。那么，我们也许可以猜测，克尧与**绝对**的关系以及他的政治实践表现为一种超越了纯粹个人主义及其个人热情的形式：集体的某个维度在这里受到威胁，它将关于人的有限性的经验以某种截然不同的方式从对孤立死亡的焦虑中移走（小说最后的场景，凯图牺牲了他的氰化物药丸，这一场景也传递出某种东西，类似于各种热情的结合）。

尽管如此，它是一个“价值”问题吗？价值在某种程度上是绝对的或被当作绝对的。或者它不是一种对**绝对**的关系吗？**绝对**在这里受到威胁（更不用说可能出现的对**绝对**的某种抵抗，在这个事例中是死亡的**绝对**）。在何种程度上，那种关系不会在不知不觉中从一系列积极的或热情的选择溜向认知的或沉思的知识？

在这种知识中，以某种方式将**绝对**理解为总体性，在它很稀少的可见时刻瞥到它一眼，这比它的观者可能实施的任何行为都重要。即使死亡就是**绝对**，根据这个替代物，它也只可能是在清醒和焦虑的瞬间时刻被瞥见的事物。在这里，有争议的不是各种绝对的相对性：因为与作为真理的**绝对**的这种思考性关系经历了种种变体，恰像正在狂热地或痴迷地摆脱无望的处境。的确，海德格尔在他艺术思考的一个具有决定意义的高潮时刻所强调的正是各种各样与**绝对**的关系：

> 真理确立其在实体中的地位的一个基本方式是让它在真理中发挥作用［在真理中，*Werk* 代表艺术品］，这个实体由真理开发或揭示出来的。真理践行其存在的另一种方式是为国家奠定基础的行为。还有另一种真理放射其光芒的方式，即靠近那个不单纯是一个实体的东西，但它确实**是**实体。还有另外一种真理方式，真理的基础实质上是奉献。此外还有一种真理适应的方式，即思想家的质询，作为对存在的思考，它从后者的问题价值方面对其进行命名……[124]

这段文字同样有助于驱散我们一直使用的术语（绝对、超验）中 607
的宗教含义，因为宗教只是海德格尔进行想象的“方式”之一；同样的话也可以用于死亡本身（“绝对必要的牺牲”，战争中死亡的一个委婉语）。不过，政治实践以“无国界”的形式在这里重新赢得了它的权利：注意“实践”这个术语本身（康特·切什考夫斯基［Count Ciezkowski］1838 年重新创造了它的现代形式）规定了一种对经验事件的关系，包括它在其自身内部的哲学超验。

然而，尽管如此（尽管有马尔罗这部伟大的形而上学小说中的革命背景），似乎没有什么能保证在这类中介中被调用的**绝对**应该被认同为**历史**。

“视域”（horizon）这个现象学术语首先为海德格尔所用，然后萨特在他对历史统一化的论证中用过，它或许提供了保证这个命题的最有效方式，它用一个信念作为其起点，即资本主义在世界范围内同时获得胜利保证了马克思主义作为我们这个时代终极思想视域的优先权。作为类似于资本主义哲学的某种事物，其他思想模式必然要在马克思主义内部找到它们自己的位置并发展其自身。现代主义的热情和绝对却不是这样，它们还是在全球化的情境中处理掉了其他航线，这些航线似乎尚未得到资本逻辑的确认和保护。后现代性无疑有它自己的绝对——在目睹了那些被称为原教旨主义的后现代宗教卷土重来之后——但它们是一种完全不同的类型，被一种新的相对性所控制，它被称为代码相对主义，一种绝对的换码。

608 这于是成了今天**绝对**将在其中被寻觅的视域。如果有人想将它描绘为世俗的，那么，各种宗教便会有它们的新位置，即已经被相对化，是在后现代对传统的重新发明，是当代的热情和生命选择。如果有人希望从崇高的角度思考**历史**的这种巨大统治，那他必须回想一下埃德蒙·伯克（Edmund Burke）（讨论崇高的第一个伟大的现代理论家）的那些篇章，他在其中讨论了法国大革命中的种种极端行为，这些行为令人极度恶心，那确实是一种“病态的痴迷”（*extase vers le bas*）；也讨论了黑格尔在当代最有意思的诠释者（已经提过）提出的那些严肃的推测，即事实上，**绝对精神**就是资本本身。同时，有人将崇高看作多样性的统一（或至少这种统一的一种类型），萨特的观察结果是，历史曾经是多样的，它现在比以往任何时候都更大程度地被统一为一种单独的**历史**，于是，有人在头脑中加以补充，在全球化背景下，历史的统一趋势将它改造成了资本主义的**历史**。

我们已经从我们自身分泌出一个人的时代，就像蜘蛛分泌出它们的蛛网：一个巨大的、无所不包的世俗化穹顶，它从所有方面都是不可见的，即使在它将先前所有的自然元素都吸收进它的处所时也不例外，它将它们全部变成了它自己的人造物质。但在这个君临万物（immanence）的视域中，我们就像怪异的部落中人，或像外层空间来的参观者一样游荡，羡慕它难以想象的复杂程度和纤巧的丝线，从它那些无底的深穴中反卷回来，倚着一面由充满异国情调的人工植物作成的雨墙打发时间，或者在有毒颜色和危险的茎干之间大发雷霆，我们被告知要避开这些东西。处于人时代的世界是为没完没了的恐惧或病理性陶醉准备的一个审美借口，在它的宇宙中，它所有的一切都来自构成我们自身存在的纤维，而且它的每一个后自然细胞与我们都是一致的，这种后自然细胞对我们来说，比自然本身更怪异，我们继续嘟囔着康德的老问题——我能知道什么？我应该做什么？我可能希望什么——在一个星光灿烂的、像镜子或宇宙飞船一样没有任何回应的天穹下，不明白它们需要一个丑陋的、官僚的表现性条件作修饰物：我**在这个系统中**能知道什么？我在这个**完全由我发明出来的**新世界中应该做什么？我**独自在一个完全的人时代中**能希望什么？不能用唯一有意义的系统来取代它们，即我如何承认这个奇怪得令人生畏的总体性是我自己所为？我如何理解它并让它成为我自己的作品，并且承认它的法则是我自己的投射和我自己的实践？

因为只有马克思对这个历史上第一次出现的世俗总体性进行了理论化，它从此就是我们的存在的视域，所有在那之内发明的绝对都同时是对那个穹顶本身的一种承认，是承认了我们的终极

存在就是**历史**。我们的个体性绝对或存在性绝对因此必须在它们
609 内部将与那种终极**存在**或明或暗的关系作为它们的基本结构，那种终极**存在**就是**历史**：即使超验事物也被更广泛的存在性承诺暗中世俗化，这个承诺包罗万象，以至于常常是无形的，就像海德格尔那个古老的**存在**概念，只在瞬间是可见的，只以消失的模式显现，只以退隐的模式出现。

因为我们也使用德勒兹和迦塔里的代码或语言来呼唤公理的胜利，这个胜利是圆满的，所以，以后只有局部和瞬间的解辖域化（deterritorializations）是可能的，局部的兴趣和热情、私人的宗教、想象中的种族划分、专业阶层有门限的协会、权势人物的午餐室、豪华气派的会议室、幸运，这些都是屏幕上的数字，神圣的牺牲不过是统计数字而已……这些很显然也包括了各种激进的想象，有时，马克思的名字会附加在这些想象上：那些古老的难题——例如党派和组织——仍然是相关的，尚未得到解决，这并不意味着它们在一个完全不同的地理政治情境中在字面上得到的再创造就不是另一次再辖域化（reterritorialization）。

或许，反全球化较之任何其他古老的母题，对作为一种总体性和绝对的**历史**而言，都提供了更真实的一瞥，尽管事实是令人满意的实践尚未被发明出来以与这种存在视域和平共处。这种经验形式无疑是否定性的而且最常在丰富的意义上为已经和它绑在一起的偏执狂者提供合理的证据。因为全球化资本主义的这种巨大总体性被理解为一种阴谋：无论它是被当作一种非个人的系统，一种难以想象的巨大的禁闭；还是相反地，被理解为一种由精英的联合意志和意图操纵的行动（或许 1990 年代在全世界发起的众多新保守派运动就是这种情况）。这些替代的确反映了真实的差异而不是历史编纂的决定。它们是基于某种叙事策略的选择，这种叙事策略基本上仍然是意识形态性质的（只要这个术语

被理解为在其本身内部包括并涉及哲学和形而上学的性质)。

vii. 作为解放的历史

到现在为止，这些选择——对应于**历史**能够被感知的方式，无论多么短暂——对应于辩证法的二元结构，既是肯定的，又是否定的，可以在这两者的任意一方面发生变化或进行表现。但它们也必须被置于一个更大的对立当中，在这一对立中，这个阴谋的两种变体——作为系统和作为人的工具——被统一成一个单独的、基本上是否定的术语，与某个肯定的术语形成对照，这一点仍然有待思考。

怜悯，作为严格意义上悲剧场面的顶峰，的确可能已经是欢快的喜剧结局中一个非常不同的庆祝的否定性对应物。我不是特 610
别需要从成功或失败的角度考虑它，尽管那些过于人性的词语对于提示这种对立中的关键似乎还是有用的。但是，无疑，康德仍然称之为热忱（enthusiasm）的东西对一般性欢庆来说也是一个不错的建议，有人期待在世界的喜剧性变化的结尾看到这种欢庆。戏剧通常从青年人战胜老年人的生殖崇拜胜利这个角度被理论化，应该很清楚的是，这样一种胜利很少在某种“历史的结束”所包含的各种可能意义上被考虑；而关于更新和宇宙日出的神话、创世纪的神话和新世界诞生的神话随时可以为**历史**这个伟大的集体意义补充古老的比喻，它们离今天的我们可能太远了，但它们几乎不曾在有文字记载的历史中缺场。康德的提醒因此是及时的：

> 人类历史中的这样一个现象**不会被忘记**，因为它揭示了人性的一个趋势和天赋，即追求完善，没有哪一个政治家，即使他有动人的智慧，可能从现有事物的发展历程中变出这种完善，也没有一种完善是只将自然和自由在人类当中统一

> 起来，只与权利的内部法则一致便肯定能够实现。[125]

在这样的时刻，**历史**被愉快地瞥见，这些时刻从意外脱险一直到革命本身。运气或民族的好运似乎削弱了暂时性概念的认识论含义，因为后者在其自身内部仍然背负着意图或阴谋这种更具否定性的包袱（因为整个基督徒版的历史难道不是上帝拯救亚当后裔的一个阴谋史?）

或许，喜剧精神的确通过失败和解脱，通过法律的延期甚或社会本身的解体和禁闭的结束等形象得到了更好的体现。这类形象在资产阶级革命时代所表达的拯救就是打开监狱，摧毁巴士底狱，吹响《费黛里奥》（*Fidelio*）中标志着囚徒从地牢里被解放出来的伟大号角。但对一个已经建立的资产阶级社会而言，这种普遍自由的欢欣或许在狄更斯的《荒凉山庄》的结尾得到了更好的表现，在那本书的结尾，让街上的人们高兴的是，詹狄士（Jarndyce）一案那些难以计数的卷宗被扔了出来，对这场无休止的隔代人之间的案子的判决也以遗产的消耗殆尽和所牵涉各方都获准离开告终：真正的大家的节日，也是一个在马克思本人那里引起共鸣的节日，出现在《资本论》第一卷的第二个大高潮中（在剥夺者将被剥夺的预言那种贝多芬风格的必胜信念之后）。

611　实际上，在这里，马克思让人想起这种积累过程在移民者殖民地（尤其是在澳大利亚）的忧伤结局，当时没有采取任何预防措施将未来的工人与派给他们的工作绑在一起或束缚在一起。所以，我们看到了这样一个伤感的场面，皮尔先生不仅将许多生产资料和生活资料运到天鹅河，而且还有成千上万的工人和他们的家属，他却被"'弃之不顾，没有一个仆人为他铺床，或从那条河里给他打水'。郁闷的皮尔先生把什么都备齐了，就是没有将英国的生产关系出口到天鹅河"（*Cap*，933）。

马克思补充到，预先用奴隶制来控制住这些未来的工资工人要比将他们安置在自由的土地上，而且没有任何约束要更加明智。从无所不包的社会秩序中解放出来的最壮观的解放形象就是解放本身：

> 黑人品味着炫耀从无数的规矩中解放出来的机会，这些规矩有大有小，都与奴隶制有关。自由了的人们举行群众大会和宗教仪式，不用再在白人的监视下作这一切，他们有了狗、枪支以及烈酒（在奴隶制下都不允许他们获得），而且拒绝在人行道上为白人让路。他们高兴穿什么就穿什么，黑人妇女有时穿戴俗艳，打着阳伞，奴隶的帕子换成了彩色的帽子和纱巾。在1865年夏天，查尔斯顿（Charleston）看到自由了的人们占据着“某些最好的住宅”，“穿着五颜六色的锦缎”在国王街上兜风，黑人孩子们则唱着“‘约翰·布朗的身体’，就在卡尔霍恩的坟墓附近”。城里的白人抱怨那些自由了的人们“放诞无礼”和“以下犯上”，对任何一点偏离奴隶制下所期待获得的敬重和顺从，他们都会这么说。
>
> 在奴隶制的各项限制中间，最招人恨的是严厉的关卡制度，任何黑人在没有通行证和没有接受巡查的情况下哪里都不能去。解放以后，似乎有一半的南方黑人人口踏上旅途。“有色人群立刻开始动了起来，”一个得克萨斯州的奴隶后来回忆道，“他们好像想离自由更近一些，所以他们得知道自由是什么——比如它是一个地方或一个城市。”黑人先前的奴隶待遇好像与这个运动没什么关系。“A. M. 多曼的奴隶全都离他而去，”一个亚拉巴马州的种植园主说，“他们就像他们那些被宠坏的孩子一样一直是自由的。”对于从前的奴隶而言，随意来去的能力将在很长时间里是他们骄傲和兴奋

> 的理由。“黑奴对旅行真的是痴迷，”一个白人观察者 1877 年写道，“他们搬出所有可能的名义：节假日、野餐、周日学校庆祝活动、教堂典礼，不断纠缠铁路负责人要求加开列车，游览列车等等。”[126]

612 这真的是禧年：不单单是减轻了债务，而且解除了社会本身所有形式的限制。这是巴赫金的季节性狂欢在历史上真实的再现，对那些反乌托邦前景来说也是喜剧性的装饰，这些前景包括，在原型的“混乱时代”，社会分崩离析，那些数不清的灾难前景中充斥着暴力和无政府状态，从巴拉德（Ballard）到《道路勇士》（*Road Warrior*），它们缠绕着中产阶级的想象，笼罩在下层阶级起来复仇，法律秩序遭到破坏这类思想的阴影中。但像这样瞥见**历史**的快乐结局或许与康德意想不到地看到某种超验自由的实现一样罕见。

因此，结论是，将这类暂时的结果区分开来是明智的，因为从乌托邦的视角，**历史**让我们看到其自身是我们整个历史的绝对对立。回到早期关于空间辩证法的思考，我们或许可以论证，在那个意义上，乌托邦不再是处于时间当中，仿佛随着发现之旅和对地球探索的结束，它便从地理空间中消失了一样。作为对已经完全实现了的**绝对**的绝对否定，我们自己的系统已经达到了这一**绝对**，乌托邦现在不能被想象为还在历史的时间中等待我们的进化的，甚至是革命的可能性。实际上，它根本就不能被想象；而且你需要物理学的语言和比喻——封闭的世界和多种互不连接但同步的宇宙之类的概念——才能传达本体论这个现在看上去如此空洞和抽象的思想。然而，它也不能用宗教超验的逻辑来理解，不能将它理解为另一个世界，它在这个世界之后或之前或超越这个世界。或许，最好是考虑一个替代的世界——或说得更确切一些，这个替代的世界，我们的替代世界——和我们的世界比邻，但没有任何联系，我们也到不了那里。于是，一次又一次，就像一个患病的眼球，可以觉察到恼人的光线闪过，或像那些巴洛克风格的旭日造型，光线从另一个世界突然穿透到这个世界，提醒我们，乌托邦是存在的，其他的系统、其他的空间也仍然是可能的。

【注释】

[53] 见上文，注释 41。

[54] 见我的 “The Experiments of Time”，in Franco Moretti，ed.，*The Novel*，Vol. 2，Princeton：Princeton University Press，2006。

[55] Freud，“Creative Writers and Day-Dreaming，” in *The Standard Edition*，150.

[56] 但是，*The Conflict of the Faculties*，trans. Mary J. Gregor，Lincoln：University of Nebraska Press，1992，153，康德断言，某些事件“在所有观者的心中发现了……一种非常近似于激情的参与愿望”。这种历史概念与他的美学判断的一般主张有关，在下文第 4 节会详细地讨论。

[57] “乍一看，似乎毫无疑问，一方是特权阶层，另一方是卑贱的、被剥削的阶层；我们如何还能犹豫呢？我们是投石党人。然而，巴黎人中了贵族的诡计，他们的目标就是用现有的权力安排自己的事务，也中了一半皇族的诡计，他们想要驱逐另一方。现在，我们只是半拉子投石党人。至于朝廷，它在圣日耳曼那里获得庇护，最初，似乎是一群无用之人依靠他们的特权在滋长，凭着巧取豪夺在养肥自己，牺牲的却是集体的利益。但是，不是的，它是发挥了一般无二的功能，因为它保留了军权；它行使抗击外国人、即西班牙人的职能，投石党人毫不犹豫地请这些西班牙人侵入这个国家，并且将他们的意愿强加在保卫这片国土的同一个朝廷头上。不过，天平再一次向另一个方向倾斜：投石党人和西班牙人共同组成了和平党。孔德王子和朝廷只是追求战争般的冒险。我们是和平主义者，而且再一次成为投石党人。但是，尽管如此，难道马萨林和朝廷的军事伟业不是将法国的疆域扩大到现在的边界并因此建立了国家和民族吗？没有他们，我们就不是今天的样子。

所以，在此，我们又一次站到了另一面。”Claude Lévi-Strauss，*The Savage Mind*，trans. John and Doreen Weightman，Chicago：University of Chicago Press，1966，255.

[58] Émile Benveniste，*Problèmes de linguistique générale*，Paris：Gallimard，1966，and see also Harald Weinrich，*Tempus*，Stuttgart：Kohlhammer，1964.

[59] Louis Althusser，“Ideology and Ideological State Apparatuses，” in *Lenin and Philosophy*，trans. Ben Brewster，New York：Monthly Review Press，2001.

[60] 似乎很重要的是，区分亚里士多德对该词的理解和黑格尔的识别：我们在下文第 4 节将回到这一区别。

[61] 见上文，注释 48。

[62] Claudio Guillén，*Literature as System*，Princeon：Princeton University Press，1971.

[63] David Quint，*Epic and Empire*，Princeton：Princeton University Press，1993.

[64] Gertrude Stein，*Four in America*，New Haven：Yale University Press，1947.

[65] Quint，*Epic and Empire*，52—53. 或许值得指出，这一对立与福柯关于主权及其解中心化的对立面之间的对立的论述在形式上是相似的，福柯的论述见他那篇精彩的研讨会论文“Il faut défendre la société”，Paris：Gallimard/Seuil，1997（类似于他著作的核心部分的回旋，由此延伸出所有的主题）。无疑，关于福柯的历史阅读，这第二个解中心化的术语——不管它代表官僚主义，还是“生物权力”，或者实际上证明，它们两个是一回事——不仅在昆特的一般年表在此的一次有趣颠覆中获得成功（在这场颠覆中，两种形式均毁灭了对方），而且，最终，通过他本人提供的叙事驳倒了它开始时的非叙事结构。他本人将主权叙事与悲剧，而非史诗联系在一起（155—157）。

[66] Quint，*Epic and Empire*，72.

[67] 康德的“激情”（见上文，注释 56）或许因此也辩证地包括纪念。

［68］Giovanni Arrighi，*The Long Twentieth Century*：*Money*，*Power and the Origins of Our Times*，London：Verso，1994.

［69］Paul Ginsborg，*Silvio Berlusconi*：*Television*，*Power and Patrimony*，London：Verso，2004.

［70］我承认“失败”与女人在小说中命运之间的关联，不仅是在 Tony Tanner 的僭越（以及**法律**）的意义上，而且，根据苦乐交织的马尔库塞辩证法，在那里，“‘承诺的幸福’尽管呈现出来的是已经毁灭或正在毁灭，在艺术的呈现中，仍然非常引人入胜，足以阐明普遍的生活秩序（它摧毁了承诺），而非未来的生活秩序（它实现承诺）。结果是唤醒记忆，唤醒对遗失事物的记忆，唤醒对过去所是和过去能够是的东西的意识。悲哀与欢乐、恐惧与希望都被投到所有这一切发生其间的现实上；梦想被拘禁并返回到过去，自由的未来只出现为一缕渐渐消失的光线”。Herbert Marcuse，“Some Remarks on Argon，” *Collected Papers*，Volume 1，ed. D. Kellner，*Technology*，*War and Fascism*，London：Routledge，1998，pp. 212—213.

［71］见上文，注释 32。

［72］Livy，*The Early History of Rome*：*BooksI-V of the History of Rome from Its Foundation*，London：Penguin，1987，168. 后面对该书的参考均标注为 *EHR*。

［73］Geoffrey de Ste. Croix，*The Class Struggle in the Ancient Greek World*，Ithaca：Cornell University Press，1981，179.

［74］Ibid.，116.

［75］Ibid.，114.

［76］Karl Marx，*Capital*，Vol. 1，trans. Ben Fowkes，London：Penguin，1976，345. 后面对该著作的参考均标注为 *Cap*。

［77］“机器就其本身来说缩短劳动时间，而它的资本主义应用延长工作日”（*Cap*，568）。或者关于这类逆转（在《资本论》中比比皆是）的不同例证，见关于计件工资的评述，它有“一种趋势，降低平均工资，然后将个体工资提高至平均工资以上”（*Cap*，697）。

［78］Karl Marx，*The Eighteenth Brumaire of Louis Bonaparte*，New

York: International Publishers, 1963, 199.

[79] Peter Stallybrass, "Marx and Heterogeneity: Thinking the Lumpenproletariat", 收于 *Representations*, 第 31 卷, 第 1 期, 1990 年夏, 69－95。但是, 现在, 关于完整的历史语境和这一术语的引进, 见 Michael Denning, "The Spectre of Wageless Life", 即将发表。

[80] Marx, *The Eighteenth Brumaire of Louis Bonaparte*, 124. 见 Ranajit Guha 为 Guha 与 Spivak (编) 的 *Selected Subaltern Studies* (New York: Oxford, 1985) 所写的前言; 亦见 Michael Denning, *Culture in the Age of Three Worlds*, London: Verso, 2004, 155－161。

[81] Ranajit Guha, *Elementary Aspects of Peasant Insurgency in Colonial India*, Delhi: Oxford University Press, 1983.

[82] Alberto Moreiras, *The Exhaustion of Difference*, Durham, NC: Duke University Press, 2001, 221.

[83] Gayatri Spivak, *A Critique of Postcolonial Reason*, Cambridge, MA: Harvard University Press, 1999.

[84] Manuel Castells, *End of Millennium*, Vol. 3, *The Information Age*, Oxford: Oxford University Press, 1998, 70－75. 但特别应参见对这一领域中形形色色流行的表现和成规所做的批判性枚举, 他称之为"新闻马尔萨斯主义"(Journalistic Malthusianism) 和"启示时间化"(apocalyptic temporalization) (190－191), James Ferguson, *Global Shadows: Africa in the Neoliberal World Order*, Durham, NC: Duke University Press, 2006, 190－191。

[85] Samir Amin, *Delinking: Towards a Polycentric World*, London: Zed, 1985.

[86] Paul Johnson, "Colonialism's Back and Not a Moment Too Soon," *New York Times Magazine*, April 18, 1993, 44.

[87] Castells, *End of Millennium*, 82.

[88] Robert Kurz, *Der Kollaps der Modernisierung*, Frankfurt: Eichborn, 1991, 296. 后面对该书的参考均标注为 *KM*。应该注意的是, 库尔

茨在这本早期著作中的很多预言性讨论都涉及西欧。

［89］见上文，第 17、18 章。

［90］Iqbal Husain，ed. *Karl Marx on India*，New Delhi：Tulika，2006.

［91］Claude Lévi-Strauss，*Tristes tropiques*；Marshall Shlins，*Stone Age Economics*；Jean Baudrillard，*The Mirror of Production*；Pierre Clastres，*La Société contre l'état*；Colin Turnbull，*The Forest People*.

［92］Giovanni Arrighi，"The African Crisis"，*New Left Review*，第 2 卷，第 15 期，2002 年 5—6 月，5—36。

［93］Ibid.，21.

［94］Else，*Aristotle's Poetics*：*The Argument*，229.

［95］见上文，Ricoeur，注释 27。

［96］Else，*Aristotle's Poetics*：*The Argument*，357—358.

［97］Heidegger，*Sein und Zeit*，par. 7A，28—31.

［98］Martin Heidegger，"Only a God Can Sve Us Now，" in *The Heidegger Controversy*，ed. Richard Wolin，New York：Columbia University Press，1991，108.

［99］Martin Heidegger，"Brief über den Humanismus，" Bern：A Francke，1947.

［100］Herbert Marcuse，*Hegel's Ontology and the Theory of Historicity*，trans. Seyla Benhabib，Cambridge，MA：MIT Press，1987.

［101］*Kapitallogik*：见 Hans-Georg Backhaus，*Dialektik der Wertform*，Freiburg：Ça ira，Freiburg：1997；Helmut Reichelt，*Zur logischen Struktur des Kapitalbegriffes bei Karl Marx*，Ça ira：以及最近的，Christopher J. Arthur，*The New Dialectic and Marx's Capital*，Leiden，Brill，2004。

［102］E. P. Thompson，*The Poverty of Theory and Other Essays*，New York，Monthly Review Press，1978，p. 98.

［103］类似的可能是马克思对生产、销售、消费等三个基本范畴的展开，在其中，三者之一（生产）被提升至支配地位，控制其本身也是一组成

部分的那一类别。还值得补充一点，将识别同怜悯（或者历史作为一种总体性的前景）区分开来有一个政治优势：发现新的历史原动力已经被等同于革命，等同于**历史**本身的 *phainesthai*（“显现”）而大张旗鼓地庆祝之时，其时已经酿成了大错。

［104］See Lévi-Strauss，*La Pensée sauvage*，以及 Jean-Paul Srtre，*Critique de la raison dialectique*，Paris：Gallimard，1960.

［105］Martin Heidegger，“Die Zeit des Weltbides” in *Holzwege*，Frankfurt：Klostermann，1980，73—110.

［106］Heidegger，“Der Ursprung des Kunstwerkes” in *Holzwege*，7—9.

［107］Ibid.，26—35.

［108］Francis Cornford，*Thucydides Myth-historicus*，London：E. Arnold，1907.

［109］*The Reprieve*，trans. Eric Sutton，New York：Knopf，1947，326；法文为：“Un corps énorme，une planète，dans un espace *à* cent millions de dimensions；les êtres *à* trois dimensions ne pouvaient même pas l'maginer. Et pourtant chaque dimension était une conscience autonome. Si on essayait de regarder la planète en face，elle s'ffondrait en miettes，il ne restait plus que des consciences. Cent millions de consciences libres，dont chacune voyait des murs，un bout de cigare rougeoyant，des visages familiers，et construisait sa destinée sous sa propre responsabilité. Et pourtant，si l'n *était* une de ces consciences on s'apercevait *à* d'imperceptibles effleurements，*à* d'insensibles changements，qu'on était solidaire d'un gigantesque et invisible polypier. La guerre：chacun est libre et pourtant les jeux sont faits. Elle est là，elle est partout，c'est la totalité de toutes mes pensées，de toutes les paroles d'Hitler，de tous les actes de Gomez：mais personne n'est là pour faire le total. Elle n'existe que pour Dieu. Mais Dieu n'existe pas. Et pourtant la guerre existe.” *Le Sursis*，in *vres romanesques*，Paris：Gallimard，1981，1,024—1,025.

［110］Kant，*The Conflict of the Faculties*，153.

［111］Ibid.，159.

［112］Jean-François Lyotard，*Le différend*，Paris：Minuit，1983，238—240.

［113］Kant，*The Conflict of the Faculties*，157.

［114］Ibid.，153.

［115］Ibid.，157.

［116］Heidegger，"Der Ursprung des Kunstwerkes，" 49.

［117］Susan Buck-Morss，"Hegel and Haiti"，收于 Critical Inquiry，第 26 卷，第 4 期，2000 年夏，821—865。

［118］Michael Mann，*The Sources of Social Power*，Vol. 1，Cambridge：Cambridge University Press，1986，124—127.

［119］Pierre Clastres，*La Société contre l'état*，Paris：Minuit，1974，99.

［120］Mann，*The Sources of Social Power*，124.

［121］Louis Althusser，"Contradiction and Overdetermination" and "On the Materialist Dialecitc，" in *For Marx*，trans. Ben Brewster，London：New Left Books，1969.

［122］André Malraux，*Man's Fate*，trans. Haakon Chevalier，New York：Modern Library，1961，227；法文为：

——Rouges ou bleus，disait Ferral，les coolies n'en seront pas moins coolies；*à* moins qu'ils n'en soient morts. Ne trouvez-vous pas d'une stupidité caracté-ristique de l'espèce humaine qu'un homme qui n'a qu'une vie puisse la perdre pour une idée?

——Il est très rare qu'un homme puisse supporter，comment dirais-je? Sa condition d'homme...

——Il pensa *à* l'une des idées de Kyo：tout ce pour quoi les hommes acceptent de se faire tuer，au-del*à* de l'intérêt，tend plus ou moins confusément *à* justifier cette condition en la fondant en dignité：christianisme pour l'esclavage，nation pour le citoyen，communisme pour l'ouvrier. Mais il n'avait pas envie de discuter des idées de Kyo avec Ferral. Il revint *à* celui-ci：

——Il faut toujours s'intoxiquer：ce pays a l'opium，l'Islam le haschisch，l'Occidental la femme... Peut-être l'amour est-il surtout le moyen qu'emploie l'Occidental pour s'affranchir de sa condition d'homme...

Sous ses paroles，un contre-courant confus et caché de figures glissait：Tchen et le meurtre，Clappique et sa folie，Katow et la révolution，May et l'amour. Lui-même et l'opium ... Kyo seul, pour lui, résistait *à* ces domaines. （*La Condition humaine*, in *Oeuvres complètes*, tome I, Paris: Gallimard, 1989，678—679.）

［123］Ibid.，*La voie rorale*，op. cit.，449。

［124］我在此摘抄了“Origin of the Work of Art”，收于 *Philosophies of Art and Beauty*，eds. Albert Hofstadter and Richard Kuhns，Chicago：University of Chicago Press，1964，685；德文为：“Eine wesentliche Weise，wie die Wahrheit sich in dem durch sie eröffneten Seienden einrichtet，ist das Sich-insWerk-setzen der Wahrheit. Eine andere Weise，wie Wahrheit zum Leuchten kommt，ist die Nähe dessen，was schlechthin nicht ein Seiendes ist，sondern das Seiendste des Seienden. Wieder eine andere Weise，wie Wahrheit sich gründer ist das wesentliche Opfer. Wieder eine andere Weise，wie Wahrheit wird，ist das Fragen des Denkers，das als Denken des Seins dieses in seiner Frag-würdigkeit nennt.”［具有反讽意义的是，海德格尔继续将科学排除在这些有特权的通道模式之外：“Dagegen ist die Wissenschaft kein ursprüngliche Geschehen der Wahrheit，sondern jeweils der Ausbau eines schon offenen Wahrheitsbereiches，und zwar durch das Auffassen und Begründen dessen，was in seinem Umkreis sich an möglichem und notwendigem Richtigen zeigt. Wenn und sofern eine Wissenschaft über das Richtige hinaus zu einer Wahrheit und d. h. zur wesentlichen Enthüllung des Seienden als solchen kommt，ist sie Philosophie.”］*Holzwege*，前引书中，48。

［125］Kant，*The Conflict of the Faculties*，Mary J. Gregor，Lincoln，University of Nebraska Press，1979，p. 159.

［126］Eric Foner，*Reconstruction*：*America's Unfinished Revolution*，*1863—1877*，New York：Harper and Row，1988，79—81.

Representing Capital: A Commentary on Volume One by Fredric Jameson

First published by Verso 2011

Copyright © Fredric Jameson 2011

All rights reserved.

Simplified Chinese edition © 2015 by China Renmin University Press

图书在版编目(CIP)数据

重读《资本论》/（美）詹姆逊著；王逢振主编；胡志国，陈清贵译. —增订本. —北京：中国人民大学出版社，2018.5
（詹姆逊作品系列）
ISBN 978-7-300-21032-2

Ⅰ.①重… Ⅱ.①詹…②王…③胡…④陈… Ⅲ.①《资本论》-马克思著作研究 Ⅳ.①A811.23

中国版本图书馆 CIP 数据核字（2015）第 065692 号

詹姆逊作品系列
王逢振 主编
重读《资本论》（增订本）
[美] 弗雷德里克·詹姆逊（Fredric Jameson） 著
胡志国 陈清贵 译
Chongdu Zibenlun

出版发行	中国人民大学出版社		
社　　址	北京中关村大街 31 号	**邮政编码**	100080
电　　话	010－62511242（总编室）		010－62511770（质管部）
	010－82501766（邮购部）		010－62514148（门市部）
	010－62515195（发行公司）		010－62515275（盗版举报）
网　　址	http://www.crup.com.cn		
	http://www.ttrnet.com（人大教研网）		
经　　销	新华书店		
印　　刷	涿州市星河印刷有限公司		
规　　格	150 mm×228 mm　16 开本	**版　　次**	2018 年 5 月第 1 版
印　　张	24.75 插页 2	**印　　次**	2018 年 5 月第 1 次印刷
字　　数	292 000	**定　　价**	78.00 元

版权所有　侵权必究　　印装差错　负责调换